"नहीं होती, कहीं भी ख़तम कविता नहीं होती
कि वह आवेग-त्वरित काल यात्री है
व मैं उसका नहीं कर्ता,
पिता-धाता
कि वह कभी दुहिता नहीं होती,
परम स्वाधीन है वह विश्व-शास्त्री है।
गहन गम्भीर छाया आगमिष्यत् की लिये
वह जन-चरित्री है।"

—मुक्तिबोध

कविता सदी

(आधुनिक हिन्दी कविता का प्रतिनिधि संचयन)

सम्पादक

सुरेश सलिल

राजपाल

₹ 699
ISBN : 9789386534507
पहला संस्करण : 2018, तीसरा संस्करण : 2024

KAVITA SADI (Poetry) Edited by Suresh Salil
मुद्रक : शीतल प्रिंटर्स, दिल्ली

राजपाल एण्ड सन्ज़
1590, मदरसा रोड, कश्मीरी गेट, दिल्ली-110006
फोन : 011-23869812, 23865483, 23867791
website : www.rajpalpublishing.com
e-mail : sales@rajpalpublishing.com
www.facebook.com/rajpalandsons

क्रम

भूमिका

प्रसिद्ध पुरातत्वविद्-इतिहासकार भगवतशरण उपाध्याय ने लिखा है कि प्राचीनकाल से अब तक जितने भी विदेशी आक्रांता और शासक हमारे यहाँ आये वे हमारा बहुत कुछ लूटकर-हड़पकर ले गये, तो कुछ दे भी गये। पारसीकों-यूनानियों-हूणों-कुषाणों-तुर्कों से लेकर पुर्तगालियों-अंग्रेज़ों तक सभी पर यह बात लागू होती है। मिसाल के तौर पर अंग्रेज़ों को ही लें। वे सौदागर बन कर व्यापार करने आये थे और धीरे-धीरे ऐसे पैर पसारे कि गुलामी की तौक़ हम भारतीयों के गले डाल कर दो सौ साल तक औपनिवेशिक शासक के बतौर हमारी छाती पर मूँग दलते रहे। लेकिन उनके सम्पर्क से आधुनिक ज्ञान-विज्ञान, उद्योग-धंधों, नई शिक्षा पद्धति और नये विचारों का परिचय भी हमें मिला। इटली में रिनासांस (पुनर्जागरण) हो चुका था, इंग्लैंड में पारम्परिक सामंतवाद को हाशिये पर खिसका कर पूँजीवाद विकसित हो चुका था और औद्योगिक क्रांति हो चुकी थी, फ्रांस में 'इनलाइनटेनमेंट' (ज्ञानोदय) के जरिये नई चिंतन-दृष्टि अस्तित्व में आ चुकी थी और राज्यक्रांति के फलस्वरूप 'स्वतंत्रता और समानता' का नारा वायुमंडल में तिरने लगा था। ये ऐसे क्रांतिकारी परिवर्तन थे, जिनसे यूरोप के सम्पर्क में आ चुका भारतीय समाज अछूता नहीं रह सकता था। सबसे पहले इससे प्रेरणा ली बंगाल ने, और वहाँ नवजागरण की भेरी बज उठी। बिहार-उत्तर प्रदेश का हिन्दी भाषी क्षेत्र बंगाल से सटा हुआ है, अत: बंगाल से उस नवजागरण का स्वर इधर आना ही था, आया भी, और भारतेन्दु हरिश्चंद्र व उनके सहयोगी कवियों-लेखकों ने उसका स्वागत किया।

इस तरह हिन्दी क्षेत्र में नवजागरण का प्रारम्भ भारतेन्दु और उनके साथी साहित्यकारों के द्वारा हुआ। भारतेन्दु युग का प्रमुख योगदान सबसे पहले हिन्दी गद्य के विकास के रूप में लक्ष्य किया गया। आधुनिक हिन्दी

गद्य के विकास में निर्णायक भूमिका भारतेन्दु युग के लेखकों ने अदा की। नये शैली-शिल्प के नाटक और प्रहसन लिखे गये, मौलिक और अनूदित उपन्यास आये और साहित्यिक, सामाजिक, नैतिक-धार्मिक व राजनीतिक रंग के निबंध लिखे गये, रंगमंच और अभिनय की गतिविधियाँ तेज़ हुईं तथा पत्रिकाएँ निकाली गईं। इन सबमें सबसे भास्वर-सबसे विकसित थे भारतेन्दु, प्रताप नारायण मिश्र व बालकृष्ण भट्ट के निबंध। अत्यंत विकसित शैली और विचारों से लैस उस युग के निबंध आज भी उद्धरणीय हैं।

इन सारी गहमागहमियों के बीच, यह भी महसूस किया जा रहा था कि जब खड़ी बोली में गद्य के इतने रूप विकसित हो सकते हैं और उनमें नये विचारों का समावेश हो सकता है तो कविता ही क्यों भक्तिकालीन-रीतिकालीन ब्रज और अवधी बोलियों में बँधी रहे! कविता भी खड़ी बोली में होनी चाहिए। इस विचार से आंदोलित होकर मुज़फ़्फ़रपुर (बिहार) के अयोध्याप्रसाद खत्री ने 'खड़ी बोली कविता' का आंदोलन ही छेड़ दिया। भारतेन्दु ब्रजभाषा में कविता करते थे। वे वैष्णव धर्म में आस्था रखने वाले, भक्ति और प्रेम की भावनाओं से ओतप्रोत थे। उर्दू में 'रसा' उपनाम से ग़ज़लें कहते थे। देश की तत्कालीन दुरवस्था की कचोट भी उनके मन में थी। किन्तु खड़ी बोली में कविता का कोई गंभीर प्रयास उनके यहाँ लक्ष्य न किया जा सका। इसके अतिरिक्त, जवानी की दहलीज़ पर उनका असामयिक निधन भी हो गया। गंगा और यमुना नदियों का जो प्राकृतिक वर्णन उनके नाटकों के अंदर खड़ी बोली कविता में हुआ है—उसे, रामचन्द्र शुक्ल के अनुसार, "परंपरा-पालन" भर कहा जा सकता है।

इसी संक्रांति काल में खड़ी बोली हिन्दी कविता की पटभूमि पर दो विशिष्ट प्रतिभाएँ अवतरित हुईं—श्रीधर पाठक और अयोध्या सिंह उपाध्याय 'हरिऔध'। वस्तुतः इन्हीं दोनों को खड़ी बोली कविता का भगीरथ कहा जा सकता है। श्रीधर पाठक ब्रजभाषा क्षेत्र से थे, अतः ब्रज बोली तो उन्हें विरासत में मिली ही थी, खड़ी बोली में भी उनकी पर्याप्त गति थी तथा संस्कृत-अंग्रेज़ी भाषा-साहित्य के विद्वान भी वे थे। खड़ी बोली कविता की ओर वे काव्यानुवाद के जरिये आये—ओलिवर गोल्डस्मिथ के प्रबंध काव्य *दि हर्मिट* और *ट्रेवेलर* के रूपांतर क्रमशः *एकांतवासी योगी* और

श्रांत पथिक शीर्षक से किये तथा प्रचुर मात्रा में मौलिक काव्य-रचना की। भक्ति, प्रेम एवं शृंगार, ऋतु-शृंगार, देश-दर्शन, देशप्रेम, सामाजिक जीवन आदि विविध विषयों के साथ-साथ स्वच्छंद धारा से भी उन्होंने खड़ी बोली कविता को समृद्ध किया। श्रीधर पाठक आधुनिक हिन्दी कविता के पहले व्यक्ति थे जो भावों और विचारों के पूर्ण विकसित धरातल पर खड़े दिखाई दिये। एक ओर उन्होंने देश-दशा की ओर उँगली उठाते हुए भारतवासियों को संबोधित किया—"तुम क्या थे पहले, अब क्या हो, क्यों यह दीन दशा/फूट द्वेष दारिद्रय दुःख-दल घर-घर बीच बसा/सोचो, समझो, चेतो, अगलों को याद करो/यह उन्नति का समय, न चूको, बढ़कर पैर धरो!" तो दूसरी ओर वर्ण-व्यवस्था की ओर तर्जनी उठाते हुए मनु से मुख़ातिब हुए—"मनुजी, यह तुमने क्या किया? और अधिक क्या कहें बाप जी, कहते दुखता हिया/जटिल जाति का, अटल पाँत का जाल है किसका सिया?" ब्रह्मवादियों को 'जगत सचाई सार' बताते हुए कहा—"कहो न प्यारे, मुझसे ऐसा—'झूठा है यह सब संसार/थोथा झगड़ा, जी का रगड़ा, केवल दुःख का हेतु अपार'/माना हमने वस्तु जगत की नाशवान है निस्संदेह/फिर भी तो छोड़ा नहिं जाता, पल भर को भी उससे नेह।" आचार्य शुक्ल उनकी काव्यकला के संदर्भ में कहते हैं, "उन्होंने प्रकृति को रूढ़िबद्ध रूपों तक ही न रखकर अपनी आँखों से भी उसके रूप को देखा। *गुणवंत हेमंत* में वे गाँव में उपजने वाली मूली-मटर ऐसी वस्तुओं को भी प्रेम से सामने लाये, जो परंपरागत ऋतु वर्णनों में नहीं दिखाई पड़ती थीं।... *स्वर्गीय वीणा* में उन्होंने उस परोक्ष दिव्य संगीत की ओर रहस्यपूर्ण संकेत किया, जिसके सुर-ताल पर यह सारा विश्व नाच रहा है ('कहीं पे स्वर्गीय कोई बाला सुमंजु वीणा बजा रही है/सुरों के संगीत की-सी कैसी सुरीली गुंजार आ रही है...')। इन सब बातों का विचार करने पर पं. श्रीधर पाठक ही सच्चे स्वच्छंदतावाद (रोमांटिसिज़्म) के प्रवर्तक ठहरते हैं।" आगे चल कर 'अज्ञेय' जी के अनुसार "नई कविता की प्रवृत्तियों के अंकुर श्रीधर पाठक में पाये जा सकते है।" यहाँ उल्लेखनीय है कि श्रीधर पाठक ने अपनी आत्मकथा (अपूर्ण) "गद्यमय पद्यता और पद्यमय गद्यता" में लिखी है।

'हरिऔध' जी का उल्लेख पीछे हो चुका है। ये पूर्वी उत्तरप्रदेश के

आज़मगढ़ ज़िले के रहने वाले थे और संस्कृत व उर्दू फ़ारसी आदि-आदि भाषाओं के साथ-साथ उनकी काव्य परम्पराओं से भी भलीभाँति परिचित थे। जब बोलचाल की भाषा में खड़ी बोली कविता की चर्चा ने ज़ोर पकड़ा तो उन्होंने, उर्दू क़ते की तर्ज पर, सीधी-सादी आम फ़हम शैली में चार-चार पंक्तियों की कविताएँ लिखीं, जो चुटीली और चुभती मुहावरेदानी के कारण काफ़ी पसंद की गईं। बाद में 'चुभते चौपदे', 'चोखे चौपदे' शीर्षक से, हरिऔध जी की इन कविताओं का पुस्तकाकार प्रकाशन हुआ।

हरिऔध जी जब ये चौपदे लिख रहे थे तभी श्री महावीर प्रसाद द्विवेदी *सरस्वती* पत्रिका के संपादक नियुक्त हुए। वे संस्कृत काव्य-परम्परा में रचे-पगे थे और उसे ही हिन्दी कविता के आदर्श के रूप में देखते थे। स्वयं भी उसी प्रकार की कविताएँ रचते थे। उन्हें मार्गदर्शक मानकर 'हरिऔध' भी संस्कृत काव्य-परम्परा की ओर अभिमुख हुए और लम्बे-लम्बे सामासिक पदों वाली, शार्दूल विक्रीड़ित, मंदाक्रांता, मालिनी आदि संस्कृत छंदों में, काव्य-कृति *प्रियप्रवास* प्रस्तुत की। यह खड़ी बोली हिन्दी का पहला प्रबंध काव्य है और इसमें श्रीकृष्ण के द्वारका-प्रवास की कथा प्रस्तुत की गई है। हरिऔध ने कृष्ण के वियोग में ब्रजवासियों की व्याकुलता का मार्मिक चित्रण करते हुए श्रीकृष्ण को ब्रजक्षेत्र के रक्षक नेता के रूप में इस काव्यकृति में प्रस्तुत किया है। बोलचाल की भाषा से दूर और क्लिष्ट होने के बावजूद *प्रियप्रवास* का हिन्दी साहित्य जगत में भरपूर स्वागत हुआ और उसके अनेक अंश स्वतंत्र कविताओं के रूप में बहुत दिनों तक लोकप्रिय रहे।

महावीर प्रसाद द्विवेदी 1903 में *सरस्वती* पत्रिका के संपादक बने। *सरस्वती,* भारतेंदु युग की पत्रिकाओं के बाद, नई सदी में शुरू हुई हिन्दी की पहली साहित्यिक पत्रिका थी, जिसमें छपना कवि या लेखक के लिए प्रमाणपत्र माना जाता था। साहित्यिक हलकों में उसे पाठ्यपुस्तक जैसी मान्यता प्राप्त थी। यह प्रतिष्ठा उसे द्विवेदी जी के संपादन-कौशल ने ही दिलाई थी।

द्विवेदी जी की कुछेक अपनी भाषिक-साहित्यिक मान्यताएँ थीं। वे हिन्दी के शुद्ध रूप के समर्थक थे—मिश्रित भाषा वे पसंद न करते थे और यह भी कि हिन्दी के शुद्ध शब्द किसी साहित्यिक रचना में प्रयोग किये जाएँ। नैतिकता के भी उनके अपने मानदंड थे, जो काफ़ी-कुछ अंग्रेज़ी साहित्य के

विक्टोरियन काल के अनुरूप थे। इन्हीं सब वजहों से, जो रचनाएँ *सरस्वती* में प्रकाशनार्थ आती थीं उनका संशोधन-परिमार्जन करके ही वे प्रकाशित करते थे। इस प्रकार उनका समय हिन्दी साहित्य में 'द्विवेदी युग' के रूप में प्रसिद्ध हुआ और उन्हें 'आचार्य' माना गया। इन अर्थों में 'द्विवेदी युग' को हिन्दी भाषा के प्रतिमानीकरण का काल कहा गया।

द्विवेदी युग के कवियों में दर्जनों नाम आते हैं और उन सबकी अपनी पहचान है, किन्तु तीन लोगों को उस युग का प्रतिनिधि कवि कहा जा सकता है। वे हैं रामनरेश त्रिपाठी, मैथिलीशरण गुप्त और गया प्रसाद शुक्ल 'सनेही'। आयु की दृष्टि से, इनमें रामनरेश त्रिपाठी सबसे वरिष्ठ थे। उनका कवि-जीवन काफ़ी-कुछ श्रीधर पाठक जैसा है। उनके कृतित्व में *मिलन, पथिक* आदि प्रबंध काव्य प्रमुख स्थान घेरते हैं, साथ ही फुटकर कविताएँ भी इन्होंने काफ़ी रचीं। उनकी कविताओं में तत्कालीन भारत के स्वाधीनता आंदोलन और राजनीतिक संघर्ष का स्वर साफ़ सुना जा सकता है। 'सनेही' का नाम इस क्रम में त्रिपाठी जी के बाद आता है। उनकी काव्य-सक्रियताएँ ब्रजभाषा की पारम्परिक काव्य शैली और उर्दू शायरी से शुरू हुई थीं। द्विवेदी युग आया, तो उन्होंने *अशोक वन में सीता, शैव्या-संताप, कौशल्या-क्रंदन, श्रवण-शोक* आदि पौराणिक वृत्त काव्य रचे। किन्तु 'सनेही' जी की मानसिक बुनावट काफ़ी-कुछ श्रीधर पाठक जैसी स्वच्छंदतावादी थी। किसी भी प्रकार के बंधनों में बँध कर कविता कहना उनके स्वभाव में न था। गाँधी युग शुरू होने से पहले, तिलक युग में ही वे 'त्रिशूल' उपनाम से राजनीतिक ग़ज़लें लिख चुके थे, 'हाली' के *मुसद्दस* की तर्ज पर *आइन-ए-हिन्द* शीर्षक से कई खंडों में फैली कविता लिख चुके थे। आगे चलकर 'असहयोग', 'कर्मयोग', 'कृषक क्रंदन', 'साम्यवाद' जैसी लम्बी-लम्बी कविताएँ लिखीं। उनका कृतित्व प्रचुर मात्रा में है, किन्तु अनुशासित जीवनशैली न होने के कारण वह सब संकलित न हो पाया और यहाँ-वहाँ खो गया। 'सनेही' के कवि-व्यक्तित्व की एक विशेषता यह भी है कि भारतेंदु युग में सामूहिक काव्यपाठ की जो परम्परा शुरू हुई थी उसे बीसवीं सदी में उन्होंने आगे बढ़ाया और कवि सम्मेलनों का सिलसिला शुरू किया। उन्होंने पहले-पहल कविता की दो पत्रिकाएँ—*कवि* और *सुकवि*—निकालीं और नयी

प्रतिभाओं को मंच सुलभ किया। इस तरह, भारतेन्दु के बाद वे कविता के पहले एक्टिविस्ट भी थे। उनकी शिष्य-परंपरा बड़ी समृद्ध थी। 'हितैषी', अनूप शर्मा, रामकुमार वर्मा, जगदीश गुप्त आदि तो उस परम्परा में थे ही, निराला, सुमित्रानंदन पंत आदि छायावाद के शीर्ष पुरुष भी विनम्रतापूर्वक उन्हें गुरुवत् मानते थे।

वय-क्रम से इन दोनों के बाद मैथिलीशरण गुप्त का नाम आता है। वस्तुतः द्विवेदी-युग के सर्वप्रमुख और प्रतिनिधि कवि गुप्त जी ही थे और द्विवेदीजी के पट्ट शिष्य भी। उनकी खड़ी बोली कविताओं का प्रकाशन, द्विवेदी जी के संशोधन-परिवर्द्धन के साथ, *सरस्वती* से ही शुरू हुआ और द्विवेदी जी के संपादनकाल तक बराबर चलता रहा। गुप्त जी के कवि-पक्ष पर हिन्दी-साहित्य-जगत का ध्यान पहले-पहल उनकी काव्यकृति *भारत भारती* से गया, जो 'हाली' के *मुसद्दस* की शैली में रची गई थी और जिसमें भारत देश के प्राचीन गौरव और वर्तमान काल की शोचनीय दशा का तुलनात्मक अध्ययन प्रस्तुत किया गया है, किन्तु भविष्य की कोई आदर्श परिकल्पना नहीं है, अर्थात् भविष्य का चित्र कवि अपने गौरवपूर्ण अतीत में ही देखता है। इस प्रकार *भारत भारती* का प्रतिनिधि स्वर अतीतोन्मुखी अर्थात् पुनरुत्थानवादी ही ठहरता है, जो आगे चलकर उनके *जयद्रथ वध, गुरुकुल, द्वापर, पंचवटी, सिद्धराज, यशोधरा, साकेत* आदि प्रबंधात्मक काव्यों में लक्ष्य किया गया। यह भी ध्यान देने की बात है कि गुप्त जी की सभी काव्यकृतियाँ प्रबंध काव्य हैं। सिर्फ़ *वैतालिक* ही गीत-काव्य है, जिसमें आगामी छायावाद युग की प्रतिध्वनियाँ साफ़ सुनी जा सकती हैं। गुप्त जी की अधिकांश कृतियाँ इंटरमीडियेट से लेकर एम.ए. तक के पाठ्यक्रमों में पढ़ाई जाती रही हैं, प्रारंभिक कक्षाओं में भी उनके अंश पाठ्य पुस्तकों में शामिल किये गये। इस दृष्टि से आधुनिक कविता के सबसे अधिक पढ़े गये कवि वे हैं, किन्तु काव्य-विकास के कालक्रम में उनके कुछ गीत ही, जो *यशोधरा, साकेत, वैतालिक* से हैं, हमारे वर्तमान तक आते हैं। बावजूद इस सबके, मैथिलीशरण गुप्त आधुनिक हिन्दी कविता की विकास-यात्रा के प्रथम महत्त्वपूर्ण प्रस्थान बिंदु हैं और उनका ऐतिहासिक महत्त्व अक्षुण्ण रहेगा।

द्विवेदी युग के अन्य उल्लेखनीय कवि हैं—गोपाल शरण सिंह, अनूप

शर्मा, 'हितैषी' आदि। एक नाम मुकुटधर पाण्डेय का भी लिया जा सकता है, जिनको आचार्य शुक्ल ने द्विवेदी युग में शामिल किया है, किन्तु उनकी कविता का रंग छायावाद युग की कविता के अधिक निकट है। छायावाद की पहली विवेचनात्मक आलोचना भी उन्हीं ने लिखी।

द्विवेदी युग के बाद आधुनिक हिन्दी कविता का छायावाद युग आता है। इसकी शुरुआत 1920 से हुई और इस काव्यधारा के चार प्रमुख स्तंभ प्रसाद, निराला, पंत और महादेवी माने गये। छायावाद के नाम और इसकी प्रवृत्तियों को लेकर हिन्दी आलोचना में बड़ी बहसें हुई हैं। किसी ने इसे रहस्यवाद से जोड़ा, किसी ने स्वच्छंदतावाद से, और कुछेक ने छायावाद कहा। भले ही इस काव्यधारा में रहस्यवाद के तत्व भी घुले-मिले हैं, किन्तु अंग्रेज़ी के शैले, कीट्स और वड्र्सवर्थ आदि रोमांटिक कवियों की प्रेरणा इसके जन्म का आधार बनी, अत: इसका आधारभूत स्वभाव रोमांटिक याने स्वच्छंदतावादी ही माना जाता है और सबसे पुराना होने के कारण 'छायावाद' इसका निर्विवादित नाम ठहरा। सारत: छायावाद अंतर्जातीयता और अंतर्राष्ट्रीयता से अनुप्राणित उस राष्ट्रीय जागरण की काव्यात्मक अभिव्यक्ति है जो एक ओर पुरानी रूढ़ियों से मुक्ति चाहता था और दूसरी ओर विदेशी पराधीनता से। अपने समय में, छायावाद वस्तुत: एक व्यापक जीवन-दृष्टि थी जो हमारी विशेष सामाजिक और साहित्यिक आवश्यकता से पैदा हुई और आगे चलकर प्रगतिशील साहित्यांदोलन की प्रेरणाभूमि बनी। डॉ. नामवर सिंह के अनुसार, "छायावादी कविता की आत्मीयता, प्रकृति-प्रेम, सौंदर्य-भावना, संवेदनशीलता, अथक जिज्ञासा, जीवन की लालसा, उच्चतर जीवन की आकांक्षा और इन सबके लिए संघर्ष करने की अनवरत प्रेरणा" उसका स्थायी संदेश है।

छायावाद के इन चारों कवियों के कृतित्व और काव्य-वैशिष्ट्य पर विस्तार से बात करनी चाहिए, किन्तु विस्तार-भय से यहाँ डॉ. नामवर सिंह के आकलन का सार-संक्षेप-भर दिया जा रहा है। उनके अनुसार साहित्य में छायावाद को गौरवपूर्ण स्थान दिलाने में सभी छायावादी कवियों का योग समान नहीं है। निराला यदि भाव और अभिव्यंजना के नये-नये विविध पथ निकालने में आगे रहे, तो पंत सौंदर्य-चयन और अभिव्यंजना-शक्ति सँवारने

में अग्रणी रहे। महादेवी ने प्रगीत के विशेष क्षेत्र में सबसे अधिक काम किया, तो प्रसाद इन सभी कवियों की सफलताओं को पुंजीभूत करने में सबसे अधिक सफल रहे। किन्तु प्रसाद में नवोन्मेष सबसे कम है। यदि छायावाद के एक-एक तत्व को दृष्टि में रखकर मूल्यांकन करें तो निराला और पंत की उपलब्धि सबसे अधिक मानी जाएगी। इन दोनों कवियों में यदि जीवन की वास्तविकता के विविध पहलुओं को देखें तो निराला सर्वोत्कृष्ट कवि सिद्ध होंगे। निराला का दृष्टिकोण भी औरों से अधिक प्रगतिशील रहा है।

आचार्य रामचंद्र शुक्ल ने छायावाद के समांतर एक और काव्यधारा की पहचान की है और उसे 'स्वच्छंद धारा' कहा है। इस धारा के अंतर्गत माखनलाल चतुर्वेदी, सियारामशरण गुप्त, बालकृष्ण शर्मा 'नवीन', गुरुभक्त सिंह 'भक्त', उदयशंकर भट्ट के साथ उन्होंने, सुभद्रा कुमारी चौहान, बच्चन और दिनकर के नाम गिनाए हैं। 'स्वच्छंद' छायावाद का एक अनुषंगी भाव रहा है, संभवत: इसीलिए उन कुछेक कवियों को जिन्होंने छायावाद से और द्विवेदी युग से किंचित् प्रभाव ग्रहण करते हुए अपनी स्वतंत्र पहचान बनाई, शुक्ल जी ने 'स्वच्छंद धारा' में लिया। इनमें माखन लाल जी और 'नवीन' स्पष्ट रूप से रोमांटिक राष्ट्रीयता के प्रमुख कवि ठहरते हैं। सियारामशरण जी कुछ दूर तक अपने अग्रज का अनुगमन करने के बाद समाज के उस साधारण और उपेक्षित जन के साथ अपनी काव्य-संवेदना जोड़ते हैं, जो हाशिये के भी बाहर खदेड़ दिया गया है, गुरुभक्त सिंह 'भक्त' प्रकृति और मानवीय प्रेम में अपनी पहचान करते हैं, उदयशंकर भट्ट व्यापक रूप से मानव-सरोकारों के कवि के रूप में सामने आते हैं और सुभद्रा जी अपनी कविता में पारिवारिक जीवन के पत्नी, माँ, भगिनी रूपों के उदात्त पक्षों को हार्दिक अभिव्यक्ति देते हुए अंत में राष्ट्रीय चेतना से जा जुड़ती हैं। 'दिनकर' का कवि-स्वर प्रारम्भ में राष्ट्रीयतावादी उद्‌बोधन से उठान लेता है और अंत में *उर्वशी* के आनंदवाद में अटकता हुआ *हारे को हरिनाम* में जाकर शामिल हो जाता है। श्यामनारायण पांडेय, सोहनलाल द्विवेदी और वंशीधर शुक्ल भी मोटे रूप में इसी धारा में गिने जाने चाहिए।

'स्वच्छंद धारा' से शुक्ल जी का आशय यदि उत्तर छायावाद से रहा हो, तभी बच्चन इस धारा में अँट पायेंगे, क्योंकि वे उत्तर छायावाद के प्रमुख

हस्ताक्षर हैं। तब इस धारा में कवियों की सूची और लम्बी हो जायेगी; बच्चन के अतिरिक्त नरेन्द्र शर्मा, भगवतीचरण वर्मा, जानकीवल्लभ शास्त्री, चंद्रकुँवर बर्त्वाल, गोपालसिंह नेपाली, शिवमंगलसिंह 'सुमन', रामेश्वर शुक्ल 'अंचल', शम्भुनाथ सिंह, तारा पांडेय, विद्यावती 'कोकिल', सुमित्राकुमारी सिन्हा आदि गीति-धारा के लगभग सभी कवि इसी श्रेणी में आ जायेंगे। ये वे कवि हैं जिनके यहाँ वैयक्तिक प्रेमिल मनोभावों के साथ-साथ, प्रकृति और लोक-संस्कृति के विविध रंगों, राष्ट्रीय चेतना तथा अंतर्राष्ट्रीय प्रगतिशील विचार-दृष्टि का सम्पुंजन कम या अधिक अनुपात में लक्ष्य किया गया है। इनमें से कई कवियों ने आगे चलकर प्रगतिशील काव्यधारा में भी अपनी उपस्थिति दर्ज की। तब भी बच्चन और नरेन्द्र शर्मा के कवि-महत्त्व पर, क्षण-भर रुककर, अलग से विचार कर लेना उचित होगा, क्योंकि उत्तर छायावाद के अधिकांश कवियों की संवेदना और भाषा इन्हीं दोनों की काव्य-भूमि से अंकुरित और सिंचित है।

बच्चन के कवि का विकास सन् 1930 के आस-पास से ही लक्ष्य किया जाने लगा था। कवि रघुवीर सहाय हमें याद दिलाते हैं कि "बच्चन ने आकर जब अपना दर्द बताया तो हमको पहली बार मालूम हुआ कि दर्द सबका है। सच्चा दर्द भी वही होता है जो इस तरह बताया जा सके कि सब उसमें अपना दर्द देखें।...चाहे *निशा निमंत्रण* हो या *मधुशाला* या *एकान्त संगीत*—जाने कितने लड़के-लड़कियों ने, जो जीवन में आमतौर पर शुष्क व्यावहारिक समझे जाते थे, बच्चन की करुणा-भरी अपनापे की और भाईचारे की कविता से भावना का आदर करना सीखा—वे आदमी बने। ...सबसे पहले बच्चन ने अदृश्य की जगह दृष्टव्य को, अमूर्त की जगह यथार्थ को तथा गोपन पीड़ा की जगह खुली सहानुभूति को कविता का विषय बनाया और वह भी बोलचाल की भाषा में। ...आज भी सारे काव्यान्दोलन इसी बोलचाल की भाषा के बूते चल रहे हैं जिसके पिता बच्चन हैं—पंत, निराला या प्रसाद नहीं।..." रघुवीर सहाय के इस कथन की पुष्टि अज्ञेय भी करते हैं—"बच्चन की रचनाओं ने छायावादी युग के पाठक के इस झूठे विश्वास को समूल नष्ट कर दिया कि कविता की भाषा बोलचाल से भिन्न होनी ही चाहिए। यह कोई मामूली क्रांति नहीं थी।"

एक कवि के रूप में नरेन्द्र शर्मा की पहचान एक लिरिसिस्ट (गायक) की है। 'प्रवासी के गीत' से सिनेमा के लिए लिखे गये गीत 'ज्योति कलश छलके' तक नरेन्द्र जी अपनी इस पहचान को अक्षुण्ण रखते हैं, मध्यांतरों में राष्ट्रीय स्वातंत्र्य और अंतर्राष्ट्रीय समाजवादी आन्दोलन की बलिदानी भावना का उदात्त स्वर भी वे साधते हैं और 'मुट्ठी बंद रहस्य' की दार्शनिक सरणियों में भी भटकते हैं। किन्तु कवि शमशेर के अनुसार, नरेन्द्र शर्मा मिलन और वियोग के, प्रेम और उत्सर्ग के अपूर्व कवि हैं। वह साहित्य की भाषा आधुनिक परम्परा से ग्रहण कर 'अपने दिल की चोटों से' ढालते हैं, किसी से उधार नहीं लेते। नरेन्द्र ने "घरेलू स्वाभाविक सरलता के साथ प्रेम, मिलन और विरह की दुखती टीसों को मुखर किया है। ...अनेक लयों और छन्दों का मर्मभेदी, सशक्त, समर्थ कवि हिन्दी में आज दूसरा कौन है—काव्य-शिल्प का ऐसा मर्मी, जिसकी दाद पंतजी दे सकते थे, या निराला ही दे सकते थे?"

तथ्यात्मक दृष्टि से हिन्दी में प्रगतिशील साहित्य आंदोलन की शुरुआत 1936 में लखनऊ में प्रेमचंद की अध्यक्षता में संपन्न हुए 'प्रगतिशील लेखक संघ' के स्थापना सम्मेलन से मानी जाती है, किन्तु यथार्थ यह भी है कि 1917 की रूस की समाजवादी क्रांति के लगभग बाद ही हिन्दी कविता में प्रगतिशील स्वर उभरने लगे थे। गया प्रसाद शुक्ल 'सनेही' और उनकी 'साम्यवाद' कविता का उल्लेख पीछे हो चुका है। उन्होंने और भी ऐसी कविताएँ उस दौरान लिखी थीं। काफ़ी मात्रा में सोवियत क्रांति से संदर्भित गद्य भी *प्रताप, प्रभा* आदि पत्रिकाओं में आ चुका था। बांग्ला, उर्दू, पंजाबी तथा दक्षिण भारतीय भाषाओं में भी इस आशय की हलचलें तेज़ हो चुकी थीं। उर्दू में 'इकबाल' और बांग्ला में नज़रूल इस्लाम की कविताएँ चर्चित हो चुकी थीं, पंजाबी में *कीर्ति* पत्रिका निकलने लगी थी, भगतसिंह आदि क्रांतिकारियों के लेखों-वक्तव्यों में समाजवाद का स्वर सुना गया था। तब भी, यह मानना होगा कि व्यवस्थित और सांगठनिक रूप में प्रगतिशील हिन्दी कविता की शुरुआत 1936 के आसपास हुई और इसमें पहल सुमित्रानंदन पंत, निराला आदि उन कवियों से हुई, जो छायावाद के साथ अपनी प्रभावशाली कवि-पहचान पहले ही दर्ज कर चुके थे। पंत जी का 'नष्ट भ्रष्ट हो जीर्ण

पुरातन', 'द्रुत झरो जगत के जीर्णपत्र', 'भारतमाता ग्रामवासिनी' वाला 'युगवाणी' और *ग्राम्या* का स्वर तथा निराला की 'भिक्षुक', 'वह तोड़ती पत्थर', 'राजे ने रखवाली की', 'जल्द-जल्द पैर बढ़ाओ', 'कुकुरमुत्ता' आदि कविताओं तथा पंतजी के संपादन में निकली *रूपाभ* पत्रिका की रचनाओं ने इस नये युगांतरकारी आन्दोलन की अगवानी की। फिर तो प्रगतिशील कविताधारा अपनी उच्छल तरंगों के साथ ऐसी उमड़ी कि 'नेति-नेति' हो गई। नागार्जुन, केदारनाथ अग्रवाल, शमशेर, शील, त्रिलोचन, डॉ. रामविलास शर्मा इसके प्रतिनिधि कवि के रूप में उभरे तथा नरेन्द्र शर्मा, शिवमंगल सिंह 'सुमन', 'अंचल', आदि उत्तर छायावाद के गीति कवि भी इसी धारा में आ समाहित हुए (बेशक इनमें से कुछेक ने बाद में अपनी राह बदल ली)। प्रगतिशीलता का मुख्य ध्येय है 'कला जीवन के लिए'। वह जीवन जो प्रकृति, प्रेम सौंदर्य और स्वातंत्र्य भावना से संपन्न है और सभी प्रकार के शोषण-दोहन-उत्पीड़न के विरुद्ध शांति, प्रगति और समानता से प्रतिबद्ध है। यह वह ध्येय है, जो दुनिया की समस्त संघर्षशील जनता से जुड़ा है। यही वजह है कि जहाँ विगत के अनेक जीवनधर्मी कवि-लेखक इसकी ओर उन्मुख हुए, वहीं बाद के भी अधिकांश कवियों ने पूरी तरह से अथवा आंशिक रूप से उसी वैचारिक और सृजनात्मक धारा से स्वयं को जोड़ा।

1943 के आसपास अज्ञेय जी के सम्पादन में *तार सप्तक* का प्रकाशन हुआ, जिसमें सम्पादक सहित सात कवियों की कविताएँ शामिल थीं। अन्य छह कवि थे—गजानन माधव मुक्तिबोध, नेमिचंद्र जैन, भारतभूषण अग्रवाल, प्रभाकर माचवे, गिरिजाकुमार माथुर और डॉ. रामविलास शर्मा। इनमें से एकाध को छोड़ कर प्राय: सभी सर्वथा नये थे, किन्तु डॉ. नगेन्द्र के अनुसार *तार सप्तक* के कुछ कवि प्रगतिवाद की "नवचेतना के प्रति आकृष्ट थे" तथा उसके संपादक 'अज्ञेय' का "प्रगति के विषय में मोहभंग तब तक नहीं हुआ था।" विवाद की स्थिति तब पैदा हुई जब *तार सप्तक* की संपादकीय भूमिका में 'अज्ञेय' जी ने 'प्रयोगवाद' का नारा देकर उन सभी कवियों को इस नये "शिविर" में समेटना चाहा। वह विवाद लम्बे अरसे तक चला और उक्त संकलन में शामिल कई कवियों ने इसका मुखर विरोध किया। नेमिचंद्र जी ने स्पष्ट शब्दों में कहा कि *तार सप्तक* के कवि प्रयोगवादी

नहीं थे, शायद उस *अर्थ* में भी नहीं जो संपादक ने पहले अपनी भूमिका में उन पर आरोपित किया और जिसे फिर बाद में सैद्धांतिक आधार दे दिया गया और उन कवियों के काल्पनिक प्रयोगवाद की चर्चा अधिक हुई। आगे चलकर डॉ. रामविलास शर्मा ने कहा, "*तार सप्तक* के कवि विषय की गरिमा के अनुरूप जब भी उदात्त स्वर साधते थे, स्वभावत: उनका ध्यान निराला की ओर जाता था। सतह पर जितना प्रभाव दिखाई देता है, उससे कहीं अधिक सतह के नीचे है। यह प्रभाव मात्र काव्य-कौशल से संबंधित नहीं है, उसका संबंध निराला की जीवन-दृष्टि से है।"

1952 में *दूसरा सप्तक* और 1959 में *तीसरा सप्तक* अज्ञेय जी के संपादन में आये। तब तक 'प्रयोगवाद' 'नयी कविता' में समाहित हो चुका था। इन सप्तकों में क्रमश: सम्मिलित कवि थे—भवानी प्रसाद मिश्र, शकुंत माथुर, हरिनारायण व्यास, शमशेर बहादुर सिंह, नरेश मेहता, रघुवीर सहाय, धर्मवीर भारती, प्रयागनारायण त्रिपाठी, कीर्ति चौधरी, मदन वात्स्यायन, केदारनाथ सिंह, कुँवरनारायण, विजयदेव नारायण साही और सर्वेश्वर दयाल सक्सेना। पहले के सात कवि *दूसरा सप्तक* में, बाद के सात कवि *तीसरा सप्तक* में। *दूसरा सप्तक* की भूमिका में 'अज्ञेय' जी ने कहा, "अगर भाव भी वही जाने-पुराने हैं, रस भी और संचारी-व्यभिचारी सबकी तालिकाएँ बन चुकी हैं तो कवि के लिए नया करने को क्या रह गया है? क्या है जो कविता को आवृत्ति नहीं सृष्टि का गौरव दे सकता है? कवि नये तथ्यों को, उनके साथ नये रागात्मक संबंध जोड़ कर नये सत्यों का रूप दे, उन नये सत्यों को प्रेष्य बनाकर उनका साधारणीकरण करे, यही नयी रचना है। इसे नयी कविता का कवि नहीं भूलता।" ऊपर कही गई बातों से सामान्यतया किस कवि को एतराज़ हो सकता है। किन्तु जब अनुभूति की प्रामाणिकता, क्षण में भोगे गये यथार्थ, लघु मानव, कविता की स्वायत्तता जैसी भारी-भरकम और लगभग अमूर्त अवधारणाओं और सैद्धांतिकी का बोझ उस पर लाद दिया गया, तो 'प्रयोगवाद', 'नयी कविता' के नाम पर सूचीबद्ध किये गये अधिकांश कवि अलग-अलग खड़े लक्ष्य किये गये। शमशेर बहादुर सिंह मार्क्सवाद को आक्सीजन की तरह ग्रहण करते हुए समय को साम्यवादी मान रहे थे, मुक्तिबोध के लिए कविता 'अविरामत्वरित कालयात्री' और

'जनचरित्री' थी, भवानी प्रसाद मिश्र गुंझलित अभिव्यक्ति और भाषा के बजाय "जिस तरह हम बोलते हैं उस तरह तू लिख" की तर्जनी तान रहे थे, डॉ. रामविलास शर्मा अपनी साहित्यिक, वैचारिक मान्यताओं के साथ अंगद के पाँव की तरह अलग अड़े थे, रघुवीर सहाय स्पष्ट रूप से कह रहे थे कि "ये प्रतीक नहीं, मेरे बच्चे हैं," और मैं "अपनी एक मूर्ति बनाता हूँ और ढहाता हूँ। और आप कहते हैं कि कविता की है।" सर्वेश्वर जी भी आगे चलकर 'एक सूनी नाव' को पीछे छोड़ जनांदोलनधर्मी कविता की धारा में आ मिले। बाकी बचे रह गये लोग अपनी सहमतियों-असहमतियों के साथ 'नयी कविता' की नाव किसी न किसी तरह खेते रहे। बाद में वह भी लगभग सूनी हो गई। कुँवरनारायण, केदारनाथ सिंह, श्रीकांत वर्मा आदि एक बार फिर नयी राहों के अन्वेषी हो गये।

1947 के आसपास, जब प्रयोगवाद नयी कविता और प्रगतिशील धारा के स्वर परस्पर टकरा रहे थे—वैचारिक बहस का बाज़ार गर्म था, एक बार फिर छायावाद-प्रेरित स्वच्छंद गीति-स्वर मुख्यतया कवि-सम्मेलनों के बीच से उभरा। उस स्वर में प्रेम की तड़प और कसक थी, लोकजीवन के मार्मिक चित्र थे, प्रगतिशील दृष्टि से सम्पन्न राजनीतिक व्यंग्य का पुट था तो एक बाज़ारू किस्म की 'नौटंकी' भी थी (इसी बाज़ारू नौटंकी ने आगे चलकर कवि-सम्मेलनों की छवि धूमिल की)। बलबीर सिंह 'रंग', ठाकुर प्रसाद सिंह, रमानाथ अवस्थी, वीरेन्द्र मिश्र, नीरज, रामावतार त्यागी, मुकुटबिहारी सरोज, देवीप्रसाद राही, शिवबहादुर सिंह भदौरिया इस नव स्वच्छंद गीति धारा के प्रतिनिधि हस्ताक्षर थे। इन्होंने कविता की वाचिक परम्परा को पुनः जीवित किया और अल्प साक्षरों के बीच तक कविता को ले गये। किन्तु..., इस 'किन्तु' में ही इस उभार की सीमाएँ निहित हैं।

1960 के आस-पास हिन्दी कविता में फिर एक हलचल लक्ष्य की गई। वह हलचल पिछले दौरों से अलग तरह की थी, उसमें कई पीढ़ियों की शिरकत थी, उनकी उत्प्रेरक हवाएँ अलग-अलग दिशाओं से आ रही थीं, उनकी जीवन दृष्टि में अंतर था। एक ओर अगर कुमारेन्द्र पारसनाथ, मलय, विनोद कुमार शुक्ल आदि अपनी परम्परा और प्रेरणा प्रगतिशील कविता, विशेषकर मुक्तिबोध की आवेगत्वरित जनचरित्री कविता में देख

रहे थे, कमलेश, प्रयाग शुक्ल, अशोक वाजपेयी, कांता, स्नेहमयी चौधरी, गिरधर राठी आदि कवि नयी कविता के विच्छिन्न सूत्रों में नयी संभावनाओं की तलाश कर रहे थे, राजकमल चौधरी अमरीकी बीटनिक और बंगाल की भूखी पीढ़ी से प्रेरणा लेकर शातिर मध्यवर्ग और छद्म लोकतंत्र की निर्मम शल्यक्रिया कर रहे थे—वही काम 'धूमिल' भाषा के 'भदेस' औजारों से और कैलाश बाजपेयी रूमानी उद्वेलन से कर रहे थे। नरेश सक्सेना, उमाकांत मालवीय, देवेन्द्र कुमार बंगाली, भगवत रावत आदि उत्तर छायावादी लिरिक के नये साँचे ढाल-तराश रहे थे। दूसरी ओर चंद्रकांत देवताले, कुमार विकल, सौमित्र मोहन, ऋतुराज, विष्णु खरे, इब्बार रब्बी, लीलाधर जगूड़ी आदि, भिन्न-भिन्न धरातलों पर, अपने समय के छद्म से निबटने के लिए व्यंग्य-व्यंजित भाषा और अभिव्यक्ति की नयी ज़मीन तैयार कर रहे थे। इनमें से कई अब हमारे बीच नहीं हैं, किन्तु इन सभी के पूरे-अधूरे काम आगामी पीढ़ियों के लिए पथ प्रशस्त कर रहे हैं।

1967 में नक्सलबाड़ी से धधकी किसान क्रांति की ज्वाला ने देश को, दुनिया को जिस तरह प्रभावित किया उस पर बहुत कुछ लिखा और कहा जा चुका है। लगभग सभी भारतीय भाषाओं का साहित्य उससे प्रभावित हुआ। हिन्दी के अनेक कवि भी उससे प्रभावित हुए, जिनमें हरिहर द्विवेदी, वेणुगोपाल (दुर्भाग्य से इनकी कविताएँ इस संचयन के लिए सुलभ नहीं हो पाईं), आलोकधन्वा, पंकज सिंह, गोरख पांडेय, वीरेन डंगवाल के नाम प्रमुखता से लिये जाते हैं। बाद में पूरी तरह 'गंगातट' को समर्पित हो गये ज्ञानेन्द्रपति ने भी शुरू में कुछ कविताएँ उसी तर्ज की लिखी थीं। सीनियर्स में से धूमिल और कुमार विकल की कविताओं में भी उसकी अनुगूँज सुनी गई थी। उसी समय के आस-पास रमेश रंजक के गीतों और मनमोहन की चुटीली व्यंग्य कविताओं में जनवादी चेतना का प्रखर स्वर उभरा था।

1970 के आस-पास का वह समय विश्व स्तर पर साम्राज्यवाद, नस्लवाद, उपनिवेशवाद-नव उपनिवेशवाद के विरुद्ध कुछ इस तरह सन्नद्ध था कि साहित्य-कला-संस्कृति का कोई भी माध्यम उससे अछूता नहीं था। इन सरोकारों से जुड़ी दुनिया के लगभग सभी देशों की कविता, अंग्रेज़ी अनुवाद में प्रचुर मात्रा में सुलभ थी। ब्रेष्ट, नेरूदा, नाज़िम हिकमत

आदि पूर्वज पीढ़ी के महाकवि, पहले जिनके नाम-भर सुने गये थे; या इक्का-दुक्का छिटपुट कविताएँ, लगभग संपूर्णता में, हमारी पहुँच में थे और सभी साहित्यिक पत्रिकाएँ मौलिक कविताओं के साथ, काव्यानुवाद प्रमुखता से छाप रही थीं। यह कहना शायद गलत नहीं होगा कि 1970 से 80 का दौर समूची सदी में पहला अवसर था जब विश्व कविता हिन्दी कविता के इतने निकट देखी गई। ऐसे उत्तेजक और उत्प्रेरक समय में एक युवा पीढ़ी तैयार हो रही थी, जिसकी असरदार उपस्थिति 1980 के आसपास गौर की जाने लगी। राजेश जोशी, मंगलेश डबराल, अरुण कमल, उदय प्रकाश, विष्णु नागर, नरेन्द्र जैन, असद ज़ैदी, के नाम उनमें आते हैं। वैचारिक रूप से सभी बहुत करीब और देश-समाज-विश्व के प्रति सही समझदारी से लैस। आज अपने पूर्ण-विकसित कवि-व्यक्तित्व और कृतित्व के साथ ये सभी समकालीन कवि हिन्दी कविता की मुख्य भूमि पर हैं।

इन कवियों के बाद, थोड़ा आगे-पीछे एक और कवि-पीढ़ी आई, जिसके प्रतिनिधि हस्ताक्षर—स्वप्निल श्रीवास्तव, देवीप्रसाद मिश्र, लीलाधर मंडलोई, विमलकुमार, कुमार अम्बुज, संजय चतुर्वेदी ने सदी के संक्रमण बिन्दु पर समकालीन हिन्दी कविता के क्षितिज को कुछ इस तरह विकसित किया कि आगे आने वाले कवि नयी चुनौतियों के लिए स्वयं को तैयार कर सकें। यद्यपि इस पीढ़ी को पिछली पीढ़ी के विकास-क्रम में ही देखा जाना चाहिए, लेकिन थोड़े से फ़र्क़ से। जैविक, भौगोलिक और सामाजिक वजहों से 1960-70 के दशकों की राष्ट्रीय-अंतर्राष्ट्रीय आबोहवा इनके संवेदनालोक और अनुभव संसार से दूरतर रही थी। युवोचित सपनों और अनुभवों के साथ ये कविता के जीवन से जुड़े थे—इच्छाओं की पोटली सँभाले, सपने में किसी औरत से बातें करते, वैदिक सामगान सुनते, लोकरस में रचे-बसे। इसीलिए इस पीढ़ी की काव्य-यात्रा का पहला पड़ाव क्रमागत नहीं था। अगले पड़ावों पर ही राजनीतिक दोगलेपन, 'क्रूरता', बाज़ारवादी जश्न, छद्म और मुखौटों के अर्थ इनके सम्मुख उजागर हुए और इनकी कविता वह भाषा-वह चेहरा हासिल कर सकी कि अलग से पहचानी जा सके। काफ़ी कुछ इसी तरह का योगदान उन कवयित्रियों का भी है, जो पिछले तीन-चार दशकों के दौरान समकालीन कविता में प्रभावी हस्तक्षेप

करती रही हैं। 1980 के आसपास गगन गिल का पहला कविता संग्रह *एक दिन लौटेगी लड़की* आया था। उसकी कविताओं ने इस बात का अहसास कराया था कि सुभद्रा कुमारी चौहान के बाद शायद पहली बार स्त्री कविता में एक नयी तरह का हस्तक्षेप सामने आ रहा है। आगामी दशकों में वह अहसास अपनी सही शक्लो-सूरत पा सका। कात्यायनी के यहाँ लोककथाओं से उभर कर आई चम्पा हॉकी खेलती लड़कियों के साथ घुल-मिलकर अगली चुनौतियों के लिए खुद को तैयार करती दिखाई दी, तो निर्मला गर्ग की कविता का स्त्री-स्वर जन-संघर्षों के बीच से आत्मविश्वास अर्जित करता व्यंग्य के आक्रामक अस्लहे पैनाता गौर किया गया। सविता सिंह ने 'नींद और रात' के पार, देश के मानचित्र पर फैले पड़े जली लाशों के ढेर, बहनों-बेटियों, माशूक़ाओं के बलात्कृत जिस्मों की शिनाख्त करते हुए स्त्री-विमर्श को यथार्थ ज़मीन पर उतारा तो अनामिका ने बुद्धकालीन भिक्खु कवयित्रियों से शुरू कर इतिहास की पगडंडियाँ नापती स्त्री होने की नियति को वर्तमान की आँखों से तोला। यह सिलसिला थमा नहीं है, निरंतरित है नये दिगंतों के उद्घाटन के साथ। उन्हीं नये दिगंतों में एक चेहरा है मधु शर्मा का—अनंत में विलीन होता हुआ। मधु शर्मा की काव्ययात्रा को थोड़ा पीछे जाकर कांता और स्नेहमयी की परम्परा में देखना होगा। उनकी कविता स्त्री के अंतर्लोक और अंतर्द्वंद्व से होती हुई कविता और कला के अंतर्संबंधों की पड़ताल तक जाती है। (यह काम आधुनिक हिन्दी कविता में शमशेर जी ने शुरू किया था। मधु के यहाँ उसी का विस्तार लक्ष्य किया जाएगा।) कला के चाक्षुष अनुभव को कविता के शब्द कहाँ तक पकड़ पाते और विस्तृत करते हैं—मधु के पाँचवें कविता संग्रह *ये लहरें घेर लेती हैं* में इसके साक्ष्य हैं। उन्होंने कुछेक प्राचीन जापानी कवयित्रियों की खोज भी काव्यानुवाद के रास्ते की।

विगत दशकों में अस्मिताओं की पहचान और सबाल्टर्न डिस्कोर्स के ज़रिये दलित स्वर भी असरदार ढंग से उभरा है। मराठी, गुजराती आदि की कविता में यह स्वर बहुत ही पुष्ट रूप में पढ़ा-सुना जा रहा है। हिन्दी कविता का वर्तमान भी उससे अछूता नहीं, किन्तु जहाँ तक परिपक्वता की बात है, कविता और गद्य में साथ-साथ आवाजाही करते *जूठन* के यशस्वी लेखक

(अब स्वर्गीय) ओमप्रकाश वाल्मीकि ही उस ऊँचाई तक पहुँच पाये हैं।

यह प्रस्तुति बीसवीं सदी की हिन्दी कविता के विश्वकोश के रूप में न ली जाए, वैसी स्थिति में इसका कलेवर दूने से भी बड़ा होता। इसमें कविता के प्रस्थान बिन्दुओं को कुछ इस तरह रेखांकित किया गया है कि साहित्य का विशुद्ध पाठक हिन्दी कविता को हार्दिकतापूर्वक ग्रहण कर सके और उससे तादात्म्य बना सके। इसलिए ऐसे बहुत से कवि छोड़ने पड़े हैं, जिनका प्रमुख योगदान कविता की अपेक्षा साहित्य और चिंतन के अन्य अनुशासनों में रहा, या जो अपने कविता समय में काव्याभ्यास भर करते रहे।

यह भूमिका भी इतिहास-लेखन अथवा आलोचकीय आकलन-मूल्यांकन के रूप में नहीं प्रस्तुत की जा रही है, इसे अधिक से अधिक 'एक ढीली-ढाली सिनॉप्सिस' के रूप में लिया जाये। और अंत में हार्दिक आभार उन कवियों अथवा उनके उत्तराधिकारियों का जिनकी कविताएँ इस संचयन के लिए चुनी गई हैं।

दिल्ली
19 जून, 2018

—सुरेश सलिल

भारतेन्दु हरिश्चन्द्र

(1850–1885)

यमुना-वर्णन

तरनि तनूजा तट तमाल तरुवर बहु छाये।
झुके कूल सों जल-परसन हित मनहु सुहाये॥
किधौं मुकुर मैं लखत उझकि सब निज-निज सोभा।
कै प्रनवत जल जानि परम पावन फल लोभा॥
मनु आतप वारन तीर को, सिमिटि सबै छाये रहत।
कै हरि सेवा हित नै रहे, निरखि नैन मन सुख लहत॥
कहूँ तीर पर अमल कमल सोभित बहु भाँतिन।
कहुँ सैवालन मध्य कुमुदनी लग रहि पाँतिन॥
मनु दृग धारि अनेक जमुन निरखत निज सोभा।
कै उमगे प्रिय प्रिया प्रेम के अनगिन गोभा॥
कै करिके कर बहु पीय को, टेरत निज ढिंग सोहई।
कै पूजन को उपचार लै, चलति मिलन मन मोहई॥

गंगा-वर्णन

नव उज्ज्वल जलधार हार हीरक सी सोहति।
बिच-बिच छहरति बूँद मध्य मुक्ता मनि पोहति॥
लोल लहर लहि पवन एक पै इक इमि आवत।
जिमि नर-गन मन बिबिध मनोरथ करत मिटावत॥
सुभग स्वर्ग-सोपान सरिस सबके मन भावत।
दरसन मज्जन पान त्रिविध भय दूर मिटावत॥

श्रीहरि-पद-नख-चन्द्रकांत-मनि-द्रवित सुधारस।
ब्रह्म कमण्डल मण्डन भव खण्डन सुर सरबस॥
शिवसिर-मालति-माल भगीरथ नृपति-पुण्य-फल।
ऐरावत-गज-गिरिपति-हिम-नग-कण्ठहार कल॥
सगर-सुवन सठ सहस परस जलमात्र उधारन।
अगनित धारा रूप धारि सागर संचारन॥

श्रीधर पाठक

(1860–1928)

भारत-भूमि

जय जय भारत-भूमि हमारी

1

जय जग-रंजिनि, जय अघ-गंजिनि
संपति-सुमति-सुकृत-सुख-पुंजिनी
बुध-जन-हृदय-सरोवर-कंजिनी
सकल सुकर्मन की महतारी
जय जय भारत-भूमि हमारी

2

जय हिम-शृंगा, सुर-सरि गंगा
साधु समाज सुजन-सतसंगा
जय जग-क्लेश-प्रनाश-प्रसंगा
सुमिरत भरत मोद मन भारी
जय जय भारत-भूमि हमारी

3

जय भुवि-थंबिनि, सिंधु-नितंबिनि
त्रिभुवन-प्रेयसि, प्रेम-प्रलंबिनी
जयति जननि निज जन-अवलंबिनि
जय तुअ सुअन तपोबल-धारी
जय जय भारत-भूमि हमारी

4

जय अति सुंदरि, जय सुख-कंदरि
सती स्वधर्म-अतीव-अतंदरि
जगत-जोति, जग-सृष्टि-धुरंधरि
श्रीधर प्रनत प्रान बलिहारी
जय जय भारत-भूमि हमारी

जगत सचाई सार

कहो न प्यारे मुझसे ऐसा—"झूठा है यह सब संसार"
"थोथा झगड़ा, जी का रगड़ा, केवल दुख का हेतु अपार"
माना हमने वस्तु जगत की नाशवान है निस्सन्देह
फिर भी तो छोड़ा नहिं जाता, पलभर को भी उनसे नेह

लगा हुआ है वस्तु मात्र का एक-दूसरे से संबंध
दूषित क्योंकर हो सकता है उस कर्त्ता का अटल प्रबंध?
जगह है सच्चा, तनक न कच्चा, समझो बच्चा इसका भेद
पीओ खाओ, सब सुख पाओ, कभी न लाओ मन में खेद

"मिट्टी उढ़ौना, मिट्टी बिछौना" मिट्टी दाना-पानी है
मिट्टी ही तन बदन हमारा, सो सब ठीक कहानी है
पर जो उलटा समझ के इसको, बने आपही ज्ञानी है
मिट्टी करता है जीवन को, और बड़ा अज्ञानी है

मिट्टी क्या है सोचो तो टुक अकल लड़ाके प्यारे मित्र
पंच महा भूतों में धसके, देखो इसकी बात विचित्र
परम पवित्र पावनी पृथ्वी, भरी सकल सुघराई से
पद-पद पर शोभा से छाई, ईश्वर की चतुराई से

अति अमोल रत्नों की जननी, सब द्रव्यों की माता है
सदा सुधा रस भरी, खरी, यह सब प्रकार सुख दाता है

सब जीवों की भौतिक काया इससे पोषण पाती है
जीव से नाता छूट जाने पर इसी में वह मिल जाती है

तुम से, पृथ्वी से, मिट्टी से, है बस इतना ही संबंध
काम तुम्हारे आती है वह, सुंदर यह प्राकृतिक निबंध
समझ के सारे जगत को मिट्टी, मिट्टी जो कि रमाता है
मिट्टी करके सर्वस अपना, मिट्टी में मिल जाता है

कभी नहीं ऐसा मूरख नर सार सृष्टि का पाता है
जैसा ही आया था जग में वैसा ही वह जाता है
इस शरीर से जो मनुष्य नहिं कुछ भी लाभ उठाता है
उससे तो वह पशु भला जो काम सैकड़ों आता है

उसका जन्म व्यर्थ है जो नर पौरुष कुछ न दिखाता है
न इस लोक, न उसी लोक में हाथ उसे कुछ आता है
ऐसा कायर तो पृथ्वी को वृथा भार पहुँचाता है
अपना जीना ही जिसको एक बड़ा बोझ हो जाता है

जो तन-मन से करता है श्रम, उचित रीति से चलता है
सारी वसुधा का क्रम से, सर्वस उसको मिलता है
हाथ, पैर और नाक, कान, बुद्धि से काम जो लेता है
जीवन का सुख पाता है वह, औरों को सुख देता है

(प्रारम्भिक 9 पद)

मनू जी

मनू जी तुमने यह क्या किया?
किसी को पौन, किसी को पूरा, किसी को आधा दिया

सरस प्रीति के थल में बोया बिस-अनीति का बिया
लुब्ध पाप का, क्षुब्ध शाप का स्यापा सिर पर लिया

मनू जी तुमने यह क्या किया?
और अधिक क्या कहें बाप जी, कहते दुखता हिया
जटिल जाति का, अटल पांति का जाल है किसका सिया
मनू जी तुमने यह क्या किया?

व्योम-वीणा

कहीं पै स्वर्गीय कोई बाला,
सुमंजु वीणा बजा रही है!
सुरों के संगीत की सी कैसी,
सुरीली गुंजार आ रही है!

हरेक स्वर में नवीनता है
हरेक पद में प्रवीनता है
निराली लय है औ लीनता है
अलाप अद्‌भुत मिला रही है

अलक्ष्य पदों से गत सुनाती
तरल तरानों से मन लुभाती
अनूठे अटपटे स्वरों में स्वर्गिक,
सुधा की धारा बहा रही है

कोई पुरंदर की किंकरी है कि,
या किसी सुर की सुंदरी है
वियोग-तप्ता सी भोग भुक्ता,
हृदय के उद्‌गार गा रही है

कभी नई तान प्रेम-मय है,
कभी प्रकोपन, कभी विनय है
दया है, दाक्षिण्य का उदय है,
अनेकों बानक बना रही है

भरे गगन में हैं जितने तारे,
हुए हैं बदमस्त गत पे सारे
समस्त ब्रह्मांड भर को मानो
दो उंगलियों पर नचा रही है

सुनो तो सुनने की शक्तिवालो,
सको तो जाकर के कुछ पता लो
है कौन जोगन ये जो गगन में
कि इतनी चुलबुल मचा रही है !

अयोध्यासिंह उपाध्याय 'हरिऔध'

(1865–1947)

फूल और काँटा

हैं जनम लेते जगह में एक ही,
एक ही पौधा उन्हें है पालता।
रात में उन पर चमकता चाँद भी,
एक ही सी चाँदनी है डालता॥
मेह उन पर है बरसता एक सा,
एक सी उन पर हवाएँ हैं बहीं।
पर सदा ही यह दिखाता है हमें,
ढंग उनके एक-से होते नहीं॥
छेद कर काँटा किसी की उँगलियाँ,
फाड़ देता है किसी का वर वसन।
प्यार-डूबी तितलियों का पर कतर,
भौंर का है बेध देता श्याम तन॥
फूल लेकर तितलियों को गोद में,
भौंर को अपना अनूठा रस पिला।
निज सुगंधों औ निराले रंग से,
है सदा देता कली जी की खिला॥
है खटकता एक सबकी आँख में,
दूसरा है सोहता सुर-सीस पर।
किस तरह कुल की बड़ाई काम दे,
जो किसी में हो बड़प्पन की कसर॥

गोधूलि वेला

दिवस का अवसान समीप था
गगन था कुछ लोहित हो चला।
तरु–शिखा पर थी अब राजती
कमलिनी–कुल–वल्लभ की प्रभा।

विपिन बीच विहंगम–वृंद का
कलनिनाद विवर्धित था हुआ।
ध्वनिमयी विविधा विहगावली
उड़ रही नभ–मंडल मध्य थी।

ध्वनिमयी करके गिरि–कंदरा
कलित–कानन केलि निकुंज को।
बज उठी मुरली इस काल ही
तरणिजा–तट–राजित–कुंज में।

गगन मंडल में रज छा गई
दश–दिशा बहु–शब्दमयी हुई।
विशद–गोकुल के प्रति गेह में
बह चला वर–स्रोत विनोद का।

सुन पड़ा स्वर ज्यों कल–वेणु का
सकल–ग्राम समुत्सुक हो उठा।
हृदय–यंत्र निनादित हो गया
तुरत ही अनियंत्रित भाव से।

इधर गोकुल से जनता कढ़ी
उमगती पगती अति मोद में।
उधर आ पहुँची बलबीर की
विपुल–धेनु–विमंडित मंडली।

विलसता कटि में पट पीत था
रुचिर–वस्त्र–विभूषित गात था।
लस रही उर में बनमाल थी
कल–दुकूल–अलंकृत स्कंध था।

विविध-भाव-विमुग्ध बनी हुई
मुदित थी बहु दर्शक-मंडली।
अति मनोहर थी बनती कभी
बज किसी कटि की कलकिंकिणी।

खग-समूह न था अब बोलता
विटप थे बहु नीरव हो गये।
मधुर मंजुल मत्त अलाप के
अब न यंत्र बने तरु-वृंद थे।

प्रथम थी स्वर की लहरी जहाँ
पवन में अधिकाधिक गूँजती
कल अलाप सुप्लावित था जहाँ
अब वहाँ पर नीरवता हुई।

विशद-चित्रपटी ब्रजभूमि की
रहित आज हुई वर चित्र से।
छबि यहाँ पर अंकित जो हुई
अहह! लोप हुई सब-काल को।

(*'प्रिय-प्रवास'* से)

गयाप्रसाद शुक्ल 'सनेही'

(1883–1972)

स्वदेश

वह हृदय नहीं है पत्थर है,
जिसमें स्वदेश का प्यार नहीं।
जो जीवित जोश जगा न सका,
उस जीवन में कुछ सार नहीं।
जो चल न सका संसार-संग,
उसका होता संसार नहीं॥
जिसने साहस को छोड़ दिया,
वह पहुँच सकेगा पार नहीं।
जिससे न जाति-उद्धार हुआ,
होगा उसका उद्धार नहीं॥

जो भरा नहीं है भावों से,
बहती जिसमें रस-धार नहीं।
वह हृदय नहीं है पत्थर है,
जिसमें स्वदेश का प्यार नहीं॥

जिसकी मिट्टी में उगे बढ़े,
पाया जिसमें दाना-पानी।
हैं माता-पिता बन्धु जिसमें,
हम हैं जिसके राजा-रानी॥
जिसने कि ख़ज़ाने खोले हैं,
नव रत्न दिये हैं लासानी।
जिस पर ज्ञानी भी मरते हैं,
जिस पर है दुनिया दीवानी॥

उस पर है नहीं पसीजा जो,
क्या है वह भू का भार नहीं।
निश्चित है निस्संशय निश्चित,
है जान एक दिन जाने को।
है काल-दीप जलता हरदम,
जल जाना है परवानों को॥
है लज्जा की यह बात शत्रु—
आये आँखें दिखलाने को।
धिक्कार मर्दुमी को ऐसी,
लानत मर्दाने बाने को॥

सब कुछ है अपने हाथों में
क्या तोप नहीं तलवार नहीं।
वह हृदय नहीं है, पत्थर है,
जिसमें स्वदेश का प्यार नहीं॥

बुझा हुआ दीपक

करने चले तंग पतंग जला कर,
मिट्टी में मिट्टी मिला चुका हूँ।
तम-तोम का काम तमाम किया,
दुनिया को प्रकाश में ला चुका हूँ।
नहीं चाह 'सनेही' सनेह की और,
सनेह में जी मैं जला चुका हूँ।
बुझने का मुझे कुछ दुख नहीं।
पथ सैकड़ों को दिखला चुका हूँ॥
जगती का अँधेरा मिटा कर आँखों में,
आँख की तारिका हो के समाये।
परवा न हवा की करे कुछ भी,

भिड़े आके जो कीट पतंग जलाये।
निज ज्योति से दे नव-ज्योति जहान को,
अन्त में ज्योति में ज्योति मिलाये।
जलना हो जिसे वो जले मुझसा,
बुझना हो जिसे मुझसा बुझ जाये॥
लघु मिट्टी का पात्र था स्नेह भरा,
जितना उसमें भर जाने दिया।
धर बत्ती हिये पर कोई गया,
चुपचाप उसे घर जाने दिया।
पर - हेतु रहा जलता मैं निशा भर,
मृत्यु का भी डर जाने दिया।
मुस्काता रहा बुझते-बुझते,
हँसते-हँसते सर जाने दिया॥

भक्त की अभिलाषा

तू है गगन विस्तीर्ण तो मैं एक तारा क्षुद्र हूँ,
तू है महासागर अगम मैं एक धारा क्षुद्र हूँ।
तू है महानद तुल्य तो मैं एक बूँद समान हूँ,
तू है मनोहर गीत तो मैं एक उसकी तान हूँ॥
तू है सुखद ऋतुराज तो मैं एक छोटा फूल हूँ,
तू है अगर दक्षिण पवन तो मैं कुसुम की धूल हूँ।
तू है सरोवर अमल तो मैं एक उसका मीन हूँ।
तू है पिता तो पुत्र मैं तब अंक में आसीन हूँ॥
तू अगर सर्वाधार है तो एक मैं आधेय हूँ,
आश्रय मुझे है एक तेरा श्रेय या आश्रेय हूँ।
तू है अगर सर्वेश तो मैं एक तेरा दास हूँ,
तुझको नहीं मैं भूलता हूँ, दूर हूँ या पास हूँ॥
तू है पतित-पावन प्रकट तो मैं पतित मशहूर हूँ,

छल से तुझे यदि है घृणा तो मैं कपट से दूर हूँ।
है भक्ति की यदि भूख तुझको तो मुझे तब भक्ति है,
अति प्रीति है तेरे पदों में, प्रेम है, आसक्ति है॥
तू है दया का सिन्धु तो मैं भी दया का पात्र हूँ,
करुणेश तू है चाहता, मैं नाथ करुणामात्र हूँ।
तू दीनबन्धु प्रसिद्ध है, मैं दीन से भी दीन हूँ,
तू नाथ! नाथ अनाथ का, असहाय मैं प्रभु-हीन हूँ॥
तव चरण अशरण-शरण हैं, मुझको शरण की चाह है,
तू शीत करता दग्ध को, मेरे हृदय में दाह है।
तू है शरद्-राका-शशी, मम चित्त चारु चकोर है,
तव ओट तज कर देखता यह और की कब ओर है॥
हृदयेश, अब तेरे लिए है हृदय व्याकुल हो रहा,
आ-आ! इधर आ! शीघ्र आ! यह शोर यह गुल हो रहा।
यह चित्त-चातक है तृषित, कर शान्त करुणा-वारि से,
घनश्याम, तेरी रट लगी आठों पहर है अब इसे॥
तू जानता मन की दशा, रखता न तुझसे बीच हूँ,
जो कुछ भी हूँ तेरा किया हूँ, उच्च हूँ या नीच हूँ।
अपना मुझे, अपना समझ, तपना न अब मुझको पड़े,
तज कर तुझे यह दास जाकर द्वार पर किसके अड़े॥
तू है दिवाकर तो कमल मैं, जलद तू, मैं मोर हूँ,
सब भावनाएँ छोड़ कर अब कर रहा यह शोर हूँ।
मुझमें समा जा इस तरह, तन-प्राण का जो तौर है,
जिसमें न फिर कोई कहे - मैं और हूँ तू और है॥

मैथिलीशरण गुप्त

(1886-1964)

मातृभूमि

नीलाम्बर परिधान हरित पट पर सुंदर हैं,
सूर्य चन्द्र युग मुकुट, मेखला रत्नाकर हैं।
नदियाँ प्रेम-प्रवाह, फूल तारे मंडल हैं,
बंदीजन खग-वृंद शेष-फन सिंहासन हैं।
करते अभिषेक पयोद हैं, बलिहारी इस वेष की,
हे मातृभूमि, तू सत्य ही सगुण मूर्ति सर्वेश की।
जिसकी रज में लोट-लोटकर बड़े हुए हैं,
घुटनों के बल सरक-सरक कर खड़े हुए हैं।
परमहंस-सम बाल्यकाल में सब सुख पाये,
जिसके कारण 'धूलि भरे हीरे' कहलाये।
हम खेले-कूदे हर्षयुत जिसकी प्यारी गोद में,
हे मातृभूमि, तुझको निरख मग्न क्यों न हों मोद में?
पाकर तुझसे सभी सुखों को हमने भोगा,
तेरा प्रत्युपकार कभी क्या हमसे होगा?
तेरी ही यह देह, तुझी से बनी हुई है,
बस, तेरे ही सुरस-सार से सनी हुई है।
फिर अन्त समय तूही इसे, अचल देख अपनायेगी,
हे मातृभूमि, यह अन्त में, तुझमें ही मिल जायेगी।
क्षमामयी, तू दयामयी है, क्षेममयी है,
सुधामयी, वात्सल्यमयी, तू प्रेममयी है।
विभवशालिनी, विश्वपालिनी, दुखहर्त्री है,
भय-निवारिणी, शान्तिकारिणी, सुखकर्त्री है।

हे शरणदायिनी देवि तू, करती सबका त्राण है,
हे मातृभूमि, सन्तान हम, तू जननी, तू प्राण है।
जिस पृथिवी में मिले हमारे पूर्वज प्यारे,
उससे हे भगवान्! कभी हम रहें न न्यारे।
लोट-लोटकर वहीं हृदय को शान्त करेंगे,
उसमें मिलते समय मृत्यु से नहीं डरेंगे।
उस मातृभूमि की धूलि में जब पूरे सन जायेंगे,
होकर भव-बंधन-मुक्त हम आत्मरूप बन जायेंगे।

मनुष्यता

विचार लो कि मर्त्य हो न मृत्यु से डरो कभी,
मरो, परन्तु यों मरो कि याद जो करें सभी।
हुई न यों सुमृत्यु तो वृथा मरे, वृथा जिए,
मरा नहीं वही कि जो जिया न आपके लिए।
वही पशु-प्रवृत्ति है कि आप आप ही चरे,
वही मनुष्य है कि जो मनुष्य के लिए मरे॥

उसी उदार की कथा सरस्वती बखानती,
उसी उदार से धरा कृतार्थ भाव मानती।
उसी उदार की सदा सजीव कीर्ति कूजती;
तथा उसी उदार को समस्त सृष्टि पूजती।
अखंड आत्म भाव जो असीम विश्व में भरे,
वही मनुष्य है कि जो मनुष्य के लिए मरे॥

क्षुधार्त रंतिदेव ने दिया करस्थ थाल भी,
तथा दधीचि ने दिया परार्थ अस्थिजाल भी।
उशीनर क्षितीश ने स्वमांस दान भी किया,
सहर्ष वीर कर्ण ने शरीर-चर्म भी दिया।

अनित्य देह के लिए अनादि जीव क्या डरे?
वही मनुष्य है कि जो मनुष्य के लिए मरे॥

सहानुभूति चाहिए, महाविभूति है यही;
वशीकृता सदैव है बनी हुई स्वयं मही।
विरुद्धवाद बुद्ध का दया-प्रवाह में बहा,
विनीत लोकवर्ग क्या न सामने झुका रहा?
अहा! वही उदार है परोपकार जो करे,
वही मनुष्य है कि जो मनुष्य के लिए मरे॥

रहो न भूल के कभी मदांध तुच्छ वित्त में,
सनाथ जान आपको करो न गर्व चित्त में।
अनाथ कौन है यहाँ? त्रिलोकनाथ साथ हैं,
दयालु दीनबंधु के बड़े विशाल हाथ हैं।
अतीव भाग्यहीन है अधीर भाव जो करे,
वही मनुष्य है कि जो मनुष्य के लिए मरे॥

अनंत अन्तरिक्ष में अनंत देव हैं खड़े,
समक्ष ही स्वबाहु जो बढ़ा रहे बड़े-बड़े।
परस्परावलंब से उठो तथा बढ़ो सभी,
अभी अमर्त्य-अंक में अपंक हो चढ़ो सभी।
रहो न यों कि एक से न काम और का सरे,
वही मनुष्य है कि जो मनुष्य के लिए मरे॥

'मनुष्य मात्र बंधु हैं' यही बड़ा विवेक है,
पुराणपुरुष स्वयंभू पिता प्रसिद्ध एक है।
फलानुसार कर्म के अवश्य बाह्य भेद हैं,
परन्तु अन्तरैक्य में प्रमाणभूत वेद हैं।
अनर्थ है कि बंधु ही न बंधु की व्यथा हरे,
वही मनुष्य है कि जो मनुष्य के लिए मरे॥

चलो अभीष्ट मार्ग में सहर्ष खेलते हुए,

विपत्ति, विघ्न जो पड़ें उन्हें ढकेलते हुए।
घटे न हेलमेल हाँ, बढ़े न भिन्नता कभी,
अतर्क एक पंथ के सतर्क पंथ हों सभी।
तभी समर्थ भाव है कि तारता हुआ तरे,
वही मनुष्य है कि जो मनुष्य के लिए मरे॥

खंजन आये

निरख सखी, ये खंजन आये,
फेरे उन मेरे रंजन ने नयन इधर मन भाये!
फैला उनके तन का आतप, मन-से सर सरसाये,
घूमे वे इस ओर वहाँ, ये हंस यहाँ उड़ छाये!
करके ध्यान आज इस जन का निश्चय वे मुस्काये,
फूल उठे हैं कमल, अधर-से ये बंधूक सुहाये!
स्वागत, स्वागत, शरद, भाग्य से मैंने दर्शन पाये,
नभ ने मोती वारे, लो, ये अश्रु अर्घ्य भर लाये।

(*'साकेत'* से)

सखि, वे मुझसे कहकर जाते

सखि, वे मुझसे कहकर जाते,
कह, तो क्या मुझको वे अपनी पथ-बाधा ही पाते?

मुझको बहुत उन्होंने माना,
फिर भी क्या पूरा पहचाना?
मैंने मुख्य उसी को जाना,
जो वे मन में लाते।
सखि, वे मुझसे कहकर जाते।

स्वयं सुसज्जित करके क्षण में,
प्रियतम को, प्राणों के पण में,
हमीं भेज देती हैं रण में—
क्षात्र-धर्म के नाते।
सखि, वे मुझसे कहकर जाते।

हुआ न यह भी भाग्य अभागा,
किस पर विफल गर्व अब जागा?
जिसने अपनाया था, त्यागा;
रहें स्मरण ही आते!
सखि, वे मुझसे कहकर जाते।

नयन उन्हें हैं निष्ठुर कहते,
पर इनसे जो आँसू बहते,
सदय हृदय वे कैसे सहते?
गये तरस ही खाते!
सखि, वे मुझसे कहकर जाते।

जायें, सिद्धि पावें वे सुख से,
दुखी न हों इस जन के दुख से,
उपालम्भ दूँ मैं किस मुख से?
आज अधिक वे भाते!
सखि, वे मुझसे कहकर जाते।

गये, लौट भी वे आवेंगे,
कुछ अपूर्व-अनुपम लावेंगे,
रोते प्राण उन्हें पावेंगे,
पर क्या गाते-गाते?
सखि, वे मुझसे कहकर जाते।

('*यशोधरा*' से)

माँ, कह एक कहानी

'माँ, कह एक कहानी।'
'बेटा, समझ लिया क्या तूने
मुझको अपनी नानी?'

'कहती है मुझसे यह चेटी,
तू मेरी नानी की बेटी।
कह माँ, कह, लेटी ही लेटी,
राजा था या रानी?
राजा था या रानी
माँ, कह एक कहानी।'

'तू है हठी मानधन मेरे,
सुन, उपवन में बड़े सबेरे,
तात भ्रमण करते थे तेरे,
जहाँ सुरभि मनमानी।'
'जहाँ सुरभि मनमानी?
हाँ, माँ, यही कहानी।'

'वर्ण-वर्ण के फूल खिले थे,
झलमल कर हिम-बिन्दु झिले थे,
हलके झोंके हिले-मिले थे,
लहराता था पानी।'
'लहराता था पानी?
हाँ, हाँ, यही कहानी।'

'गाते थे खग कल-कल स्वर से,
सहसा एक हंस ऊपर से
गिरा, बिद्ध होकर खर-शर से।
हुई पक्ष की हानी।'

‘हुई पक्ष की हानी?
करुणा-भरी कहानी।’

‘चौंक उन्होंने उसे उठाया,
नया जन्म-सा उसने पाया।
इतने में आखेटक आया,
लक्ष्य-सिद्धि का मानी।’
‘लक्ष्य-सिद्धि का मानी।
कोमल-कठिन कहानी।’

‘माँगा उसने आहत पक्षी,
तेरे तात किन्तु थे रक्षी।
तब उसने, जो था खगभक्षी—
हठ करने को ठानी।’
‘हठ करने को ठानी?
अब बढ़ चली कहानी।’

‘हुआ विवाद सदय-निर्दय में,
उभय आग्रही थे स्वविषय में।
गयी बात तब न्यायालय में,
सुनी सभी ने जानी।’
‘सुनी सभी ने जानी?
व्यापक हुई कहानी।’

‘राहुल, तू निर्णय कर इसका—
न्याय पक्ष लेता है किसका?
कह दे निर्भय, जय हो जिसका
सुन लूँ तेरी बानी।’
‘माँ, मेरी क्या बानी?
मैं सुन रहा कहानी।’

‘कोई निरपराध को मारे

तो क्यों अन्य उसे न उबारे?
रक्षक पर भक्षक को वारे
न्याय दया का दानी।'
'न्याय दया का दानी?
तू ने गुनी कहानी।'

('*यशोधरा*' से)

चारु चन्द्र की चंचल किरणें

चारु चन्द्र की चंचल किरणें
खेल रही हैं जल-थल में,
स्वच्छ चाँदनी बिछी हुई है
अवनि और अंबर तल में।
पुलक प्रगट करती है धरती
हरित तृणों की नोकों से,
मानो झूम रहे हैं तरु भी
मंद पवन के झोंकों से॥
क्या ही स्वच्छ चाँदनी है यह
है क्या ही निस्तब्ध निशा;
है स्वच्छंद-सुमंद गंध वह,
निरानन्द है कौन दिशा?
बंद नहीं, अब भी चलते हैं
नियति-नटी के कार्य-कलाप,
पर कितने एकांत भाव से,
कितने शान्त और चुपचाप॥
है बिखेर देती वसुंधरा
मोती, सबके सोने पर,
रवि बटोर लेता है उनको

सदा सबेरा होने पर।
और विरामदायिनी अपनी
संध्या को दे जाता है,
शून्य श्याम तनु जिससे उसका—
नया रूप छलकाता है॥
पंचवटी की छाया में है
सुंदर पर्ण कुटीर बना,
उसके सम्मुख स्वच्छ शिला पर
धीर वीर निर्भीक-मना,
जाग रहा यह कौन धनुर्धर,
जबकि भुवन भर सोता है?
भोगी कुसुमायुध योगी सा
बना दृष्टिगत होता है॥

(*'पंचवटी'* से)

माखनलाल चतुर्वेदी

(1889–1968)

पुष्प की अभिलाषा

चाह नहीं मैं सुरबाला के
गहनों में गूँथा जाऊँ,
चाह नहीं, प्रेमी-माला में
बिंध प्यारी को ललचाऊँ,
चाह नहीं, सम्राटों के शव
पर हे हरि, डाला जाऊँ,
चाह नहीं, देवों के सिर पर
चढ़ूँ भाग्य पर इठलाऊँ।
मुझे तोड़ लेना वनमाली!
उस पथ पर देना तुम फेंक,
मातृभूमि पर शीश चढ़ाने
जिस पर जावें वीर अनेक।

क़ैदी और कोकिला

क्या गाती हो? क्यों रह-रह जाती हो?
कोकिल बोलो तो!
क्या लाती हो? सन्देशा किसका है?
कोकिल बोलो तो!

ऊँची काली दीवारों के घेरे में,

डाकू, चोरों, बटमारों के डेरे में,
जीने को देते नहीं पेट-भर खाना
मरने भी देते नहीं, तड़प रह जाना!
जीवन पर अब दिन-रात कड़ा पहरा है,
शासन है, या तम का प्रभाव गहरा है?
हिमकर निराश कर चला, रात भी काली,
इस समय कालिमामयी जगी क्यों आली?
क्यों हूक पड़ी? वेदना बोझ वाली-सी;
कोकिल बोलो तो?
क्या लुटा? मृदुल वैभव की रखवाली-सी,
कोकिल बोलो तो!

बंदी सोते हैं, है घरघर श्वासों का
दिन के दुख का रोना है निःश्वासों का,
अथवा स्वर है लोहे के दरवाज़ों का,
बूटों का, या संत्री की आवाज़ों का,
या गिननेवाले करते हाहाकार।
सारी रातों है—एक, दो, तीन, चार!
मेरी आँसू की भरीं उभय जब प्याली,
बेसुरा! मधुर क्यों गाने आयीं आली?
क्या हुई बावली? अर्द्धरात्रि को चीख़ी,
कोकिल बोलो तो!
किस दावानल की ज्वालाएँ हैं दीखीं?
कोकिल बोलो तो!

निज मधुराई को कारागृह पर छाने,
जी के घावों पर तरलामृत बरसाने,
या वायु-विटप-वल्लरी चीर, हठ ठाने
दीवार चीरकर अपना स्वर अजमाने,
या लेने आयी इन आँखों का पानी?

नभ के ये दीप बुझाने की है ठानी!
खा अंधकार करते वे जग रखवाली
क्या उनकी शोभा तुझे न भाई आली?
तुम रवि किरणों से खेल जगत् को रोज़ जगानेवाली,
कोकिल बोलो तो!
क्यों अर्द्धरात्रि में विश्व जगाने आयी हो मतवाली?
कोकिल बोलो तो!

दूबों के आँसू धोती रवि-किरणों पर,
मोती बिखराती विंध्या के झरनों पर,
ऊँचे उठने के व्रतधारी इस वन पर,
ब्रह्मांड कँपाती उस उद्दंड पवन पर,
तेरे मीठे गीतों का पूरा लेखा,
मैंने प्रकाश में लिखा सजीला देखा।
तब सर्वनाश करती क्यों हो तुम, जाने या बेजाने?
कोकिल बोलो तो!
क्यों तमोपत्र पर विवश हुई लिखने चमकीली तानें?
कोकिल बोलो तो!

क्या? देख न सकती ज़ंजीरों का गहना?
हथकड़ियाँ क्यों? यह ब्रिटिश राज का गहना,
कोल्हू का चर्रक चूँ? जीवन की तान,
मिट्टी पर अँगुलियों ने लिक्खे गान!
हूँ मोट खींचता लगा पेट पर जूआ,
खाली करता हूँ ब्रिटिश अकड़ का कूआँ।
दिन में करुणा क्यों जगे, रुलानेवाली,
इसलिए रात में गज़ब ढा रही, आली?
इस शान्त समय में अंधकार को बेध रो रही क्यों हो!
कोकिल बोलो तो!
चुपचाप मधुर विद्रोह-बीज इस भाँति बो रही क्यों हो!

कोकिल बोलो तो!
काली तू, रजनी भी काली
शासन की करनी भी काली।
काली लहर, कल्पना काली,
टोपी काली, कमली काली,
मेरी लौह-शृंखला काली;
पहरे की हुंकृति की व्याली,
तिस पर है गाली, ऐ आली!
इस काले संकट-सागर पर मरने की मदमाती
कोकिल बोलो तो!
अपने चमकीले गीतों को क्योंकर हो तैराती?
कोकिल बोलो तो!

तेरे 'माँगे हुए' न बैना,
री, तू नहीं बंदिनी मैना,
न तू स्वर्ण-पिंजरे की पाली,
तुझे न दाख खिलाए आली!
तोता नहीं, नहीं तू तूती,
तू स्वतन्त्र, बलि की गति कूती
तब तू रण का ही प्रसाद है।
तेरा स्वर बस शंखनाद है।
दीवारों के उस पार! या कि इस पार दे रही गूँजें?
हृदय टटोलो तो!
त्याग शुक्लता, तुझ काली को, आर्य-भारती पूजे,
कोकिल बोलो तो!

तुझे मिली हरियाली डाली,
मुझे नसीब कोठरी काली!
तेरा नभ-भर में संचार!
मेरा दस फुट का संसार!

तेरे गीत कहावें वाह!
रोना भी है मुझे गुनाह!
देख विषमता तेरी-मेरी,
बजा रही तिस पर रणभेरी!
इस हुंकृति पर, अपनी कृति से और कहो क्या कर दूँ?
कोकिल बोलो तो!
मोहन के व्रत पर, प्राणों का आसव किसमें भर दूँ?
कोकिल बोलो तो!

फिर कुहू! अरे क्या बंद न होगा गाना!
इस अंधकार में मधुराई दफ़नाना?
नभ सीख चुका है कमज़ोरों को खाना,
क्यों बना रही अपने को उसका दाना?
फिर भी करुणा-गाहक बंदी सोते हैं!
स्वप्नों में स्मृतियों की श्वासें धोते हैं!
इन लौह-सीखचों की कठोर पाशों में
क्या भर दोगी? बोलो निद्रित लाशों में!
क्या धुल जायेगा रुदन तुम्हारा निःश्वासों के द्वारा?
कोकिल बोलो तो!
और सवेरे हो जावेगा उलट-पुलट जग सारा
कोकिल बोलो तो!

जयशंकर प्रसाद

(1889–1937)

प्रयाण-गीत

हिमाद्रि तुंग शृंग से
प्रबुद्ध शुद्ध भारती
स्वयंप्रभा समुज्ज्वला
स्वतन्त्रता पुकारती
'अमर्त्य वीर पुत्र हो,
दृढ़-प्रतिज्ञ सोच लो,
प्रशस्त पुण्य पन्थ है,
बढ़े चलो, बढ़े चलो।'
असंख्य कीर्ति-रश्मियाँ,
विकीर्ण दिव्य दाह-सी
सपूत मातृभूमि के
रुको न शूर साहसी
अराति सैन्य सिन्धु में
सुवाड़वाग्नि से जलो,
प्रवीर हो जयी बनो,
बढ़े चलो, बढ़े चलो।

राष्ट्र-वन्दना

अरुण यह मधुमय देश हमारा।
जहाँ पहुँच अनजान क्षितिज को मिलता एक सहारा।

सरस तामरस गर्भ विभा पर, नाच रही तरुशिखा मनोहर
छिटका जीवन हरियाली पर, मंगल कुंकुम सारा।
लघु सुरधनु से पंख पसारे, शीतल मलय समीर सहारे
उड़ते खग जिस ओर मुँह किये, समझ नीड़ निज प्यारा।
बरसाती आँखों के बादल, बनते जहाँ भरे करुणा जल
लहरें टकरातीं अनन्त की, पाकर जहाँ किनारा।
हेम कुंभ ले उषा सबेरे, भरती ढुलकाती सुख मेरे
मदिर ऊँघते रहते जब, जगकर रजनी भर तारा।

ले चल वहाँ भुलावा देकर

ले चल वहाँ भुलावा देकर
मेरे नाविक! धीरे-धीरे।
जिस निर्जन में सागर लहरी
अम्बर के कानों में गहरी
निश्छल प्रेम-कथा कहती हो
तज कोलाहल की अवनी रे!
जहाँ साँझ-सी जीवन छाया;
ढीले अपनी कोमल काया,
नील नयन से ढुलकाती हो
ताराओं की पाँति घनी रे!
जिस गंभीर मधुर छाया में
विश्व चित्र-पट चल माया में
विभुता विभु-सी पड़े दिखायी
दुख-सुख वाली सत्य बनी रे!
श्रम-विश्राम क्षितिज-बेला से
जहाँ सृजन करते मेला से
अमर जागरण उषा नयन से
बिखराती हो ज्योति घनी रे!

बीती विभावरी

बीती विभावरी जाग री!
अम्बर पनघट में डुबो रही
तारा-घट ऊषा नागरी।

खगकुल कुल-कुल सा बोल रहा
किसलय का अंचल डोल रहा
लो यह लतिका भी भर लायी—
मधु मुकुल नवल रस गागरी।

अधरों में राग अमन्द पिये
अलकों में मलयज बन्द किये
तू अब तक सोयी है आली!
आँखों में भरे विहाग री!

घनीभूत पीड़ा

जो घनीभूत पीड़ा थी
मस्तक में स्मृति सी छाई
दुर्दिन में आँसू बनकर
वह आज बरसने आई
झंझा झकोर गर्जन था
बिजली थी, नीरद माला
पाकर इस शून्य हृदय में
सबने आ डेरा डाला।

पतझड़ था झाड़ खड़े थे
सूखी सी फुलवारी में
किसलय नव कुसुम बिछाकर
आये तुम इस क्यारी में।

शशि-मुख पर घूँघट डाले
अंचल में दीप छिपाये
जीवन की गोधूली में
कौतूहल से तुम आये।

घन में सुंदर बिजली-सी
बिजली में चपल चमक-सी
आँखों में काली पुतली
पुतली में श्याम झलक-सी

काली आँखों में कितनी
यौवन के मद की लाली
मानिक-मदिरा से भर दी
किसने नीलम की प्याली

लहरों में प्यास भरी है
है भँवर पात्र भी खाली
मानस का सब रस पीकर
लुढ़का दी तुमने प्याली

अम्बर असीम अन्तर में
चंचल चपला-सी आकर
अब इंद्रधनुष की आभा
तुम छोड़ गये हो जाकर।

अब छुटता नहीं छुड़ाये
रंग गया हृदय है ऐसा
आँसू से धुला निखरता
यह रंग अनोखा कैसा॥

('आँसू' से)

रामनरेश त्रिपाठी

(1889–1962)

अन्वेषण

मैं ढूँढ़ता तुझे था, जब कुंज और वन में।
तू खोजता मुझे था, तब दीन के सदन में॥
तू 'आह' बन किसी की, मुझको पुकारता था।
मैं था तुझे बुलाता, संगीत में भजन में॥
मेरे लिए खड़ा था, दुखियों के द्वार पर तू।
मैं बाट जोहता था, तेरी किसी चमन में॥
बनकर किसी के आँसू, मेरे लिए बहा तू।
आँखें लगी थीं मेरी, तब मान और धन में॥
बाजे बजा-बजा कर, मैं था तुझे रिझाता।
तब तू लगा हुआ था, पतितों के संगठन में॥
मैं था विरक्त तुझसे, जग की अनित्यता पर।
उत्थान भर रहा था, तब तू किसी पतन में॥
बेबस गिरे हुओं के, तू बीच में खड़ा था।
मैं स्वर्ग देखता था, झुकता कहाँ चरन में॥
तूने दिये अनेकों अवसर न मिल सका मैं।
तू कर्म में मगन था, मैं व्यस्त था कथन में॥
तेरा पता सिकंदर को, मैं समझ रहा था!
पर तू बसा हुआ था, फरहाद कोहकन में॥
क्रीसस की 'हाय' में था, करता विनोद तू ही।
तू अन्त में हँसा था, महमूद के रुदन में॥
प्रह्लाद जानता था, तेरा सही ठिकाना।

तू ही मचल रहा था, मंसूर की रटन में॥
आखिर चमक पड़ा तू गाँधी की हड्डियों में।
मैं था तुझे समझता, सुहराब पीले तन में॥
कैसे तुझे मिलूँगा, जब भेद इस कदर है।
हैरान होके भगवन्, आया हूँ मैं सरन में॥
तू रूप है किरन में, सौंदर्य है सुमन में।
तू प्राण है पवन में, विस्तार है गगन में॥
तू ज्ञान हिन्दुओं में, ईमान मुस्लिमों में।
तू प्रेम क्रिश्चियन में, तू सत्य है सुजन में॥
हे दीनबंधु ऐसी, प्रतिभा प्रदान कर तू।
देखूँ तुझे दृगों में, मन में तथा वचन में॥
कठिनाइयों दुखों का, इतिहास ही सुयश है।
मुझको समर्थ कर तू, बस कष्ट के सहन में॥
दुख में न हार मानूँ, सुख में तुझे न भूलूँ।
ऐसा प्रभाव भर दे, मेरे अधीर मन में॥

गोपालशरण सिंह

(1891–1960)

खोज

मैं न तुमको खोज पाया!
झुक रहे पादप तुम्हारी ओर थे,
पुष्प तुमको देख हर्ष-विभोर थे,
नाचते उन्मत्त मंजुल मोर थे,
तुम छिपी थीं कुंज में यह ध्यान में मेरे न आया;
मैं न तुमको खोज पाया!
थीं नदी तट पर सुमुखि! तुम घूमतीं,
ललित लहरें मृदु चरण थीं चूमतीं,
वायु कम्पित थी लताएँ झूमतीं,
थी न लगती भिन्न लतिका से तुम्हारी मंजु काया;
मैं न तुमको खोज पाया!
उच्च हिमगिरि पर तुम्हारा वास है,
निकटतम जिसके विमल आकाश है,
नित जहाँ रहता मनोज्ञ विकास है,
डालकर परदा पयोदों ने वहाँ तुमको छिपाया;
मैं न तुमको खोज पाया!
तुम कली के रूप में हो फूलती,
हो समीरण दोल पर तुम झूलती,
कौन हो तुम, यह स्वयं तुम भूलती,
क्या पृथक् अस्तित्व अपना है कभी तुमने दिखाया;
मैं न तुमको खोज पाया!

है तुम्हारी ही छटा मधुमास में,
है तुम्हारी कांति विद्युत-हास में,
है तुम्हारी ज्योति सोम-प्रकाश में,
है तुम्हारा रूप जग के मंजु कण-कण में समाया;
मैं न तुमको खोज पाया!
हैं तुम्हीं से कांतिमय कानन सघन,
हैं तुम्हीं से उल्लसित वन के सुमन,
कोकिला करती तुम्हारा ही स्तवन,
छवि-छटा जग की सभी है बस तुम्हारी मोह-माया;
मैं न तुमको खोज पाया!

सागरिका

सागर के उर पर नाच-नाच, करती हैं लहरें मधुर गान।
जगती के मन को खींच-खींच
निज छवि के रस से सींच-सींच,
जल-कन्याएँ भोली अजान।
सागर के उर पर नाच-नाच, करती हैं लहरें मधुर गान।
प्रातः समीर से हो अधीर,
छूकर पल-पल उल्लसित तीर,
कुसुमावलि-सी पुलकित महान्।
सागर के उर पर नाच-नाच, करती हैं लहरें मधुर गान।
संध्या से पाकर रुचिर रंग,
करती सी शत सुर-चाप भंग,
हिलते तरु नव-दल के समान।
सागर के उर पर नाच-नाच, करती हैं लहरें मधुर गान।
करतल-गत कर नभ की विभूति,
पाकर शशि से सुषमानुभूति,

तारावलि–सी मृदु दीप्तिमान।
सागर के उर पर नाच–नाच, करती हैं लहरें मधुर गान।
तन पर शोभित नीला दुकूल,
हैं छिपे हृदय में भाव–फूल,
आकर्षित करती हुई ध्यान।
सागर के उर पर नाच–नाच, करती हैं लहरें मधुर गान।
हैं कभी मुदित, हैं कभी खिन्न,
हैं कभी मिली, हैं कभी भिन्न,
हैं एक सूत्र में बँधे प्राण।
सागर के उर पर नाच–नाच, करती हैं लहरें मधुर गान।

गुरुभक्त सिंह 'भक्त'

(1893-1983)

ओ स्वप्नों के संसार विदा!

ओ स्वप्नों के संसार विदा, ओ बालकपन के प्यार विदा।
ओ शोभा के आगार विदा, मनमोहन के मनुहार विदा॥
यमुना का कल-कल नाद विदा, आँखों का वह उन्माद विदा।
आमोदों का प्रासाद विदा, वह जीवन का आह्लाद विदा॥
उस मधुर कल्पना-शिल्पी के, महलों का माया-जाल विदा।
उस मेरे हृदय सरोवर का, ओ सुंदर सुखद मराल विदा॥
कौमार्य-कली के कलित कामनाओं का, मौन विकास विदा।
वह दिनकर संगम से प्राची में, ऊषा का मृदुहास विदा॥
ओ अनिल-नींव-पर-बने हुए, अभिलाषाओं के कोट विदा।
ओ क्रूर काल के कठिन करों के, अन्तस्तल की चोट विदा॥
हिम सरिता में बहते विलास, विनिमय सुख के हिमखंड विदा।
आकांक्षाओं के झंझा के, झकझोर झपेट प्रचंड विदा॥
चिरपरिचित हृदय देश अपनाने का, वह विजयोल्लास विदा।
उस प्यारे शिशु के गिर-गिर पैरों चलने का अभ्यास विदा॥
जिसमें मैं गुड़ियों से खेली, मेरी ममता का गेह विदा।
जिन आँखों की मैं पुतली थी, उन सुहृद जनों का स्नेह विदा॥
वह छिपछिप कर उठनेवाली, मन की आनन्द हिलोर विदा।
मेरे मानस में बंदी होनेवाले वह चितचोर विदा॥
प्यारे दामन की पट्टी से, बाँधे चोटों की टीस विदा।
उस मरु प्रदेश में खोई सरिता धारा के वारीश विदा॥
जो नहीं आ सके पुनः बाग में, मेरे विहग वसन्त विदा।

घेरे-घेरे जो फिरता था मुझको, ओ दिव्य दिगंत विदा॥
वह क्रीड़ा में कपोत के उड़ने पर कुछ खिंची कमान विदा।
जिसको पी-पी कर मस्त हुई मैं, वह मादक मुस्कान विदा॥
मोहन मंत्रों से अंकित उन अलभ्य अधरों की छाप विदा।
उन कुंजों के एकांतवास के अभिनय, प्रेमालाप विदा॥
उस मेरी स्वप्न कहानी पर, उनके विस्मय का रंग विदा।
अलि आलिंगन से मुकुल-अधर पर, हल्की हास्य तरंग विदा॥
कुंतल में कलियाँ गूँथ-गूँथ कर, करनेवाला प्यार विदा।
उपहार हार मेरे उर का वह, यौवन का श्रृंगार विदा॥
विस्मृति-सागर में डुबा रही हूँ, हठ कर आती याद विदा।
वह लहरों सी उठ आती है, इंगित से बुला सनाद विदा॥
वे हिचकी बनकर आते हैं, आँसू बनकर हो गये विदा।
वे पीड़ा बनकर उठते हैं, क़िस्मत बनकर सो गये विदा॥
स्वच्छंद विहग की सदा अपरिमित, ऊँची सुखद उड़ान विदा।
नैराश्य-निशा का कभी न होनेवाला सुखद विहान विदा॥
नव-तरल-तरंग-तड़ित बहती, तरनी के परिचित कूल विदा।
प्रतिकूल-प्रवाह-प्रगति-नौका के, पूर्व पवन अनुकूल विदा॥
ओ भ्रांति विदा, ओ शान्ति विदा, ओ अपनी भोली भूल विदा।
ओ मेरी मुरझाई आशाओं की समाधि के फूल विदा॥

('*नूरजहाँ*' से)

सियारामशरण गुप्त

(1895–1963)

खिलौना

'मैं तो वही खिलौना लूँगा' मचल गया दीना का लाल
खेल रहा था जिसको लेकर राजकुमार उछाल-उछाल।
व्यथित हो उठी माँ बेचारी—था सुवर्ण-निर्मित वह तो!
'खेल इसी से लाल, नहीं है राजा के घर भी यह तो!'
'राजा के घर! नहीं-नहीं माँ, तू मुझको बहकाती है;
इस मिट्टी से खेलेगा क्या राजपुत्र, तू ही कह तो।'
फेंक दिया मिट्टी में उसने, मिट्टी का गुड्डा तत्काल;
'मैं तो वही खिलौना लूँगा'—मचल गया दीना का लाल।

'मैं तो वही खिलौना लूँगा'—मचल गया शिशु राजकुमार,
'वह बालक पुचकार रहा था पथ में जिसको बारंबार।'
'वह तो मिट्टी का ही होगा, खेलो तुम तो सोने से।'
दौड़ पड़े सब दास-दासियाँ राजपुत्र के रोने से।
'मिट्टी का हो या सोने का, इनमें वैसा एक नहीं;
खेल रहा था उछल-उछल कर वह तो उसी खिलौने से।'
राजहठी ने फेंक दिये सब अपने रजत-हेम-उपहार;
'लूँगा वही, वही लूँगा मैं!' मचल गया वह राजकुमार।

एक फूल की चाह

उद्वेलित कर अश्रु-राशियाँ, हृदय-चिताएँ धधकाकर
महा-महामारी प्रचण्ड हो, फैल रही थी इधर-उधर।

क्षीण-कण्ठ मृतवत्साओं का, करुण-रुदन दुर्दान्त नितान्त
भरे हुए था निज कृश-रव, में हाहाकार अपार अशान्त।
बहुत रोकता था सुखिया को, 'न जा खेलने को बाहर'
नहीं खेलना रुकता उसका, नहीं ठहरती वह पल भर।
मेरा हृदय काँप उठता था, बाहर गया निहार उसे
यही मनाता था कि बचा लूँ, किसी भाँति इस बार उसे।
भीतर जो डर रहा छिपाये, हाय! वही बाहर आया
एक दिवस सुखिया के तन को, ताप-तप्त मैंने पाया।
ज्वर में विह्वल हो बोली वह, क्या जानूँ किस डर से डर
'मुझको देवी के प्रसाद का, एक फूल ही दो लाकर।'

'बेटी! बतला तो तू मुझको, किसने तुझे बताया यह
किसके द्वारा, कैसे तूने, भाव अचानक पाया यह?
मैं अछूत हूँ, मुझे कौन हा!, मन्दिर में जाने देगा
देवी का प्रसाद ही मुझको, कौन यहाँ लाने देगा?
बार-बार, फिर-फिर, तेरा हठ, पूरा इसे करूँ कैसे
किससे कहूँ, कौन बतलावे, धीरज हाय! धरूँ कैसे?'
कोमल कुसुम-समान देह हा! हुई तप्त अंगारमयी
प्रति पल बढ़ती ही जाती है विपुल वेदना, व्यथा नयी।
मैंने कई फूल ला-लाकर, रक्खे उसकी खटिया पर
सोचा, शान्त करूँ मैं उसको, किसी तरह तो बहला कर।
तोड़-मोड़ वे फूल फेंक सब, बोल उठी वह चिल्ला कर
'मुझको देवी के प्रसाद का, एक फूल ही दो लाकर।'

क्रमशः कण्ठ क्षीण हो आया, शिथिल हुए अवयव सारे
बैठा था नव-नव उपाय की, चिन्ता में मैं मन मारे।
जान सका न प्रभात सजग से, हुई अलस कब दोपहरी
स्वर्ण-घनों में कब रवि डूबा, कब आयी सन्ध्या गहरी
सभी ओर दिखलायी दी बस, अन्धकार की ही छाया
छोटी-सी बच्ची को ग्रसने, कितना बड़ा तिमिर आया।

ऊपर विस्तृत महाकाश में, जलते-से अंगारों से
झुलसी-सी जाती थी आँखें, जगमग जगते तारों से।
देख रहा था—जो सुस्थिर हो, नहीं बैठती थी क्षण भर
हाय! वही चुपचाप पड़ी थी, अटल शान्ति-सी धारण कर।
सुनना वही चाहता था मैं, उसे स्वयं ही उकसा कर
'मुझको देवी के प्रसाद का, एक फूल ही दो लाकर।'

हे मातः! हे शिवे! अम्बिके! तप्त-ताप यह शान्त करो
निरपराध छोटी बच्ची यह, हाय! न मुझसे इसे हरो।
काली कान्ति पड़ गयी इसकी, हँसी न जाने गयी कहाँ
अटक रहे हैं प्राण क्षीणतर, साँसों में ही हाय, यहाँ।
अरी निष्ठुरे! बढ़ी हुई ही, है यदि तेरी तृषा नितान्त
तो कर ले तू उसे इसी क्षण, मेरे इस जीवन से शान्त।
मैं अछूत हूँ तो क्या मेरी, विनती भी है हाय! अपूत
उससे भी क्या लग जावेगी, तेरे श्री-मन्दिर को छूत?
किसे ज्ञात, मेरी विनती वह, पहुँची अथवा नहीं वहाँ
उस अपार सागर का दीखा, पार न मुझको कहीं वहाँ।
अरी रात! क्या अक्षयता का, पट्टा लेकर आयी तू
आकर अखिल विश्व के ऊपर, प्रलय-घटा-सी छायी तू।
पग भर भी न बढ़ी आगे तू, डट कर बैठ गयी ऐसी
क्या न अरुण-आभा जागेगी, सहसा आज विकृति कैसी।
युग के युग-से बीत गये हैं, तू ज्यों की त्यों है लेटी
पड़ी एक करवट कब से तू, बोल, बोल, कुछ तो बेटी!
वह चुप थी, पर गूँज रही थी, उसकी गिरा गगन भर-भर
'मुझको देवी के प्रसाद का, एक फूल तुम दो लाकर।'

'कुछ हो देवी के प्रसाद का, एक फूल तो लाऊँगा
हो तो प्रातः काल शीघ्र ही, मन्दिर को मैं जाऊँगा।
तुझ पर देवी की छाया है, और इष्ट है यही तुझे
देखूँ देवी के मन्दिर में, रोक सकेगा कौन मुझे।'

मेरे इस निश्चल निश्चय ने, झट-से हृदय किया हल्का
ऊपर देखा, अरुण राग से, रंज्जित भाल नभस्थल का।
झड़-सी गयी तारकावलि थी, म्लान और निष्प्रभ होकर
निकल पड़े थे खग नीड़ों से, मानो सुध-बुध सी खोकर
रस्सी-डोल हाथ में लेकर, निकट कुएँ पर जा जल खींच
मैंने स्नान किया शीतल हो, सलिल-सुधा से तन को सींच।
उज्ज्वल वस्त्र पहन घर आकर, अशुचि-ग्लानि सब धो डाली
चन्दन-पुष्प-कपूर-धूप से, सज ली पूजा की थाली।
सुखिया के सिरहाने जाकर, मैं धीरे से खड़ा हुआ
आँखें झँपी हुई थीं, मुख भी, मुरझा-सा था पड़ा हुआ।
मैंने चाहा, उसे चूम लूँ, किन्तु अशुचिता से डर कर
अपने वस्त्र सँभाल, सिकुड़कर, खड़ा रहा कुछ दूरी पर।
वह कुछ-कुछ मुस्काई सहसा, जाने किन स्वप्नों में लग्न
उसकी वह मुस्काहट भी हा! कर न सकी मुझको मुद-मग्न
अक्षम मुझे समझकर क्या तू, हँसी कर रही है मेरी?
बेटी! जाता हूँ मन्दिर में, आज्ञा यही समझ तेरी।
उसने नहीं कहा कुछ, मैं ही बोल उठा तब धीरज धर
'तुझको देवी के प्रसाद का, एक फूल तो दूँ लाकर।'

ऊँचे शैल-शिखर के ऊपर, मन्दिर था विस्तीर्ण विशाल
स्वर्ण-कलश सरसिज विहसित थे, पाकर समुदित रवि-कर-जाल।
परिक्रमा-सी कर मन्दिर की, ऊपर से आकर झर-झर
वहाँ एक झरना झरता था, कल-कल मधुर गान कर-कर
पुष्पहार-सा जँचता था वह, मन्दिर के श्री-चरणों में
त्रुटि न दीखती थी भीतर भी, पूजा के उपकरणों में।
दीप-धूप से आमोदित था, मन्दिर का आँगन सारा
गूँज रही थी भीतर-बाहर, मुखरित उत्सव की धारा।
भक्त-वृन्द मृदु-मधुर कण्ठ से, गाते थे सभक्ति मुद-मय,
'पतित-तारिणी! पाप-हारिणी! माता! तेरी जय-जय-जय!!!'

'पतित-तारिणी! तेरी जय-जय!!' मेरे मुख से भी निकला
बिना बढ़े ही मैं आगे को, जाने किस बल से ढिकला।
माता! तू इतनी सुंदर है, नहीं जानता था मैं यह
माँ के पास रोक बच्चों की, कैसी विधि यह तू ही कह?
आज स्वयं अपने निदेश से, तूने मुझे बुलाया है
तभी आज पापी अछूत यह, श्री-चरणों तक आया है।
मेरे दीप-फूल लेकर वे, अम्बा को अर्पित करके
किया पुजारी ने प्रसाद जब, आगे को अंजलि भरके
भूल गया उसका लेना झट, परम लाभ-सा पाकर मैं।
सोचा—बेटी को माँ के ये, पुण्य-पुष्प दूँ जाकर मैं।

सिंह पौर तक भी आँगन से, नहीं पहुँचने मैं पाया
सहसा यह सुन पड़ा कि—'कैसे यह अछूत भीतर आया?
पकड़ो, देखो भाग न जावे, बना धूर्त यह है कैसा
साफ़-स्वच्छ परिधान किये है, भले मानुषों के जैसा।
पापी ने मन्दिर में घुसकर, किया अनर्थ बड़ा भारी
कलुषित कर दी है मन्दिर की, चिरकालिक शुचिता सारी।'
'ऐं, क्या मेरा कलुष बड़ा है, देवी की गरिमा से भी
किसी बात में हूँ मैं आगे, माता की महिमा के भी?
माँ के भक्त हुए तुम कैसे, करके यह विचार खोटा?
माँ के सम्मुख ही माँ का तुम, गौरव करते हो छोटा।'
कुछ न सुना भक्तों ने, झटके से मुझे घेर कर पकड़ लिया
मार-मार कर मुक्के-घूँसे, धम-से नीचे गिरा दिया।
मेरे हाथों से प्रसाद भी, बिखर गया हा! सब का सब
हाय! अभागी बेटी तुझ तक, कैसे पहुँच सके यह अब।
मैंने उनसे कहा, 'दण्ड दो मुझे मार कर, ठुकरा कर
बस यह एक फूल कोई भी, दो बच्ची को ले जाकर।'

न्यायालय ले गये मुझे वे, सात दिवस का दण्ड-विधान
मुझको हुआ, हुआ था मुझसे, देवी का महान अपमान।

मैंने स्वीकृत किया दण्ड वह, शीश झुकाकर चुप ही रह
उस असीम अभियोग, दोष का क्या उत्तर देता, क्या कह?
सात रोज़ ही रहा जेल में, या कि वहाँ सदियाँ बीतीं
अविश्रान्त बरसा करके भी, आँखें तनिक नहीं रीतीं।
कैदी कहते—'अरे मूर्ख, क्यों ममता थी मन्दिर पर ही?
पास वहीं मसजिद भी तो थी, दूर न था गिरजाघर भी।'
कैसे उनको समझाता मैं, वहाँ गया था क्या सुख से
देवी का प्रसाद चाहा था, बेटी ने अपने मुख से।

दण्ड भोग कर जब मैं छूटा, पैर न उठते थे घर को
पीछे ठेल रहा था कोई, भय-जर्जर तन-पन्जर को।
पहले की-सी लेने मुझको, नहीं दौड़ कर आयी वह,
उलझी हुई खेल में ही हा! अबकी दी न दिखायी वह।
उसे देखने मरघट को ही, गया दौड़ता हुआ वहाँ
मेरे परिचित बन्धु प्रथम ही, फूँक चुके थे उसे जहाँ।
बुझी पड़ी थी चिता वहाँ पर, छाती धधक उठी मेरी
हाय! फूल सी कोमल बच्ची, हुई राख की थी ढेरी।
अन्तिम बार गोद में बेटी। तुझको ले न सका मैं हा!
एक फूल माँ का प्रसाद भी, तुझको दे न सका मैं हा!
वह प्रसाद देकर ही तुझको, जेल न जा सकता था क्या?
तनिक ठहर ही सब जन्मों के, दण्ड न पा सकता था क्या?
बेटी की छोटी इच्छा वह, कहीं पूर्ण मैं कर देता
तो क्या अरे देव! त्रिभुवन का, सभी विभव मैं हर लेता?
'यहीं चिता पर धर दूँगा मैं, कोई अरे सुनो, वर दो
मुझको देवी के प्रसाद का, एक फूल ही लाकर दो।'

बापू

तेरे तीर्थ-सलिल से प्रभु हे!
मेरी गगरी भरी-भरी।
कल-कल्लोलित धारा पाकर
तट पर ही यह तरी-तरी।

तेरे क्षीरोदधि का पदतल
जहाँ शान्ति-लक्ष्मी है अविचल
फुल्लित-फलित जहाँ मुक्ताफल
नहीं ला सकी पहुँच वहाँ की
पुण्य-सुधा कल्याण-करी
तेरे तीर्थ-सलिल से प्रभु हे।
मेरी गगरी भरी-भरी।

पाया, पा सकती थी जितना
अधिक और भरती यह कितना
कम क्या, कम क्या, कम क्या इतना?
गहरी नहीं जा सकी तब भी
तृप्ति-पिपासा हरी-हरी
तेरे तीर्थ-सलिल से प्रभु हे!
मेरी गगरी भरी-भरी।

'हितैषी' (जगदम्बा प्रसाद मिश्र)

(1895–1957)

किरणें

दुखिनी बनीं दीन-कुटी में कभी, महलों में कभी महारानी बनीं
बनीं फूटती ज्वालामुखी, तो कभी हिमकूट की देवी हिमानी बनीं
चमकीं बन विद्युत-रौद्र कभी, घन-आनन्द अश्रु कहानी बनीं
सविता, शशि-स्नेह सुहाग सनीं कभी आग बनीं, कभी पानी बनीं

भवसिन्धु के बुदबुद प्राणियों की तुम्हें शीतल श्वासा कहें, कहो तो
अथवा छलनी बने अम्बर के उर की अभिलाषा कहें, कहो तो
घुलते हुए चन्द्र के प्राण की पीड़ा भरी परिभाषा कहें, कहो तो
नभ से गिरती नखतावली के नयनों की निराशा कहें, कहो तो

निशि छाई विपत्ति की जो, इसके उर तेज का तीर हनो, चमको
दल द्वन्द्व दो मंद नक्षत्रगणों के, अमंद हो, ऐ किरनों, चमको
हर म्लानता को, मुझ कंज पै उज्ज्वलता का वितान तनो, चमको
तम को कर दूर कुभाग्य के मेरे, सुभाग्य का सूर्य बनो, चमको

सुमनोक्ति

तोड़ के जीवन ही के लिए
वन से पहले तो किया गया न्यारा
हाट में कौड़ियों मोल बिका
फिर सूजियों छेदा गया तन सारा

हार बना के 'हितैषी' संहार
हुआ, बड़े दुख से अन्त हमारा
हाय, हमें इस सौरभ-संग ने,
सुंदर रंग ने, रूप ने मारा

रंग-रूप ही, हाय, नहीं रहा वो
भला देख के प्रेमी लुभायेगा क्यों?
एक बूँद भी तो मकरंद नहीं
फिर पास मिलिंद ही आयेगा क्यों?
अब सौरभ-हीन 'हितैषी' हूँ मैं,
सिर पै सुरवृन्द चढ़ायेगा क्यों?
सब साथी बनी-बनी के हैं यहाँ
बिगड़ी में कोई अपनाएगा क्यों?

अश्रु के बिंदु की थाह

इसमें कितनी सुषमासरि है, ये नहीं अनुमान लगा सकोगे
वह रूप के रत्न अमूल्य भरे हैं कि मूल्य कभी न चुका सकोगे
इस भाँति अपार गंभीर हैं ये, किसी भाँति भी पार न जा सकोगे
शत सिंधु बहा सकोगे, पर अश्रु के बिंदु की थाह न पा सकोगे

मुकुटधर पाण्डेय

(1895-1988)

मेरा प्रकृति-प्रेम

हरित पल्लवित नववृक्षों के दृश्य मनोहर
होते मुझको विश्व बीच हैं जैसे सुखकर,
सुखकर वैसे अन्य दृश्य होते न कभी हैं
उनके आगे तुच्छ परम वे मुझे सभी हैं।

छोटे-छोटे झरने जो बहते सुखदाई
जिनकी अद्‌भुत शोभा सुखमय होती भाई,
पथरीले पर्वत विशाल वृक्षों से सज्जित
बड़े-बड़े बागों को जो करते हैं लज्जित।

लता विटप की ओट जहाँ गाते हैं द्विजगण
शुक, मैना, हारीत जहाँ करते हैं विचरण,
ऐसे सुंदर दृश्य देख सुख होता जैसा
और वस्तुओं से न कभी होता सुख वैसा।

छोटे-छोटे ताल पद्म से पूरित सुंदर
बड़े-बड़े मैदान दूब छाई श्यामलतर,
भाँति-भाँति की लता और वल्ली जो सारी
ये सब मुझको सदा हृदय से लगती न्यारी।

इन्हें देखकर मन मेरा प्रसन्न होता है
सांसारिक दुख ताप तभी छिन में खोता है,
पर्वत के नीचे अथवा सरिता के तट पर
होता हूँ मैं सुखी बड़ा स्वच्छंद विचर कर।

नाले, नदी, समुद्र तथा बन-बाग घनेरे
जग में नाना दृश्य प्रकृति ने चहुँ दिशि घेरे,
तरुओं पर बैठे ये द्विजगण चहक रहे हैं
खिले फूल सानन्द हास मुख महक रहे हैं।

वन में त्रिविध बयार सुगंधित फैल रही है
कुसुम ब्याज से अहा चित्रमय हुई मही है,
बौरे अम्ब कदम्ब सरस सौरभ फैलाते
गुनगुन करते भ्रमर वृंद उन पर मँडराते।

इन दृश्यों को देख हृदय मेरा भर जाता
बार-बार अवलोकन कर भी नहीं अघाता,
देखूँ नित नव विविध प्राकृतिक दृश्य गुणाकर
यही विनय मैं करता तुझसे हे करुणाकर!

वर्षा-बहार

वर्षा-बहार सब के, मन को लुभा रही है
नभ में छटा अनूठी, घनघोर छा रही है।
बिजली चमक रही है, बादल गरज रहे हैं
पानी बरस रहा है, झरने भी ये बहे हैं।
चलती हवा है ठंडी, हिलती हैं डालियाँ सब
बागों में गीत सुंदर, गाती हैं मालिनें अब।
तालों में जीव जलचर, अति हैं प्रसन्न होते
फिरते लखो पपीहे, हैं ग्रीष्म ताप खोते।
करते हैं नृत्य वन में, देखो ये मोर सारे
मेढक लुभा रहे हैं, गाकर सुगीत प्यारे।
खिलते गुलाब, कैसा सौरभ उड़ा रहा है
बागों में खूब सुख से आमोद छा रहा है।
चलते हैं हंस कहीं पर, बाँधे कतार सुंदर
गाते हैं गीत कैसे, लेते किसान मनहर।

इस भाँति है, अनोखी वर्षा-बहार भू पर
सारे जगत् की शोभा, निर्भर है इसके ऊपर।

रूप का जादू

निशिकर ने आ शरद-निशा में,
बरसाया मधु दशों दिशा में,
विचरण करके नभोदेश में, गमन किया निज धाम।
पर चकोर ने कहा भ्रांत हो,
प्रिय-वियोग दुख से अशान्त हो,
गया, छोड़ करके जीवनधन, मुझे कहाँ? हा राम!!
हुआ प्रथम जब उसका दर्शन,
गया हाथ से निकल तभी मन,
सोचा मैंने—यह शोभा की सीमा है प्रख्यात।
वह चित-चोर कहाँ बसता था,
किसको देख-देख हँसता था;
पूछ सका मैं उसे मोहवश नहीं एक भी बात॥
मैंने उसको हृदय दिया था,
रुचिर रूप-रस पान किया था,
था न स्वप्न में मुझको उसकी निष्ठुरता का ध्यान।
मन तो मेरा और कहीं था,
मुझको इसका ज्ञान नहीं था;
छिपा हुआ शीतल किरणों में है मरुभूमि महान॥
अच्छा किया मुझे जो छोड़ा,
मुझसे उसने नाता तोड़ा;
दे सकता अपने प्रियतम को कभी नहीं मैं शाप।
इतना किन्तु अवश्य कहूँगा,
जब तक उसको फिर न लहूँगा,
तब तक हृदय हीन जीवन में है केवल सन्ताप॥

सूर्यकान्त त्रिपाठी 'निराला'

(1896-1961)

वर दे, वीणा वादिनी

वर दे! वीणा वादिनी वर दे!
प्रिय स्वतन्त्र-रव अमृत-मंत्र नव भारत में भर दे!
काट अंध-उर के बंधन-स्तर
बहा जननि, ज्योतिर्मय निर्झर,
कलुष-भेद-तम हर प्रकाश भर जगमग जग कर दे!

नव गति, नव लय, ताल-छंद नव,
नवल कंठ, नव जलद-मंद्र रव,
नव नभ के नव विहग-वृंद को नव पर, नव स्वर दे!

तुम और मैं

तुम तुंग-हिमालय-शृंग
और मैं चंचल-गति सुर-सरिता।
तुम विमल हृदय-उच्छ्वास
और मैं कांत-कामिनी-कविता।
तुम प्रेम और मैं शान्ति,
तुम सुरा-पान-घन अंधकार,
मैं हूँ मतवाली भ्रांति।
तुम दिनकर के खर किरण-जाल,
मैं सरसिज की मुस्कान,

तुम वर्षों के बीते वियोग,
मैं हूँ पिछली पहचान।
तुम योग और मैं सिद्धि,
तुम हो रागानुग निश्छल तप
मैं शुचिता सरल समृद्धि।
तुम मृदु मानस के भाव
और मैं मनोरंजिनी भाषा,
तुम नन्दन-वन-घन विटप
और मैं सुख-शीतल-तल शाखा।
तुम प्राण और मैं काया,
तुम शुद्ध सच्चिदानन्द ब्रह्म
मैं मनमोहिनी माया।
तुम प्रेममयी के कंठहार,
मैं वेणी काल-नागिनी,
तुम कर-पल्लव-झंकृत सितार,
मैं व्याकुल विरह-रागिनी।
तुम पथ हो, मैं हूँ रेणु,
तुम हो राधा के मनमोहन,
मैं उन अधरों की वेणु।
तुम पथिक दूर के श्रांत
और मैं बाट जोहती आशा,
तुम भवसागर दुस्तर
पार जाने की मैं अभिलाषा।
तुम नभ हो, मैं नीलिमा,
तुम शरत-काल के बाल-इन्दु,
मैं हूँ निशीथ-मधुरिमा।
तुम गंध-कुसुम-कोमल पराग,
मैं मृदुगति मलय-समीर,
तुम स्वेच्छाचारी मुक्त पुरुष,

मैं प्रकृति, प्रेम-ज़ंजीर।
तुम शिव हो मैं हूँ शक्ति,
तुम रघुकुल-गौरव रामचन्द्र,
मैं सीता अचला भक्ति।
तुम आशा के मधुहास
और मैं पिक-कल-कूजन तान,
तुम मदन पंच-शर-हस्त
और मैं हूँ मुग्धा अनजान!
तुम अंबर, मैं दिग्वसना,
तुम चित्रकार, घन-पटल श्याम,
मैं तड़ित् तूलिका रचना।
तुम रण-तांडव-उन्माद नृत्य
मैं मुखर मधुर नूपुर-ध्वनि,
तुम नाद-वेद ओंकार सार,
मैं कवि-शृंगार शिरोमणि।
तुम यश हो, मैं हूँ प्राप्ति,
तुम कुंद इन्दु अरविंद शुभ्र
तो मैं हूँ निर्मल व्याप्ति।

वसन्त आया

सखि, वसन्त आया।
भरा हर्ष वन के मन, नवोत्कर्ष छाया।
किसलय-वसना नव-वय-लतिका
मिली मधुर प्रिय-उर तरु पतिका,
मधुप-वृंद वंदी पिक-स्वर नभ सरसाया।
लता-मुकुल-हार-गंध-भार भर
बही पवन मंद-मंद मंदतर,

जागी नयनों में वन यौवन की माया।
आवृत सरसी-उर सरसिज उठे,
केशर के केश कली के छुटे,
स्वर्ण-शस्य-अंचल पृथ्वी का लहराया।

होली

नयनों के डोरे लाल गुलाल भरे, खेली होली।
जागी रात सेज प्रिय पति-संग रति सनेह-रंग धोली
दीपित दीप-प्रकाश, कंज-छवि मंजु-मंजु हँस खोली
पत्नी-मुख चुम्बन-रोली।

प्रिय-कर-कठिन-उरोज-परस कस कसक मसक गयी चोली
एक-वसन रह गयी मंद हँस अधर-दशन अनबोली—
कली-सी काँटे की तोली।

मधु-ऋतु रात, मधुर अधरों की पी मधु सुध-बुध खो ली
खुले अलक, मुँद गये पलक-दल, श्रम-सुख की हद हो ली—
बनी रति की छवि भोली।

बीती रात सुखद बातों में प्रात पवन प्रिय डोली
उठा कोमल बाल, मुख-लट, पट, दीप बुझा हँस बोली—
रही यह एक ठिठोली।

खिरनी के पेड़ तले

खिरनी के पेड़ तले
बैठी थीं तुम भले-भले।
आँखों से चिड़ियाँ उड़ती थीं
सेकुल पिड़ियाँ जुड़ती थीं

पहने साड़ी सफ़ेद
भावों से गया भेद
लोगों ने रूप पी लिया गले-गले।

धूप उठ रही थी, नभ सोना
झरता था सर पर, सुख बोना
धीरे-धीरे चल दीं
सारी दुनिया छल दीं
पीछे भाई के, हरहों के डगले।

मैं अकेला

मैं अकेला
देखता हूँ, आ रही
मेरे दिवस की सान्ध्य बेला।

पके आधे बाल मेरे
हुए निष्प्रभ गाल मेरे
चाल मेरी मंद होती जा रही,
हट रहा मेला।

जानता हूँ, नदी-झरने
जो मुझे थे पार करने
कर चुका हूँ, हँस रहा यह देख
कोई नहीं भेला।

बाँधो न नाव इस ठाँव

बाँधो न नाव इस ठाँव, बन्धु!
पूछेगा सारा गाँव, बन्धु!

यह घाट वही जिस पर हँसकर
वह कभी नहाती थी धँसकर
आँखें रह जाती थीं फँसकर
कँपते थे दोनों पाँव, बन्धु!

वह हँसी बहुत कुछ कहती थी
फिर भी अपने में रहती थी
सबकी सुनती थी, सहती थी
देती थी सबके दाँव, बन्धु!

स्नेह निर्झर बह गया है

स्नेह निर्झर बह गया है।
रेत ज्यों तन रह गया है।
आम की यह डाल जो सूखी दिखी,
कह रही है : "अब यहाँ पिक या शिखी
नहीं आते, पंक्ति मैं वह हूँ लिखी
नहीं जिसका अर्थ
जीवन दह गया है।

दिये हैं मैंने जगत को फूल-फल,
किया है अपनी प्रभा से चकित चल,
पर अनश्वर था सकल पल्लवित पल
ठाठ जीवन का वही
जो ढह गया है।

अब नहीं आती पुलिन पर प्रियतमा,
श्याम तृण पर बैठने को निरुपमा।"
बह रही है हृदय पर केवल अमा,
मैं अलक्षित हूँ, यही
कवि कह गया है।

वह तोड़ती पत्थर

वह तोड़ती पत्थर,
देखा उसे मैंने इलाहाबाद के पथ पर—
वह तोड़ती पत्थर।

नहीं छायादार
पेड़ वह जिसके तले बैठी हुई स्वीकार;
श्याम तन, भर बँधा यौवन,
नत नयन, प्रिय-कर्म-रत मन,
गुरु हथौड़ा हाथ,
करती बार-बार प्रहार,—
सामने तरु-मालिका अट्टालिका, प्राकार।
चढ़ रही थी धूप,
गर्मियों के दिन,
दिवा का तमतमाता रूप;
उठी झुलसाती हुई लू,
रुई ज्यों जलती हुई भू,
गर्द चिनगी छा गई,
प्रायः हुई दुपहर—
वह तोड़ती पत्थर।

देखते देखा, मुझे तो एक बार
उस भवन की ओर देखा, छिन्न-तार;
देख कर कोई नहीं,
देखा मुझे उस दृष्टि से,
जो मार खा रोई नहीं,
सजा सहज सितार,
सुनी मैंने वह नहीं जो थी सुनी झंकार।
एक छन के बाद काँपी सुघर,

ढुलक माथे से गिरे सीकर,
लीन होते कर्म में फिर ज्यों कहा—
"मैं तोड़ती पत्थर।"

गर्म पकौड़ी

गर्म पकौड़ी-
ऐ गर्म पकौड़ी।
तेल की भुनीं
नमक-मिर्च की मिली,
ऐ गर्म पकौड़ी!
मेरी जीभ जल गई
सिसकियाँ निकल रहीं,
लार की बूँदें कितनी टपकीं,
पर दाढ़ तले तुझे दबा ही रक्खा मैंने
कंजूस ने ज्यों कौड़ी।
पहले तूने मुझको खींचा,
दिल लेकर फिर कपड़े-सा फींचा,
अरी, तेरे लिए छोड़ी
बम्हन की पकाई
मैंने घी की कचौड़ी।

बम्हन का लड़का

बम्हन का लड़का
मैं उसको प्यार करता हूँ।

जात की कहारिन वह
मेरे घर की है पनहारिन वह
आती है होते तड़का
उसके पीछे मैं मरता हूँ।

कोयले-सी काली अरे
चाल नहीं उसकी मतवाली
ब्याह नहीं हुआ, तभी भड़का
दिल मेरा, मैं आहें भरता हूँ।

रोज़ आकर जगाती है सबको,
मैं ही समझता हूँ इस ढब को,
ले जाती है मटका बड़का
मैं देख-देखकर धीरज धरता हूँ।

बालकृष्ण शर्मा 'नवीन'

(1897–1960)

विप्लव गायन

कवि, कुछ ऐसी तान सुनाओ,
जिससे उथल-पुथल मच जाए।
एक हिलोर इधर से आए,
एक हिलोर उधर से आए,
प्राणों के लाले पड़ जाएँ
त्राहि-त्राहि-रव नभ में छाए,
नाश और सत्यानाशों का—
धुआँधार जग में छा जाए,
बरसे आग, जलद जल जाएँ,
भस्मसात् भूधर हो जाएँ,
पाप-पुण्य सदसद् भावों की
धूल उड़ उठे दाएँ-बाएँ,
नभ का वक्षस्थल फट जाए—
तारकवृन्द विचल हो जाएँ;
कवि, कुछ ऐसी तान सुनाओ
जिससे उथल-पुथल मच जाए।
माता की छाती का मधुरस—
मय पय कालकूट हो जाए,
आँखों का पानी सूखे, हाँ—
वह खून की घूँट हो जाए,
एक ओर कायरता काँपे,

गतानुगति विगलित हो जाए,
अन्धे मूढ़ विचारों की वह
अचल शिला विचलित हो जाए,
और दूसरी ओर कँपा देने
वाला गर्जन उठ धाए,
अन्तरिक्ष में एक उसी नाशक
तर्जन की ध्वनि मँडराए,
आज अनल गायन कुछ ऐसा
उमड़े, जग विह्वल हो जाए,
कवि, कुछ ऐसी तान सुनाओ,
जिससे उथल-पुथल हो जाए।
नियम और उपनियमों के ये
बन्धन टूक-टूक हो जाएँ,
विश्वम्भर की पोषक वीणा
के सब तार मूक हो जाएँ,
शान्ति-दण्ड टूटे, उस महा
रुद्र का सिंहासन थर्राए,
उसकी श्वासोच्छ्वास-दाहिका
जग के प्रांगण में घहराए,
नाश! नाश!! हाँ महानाश!!! की
प्रलयंकारी आँख खुल जाए,
कवि, कुछ ऐसी तान सुनाओ
जिससे अंग-अंग झुलसाएँ,
'सावधान! मेरी वीणा में
चिनगारियाँ आन बैठी हैं,
टूटी हैं मिजराबें, अँगुलियाँ
दोनों मेरी ऐंठी हैं,
कण्ठ रुका है महानाश का
मारक गीत रुद्ध होता है,

आग लगेगी क्षण में, हृत्तल
में अब क्षुब्ध युद्ध होता है;
झाड़ और झंखाड़ दग्ध हैं
इस ज्वलन्त गायन के स्वर से,
रुद्ध गीत की क्रुद्ध तान है
निकली मेरे अन्तरतर से।
'कण-कण में है व्याप्त वही स्वर,
रोम-रोम गाता है वह ध्वनि,
वही तान गाती रहती है
कालकूट फणि की चिन्तामणि,
ज्योति-ज्योति लुप्त है अहा,
सुप्त हैं संरक्षण की घड़ियाँ,
लटक रही हैं प्रतिपल में इस
नाशक सम्भक्षण की लड़ियाँ
चकनाचूर करो जग को, गूँजे
ब्रह्माण्ड नाश के स्वर से,
रुद्ध गीत की क्रुद्ध तान है
निकली मेरे अन्तरतर से।
'दिल को मसल-मसल मैं मेहंदी
रचवा आया हूँ, यह देखो,
एक-एक अंजलि-परिचालन
में नाशक ताण्डव को देखो;
विश्वमूर्ति! हट जाओ!! मम
यह भीम प्रहार सहे न सहेगा,
टुकड़े-टुकड़े हो जाओगी,
नाश मात्र अवशेष रहेगा;
आज देख आया हूँ—जीवन
के सब राज़ समझ आया हूँ;

भ्रू-विलास में महानाश के
पोषक सूत्र परख आया हूँ,
जीवन गीत भुला दो—कण्ठ
मिला दो मृत्यु गीत के स्वर से,
रुद्ध गीत की क्रुद्ध तान है
निकली मेरे अन्तरतर से।
'जीवन में ज़ंजीर पड़ी खन-
खन करती है मोहक स्वर से,
'बरसों की साथिन हूँ—तोड़ोगे
क्या तुम अपने इस कर से,
अन्दर आग छिपी है, इसे
भड़क उठने दो एक बार अब,
ज्वालामुखी शान्त है, इसे
कड़क उठने दो एक बार अब;
दहल जाय दिल, पैर लड़खड़ाएँ,
कँप जाय कलेजा उनका;
सर चक्कर खाने लग जाए,
टूटे बन्धन शासन-गुण का,
नाश स्वयं कह उठे कड़क कर
निज गम्भीर कर्कश-से स्वर से—
रुद्ध गीत की क्षुब्ध तान है
निकली मेरे अन्तरतर से।'

हम अनिकेतन

हम अनिकेतन, हम अनिकेतन
हम तो रमते राम, हमारा क्या घर? क्या दर? कैसा वेतन?
हम अनिकेतन, हम अनिकेतन।

(1)

अब तक इतनी यों ही काटी,
अब क्या सीखें नव परिपाटी?
कौन बनाए आज घरौंदा
हाथों चुन-चुन कंकड़, माटी
ठाट फ़कीराना है अपना, बाघम्बर सोहे अपने तन,
हम अनिकेतन, हम अनिकेतन।

(2)

देखे महल, झोंपड़े देखे,
देखे हास-विलास मज़े के,
संग्रह के विग्रह सब देखे,
जँचे नहीं कुछ अपने लेखे,
लालच लगा कभी, पर, हिय में मच न सका शोणित-उद्वेलन,
हम अनिकेतन, हम अनिकेतन।

(3)

हम जो भटके अब तक दर-दर
अब क्या खाक बनायेंगे घर?
हमने देखा : सदन बने हैं,
लोगों का अपना-पन लेकर;
हम क्यों सनें ईंट-गारे में? हम क्यों बने व्यर्थ में बेमन?
हम अनिकेतन, हम अनिकेतन।

(4)

ठहरे अगर किसी के दर पर
कुछ शरमा कर, कुछ सकुचाकर
तो दरबान कह उठा—बाबा,
आगे जा-देखो कोई घर।
हम दाता बन कर बिचरे; पर हमें भिक्षु समझे जग के जन,
हम अनिकेतन, हम अनिकेतन।

हम हैं मस्त फ़कीर

हमसे दूर रहो री सतत, हम हैं मस्त फ़कीर!
बाघम्बर से कहो क्यों बँधे चीनांशुक का चीर!
सखी री, हम हैं मस्त फ़कीर!

(2)

हमें मिला है सतत अटन का यह प्रसाद-अभिशाप;
गृही लोग, हम अनिकेतन की क्या जानें सुख-पीर?
सखी री, हम हैं मस्त फ़कीर!

(3)

हम क्या जानें दृग-अंजन की पतली-पतली रेख?
हम तो जान सके हैं केवल मग की 'न-इति'-लकीर।
सखी री, हम हैं मस्त फ़कीर।

(4)

हमें मिले हैं पथ में जब-तब कुछ लोचन स्मयमान,
जो हम से सैनों में बोले : दिखलाओ हिय चीर!
किन्तु हम ठहरे मस्त फ़कीर!

(5)

तुम्हें मिली है मानव हिय की यह चंचल ठकुरास!
पर, हमको तो मिली अचंचल मस्ती की जागीर!
सखी री, हम हैं मस्त फ़कीर।

(6)

क्या चिन्ता जो हम आ बैठे कारागृह में आज?
क्या भय, जो हम को घेरे है यह ऊँची प्राचीर?
सखी री, हम हैं मस्त फ़कीर!

(7)

तुम समझो हो कि अब हो चले हम 'नवीन', प्राचीन!
क्यों भूलो हो कि हम अमर हैं!! हम हैं लौह शरीर!!!
सखी री, हम हैं मस्त फ़कीर!

(8)

क्या पूछो हो पता हमारा? हम हैं अगृह, अनाम!
यही पता है कि है कहीं भी अपनी नहीं कुटीर!!
सखी री, हम हैं मस्त फ़कीर!!!

डोले वालो

डोला लिये चलो तुम झटपट, छोड़ो अटपट चाल, रे,
सजन-भवन पहुँचा दो हमको, मन का हाल-बिहाल, रे;

(1)

बरखा ऋतु में सब सहेलियाँ मैके पहुँचीं आय, रे;
बाबुल घर से आज चलीं हम, पिय-घर, लाज बिहाय, रे;
उनके बिन, बरसाती रातें कैसे कटें अचूक, रे?
प्रिय की बाँह उसीस न हो तो मिटे न मन की हूक, रे,
डोले वालो, बढ़े चलो तुम आया संध्या-काल, रे,
सजन-भवन पहुँचा दो हमको, छोड़ो अटपट चाल, रे।

(2)

ढली दुपहरी, किरनें तिरछी हुईं, साँझ नज़दीक रे,
अभी दूर तक दीख पड़े है, पथ की लम्बी लीक, रे,
आज साँझ के पहले ही तुम, पहुँचा दो पिय-गेह, रे,
हम कह आई हैं इन्दर से, रात पड़ेगा मेह, रे,
घन गरजेंगे, रस बरसेगा होगी सृष्टि निहाल, रे,
डोला लिये चलो तुम जल्दी, छोड़ो अटपट चाल, रे।

(3)

बाबुल-घर में नेह भरा है; पर वाँ द्वैत विचार, रे,
साजन के नव नेह-सलिल में है अद्वैत-विहार, रे,
हृदय हृदय से, प्राण प्राण से, आज मिलें भरपूर, रे,
पिय-मय तिय, तिय-मय पिय हों जब, तब हों संभ्रम दूर, रे,
दूर करो पथ के अन्तर का यह अटपट जंजाल, रे,
डोले वालो, बढ़े चलो तुम, आया संध्या-काल, रे।

(4)

घन गरजे, तब हो न सजन-आलिंगन का संयोग, रे,
तो फिर कैसे मिट सकता है, हिय का अतुल वियोग, रे ?
जब झनकारें अमित झिल्लियाँ, हो दादुर का शोर, रे,
तब हम हुलस कहेंगी उन से : तुम्हारा ओर न छोर, रे,
डोले वालो, कोयल कुहकी हरित आम की डाल, रे,
सजन-भवन पहुँचा दो हमको आया संध्या-काल, रे।

प्रिय, जीवन-नद अपार

प्रिय, जीवन-नद अपार,
विशद पाट, तीव्र धार, गहर भँवर, दूर पार,—
प्रिय, जीवन-नद अपार।

(1)

इस तट पर ना जाने कब से रम रहे प्राण,
ना जाने कितने युग बीत चुके शून्य मान,
पर, अब की उस तट से आई है वेणु-तान,
खींच रही प्राणों को बरबस ही बार-बार ?
प्रिय, जीवन-नद अपार।

(2)

किस विधि नद करूँ तरित ? पहुँचूँ उस पार, सजन ?
कच्चा घट, जल-संकट, लहर, भँवर, तीव्र व्यजन;
भय है, गल जायेगा यह मम तरणोपकरण,
दुस्तर-सी लगती है जीवन की तीव्र धार;
प्रिय, जीवन-नद अपार।

(3)

यदि वाहित करना था जीवन-नद वेग-युक्त,—
तो यह रज-भाजन भी कर देते अग्नि-भुक्त;
पर यह तो कच्चा है, हे मेरे बन्ध मुक्त,
हैं इसमें छिद्र कई, और अनेकों विकार;
प्रिय, जीवन-नद अपार।

(4)

पहले इसके कि करो सजन वेणु-वादन तुम,—
पहले इसके कि करो स्वर का आराधन तुम,—
भेज अग्नि-पुञ्ज, करो पक्का रज-भाजन तुम,
छूट जाये जिससे यह तरण-मरण-भीति-रार;
प्रिय, जीवन-नद अपार।

उदयशंकर भट्ट

(1898–1966)

मैं चलता मेरे साथ नया सावन चलता है

मैं चलता मेरे साथ नया सावन चलता है,
मैं चलता मेरे साथ नया जीवन चलता है।
उत्थान पतन–कंदुक पर मैं गिरता और उछलता,
साँसों की दीपशिखा में लौ सा यह जीवन जलता,
धूमायित अगुरु सुरभि–सा मैं छीज रहा हूँ पल–पल,
मेरी वाणी के स्वर में सागर भरता निज सम्बल,
मैं चलता मेरे साथ 'अहं' गर्जन चलता है,
मैं चलता मेरे साथ नया जीवन चलता है।
मैं चलता रवि–शशि चलते किरणों के पंख सजाकर,
भू चलती सतत प्रगति–पथ नदियों के हार बनाकर,
झरने झर–झर–झर चलते भर–भर बहतीं सरिताएँ,
दिन–रात चला करते हैं, चलते तरुवर, लतिकाएँ,
मैं चलता मेरे साथ प्रकृति कानन चलता है,
मैं चलता मेरे साथ नया जीवन चलता है।
मैं चलता भीतर–भीतर दिल की दुनिया चलती है,
कल्पना–किरण आभाएँ अन्तर–अन्तर पलती हैं,
उसके भीतर भी जीवन का ज्वार उठा करता है,
उस जीवन में जीवन का अधिकार उठा करता है,
उस अविक्षेप का इंगित बन बंधन चलता है,
मैं चलता मेरे साथ नया जीवन चलता है।

मैं चलता मेरे साथ-साथ साहस चलता है,
मैं चलता मेरे साथ हृदय का रस चलता है,
मैं चलता मेरे साथ निराशा, आशा चलती,
मैं चलता मेरे साथ सृजन की भाषा चलती,
मैं चलता मेरे साथ ग्रहण, सर्जन चलता है,
मैं चलता मेरे साथ नया जीवन चलता है।
मैं चलता मेरे साथ जाति, संस्कृति चलती है,
मैं चलता मेरे साथ संचिता स्मृति चलती है,
मैं चलता मेरे साथ कुसुम का स्मय चलता है,
मैं चलता मेरे साथ विश्व-विस्मय चलता है,
मैं चलता मेरे साथ गगन वाहन चलता है,
मैं चलता मेरे साथ नया जीवन चलता है।

अनूप शर्मा

(1899-1966)

सरस्वती-स्मरण

(1)

ध्यान धरते ही शारदा के पद-पंकज का
बंद करते ही लोल लोचन पटल के।
खुल गया एक समालोक स्वप्नलोक-तुल्य
देख रमणीयता 'अनूप' नेत्र छलके।
सर था, समीर था, पिकी थी, पुष्पवाटिका थी
भू पै गिरते थे मकरंद-बूँद ढलके।
ऐसी दिव्य शोभा को विलोक अन्तरिक्ष-मध्य
धाई मेरी दृष्टि भूमितल से उछल के॥

(2)

व्यक्त हुआ पहले 'अनूप' ज्योति-बिन्दु एक
जो कि क्षण में ही भौम के समान हो गया।
ज्यों ही हुआ नभ में समागत विकास वह
मंजुल मरीचि-जाल वर्धमान हो गया।
ऐसी द्रुततर अधिकाधिक कलाएँ खिलीं
पल में प्रकाश-पुंज कीर्तिमान हो गया।
देखते ही देखते रहस्य बढ़ता ही गया
देखते ही आसमान भासमान हो गया।

(3)

वारिधि घिरे न थे 'अनूप' व्योम-मंडल में
चारु चंचला की कल्पना भी वृथा होती थी
मान यदि लेते बड़वानल गगन में तो
प्रकृति विरुद्ध उलटी ही प्रथा होती थी।
कहते उसे जो रवि, उसकी न वैसी छवि
चन्द्र सकलंक कहने में व्यथा होती थी।
ज्यों-ज्यों ज्योति बढ़ती समीप आ रही थी मम
मानस की त्यों-त्यों अकथा ही कथा होती थी।

(4)

व्यास फैलने लगा प्रभा का अभ्रखंड-तुल्य
जिसकी चमक प्रतिबिम्बित-सी होती थी,
अथवा धरा को अवदात करने के लिए
व्योम में रजत-राशि इंगित-सी होती थी,
किंवा[1] था किसी की कलकीर्ति का कलाप वह
या कि जगती की ज्योति संचित-सी होती थी,
देख के 'अनूप' द्युति डोल उठता था मन
सोच के रहस्य-बुद्धि चिंतित-सी होती थी।

(5)

देख पड़ा धावमान धरिणी-धरेन्द्र सम
भाग जो रहा हो मेघवाहन के भय से।
ज्ञात हुआ आता सदा दान के समान दिव्य
निकल पड़ा जो पाकशासन निलय से।
या कि उखड़ा हो हरिगिरि अन्तरिक्ष मध्य
श्वेततर हर से सुधा से हरि-हय से।
चारों ओर जगर-मगर जगती थी ज्योति
चंचल सुचारु चंद्रिका के अभिनय से।

---

1. या तो

(6)

देख पड़ी क्षण में सवारी हंसवाहिनी की
आसन लगाये मानसालय के पर पै।
युगल करों में शुभ्र कच्छपी विराजमान
एक हाथ माला, वेद ग्रंथ एक कर पै।
चलित समीर से दुकूल की सुगंधि आई
छाई जय हेतु मानो चंदन-अगर पै।
सकल रसा को रस-राशि में डुबोती हुई
आई जल देवता सवार निरझर पै।

(7)

वीणा के अपार गौर तारों की कतार मंजु
इन्द्रनील पाटी पै अनूप अति आला थी।
विविध रंगों के रमणीय रत्नों से रची
श्रेणी तार-यष्टियों की करती उजाला थी।
जगमग ज्वलित जवाहर जटित ज्योति
दोनों तुम्बियों से शोभा बीन की दुबाला थी।
अंग-अंग सुन्दर सुभग कच्छपी के लसे
संग-संग मुदित मिलिंदमयी माला थी।

(8)

चारों ओर वीणा पै करों का प्रतिबिम्ब देख
नील जल-राशि पै सरोज-भ्रांति होती थी।
युगल कपोलों की तटी पै केश-पुंज मंजु
मान के सिवार कल्पना की भ्रांति होती थी।
आनन प्रसन्न भाल-बिंदु चन्द्र सा जो कहै
काव्य के विधान में विशेष कांति होती थी।
यों तो देख मेरा मनोवेग बढ़ता था, किन्तु
अन्तर निरंतर महान शान्ति होती थी।

(9)

ललित ललाट जहाँ सुंदर सिन्दूरयुक्त
भ्रू की वही कालिमा अनुपम लखाती थी।
अंजन से अंजित अनूप रंग वाली श्वेत
आँखों की न उपमा कहीं भी दृष्टि आती थी।
ललित कपोलों पै सुकेश कुंडलों के मध्य
सुषमा प्रवालों की मनोरथ दिखाती थी।
भाल पै, कि लोचन पै, गाल पै कि शारदा के
तरल त्रिवेनी की तरंग लोट जाती थी।

(10)

देख जगदम्बिका का सुंदर 'अनूप' रूप
दृष्टि चकाचौंध, चित्त की भी गति मूढ़ा थी।
वह छवि-भार पलकों को करता था बंद
शिर पै अखंड राशि पुष्प की समूढ़ा थी।
आज निज तनय सनाथ करने के लिए
भूमि पै समागता मराल समारूढ़ा थी।
मैं तो नत आनन पड़ा था वंदना के हेतु
मुझको सुना रही प्रजापति की ऊढ़ा थी—

(11)

"तू ही समवेदना की, करुणा की, कल्पना की
सृष्टि दृष्टि वृष्टि है विशिष्ट तेरी छवि है।
तू ही यजमान, तू ही ऋत्विज महान, तू ही
होता है, हवन है, हुताशन है, हवि है।
ज्ञान का, सुभाग्य का, सुयश का, प्रकाश का तू
दीपक है, तारा है, छपाकर है, रवि है।
तू ही भूतभावन है, तू ही पूतपावन है,
परमपिता है, तू 'अनूप' है, तू कवि है!"

सुमित्रानन्दन पन्त

(1900–1977)

प्रथम-रश्मि

प्रथम-रश्मि का आना रंगिणी!
तूने कैसे पहचाना?
कहाँ, कहाँ है बाल-विहंगिनि!
पाया तूने वह गाना?

सोयी थी तू स्वप्न-नीड़ में
पंखों के सुख में छिपकर
ऊँघ रहे थे, घूम द्वार पर
प्रहरी-से जुगनू नाना।

शशि-किरणों से उतर-उतरकर
भू पर कामरूप नभ-चर
चूम नवल-कलियों का मृदु-मुख
सिखा रहे थे मुस्काना।

स्नेह-हीन तारों के दीपक
श्वास-शून्य थे तरु के पास
विचर रहे थे स्वप्न अवनि में
तम ने था मण्डप ताना।

कूक उठी सहसा तरु-वासिनी!
गा तू स्वागत का गाना
किसने तुझको अन्तर्यामिनि!
बतलाया उसका आना?

छोड़ द्रुमों की मृदु छाया

छोड़ द्रुमों की मृदु छाया
तोड़ प्रकृति से भी माया
बाले! तेरे बाल-जाल में कैसे उलझा दूँ लोचन?
भूल अभी से इस जग को।

तजकर तरल तरंगों को
इन्द्रधनुष के रंगों को
तेरे भ्रूभंगों से कैसे बिंधवा दूँ निज मृग-सा मन?
भूल अभी से इस जग को।

कोयल का वह कोमल बोल
मधुकर की वीणा अनमोल
कह, तब तेरे ही प्रिय स्वर से कैसे भर लूँ सजनि! श्रवण?
भूल अभी से इस जग को।

ऊषा सस्मित किसलय दल,
सुधारश्मि से उतरा जल,
ना, अधरामृत ही के मद में कैसे बहला दूँ जीवन?
भूल अभी से इस जग को।

कलरव

बाँसों का झुरमुट
संध्या का झुटपुट
हैं चहक रहीं चिड़ियाँ
टी वी टी...टुट्-टुट

वे ढाल-ढालकर उर अपने
हैं बरसा रही मधुर सपने

श्रम-जर्जर विधुर चराचर पर
गा गीत स्नेह-वेदना सने।

ये नाप रहे निज घर का मग
कुछ श्रमजीवी धर डगमग डग
भारी है जीवन। भारी पग।

आः गा-गा शत-शत सहृदय खग
संध्या बिखरा निज स्वर्ण सुभग
ओ गंध पवन झल मंद व्यजन
भर रहे नया इनमें जीवन

ढीली हैं जिनकी रग-रग
यह लौकिक और प्राकृतिक कला
यह काव्य अलौकिक सदा चला
आ रहा सृष्टि के साथ पला।

गा सके खगों-सा मेरा कवि
विश्री जग की संध्या की छवि
गा सके खगों-सा मेरा कवि
फिर हो प्रभात फिर आये रवि।

बाँध दिये क्यों प्राण

बाँध दिये क्यों प्राण
प्राणों से।
तुमने चिर अनजान
प्राणों से।

गोपन रह न सकेगी
अब यह मर्म-कथा

प्राणों की न रुकेगी
बढ़ती विरह व्यथा
विवश फूटते गान
प्राणों से।

यह विदेह प्राणों का बन्धन
अन्तर्ज्वाला में तपता तन
मुग्ध हृदय सौन्दर्य-ज्योति को
दग्ध कामना करता अर्पण
नहीं चाहता जो कुछ भी आदान
प्राणों से।

बाँध दिये क्यों प्राण
प्राणों से।

भारत माता

भारत माता ग्रामवासिनी।
खेतों में फैला है श्यामल
धूल-भरा मैला-सा आँचल,
गंगा-यमुना में आँसू जल,
मिट्टी की प्रतिमा उदासिनी।

दैन्य-जड़ित अपलक नत-चितवन,
अधरों में चिर-नीरव रोदन,
युग-युग के तम से विषण्ण मन,
वह अपने घर में प्रवासिनी।

तीस कोटि सन्तान नग्न-तन,
अर्ध क्षुधित, शोषित, निरस्त्र जन,

मूढ़, असभ्य, अशिक्षित, निर्धन,
नत-मस्तक तरु-तल निवासिनी!

स्वर्ण-शस्य पद-पद-तल-लुंठित,
धरती-सा सहिष्णु मन कुंठित,
क्रंदन-कंपित अधर मौन-स्मित,
राहु-ग्रसित शरदेंदु-हासिनी!

चिंतित भृकुटि क्षितिज तिमिरांकित,
नमित-नयन नभ वाष्पाच्छादित,
आनन-श्री छाया-शशि उपमित,
ज्ञान-मूढ़ गीता-प्रकाशिनी!

सफल आज उसका तप-संयम,
पिला अहिंसा-स्तन्य सुधोपम,
हरती जन-मन-भय, भव-तम-भ्रम,
जग-जननी जीवन-विकासिनी!

भगवतीचरण वर्मा

(1903–1981)

क्या जाग रही होगी तुम भी?

क्या जाग रही होगी तुम भी?
निष्ठुर-सी आधी रात प्रिये! अपना यह व्यापक अंधकार,
मेरे सूने-से मानस में, बरबस भर देतीं बार-बार;
मेरी पीड़ाएँ एक-एक, हैं बदल रहीं करवटें विकल;
किस आशंका की विसुध आह! इन सपनों को कर गयी पार
मैं बेचैनी में तड़प रहा; क्या जाग रही होगी तुम भी?

अपने सुख-दुख से पीड़ित जग, निश्चिंत पड़ा है शयित-शान्त,
मैं अपने सुख-दुख को तुममें, हूँ ढूँढ़ रहा विक्षिप्त-भ्रांत;
यदि एक साँस बन उड़ सकता, यदि हो सकता वैसा अदृश्य
यदि सुमुखि तुम्हारे सिरहाने, मैं आ सकता आकुल अशान्त
पर नहीं, बँधा सीमाओं से, मैं सिसक रहा हूँ मौन विवश;
मैं पूछ रहा हूँ बस इतना—भर कर नयनों में सजल याद,
क्या जाग रही होगी तुम भी?

हम दीवानों की हस्ती

हम दीवानों की क्या हस्ती,
हैं आज यहाँ, कल वहाँ चले,
मस्ती का आलम साथ चला,
हम धूल उड़ाते जहाँ चले

आये बनकर उल्लास अभी,
आँसू बनकर बह चले अभी,
सब कहते ही रह गये, अरे,
तुम कैसे आये, कहाँ चले ?

किस ओर चले ? यह मत पूछो,
चलना है, बस इसलिए चले,
जग से उसका कुछ लिये चले,
जग को अपना कुछ दिये चले,

दो बात कहीं, दो बात सुनीं;
कुछ हँसे और फिर कुछ रोए।
छककर सुख-दुख के घूँटों को
हम एक भाव से पिए चले।

हम भिखमंगों की दुनिया में,
स्वच्छंद लुटाकर प्यार चले,
हम एक निसानी-सी उर पर,
ले असफलता का भार चले,

हम मानरहित, अपमान रहित,
जी भरकर खुलकर खेल चुके,
हम हँसते-हँसते आज यहाँ
प्राणों की बाज़ी हार चले।

हम भला-बुरा सब भूल चुके,
नतमस्तक हो मुख मोड़ चले,
अभिशाप उठाकर होंठों पर,
वरदान दृगों से छोड़ चले,

अब अपना और पराया क्या ?
आबाद रहें रुकनेवाले !
हम स्वयं बँधे थे और स्वयं
हम अपने बंधन तोड़ चले।

भैंसागाड़ी

चरमर-चरमर चूँ चरर-मरर जा रही चली भैंसागाड़ी!
गति के पागलपन से प्रेरित चलती रहती संसृति महान्,
सागर पर चलते हैं जहाज़, अम्बर पर चलते वायुयान
भूतल के कोने-कोने में रेलों-ट्रामों का जाल बिछा,
हैं दौड़ रहीं मोटरें-बसें लेकर मानव का बृहत् ज्ञान।
पर इस प्रदेश में जहाँ नहीं उच्छ्वास, भावनाएँ, चाहें,
वे भूखे, अधखाए किसान भर रहे जहाँ सूनी आहें
नंगे बच्चे, चिथड़े पहने माताएँ जर्जर डोल रहीं
है जहाँ विवशता नृत्य कर रही धूल उड़ाती हैं राहें,
बीते युग की परछाईं-सी बीते युग का इतिहास लिये,
वे निपट घिनौने महापतित बौने-कुरूप, टेढ़े-मेढ़े!
उसका कुटुम्ब था भरा-पुरा आहों से, हाहाकारों से!
फ़ाकों से, लड़-लड़कर प्रतिदिन, घुट-घुटकर अत्याचारों से,
तैयार किया था उसने ही अपना छोटा-सा एक खेत!
बीवी-बच्चों से छीन, बीन दाना-दाना, अपने में भर
भूखे तड़पें या मरें, भरों का तो भरना है उसको घर!
धन की दानवता से पीड़ित कुछ फटा हुआ, कुछ कर्कश स्वर,
चरमर-चरमर चूँ चरर-मरर जा रही चली भैंसागाड़ी!
है बीस कोस पर एक नगर, उस एक नगर में एक हाट,
जिसमें मानव की दानवता फैलाए है निज राज-पाट
साहूकारों का भेस धरे हैं जहाँ चोर औ गिरहकाट,
कल के उन तंद्रिल सपनों में अब का निर्दय उपहास लिये
गति में किन सदियों की जड़ता? मन में किस स्थिरता की ममता?
अपनी जर्जर-सी छाती में अपना जर्जर विश्वास लिये
भर-भरकर फिर मिटने का स्वर, कँप-कँप उठते जिसके स्तर-स्तर
हिलती-डुलती, हँफ़ती-कँपती कुछ रुक-रुककर, कुछ सिहर-सिहर,
चरमर-चरमर चूँ चरर-मरर जा रही चली भैंसागाड़ी!

उस ओर क्षितिज के कुछ आगे कुल पाँच कोस की दूरी पर
भू की छाती पर फोड़ों से हैं उठे हुए कुछ कच्चे घर
मैं कहता हूँ खँडहर उसको, पर वे कहते हैं उसे ग्राम,
जिसमें भर देती निज धुँधलापन असफलता की सुबह-शाम
पशु बनकर नर पिस रहे जहाँ नारियाँ जन रही हैं गुलाम,
पैदा होना, फिर मर जाना, बस यह लोगों का एक काम
 था वहीं कटा दो दिन पहले गेहूँ का छोटा एक खेत!
तुम सुख-सुषमा के लाल तुम्हारा है विशाल वैभव-विवेक,
तुमने देखी हैं मान भरी उच्छृंखल सुंदरियाँ अनेक
तुम भरे-पुरे, तुम हृष्ट-पुष्ट ऐ तुम समर्थ कर्ता-हर्ता,
तुमने देखा है क्या बोलो हिलता-डुलता कंकाल एक?
 वह था उसका ही खेत, जिसे उसने उन पिछले चार माह,
 अपने शोणित को सुखा-सुखा, भर-भरकर अपनी विवश आह,
 तैयार किया था, औ घर में थी रही रुग्ण पत्नी कराह!
 उसके वे बच्चे तीन, जिन्हें, माँ-बाप का मिला प्यार न था,
 जो थे जीवन के व्यंग्य किन्तु, मरने का भी अधिकार न था,
 थे क्षुधाग्रस्त बिलबिला रहे मानो वे मोरी के कीड़े,
 है अभिशापों से घिरा जहाँ, पशुता का कलुषित ठाट-बाट!
उसमें चाँदी के टुकड़ों के बदले में लुटता है अनाज,
उन चाँदी के ही टुकड़ों से तो चलता है सब राज-काज
वह राज-काज, जो सधा हुआ है उन भूखे कंकालों पर,
इन साम्राज्यों की नींव पड़ी है तिल-तिल मिटनेवालों पर!
वे व्यापारी, वे ज़मींदार, वे हैं लक्ष्मी के परम भक्त,
वे निपट निरामिष सूदखोर, पीते मनुष्य का उष्ण रक्त!
इस राज-काज के वही स्तम्भ, उनकी पृथ्वी, उनका ही धन,
ये ऐश और आराम उन्हीं के, और उन्हीं के स्वर्ग-सदन!
 उस बड़े नगर का राग-रंग हँस रहा निरंतर पागल-सा,
 उस पागलपन से ही पीड़ित कर रहे ग्राम अविकल क्रंदन!
 चाँदी के टुकड़ों में विलास, चाँदी के टुकड़ों में है बल,

इन चाँदी के ही टुकड़ों में सब धर्म-कर्म, सब चहल-पहल!
इन चाँदी के ही टुकड़ों में है मानव का अस्तित्व विफल!
चाँदी के टुकड़ों को लेने प्रतिदिन पिसकर, भूखों मरकर,
भैंसागाड़ी पर लदा हुआ जा रहा चला मानव जर्जर
है उसे चुकाना सूद कर्ज़, है उसे चुकाना अपना कर,
जितना खाली है उसका घर उतना खाली उसका अन्तर!
नीचे जलनेवाली पृथ्वी ऊपर जलनेवाला अम्बर,
औ, कठिन भूख की जलन लिये नर बैठा है बनकर पत्थर!
पीछे है पशुता का खँडहर, दानवता का सामने नगर,
मानव का कृश कंकाल लिये चरमर-चरमर चूँ चरर-मरर
जा रही चली भैंसागाड़ी!

वंशीधर शुक्ल

(1904–1980)

उठ जाग मुसाफ़िर

उठ जाग मुसाफ़िर! भोर भई,
अब रैन कहाँ जो सोवत है।
जो सोवत है सो खोवत है,
जो जागत है सो पावत है।
उठ जाग मुसाफ़िर! भोर भई,
अब रैन कहाँ जो सोवत है।

टुक नींद से अँखियाँ खोल ज़रा
पल अपने प्रभु से ध्यान लगा,
यह प्रीति करन की रीति नहीं
जग जागत है, तू सोवत है।

तू जाग जगत की देख उड़न,
जग जागा तेरे बंद नयन,
यह जन जाग्रति की बेला है,
तू नींद की गठरी ढोवत है।

लड़ना वीरों का पेशा है,
इसमें कुछ भी न अन्देशा है;
तू किस गफ़लत में पड़ा-पड़ा
आलस में जीवन खोवत है।

है आज़ादी ही लक्ष्य तेरा,
उसमें अब देर लगा न ज़रा;
जब सारी दुनिया जाग उठी
तू सिर खुजलावत रोवत है।

उठ जाग मुसाफ़िर! भोर भई
अब रैन कहाँ जो सोवत है।

सबेरा हुआ है

उठो सोने वालो! सबेरा हुआ है;
वतन के फ़कीरों का फेरा हुआ है।
जगो, अब निराशा-निशा खो रही है;
सुनहली-सी पूरब दिशा हो रही है;
उषा की किरण कालिमा धो रही है,
न अब कौम कोई कहीं सो रही है;
तुम्हें किसलिये मोह घेरा हुआ है।
उठो सोने वालो! सबेरा हुआ है।
जवानो! जगो, कौम की जान जागो,
पड़े किसलिये देश की शान जागो;
गुलामी मिटे देश उत्थान जागो,
शहीदों की सच्ची सुसन्तान जागो;
हटा दूर आलस-अँधेरा हुआ है।
उठो सोने वालो! सबेरा हुआ है।
उठो देवियो! वक्त खोने न देना,
कहीं फूट के बीज बोने न देना;
जगें जो, उन्हें फिर से सोने न देना
कभी राष्ट्र-अपमान होने न देना;
घड़ी शुभ महूरत का डेरा हुआ है।
उठो सोने वालो सबेरा हुआ है।
नई रोशनी मुल्क में उग रही है,
युगों बाद फिर हिन्द-माँ जग रही है;

खुमारी बचा प्राण को भग रही है,
दिलों में निराली लगन लग रही है;
मुसीबत से अब तो निबेरा हुआ है।
उठो सोने वालो सबेरा हुआ है।
हवा क्रान्ति की झूमती डाली-डाली,
बदल जाने वाली है शासन-प्रणाली;
जगो, देख लो कैसी रौनक-निराली,
सितारे गये, आ गया अंशुमाली;
घरों में, दिलों में उजेरा हुआ है।
उठो सोने वालो! सबेरा हुआ है।

कदम कदम बढ़ाये जा

कदम कदम बढ़ाये जा;
खुशी के गीत गाये जा;
ये ज़िन्दगी है कौम की,
तू कौम पे लुटाये जा।
उड़ी तमिस्त्र रात है, जगा नया प्रभात है,
चली नयी ज़मात है, मानो कोई बरात है,
समय है, मुस्कुराये जा,
खुशी के गीत गाये जा।
ये ज़िन्दगी है कौम की
तू कौम पे लुटाये जा।
जो आ पड़े कोई विपत्ति मार के भगायेंगे,
जो आये मौत सामने तो दाँत तोड़ लायेंगे,
बहार की बहार में
बहार ही लुटाये जा।
कदम-कदम बढ़ाये जा,
खुशी के गीत गाये जा।

जहाँ तलक न लक्ष्य पूर्ण हो समर करेंगे हम,
खड़ा हो शत्रु सामने तो शीश पै चढ़ेंगे हम,
विजय हमारे हाथ है
विजय-ध्वजा उड़ाये जा।
कदम-कदम बढ़ाये जा,
खुशी के गीत गाये जा।
कदम बढ़ें तो बढ़ चले, आकाश तक चढ़ेंगे हम,
लड़े हैं, लड़ रहे हैं, तो जहान से लड़ेंगे हम;
बड़ी लड़ाइयाँ हैं तो
बड़ा कदम बढ़ाये जा।
कदम-कदम बढ़ाये जा
खुशी के गीत गाये जा।
निगाह चौमुखी रहे, विचार लक्ष्य पर रहे,
जिधर से शत्रु आ रहा उसी तरफ़ नज़र रहे,
स्वतन्त्रता का युद्ध है,
स्वतन्त्र होके गाये जा।
कदम-कदम बढ़ाये जा,
खुशी के गीत गाये जा।
ये ज़िन्दगी है कौम की
तू कौम पे लुटाये जा।

सुभद्रा कुमारी चौहान

(1904–1948)

मेरा नया बचपन

बार-बार आती है मुझको
मधुर याद बचपन तेरी।
गया, ले गया तू जीवन की
सब से मस्त खुशी मेरी॥

चिन्ता-रहित खेलना-खाना
वह फिरना निर्भय स्वच्छन्द।
कैसे भूला जा सकता है
बचपन का अतुलित आनन्द?

ऊँच-नीच का ज्ञान नहीं था
छुआछूत किसने जानी?
बनी हुई थी वहाँ झोपड़ी
और चीथड़ों में रानी।

किये दूध के कुल्ले मैंने
चूस अँगूठा सुधा पिया।
किलकारी किल्लोल मचाकर
सूना घर आबाद किया॥

रोना और मचल जाना भी
क्या आनन्द दिखाते थे!
बड़े-बड़े मोती-से आँसू
जयमाला पहनाते थे॥

मैं रोई, माँ काम छोड़कर
आयीं, मुझको उठा लिया।
झाड़-पोंछ कर चूम-चूम
गीले गालों को सुखा दिया॥

दादा ने चन्दा दिखलाया
नेत्र नीर-युत दमक उठे।
धुली हुई मुस्कान देख कर
सबके चेहरे चमक उठे॥

वह सुख का साम्राज्य छोड़कर
मैं मतवाली बड़ी हुई।
लुटी हुई, कुछ ठगी हुई-सी
दौड़ द्वार पर खड़ी हुई॥

लाजभरी आँखें थीं मेरी
मन में उमँग रंगीली थी।
तान रसीली थी कानों में
चंचल छैल छबीली थी॥

दिल में एक चुभन-सी थी
यह दुनिया अलबेली थी।
मन में एक पहेली थी
मैं सब के बीच अकेली थी॥

मिला, खोजती थी जिसको
हे बचपन! ठगा दिया तू ने।
अरे! जवानी के फन्दे में
मुझको फँसा दिया तूने॥

सब गलियाँ उसकी भी देखीं
उसकी खुशियाँ न्यारी हैं।

प्यारी, प्रीतम की रंग-रलियों
की स्मृतियाँ भी प्यारी हैं॥

माना मैंने युवा-काल का
जीवन खूब निराला है।
आकांक्षा, पुरुषार्थ, ज्ञान का
उदय मोहने वाला है॥

किन्तु यहाँ झंझट है भारी
युद्ध-क्षेत्र संसार बना।
चिन्ता के चक्कर में पड़ कर
जीवन भी है भार बना॥

आ जा बचपन! एक बार फिर
दे दे अपनी निर्मल शान्ति।
व्याकुल व्यथा मिटाने वाली
वह अपनी प्राकृत विश्रान्ति॥

वह भोली-सी मधुर सरलता
वह प्यारा जीवन निष्पाप।
क्या आकर फिर मिटा सकेगा
तू मेरे मन का सन्ताप?

मैं बचपन को बुला रही थी
बोल उठी बिटिया मेरी।
नन्दन वन-सी फूल उठी
यह छोटी-सी कुटिया मेरी॥

'माँ ओ' कहकर बुला रही थी
मिट्टी खाकर आयी थी।
कुछ मुँह में कुछ लिये हाथ में
मुझे खिलाने लायी थी॥

पुलक रहे थे अंग, दृगों में
कौतूहल था छलक रहा।
मुँह पर थी आह्लाद-लालिमा
विजय-गर्व था झलक रहा॥

मैंने पूछा 'यह क्या लायी'?
बोल उठी वह 'माँ, काओ'।
हुआ प्रफुल्लित हृदय खुशी से
मैंने कहा—'तुम्हीं खाओ'॥

पाया मैंने बचपन फिर से
बचपन बेटी बन आया।
उसकी मंजुल मूर्ति देखकर
मुझ में नवजीवन आया॥

मैं भी उसके साथ खेलती
खाती हूँ, तुतलाती हूँ।
मिलकर उसके साथ स्वयं
मैं भी बच्ची बन जाती हूँ॥

जिसे खोजती थी बरसों से
अब जाकर उसको पाया।
भाग गया था मुझे छोड़कर
वह बचपन फिर से आया॥

ठुकरा दो या प्यार करो

देव! तुम्हारे कई उपासक
कई ढंग से आते हैं।
सेवा में बहुमूल्य भेंट वे
कई रंग की लाते हैं॥

धूमधाम से, साजबाज से
वे मन्दिर में आते हैं।
मुक्ता-मणि बहुमूल्य वस्तुएँ
लाकर तुम्हें चढ़ाते हैं॥

मैं ही हूँ गरीबिनी ऐसी
जो कुछ साथ नहीं लायी।
फिर भी साहस कर मन्दिर में
पूजा करने को आयी॥

धूप-दीप-नैवेद्य नहीं है
झाँकी का शृंगार नहीं।
हाय! गले में पहनाने को
फूलों का भी हार नहीं॥

कैसे करूँ कीर्तन,
मेरे स्वर में है माधुर्य नहीं।
मन का भाव प्रकट करने को
वाणी में चातुर्य नहीं॥

नहीं दान है, नहीं दक्षिणा
खाली हाथ चली आयी।
पूजा की विधि नहीं जानती
फिर भी नाथ! चली आयी॥

पूजा और पुजापा प्रभुवर!
इसी पुजारिन को समझो।
दान-दक्षिणा और निछावर
इसी भिखारिन को समझो॥

मैं उन्मत्त प्रेम की लोभी
हृदय दिखाने आयी हूँ।
जो कुछ है, वह यही पास है,
इसे चढ़ाने आयी हूँ॥

चरणों पर अर्पित है, इसको
चाहो तो स्वीकार करो।
यह तो वस्तु तुम्हारी ही है।
ठुकरा दो या प्यार करो॥

झाँसी की रानी

सिंहासन हिल उठे, राजवंशों ने भृकुटी तानी थी,
बूढ़े भारत में भी आयी फिर से नयी जवानी थी,
गुमी हुई आज़ादी की कीमत सबने पहचानी थी,
दूर फिरंगी को करने की सबने मन में ठानी थी।
चमक उठी सन् सत्तावन में वह तलवार पुरानी थी।
बुन्देले हरबोलों के मुँह हमने सुनी कहानी थी।
खूब लड़ी मर्दानी वह तो झाँसी वाली रानी थी॥

कानपूर के नाना की मुँहबोली बहन 'छबीली' थी,
लक्ष्मीबाई नाम, पिता की वह सन्तान अकेली थी,
नाना के सँग पढ़ती थी वह, नाना के सँग खेली थी,
बरछी, ढाल, कृपाण, कटारी उसकी यही सहेली थी,
वीर शिवाजी की गाथाएँ उसको याद ज़बानी थीं।
बुन्देले हरबोलों के मुँह हमने सुनी कहानी थी।
खूब लड़ी मर्दानी वह तो झाँसी वाली रानी थी॥

लक्ष्मी थी या दुर्गा थी वह स्वयं वीरता की अवतार,
देख मराठे पुलकित होते उसकी तलवारों के वार,
नकली युद्ध, व्यूह की रचना और खेलना खूब शिकार,

सैन्य घेरना, दुर्ग तोड़ना, ये थे उसके प्रिय खिलवार,
महाराष्ट्र-कुल-देवी उसकी भी आराध्य भवानी थी।
बुन्देले हरबोलों के मुँह हमने सुनी कहानी थी।
खूब लड़ी मर्दानी वह तो झाँसी वाली रानी थी॥

हुई वीरता की वैभव के साथ सगाई झाँसी में,
ब्याह हुआ रानी बन आयी लक्ष्मीबाई झाँसी में,
राजमहल में बजी बधाई खुशियाँ छायीं झाँसी में,
सुभट बुन्देलों की विरुदावलि-सी वह आयी झाँसी में,
चित्रा ने अर्जुन को पाया, शिव से मिली भवानी थी।
बुन्देले हरबोलों के मुँह हमने सुनी कहानी थी।
खूब लड़ी मर्दानी वह तो झाँसी वाली रानी थी॥

उदित हुआ सौभाग्य, मुदित महलों में उजयाली छायी,
किन्तु कालगति चुपके-चुपके काली घटा घेर लायी,
तीर चलाने वाले कर में उसे चूड़ियाँ कब भायीं,
रानी विधवा हुई हाय! विधि को भी नहीं दया आयी,
निःसन्तान मरे राजा जी रानी शोक-समानी थी,
बुन्देले हरबोलों के मुँह हमने सुनी कहानी थी।
खूब लड़ी मर्दानी वह तो झाँसी वाली रानी थी॥

बुझा दीप झाँसी का तब डलहौज़ी मन में हरषाया,
राज्य हड़प करने का उसने यह अच्छा अवसर पाया,
फ़ौरन फ़ौजें भेज दुर्ग पर अपना झण्डा फहराया,
लावारिस का वारिस बनकर ब्रिटिश राज्य झाँसी आया,
अश्रुपूर्ण रानी ने देखा झाँसी हुई बिरानी थी।
बुन्देले हरबोलों के मुँह हमने सुनी कहानी थी।
खूब लड़ी मर्दानी वह तो झाँसी वाली रानी थी॥

अनुनय विनय नहीं सुनता है, विकट फिरंगी की माया,
व्यापारी बन दया चाहता था जब यह भारत आया,

डलहौज़ी ने पैर पसारे अब तो पलट गयी काया,
राजाओं नव्वाबों को भी उसने पैरों ठुकराया,
रानी दासी बनी, बनी यह दासी अब महारानी थी।
बुन्देले हरबोलों के मुँह हमने सुनी कहानी थी।
खूब लड़ी मर्दानी वह तो झाँसी वाली रानी थी॥

छिनी राजधानी देहली की, लिया लखनऊ बातों-बात,
कैद पेशवा था बिठूर में, हुआ नागपुर का भी घात,
उदैपूर, तंजोर, सतारा, करनाटक की कौन बिसात,
जब कि सिन्ध, पंजाब, ब्रह्म पर अभी हुआ था वज्र-निपात,
बंगाले, मद्रास आदि की भी तो यही कहानी थी।
बुन्देले हरबोलों के मुँह हमने सुनी कहानी थी।
खूब लड़ी मर्दानी वह तो झाँसी वाली रानी थी॥

रानी रोयीं रनिवासों में बेगम गम से थीं बेज़ार,
उनके गहने-कपड़े बिकते थे कलकत्ते के बाज़ार,
सरेआम नीलाम छापते थे अंग्रेज़ों के अखबार,
'नागपूर के जेवर ले लो' 'लखनऊ के लो नौलख हार',
यों परदे की इज़्ज़त परदेशी के हाथ बिकानी थी।
बुन्देले हरबोलों के मुँह हमने सुनी कहानी थी।
खूब लड़ी मर्दानी वह तो झाँसी वाली रानी थी॥

कुटियों में थी विषम वेदना, महलों में आहत अपमान,
वीर सैनिकों के मन में था, अपने पुरखों का अभिमान,
नाना धुन्धूपन्त पेशवा जुटा रहा था सब सामान,
बहिन छबीली ने रण-चण्डी का कर दिया प्रकट आह्वान,
हुआ यज्ञ प्रारम्भ उन्हें तो सोयी ज्योति जगानी थी।
बुन्देले हरबोलों के मुँह हमने सुनी कहानी थी।
खूब लड़ी मर्दानी वह तो झाँसी वाली रानी थी॥

महलों ने दी आग, झोपड़ी ने ज्वाला सुलगायी थी,
यह स्वतन्त्रता की चिनगारी अन्तरतम से आयी थी,
झाँसी चेती, दिल्ली चेती, लखनऊ लपटें छायी थीं,
मेरठ, कानपुर, पटना ने भारी धूम मचायी थी,
जबलपुर, कोल्हापुर में भी कुछ हलचल उकसानी थी।
बुन्देले हरबोलों के मुँह हमने सुनी कहानी थी।
खूब लड़ी मर्दानी वह तो झाँसी वाली रानी थी॥

इस स्वतन्त्रता-महायज्ञ में कई वीरवर आये काम
नाना धुन्धूपन्त, ताँतिया, चतुर अजीमुल्ला सरनाम,
अहमद शाह मौलवी, ठाकुर कुँवरसिंह सैनिक अभिराम,
भारत के इतिहास-गगन में अमर रहेंगे जिनके नाम,
लेकिन आज जुर्म कहलाती उनकी जो कुरबानी थी।
बुन्देले हरबोलों के मुँह हमने सुनी कहानी थी।
खूब लड़ी मर्दानी वह तो झाँसी वाली रानी थी॥

इनकी गाथा छोड़ चलें हम झाँसी के मैदानों में,
जहाँ खड़ी है लक्ष्मीबाई मर्द बनी मर्दानों में,
लेफ़्टिनेंट वॉकर आ पहुँचा, आगे बढ़ा जवानों में,
रानी ने तलवार खींच ली, हुआ द्वन्द्व असमानों में,
जख्मी होकर वॉकर भागा, उसे अजब हैरानी थी।
बुन्देले हरबोलों के मुँह हमने सुनी कहानी थी।
खूब लड़ी मर्दानी वह तो झाँसी वाली रानी थी॥

रानी बढ़ी कालपी आयी, कर सौ मील निरन्तर पार,
घोड़ा थक कर गिरा भूमि पर, गया स्वर्ग तत्काल सिधार,
यमुना-तट पर अंग्रेज़ों ने फिर खायी रानी से हार,
विजयी रानी आगे चल दी, किया ग्वालियर पर अधिकार,
अंग्रेज़ों के मित्र सिंधिया ने छोड़ी रजधानी थी।
बुन्देले हरबोलों के मुँह हमने सुनी कहानी थी।
खूब लड़ी मर्दानी वह तो झाँसी वाली रानी थी॥

विजय मिली, पर अंग्रेज़ों की फिर सेना घिर आयी थी,
अबके जनरल स्मिथ सन्मुख था, उसने मुँह की खायी थी,
काना और मन्दरा सखियाँ रानी के संग आयी थीं,
युद्ध क्षेत्र में उन दोनों ने भारी मार मचायी थी।
पर, पीछे ह्यू रोज़ आ गया, हाय! घिरी अब रानी थी।
बुन्देले हरबोलों के मुँह हमने सुनी कहानी थी।
खूब लड़ी मर्दानी वह तो झाँसी वाली रानी थी॥

तो भी रानी मार-काटकर चलती बनी सैन्य के पार,
किन्तु सामने नाला आया, था यह संकट विषम अपार,
घोड़ा अड़ा, नया घोड़ा था, इतने में आ गये सवार,
रानी एक, शत्रु बहुतेरे, होने लगे वार पर वार,
घायल होकर गिरी सिंहनी उसे वीर-गति पानी थी।
बुन्देले हरबोलों के मुँह हमने सुनी कहानी थी।
खूब लड़ी मर्दानी वह तो झाँसी वाली रानी थी॥

रानी गयी सिधार, चिता अब उसकी दिव्य सवारी थी
मिला तेज से तेज, तेज की वह सच्ची अधिकारी थी
अभी उम्र कुल तेइस की थी, मनुज नहीं अवतारी थी,
हमको जीवित करने आयी बन स्वतन्त्रता नारी थी,
दिखा गयी पथ, सिखा गयी हमको जो सीख सिखानी थी।
बुन्देले हरबोलों के मुँह हमने सुनी कहानी थी।
खूब लड़ी मर्दानी वह तो झाँसी वाली रानी थी॥

जाओ रानी याद रखेंगे हम कृतज्ञ भारत वासी
यह तेरा बलिदान जगावेगा स्वतन्त्रता अविनाशी,
होवे चुप इतिहास, लगे सच्चाई को चाहे फाँसी
हो मदमाती विजय, मिटा दे गोलों से चाहे झाँसी,
तेरा स्मारक तू ही होगी, तू खुद अमिट निशानी थी।
बुन्देले हरबोलों के मुँह हमने सुनी कहानी थी।
खूब लड़ी मर्दानी वह तो झाँसी वाली रानी थी॥

वीरों का कैसा हो वसन्त?

वीरों का कैसा हो वसन्त?
आ रही हिमाचल से पुकार,
है उदधि गरजता बार-बार,
प्राची, पश्चिम, भू, नभ अपार,
सब पूछ रहे हैं दिग्-दिगन्त,
वीरों का कैसा हो वसन्त?

फूली सरसों ने दिया रंग,
मधु लेकर आ पहुँचा अनंग,
वधु-वसुधा पुलकित अंग-अंग,
हैं वीर वेश में किन्तु कन्त,
वीरों का कैसा हो वसन्त?

भर रही कोकिला इधर तान,
मारू बाजे पर उधर गान,
है रंग और रण का विधान,
मिलने आये हैं आदि-अन्त,
वीरों का कैसा हो वसन्त?

गलबाँहें हों, या हो कृपाण
चल-चितवन हो, या धनुष-बाण,
हो रस-विलास या दलित-त्राण
अब यही समस्या है दुरन्त,
वीरों का कैसा हो वसन्त?

कह दे अतीत अब मौन त्याग,
लंके, तुझ में क्यों लगी आग?
ऐ कुरुक्षेत्र! अब जाग, जाग,
बतला अपने अनुभव अनन्त,
वीरों का कैसा हो वसन्त?

हल्दी-घाटी के शिला-खण्ड,
ऐ दुर्ग! सिंह-गढ़ के प्रचण्ड,
राणा ताना का कर घमण्ड,
दो जगा आज स्मृतियाँ ज्वलंत
वीरों का कैसा हो वसन्त?

भूषण अथवा कवि चन्द नहीं,
बिजली भर दे वह छन्द नहीं,
है कलम बँधी, स्वच्छन्द नहीं
फिर हमें बतावे कौन? हन्त!
वीरों का कैसा हो वसन्त?

रामकुमार वर्मा

(1905–1990)

एक दीपक किरण कण हूँ

एक दीपक किरण-कण हूँ
धूम्र जिसके क्रोड़ में है, उस अनल का हाथ हूँ मैं
नव प्रभा लेकर चला हूँ, पर जलन के साथ हूँ मैं
सिद्धि पाकर भी, तुम्हारी साधना का ज्वलित क्षण हूँ।
एक दीपक किरण-कण हूँ।
व्योम के उर में, अपार भरा हुआ है जो अँधेरा
और जिसने विश्व को, दो बार क्या, सौ बार घेरा
उस तिमिर का नाश करने के लिए, मैं अटल प्रण हूँ।
एक दीपक किरण-कण हूँ।
शलभ को अमरत्व देकर, प्रेम पर मरना सिखाया
सूर्य का सन्देश लेकर, रात्रि के उर में समाया
पर तुम्हारा स्नेह खोकर भी, तुम्हारी ही शरण हूँ।
एक दीपक किरण-कण हूँ।

ये गजरे तारों वाले

इस सोते संसार बीच,
                    जग कर सज कर रजनी बाले!
कहाँ बेचने ले जाती हो,
                    ये गजरे तारों वाले?
मोल करेगा कौन,

सो रही हैं उत्सुक आँखें सारी।
मत कुम्हलाने दो,
सूनेपन में अपनी निधियाँ न्यारी॥
निर्झर के निर्मल जल में,
ये गजरे हिला हिला धोना।
लहर हहर कर यदि चूमे तो,
किंचित् विचलित मत होना॥
होने दो प्रतिबिम्ब विचुम्बित,
लहरों ही में लहराना।
'लो मेरे तारों के गजरे'
निर्झर-स्वर में यह गाना॥
यदि प्रभात तक कोई आकर,
तुम से हाय! न मोल करे।
तो फूलों पर ओस-रूप में,
बिखरा देना सब गजरे॥

सोहनलाल द्विवेदी

(1906–1988)

वंदना के इन स्वरों में

वंदना के इन स्वरों में, एक स्वर मेरा मिला लो।
वंदिनी माँ को न भूलो,
राग में जब मत्त झूलो,
अर्चना के रत्नकण में, एक कण मेरा मिला लो।
जब हृदय का तार बोले,
शृंखला के बंद खोले,
हों जहाँ बलि शीश अगणित, एक सिर मेरा मिला लो।

युगावतार

चल पड़े जिधर दो डग, मग में, चल पड़े कोटि पग उसी ओर
पड़ गई जिधर भी एक दृष्टि, पड़ गये कोटि दृग उसी ओर;
जिसके सिर पर निज धरा हाथ, उसके सिर-रक्षक कोटि हाथ
जिस पर निज मस्तक झुका दिया, झुक गये उसी पर कोटि माथ।

हे कोटिचरण, हे कोटिबाहु! हे कोटिरूप, हे कोटिनाम!
तुम एक मूर्ति, प्रतिमूर्ति कोटि! हे कोटि मूर्ति, तुमको प्रणाम!
युग बढ़ा तुम्हारी हँसी देख, युग हटा तुम्हारी भृकुटि देख;
तुम अचल मेखला बन भू की, खींचते काल पर अमिट रेख।

तुम बोल उठे, युग बोल उठा, तुम मौन बने, युग मौन बना
कुछ कर्म तुम्हारे संचित कर, युग कर्म जगा, युगधर्म तना।

युग-परिवर्त्तक, युग-संस्थापक, युग संचालक, हे युगाधार!
युग-निर्माता, युग-मूर्ति! तुम्हें, युग-युग तक युग का नमस्कार!

तुम युग-युग की रूढ़ियाँ तोड़, रचते रहते नित नयी सृष्टि
उठती नवजीवन की नीवें, ले नवचेतन की दिव्य दृष्टि।
धर्माडंबर के खंडहर पर, कर पद-प्रहार, कर धराध्वस्त
मानवता का पावन मन्दिर, निर्माण कर रहे सृजनव्यस्त!

बढ़ते ही जाते दिग्विजयी, गढ़ते तुम अपना रामराज
आत्माहुति के मणिमाणिक से, मढ़ते जननी का स्वर्ण ताज!
तुम कालचक्र के रक्त सने, दशनों को कर से पकड़ सुदृढ़
मानव को दानव के मुँह से, ला रहे खींच बाहर बढ़-बढ़।

पिसती कराहती जगती के, प्राणों में भरते अभय दान
अधमरे देखते हैं तुमको, किसने आकर यह किया त्राण?
दृढ़ चरण, सुदृढ़ करसंपुट से, तुम कालचक्र की चाल रोक
नित महाकाल की छाती पर लिखते करुणा के पुण्य श्लोक!

कँपता असत्य, कँपती मिथ्या, बर्बरता कँपती है थर-थर!
कँपते सिंहासन, राजमुकुट, कँपते खिसके आते भू पर।
हैं अस्त्र-शस्त्र कुंठित लुंठित सेनायें करती गृह-प्रयाण!
रणभेरी तेरी बजती है, उड़ता है तेरा ध्वज निशान!

हे युग-द्रष्टा, हे युग-स्त्रष्टा,
पढ़ते कैसा यह मोक्ष-मंत्र?
इस राजतन्त्र के खंडहर में
उगता अभिनव भारत स्वतन्त्र

श्यामनारायण पाण्डेय

(1907-1989)

प्रताप की प्रतिज्ञा

गिरि अरावली के तरु के थे
पत्ते-पत्ते निष्कंप अचल
बन बेलि-लता-लतिकाएँ भी
सहसा कुछ सुनने को निश्चल॥

था मौन गगन, नीरव रजनी,
नीरव सरिता, नीरव तरंग,
केवल राणा का सदुपदेश,
करता निशीथिनी नींद भंग॥

वह बोल रहा था गरज-गरज,
रह-रह कर में असि चमक रही।
रव वलित बरसते बादल में,
मानो बिजली थी दमक रही॥

सरदारो, मान-अवज्ञा से
माँ का गौरव बढ़ गया आज।
दबते न किसी से राजपूत
अब समझेगा बैरी-समाज॥

वह मान महा अभिमानी है
बदला लेगा ले बल अपार।
कटि कस लो अब मेरे वीरो,
मेरी भी उठती है कटार॥

भूलो इन महलों के विलास,
गिरि-गुहा बना लो निज निवास।
अवसर न हाथ से जाने दो
रण-चण्डी करती अट्टहास॥

लोहा लेने को तुला मान,
तैयार रहो अब साभिमान।
वीरो, बतला दो उसे अभी
क्षत्रियपन की है बची आन॥

साहस दिखलाकर दीक्षा दो,
अरि को लड़ने की शिक्षा दो।
जननी को जीवन भिक्षा दो
ले लो असि, वीर, परीक्षा दो॥

रख लो अपनी मुख लाली को
मेवाड़ देश हरियाली को
दे दो नरमुंड कपाली को
शिर काट-काट कर काली को॥

मेवाड़ देश मेवाड़ देश,
समझो यह है मेवाड़ देश।
जब तक दुख में मेवाड़ देश
वीरो, तब तक के लिए क्लेश।

सन्देश यही, उपदेश यही
कहता है अपना देश यही।
वीरो दिखला दो आत्म त्याग
राणा का है आदेश यही॥

अब से मुझको भी हास शपथ
रमणी का वह मधुमास शपथ।

रति केलि शपथ, भुजपाश शपथ,
महलों के भोग-विलास शपथ॥

सोने चाँदी के पात्र शपथ,
हीरा मणियों के हार शपथ।
माणिक मोती से कलित ललित
अब से तन के शृंगार शपथ॥

गायक के मधुमय गान शपथ
कवि की कविता की तान शपथ।
रस रंग शपथ, मधुपान शपथ
अब से मुख पर मुस्कान शपथ॥

मोती झालर से सजी हुई,
वह सुकुमारी सी सेज शपथ।
यह निरपराध जग थहर रहा
जिससे वह राजस तेज शपथ॥

पद पर जग वैभव लोट रहा,
वह राज भोग सुख साज शपथ।
जगमग-जगमग मणि राज जटित
अब से मुझको यह ताज शपथ॥

जब तक स्वतन्त्र यह देश नहीं,
है कट सकता नख केश-नहीं।
मरने कटने का क्लेश नहीं
कम हो सकता आवेश नहीं॥

परवाह नहीं, परवाह नहीं,
मैं हूँ फ़कीर अब शाह नहीं।
मुझको दुनिया की चाह नहीं,
सह सकता जन की आह नहीं॥

अरि सागर तो कुंभज समझो,
वैरी ह्रद तो दिग्गज समझो
आँखों में जो पट जाती वह,
मुझको तूफ़ानी रज समझो॥

यह तो जननी की ममता है
जननी भी सिर पर हाथ न दे।
मुझको इसकी परवाह नहीं,
चाहे कोई भी साथ न दे॥

विष बीज न मैं बोने दूँगा,
अरि को न कभी सोने दूँगा।
पर दूध कलंकित माता का,
मैं कभी नहीं होने दूँगा॥

('हल्दी घाटी' से)

महादेवी वर्मा

(1907–1987)

मैं नीर भरी दुख की बदली

मैं नीर भरी दुख की बदली।

स्पन्दन में चिर निस्पन्द बसा
क्रंदन में आहत विश्व हँसा
नयनों में दीपक से जलते
पलकों में निर्झरिणी मचली।

मेरा पग-पग संगीत भरा
श्वासों से स्वप्न-पराग झरा
नभ के नवरंग बुनते दुकूल
छाया में मलय-बयार पली।

मैं क्षितिज-भृकुटि पर घिर धूमिल
चिंता का भार बनी अविरल
रज-कण पर जल-कण हो बरसी
नव जीवन-अंकुर बन निकली।

पथ को न मलिन करते आना
पदचिह्न न दे जाते जाना
सुधि मेरे आँगन की जग में
सुख की सिहरन हो अन्त खिली।

विस्तृत नभ का कोई कोना
मेरा न कभी अपना होना

परिचय इतना इतिहास यही
उमड़ी कल थी मिट आज चली।

मधुर-मधुर मेरे दीपक जल

मधुर-मधुर मेरे दीपक जल!
युग-युग, प्रतिदिन, प्रतिक्षण, प्रतिपल;
प्रियतम का पथ आलोकित कर।
सौरभ फैला विपुल धूप बन;
मृदुल मोम-सा घुल रे मृदुतन।
दे प्रकाश का सिंधु अपरिमित,
तेरे जीवन का अणु-अणु गल।
पुलक-पुलक मेरे दीपक जल!
सारे शीतल कोमल नूतन,
माँग रहे मुझसे ज्वाला-कण;
विश्व-शलभ सिर धुन कहता 'मैं
हाय! न जल पाया तुझमें मिल'।
सिहर-सिहर मेरे दीपक जल!
जलते नभ में देख असंख्यक,
स्नेह-हीन नित कितने दीपक,
जलमय सागर का उर जलता,
विद्युत ले घिरता है बादल!
बिहँस-बिहँस मेरे दीपक जल!
द्रुम के अंग हरित कोमलतम,
ज्वाला को करते हृदयंगम,
वसुधा के जड़ अन्तर में भी,
बंदी है तापों की हल-चल।
बिखर-बिखर मेरे दीपक जल!

मेरी नि:श्वासों से द्रुततर,
सुभग न तू बुझने का भय कर,
मैं अंचल की ओट किए हूँ
अपनी मृदु पलकों से चंचल!
सहज-सहज मेरे दीपक जल!
सीमा ही लघुता का बंधन,
है अनादि तू मत घड़ियाँ गिन,
मैं दृग के अक्षय कोषों से
तुझमें भरती हूँ आँसू-जल!
सजल-सजल मेरे दीपक जल!
तम असीम, तेरा प्रकाश चिर,
खेलेंगे नव खेल निरंतर;
तम के अणु-अणु में विद्युत-सा
अमित चित्र अंकित करता चल!
सरल-सरल मेरे दीपक जल!
तू जल-जल जितना होता क्षय
वह समीप आता छलनामय;
मधुर मिलन में मिट जाना तू
उसकी उज्ज्वल स्मित में घुल-मिल!
मदिर-मदिर मेरे दीपक जल।
प्रियतम का पथ आलोकित कर!

जो तुम आ जाते एक बार

जो तुम आ जाते एक बार!
कितनी करुणा कितने सन्देश
पथ में बिछ जाते बन पराग,
गाता प्राणों का तार-तार

अनुराग-भरा उन्माद-राग;
आँसू लेते वे पद पखार!

हँस उठते पल में आर्द्र नयन
धुल जाता ओठों से विषाद,
छा जाता जीवन में वसन्त
लुट जाता चिर-संचित विराग;
आँखें देतीं सर्वस्व वार!

नयन बनेंगे आरती

प्रिय मेरे गीले नयन बनेंगे आरती!
श्वासों में सपने कर गुंफित,
वंदनवार वेदना-चर्चित,
भर दुख से जीवन का घट नित,
मूक क्षणों में मधुर भरूँगी भारती!
दृग मेरे ये दीपक झिलमिल,
भर आँसू का स्नेह रहा ढुल,
सुधि तेरी अविराम रही जल,
पद-ध्वनि पर आलोक रहूँगी वारती!
यह लो प्रिय! निधियोंमय जीवन,
जग की अक्षय स्मृतियों का धन,
सुख-सोना करुणा हीरक-कण,
तुम से जीता आज तुम्हीं को हारती!

अपरिचित पथ

पंथ होने दो अपरिचित प्राण रहने दो अकेला!
घेर ले छाया अमा बन,

आज कज्जल-अश्रुओं में रिमझिमा ले यह घिरा घन,
और होंगे नयन सूखे,
तिल बुझे औ' पलक रूखे,
आर्द्र-चितवन में यहाँ शत-विद्युतों में दीप खेला!

अन्य होंगे चरण हारे,
और हैं जो लौटते, दे शूल को संकल्प सारे;
दुखव्रती निर्माण-उन्मद;
यह अमरता नापते पद,
बाँध देंगे अंक-संसृति-से तिमिर में स्वर्ण-वेला!

दूसरी होगी कहानी,
शून्य में जिस के मिटे स्वर, धूलि में खोई निशानी,
आज जिस पर प्रलय विस्मित,
मैं लगाती चल रही नित,
मोतियों की हाट औ' चिनगारियों का एक मेला!

हास का मधु दूत भेजो,
रोष की भ्रू-भंगिमा पतझार को चाहे सहेजो।
ले मिलेगा उर अचंचल,
वेदना-जल, स्वप्न-शतदल,
जान लो वह मिलन-एकाकी विरह में है दुकेला!

जीवन विरह का जलजात

विरह का जलजात जीवन, विरह का जलजात!
वेदना में जन्म करुणा में मिला आवास;
अश्रु चुनता दिवस इस का अश्रु गिनती रात!
जीवन विरह का जलजात!

आँसुओं का कोष उर, दृग अश्रु की टकसाल;
तरल जल-कण से बने घन-सा क्षणिक मृदुगात!
जीवन विरह का जलजात!
अश्रु से मधुकण लुटाता आ यहाँ मधुमास;
अश्रु ही की हाट बन जाती करुण बरसात!
जीवन विरह का जलजात!
काल इस को दे गया पल-आँसुओं का हार;
पूछता इस की कथा निःश्वास ही में वात।
जीवन विरह का जलजात!
जो तुम्हारा हो सके लीला कमल यह आज,
खिल उठे निरुपम तुम्हारी देख स्मित का प्रात!
जीवन विरह का जलजात!

बीन भी हूँ मैं

बीन भी हूँ मैं तुम्हारी रागिनी भी हूँ!
नींद थी मेरी अचल निस्पन्द कण-कण में,
प्रथम जागृति थी जगत के प्रथम स्पन्दन में;
प्रलय में मेरा पता पदचिह्न जीवन में,
शाप हूँ जो बन गया वरदान बंधन में;
कूल भी हूँ कूलहीन प्रवाहिनी भी हूँ!
नयन में जिस के जलद वह तृषित चातक हूँ,
शलभ जिसके प्राण में वह निठुर दीपक हूँ;
फूल को उर में छिपाए विकल बुलबुल हूँ,
एक हो कर दूर तन से छाँह वह चल हूँ;
दूर तुम से हूँ अखंड सुहागिनी भी हूँ!
आग हूँ जिस से ढुलकते बिंदु हिमजल के,
शून्य हूँ जिस को बिछे हैं पाँवड़े पल के;

पुलक हूँ वह जो पला है कठिन प्रस्तर में,
हूँ वही प्रतिबिंब जो आधार के उर में;
नील-घन भी हूँ सुनहली दामिनी भी हूँ!
नाश भी हूँ मैं अनंत विकास का क्रम भी,
त्याग का दिन भी चरम आसक्ति का तम भी;
तार भी आघात भी झंकार की गति भी;
पात्र भी मधु भी मधुप भी मधुर विस्मृत भी;
अधर भी हूँ और स्मित की चाँदनी भी हूँ!

पपीहे से

जिस को अनुराग-सा दान दिया,
उस से कण माँग लजाता नहीं;
अपनापन भूल समाधि लगा,
यह पी का विहाग भुलाता नहीं;
नभ देख पयोधर श्याम घिरा,
मिट क्यों उस में मिल जाता नहीं?
वह कौन-सा पी है पपीहा तेरा,
जिसे बाँध हृदय में बसाता नहीं?
उस को अपना करुणा से भरा,
उर-सागर क्यों दिखलाता नहीं?
संयोग-वियोग की घाटियों में,
नव-नेह में बाँध झुलाता नहीं;
सन्ताप के संचित आँसुओं से,
नहला के उसे तू घुलाता नहीं;
अपने तम-श्यामल पाहुन को,
पुतली की निशा में सुलाता नहीं!
कभी देख पतंग को जो दुख से

निज, दीपशिखा को रुलाता नहीं;
मिल ले उस मीन से जो जल की,
निठुराई विलाप में गाता नहीं;
कुछ सीख चकोर से जो चुगता
अंगार, किसी को सुनाता नहीं;
अब सीख ले मौन का मंत्र नया,
यह पी-पी घनों को सुहाता नहीं!

हरिवंशराय 'बच्चन'

(1907–2003)

उस पार न जाने क्या होगा!

इस पार, प्रिये, मधु है, तुम हो, उस पार न जाने क्या होगा!
यह चाँद उदित होकर नभ में कुछ ताप मिटाता जीवन का,
लहरा-लहरा यह शाखाएँ कुछ शोक भुला देतीं मन का,
कल मुर्झाने वाली कलियाँ हँसकर कहती हैं, मग्न रहो,
बुलबुल तरु की फुनगी पर से सन्देश सुनाती यौवन का,
तुम देकर मदिरा के प्याले मेरा मन बहला देती हो,
उस पार मुझे बहलाने का उपचार न जाने क्या होगा!
इस पार, प्रिये, मधु है, तुम हो, उस पार न जाने क्या होगा!

जग में रस की नदियाँ बहतीं, रसना दो बूँदें पाती है,
जीवन की झिलमिल-सी-झाँकी नयनों के आगे आती है,
स्वर-तालमयी वीणा बजती, मिलती है बस झंकार मुझे,
मेरे सुमनों की गंध कहीं यह वायु उड़ा ले जाती है।
ऐसा सुनता, उस पार, प्रिये, ये साधन भी छिन जायेंगे,
तब मानव की चेतनता का आधार न जाने क्या होगा!
इस पार, प्रिये, मधु है, तुम हो, उस पार न जाने क्या होगा!

प्याला है, पर पी पाएँगे, है ज्ञात नहीं इतना हमको,
इस पार नियति ने भेजा है असमर्थ बना कितना हमको;
कहनेवाले, पर, कहते हैं, हम कर्मों में स्वाधीन सदा;
करनेवालों की परवशता है ज्ञात किसे, जितनी हमको;
कह तो सकते हैं, कहकर ही कुछ दिल हल्का कर लेते हैं,

उस पार अभागे मानव का अधिकार न जाने क्या होगा!
इस पार, प्रिये, मधु है, तुम हो, उस पार न जाने क्या होगा!

कुछ भी न किया था जब उसका, उसने पथ में काँटे बोए,
वे भार दिए धर कंधों पर, जो रो-रोकर हमने ढोए;
महलों के स्वप्नों के भीतर जर्जर खँडहर का सत्य भरा।
उर में ऐसी हलचल भर दी, दो रात न हम सुख से सोए।
अब तो हम अपने जीवन-भर उस क्रूर-कठिन को कोस चुके
उस पार नियति का मानव से व्यवहार न जाने क्या होगा!
इस पार, प्रिये, मधु है, तुम हो, उस पार न जाने क्या होगा!

संसृति के जीवन में, सुभगे, ऐसी भी घड़ियाँ आएँगी,
जब दिनकर की तमहर किरणें तम के अन्दर छिप जाएँगी,
जब निज प्रियतम का शव, रजनी तम की चादर से ढँक देगी,
तब रवि-शशि-पोषित यह पृथिवी कितने दिन खैर मनाएगी!
जब इस लम्बे-चौड़े जग का अस्तित्व न रहने पाएगा,
तब हम दोनों का नन्हा-सा संसार न जाने क्या होगा!
इस पार, प्रिये, मधु है, तुम हो, उस पार न जाने क्या होगा!

ऐसा चिर पतझड़ आएगा, कोयल न कुहुक फिर पाएगी,
बुलबुल न अँधेरे में गा-गा जीवन की ज्योति जगाएगी,
अगणित मृदु-नव पल्लव से स्वर 'मर-मर' न सुने फिर जाएँगे,
अलि-अवली कलि-दल पर गुंजन करने के हेतु न आएगी;
जब इतनी रसमय-ध्वनियों का अवसान, प्रिये, हो जाएगा,
तब शुष्क हमारे कंठों का उद्‌गार न जाने क्या होगा!
इस पार, प्रिये, मधु है, तुम हो, उस पार न जाने क्या होगा!

सुन काल प्रबल का गुरु-गर्जन निर्झरिणी भूलेगी नर्तन,
निर्झर भूलेगा निज टल-मल, सरिता अपना 'कल-कल' गायन,
वह गायक-नायक सिन्धु कहीं चुप हो छिप जाना चाहेगा।
मुँह खोल खड़े रह जाएँगे गंधर्व, अप्सरा, किन्नरगण।

संगीत सजीव हुआ जिनमें, जब मौन वही हो जाएँगे,
तब, प्राण, तुम्हारी तन्त्री का जड़ तार न जाने क्या होगा!
इस पार, प्रिये, मधु है, तुम हो, उस पार न जाने क्या होगा!

उतरे इन आँखों के आगे जो हार चमेली ने पहने,
वह छीन रहा, देखो, माली सुकुमार लताओं के गहने,
दो दिन में खींची जाएगी ऊषा की साड़ी सिन्दूरी,
पट इन्द्रधनुष का सतरंगा पाएगा कितने दिन रहने!
जब मूर्तिमती सत्ताओं की शोभा-सुषमा लुट जाएगी,
तब कवि के कल्पित स्वप्नों का श्रृंगार न जाने क्या होगा!
इस पार, प्रिये, मधु है, तुम हो, उस पार न जाने क्या होगा!

दृग देख जहाँ तक पाते हैं, तम का सागर लहराता है,
फिर भी उस पार खड़ा कोई हम सबको खींच बुलाता है।
मैं आज चला, तुम आओगी कल, परसों सब संगी-साथी,
दुनिया रोती-धोती रहती, जिसको जाना है, जाता है।
मेरा तो होता मन डगमग तट पर के ही हलकोरों से,
जब मैं एकाकी पहुँचूँगा मँझधार, न जाने क्या होगा!
इस पार, प्रिये, मधु है, तुम हो, उस पार न जाने क्या होगा!

तुम गा दो मेरा गान

तुम गा दो, मेरा गान अमर हो जाए!

मेरे वर्ण-वर्ण विश्रृंखल,
चरण-चरण भरमाए,
गूँज-गूँजकर मिटनेवाले
मैंने गीत बनाए;
कूक हो गई हूक गगन की
कोकिल के कंठों पर,

तुम गा दो, मेरा गान अमर हो जाए!

जब-जब जग ने कर फैलाए,
मैंने कोष लुटाया,
रंक हुआ मैं निज निधि खोकर
जगती ने क्या पाया!
भेंट न जिसमें मैं कुछ खोऊँ
पर तुम सब कुछ पाओ,
तुम ले लो, मेरा दान अमर हो जाए!
तुम गा दो, मेरा गान अमर हो जाए!

सुन्दर और असुन्दर जग में
मैंने क्या न सराहा,
इतनी ममतामय दुनिया में
मैं केवल अनचाहा;
देखूँ अब किसकी रुकती है
आ मुझ पर अभिलाषा,
तुम रख लो, मेरा मान अमर हो जाए!
तुम गा दो, मेरा गान अमर हो जाए!

दुख से जीवन बीता, फिर भी
शेष अभी कुछ रहता,
जीवन की अन्तिम घड़ियों में
भी तुमसे यह कहता,
सुख की एक साँस पर होता
है अमरत्व निछावर,
तुम छू दो, मेरा प्राण अमर हो जाए!
तुम गा दो, मेरा गान अमर हो जाए!

इसीलिए खड़ा रहा

इसीलिए खड़ा रहा कि तुम मुझे पुकार लो।

ज़मीन है न बोलती, न आसमान बोलता,
जहान देखकर मुझे नहीं ज़बान खोलता,
नहीं जगह कहीं जहाँ न अजनबी गिना गया,
कहाँ-कहाँ न फिर चुका, दिमाग़-दिल टटोलता,
कहाँ मनुष्य है कि जो उमीद छोड़कर जिया,
इसीलिए अड़ा रहा कि तुम मुझे पुकार लो।
इसीलिए खड़ा रहा कि तुम मुझे पुकार लो।

तिमिर-समुद्र कर सकी न पार नेत्र की तरी,
विनष्ट स्वप्न से लदी, विषाद याद से भरी,
न कूल भूमि का मिला, न कोर भोर की मिली,
न कट सकी, न घट सकी विरह-घिरी विभावरी,
कहाँ मनुष्य है जिसे कमी खली न प्यार की,
इसीलिए खड़ा रहा कि तुम मुझे दुलार लो।
इसीलिए खड़ा रहा कि तुम मुझे पुकार लो।

उजाड़ से लगा चुका उमीद मैं बहार की,
निदाघ से उमीद की, वसन्त के बयार की,
मरुस्थली-मरीचिका सुधामयी मुझे लगी,
अँगार से लगा चुका उमीद मैं तुषार की,
कहाँ मनुष्य है जिसे न भूल शूल-सी गड़ी,
इसीलिए खड़ा रहा कि भूल तुम सुधार लो।
इसीलिए खड़ा रहा कि तुम मुझे पुकार लो।
पुकारकर दुलार लो, दुलारकर सुधार लो।

साथी, सो न, कर कुछ बात

साथी, सो न, कर कुछ बात!

बोलते उडुगण परस्पर,
तरु दलों में मन्द 'मरमर',
बात करतीं सरि-लहरियाँ कूल से जल-स्नात!
साथी, सो न, कर कुछ बात!

बात करते सो गया तू,
स्वप्न में फिर खो गया तू,
रह गया मैं और आधी बात, आधी रात!
साथी, सो न, कर कुछ बात!
पूर्ण कर दे वह कहानी,
जो शुरू की थी सुनानी,
आदि जिसका हर निशा में, अन्त चिर अज्ञात!
साथी, सो न, कर कुछ बात!

दिन जल्दी-जल्दी ढलता है

दिन जल्दी-जल्दी ढलता है।

हो जाय न पथ में रात कहीं
मंज़िल भी तो है दूर नहीं
यह सोच थका दिन का पंथी भी जल्दी-जल्दी चलता है।

बच्चे प्रत्याशा में होंगे
नीड़ों से झाँक रहे होंगे
यह ध्यान परों में चिड़ियों के भरता कितनी चंचलता है।

मुझसे मिलने को कौन विकल?
मैं होऊँ किसके हित चंचल?
यह प्रश्न शिथिल करता पद को, भरता उर में विह्वलता है।

प्रार्थना मत कर

प्रार्थना मत कर। मत कर। मत कर

युद्धक्षेत्र में दिखला भुजबल
रहकर अविजित, अविचल प्रतिपल,
मनुज-पराजय के स्मारक हैं मठ, मस्जिद, गिरजाघर।

मिला नहीं जो स्वेद बहाकर
निज लोहू से भीग-नहाकर
वर्जित उसको, जिसे ध्यान है जग में कहलाए नर।

झुकी हुई अभिमानी गर्दन
बँधे हाथ, नत-निष्प्रभ लोचन
यह मनुष्य का चित्र नहीं है, पशु का है, रे कायर!

रामधारी सिंह 'दिनकर'

(1908-1974)

कलम, आज उनकी जय बोल

कलम, आज उनकी जय बोल।
जला अस्थियाँ बारी-बारी
छिटकायी जिसने चिनगारी,
जो चढ़ गये पुण्य-वेदी पर, लिये बिना गरदन का मोल।
कलम, आज उनकी जय बोल।

जो अगणित लघु दीप हमारे
तूफ़ानों में एक किनारे,
जल-जलकर बुझ गये, किसी दिन माँगा नहीं स्नेह मुँह खोल।
कलम, आज उनकी जय बोल।

पीकर जिनकी लाल शिखाएँ
उगल रहीं लू-लपट दिशाएँ,
जिनके सिंहनाद से सहमी, धरती रही अभी तक डोल।
कलम, आज उनकी जय बोल।

अंधा चकाचौंध का मारा
क्या जाने इतिहास बिचारा?
साखी हैं उनकी महिमा के, सूर्य, चन्द्र, भूगोल, खगोल।
कलम, आज उनकी जय बोल।

मेरे नगपति! मेरे विशाल

मेरे नगपति! मेरे विशाल!
साकार, दिव्य, गौरव विराट,
पौरुष के पुंजीभूत ज्वाल।
मेरी जननी के हिम-किरीट,
मेरे भारत के दिव्य भाल।
मेरे नगपति! मेरे विशाल!

युग-युग अजेय, निर्बंध, मुक्त
युग-युग गर्वोन्नत, नित महान्।
निस्सीम व्योम में तान रहा,
युग से किस महिमा का वितान।
कैसी अखण्ड यह चिर समाधि?
यतिवर! कैसा यह अमर ध्यान?
तू महाशून्य में खोज रहा
किस जटिल समस्या का निदान?
उलझन का कैसा विषम जाल?
मेरे नगपति! मेरे विशाल!

ओ, मौन तपस्या-लीन यती!
पल-भर को तो कर दृगोन्मेष,
रे ज्वालाओं से दग्ध विकल
है तड़प रहा पद पर स्वदेश।
सुख सिंधु, पंचनद, ब्रह्मपुत्र
गंगा यमुना की अमिय धार,
जिस पुण्य भूमि की ओर बही
तेरी विगलित करुणा उदार।

जिसके द्वारों पर खड़ा क्रान्त
सीमापति! तूने की पुकार

'पद दलित इसे करना पीछे,
पहले ले मेरा सिर उतार।'
उस पुण्य भूमि पर आज तपी!
रे आन पड़ा संकट कराल,
व्याकुल तेरे सुत तड़प रहे
डस रहे चतुर्दिक विविध व्याल।
मेरे नगपति! मेरे विशाल!

कितनी मणियाँ लुट गईं, मिटा
कितना मेरा वैभव अशेष
तू ध्यान-मग्न ही रहा, इधर
वीरान हुआ प्यारा स्वदेश।
कितनी द्रुपदा के बाल खुले,
कितनी कलियों का अन्त हुआ,
कह हृदय खोल चित्तौर! यहाँ
कितने दिन ज्वाल-वसन्त हुआ?
पूछे, सिकता-कण से हिमपति,
तेरा वह राजस्थान कहाँ?
वन-वन स्वतन्त्रता-दीप लिये,
फिरनेवाला बलवान कहाँ?
तू पूछ अवध से, राम कहाँ?
वृंदा! बोलो, घनश्याम कहाँ?
ओ मगध! कहाँ मेरे अशोक
वह चन्द्रगुप्त बलधाम कहाँ?
पैरों पर ही है पड़ी हुई
मिथिला भिखारिणी सुकुमारी,
तू पूछ कहाँ इसने खोईं
अपनी अनंत निधियाँ सारी?
री कपिलवस्तु! कह बुद्धदेव

के वे मंगल उपदेश कहाँ?
तिब्बत, इरान, जापान, चीन
तक गये हुए सन्देश कहाँ?
वैशाली के भग्नावशेष से
पूछ लिच्छिवी-शान कहाँ?
ओ री उदास गंडकी! बता
विद्यापति कवि के गान कहाँ?
तू मौन त्यागकर पूछ आज
बंगाल, नवाबी ताज कहाँ?
भारत का अन्तिम ज्योति नयन
मेरा प्यारा सीराज कहाँ?
तू तरुण देश से पूछ अरे!
गूँजा कैसा यह ध्वंस राग?
अम्बुधि अन्तस्तल बीच छिपी,
यह सुलग रही है कौन आग?
प्राची के प्रांगण बीच देख
जल रहा स्वर्ण-युग अग्निज्वाल,
तू सिंहनाद कर जाग यती।
मेरे नगपति! मेरे विशाल!

रे! रोक युधिष्ठिर को न यहाँ
जाने दे उनको स्वर्ग धीर,
पर फिरा हमें गांडीव, गदा
लौटा दे अर्जुन, भीम वीर।
कह दे शंकर से आज करें
वे प्रलय-नृत्य फिर एक बार,
सारे भारत में गूँज उठे
'हरहरबम' का फिर महोच्चार।
ले अँगड़ाई उठ, हिले धरा
कर निज विराट स्वर में निनाद,

तू शैलराट! हुंकार भरे
फट जाये कुहा, भागे प्रमाद।
तू मौन त्याग, कर सिंहनाद
रे तपी! आज तप का न काल,
नवयुग शंखध्वनि जगा रही
तू जाग, जाग, मेरे विशाल।
मेरी जननी के हिम किरीट
मेरे भारत के दिव्य भाल।
नवयुग शंखध्वनि जगा रही
जागे नगपति! जागे विशाल।

सिंहासन खाली करो

सदियों की ठंडी-बुझी राख सुगबुगा उठी,
मिट्टी सोने का ताज पहन इठलाती है;
दो राह, समय के रथ का घर्घर-नाद सुनो,
सिंहासन खाली करो कि जनता आती है।

जनता? हाँ, मिट्टी की अबोध मूरतें वही,
जाड़े-पाले की कसक सदा सहनेवाली,
जब अंग-अंग में लगे साँप हों चूस रहे,
तब भी न कभी मुँह खोल दर्द कहनेवाली।

जनता? हाँ, लंबी-बड़ी जीभ की वही कसम,
'जनता, सचमुच ही, बड़ी वेदना सहती है।'
'सो ठीक, मगर, आखिर, इस पर जनमत क्या है?'
'है प्रश्न गूढ़; जनता इस पर क्या कहती है?'

मानो, जनता हो फूल जिसे एहसास नहीं,
जब चाहो तभी उतार, सजा लो दोनों में;

अथवा कोई दुधमुँही, जिसे बहलाने के
जंतर-मंतर सीमित हों चार खिलौनों में।

लेकिन, होता भूडोल, बवंडर उठते हैं,
जनता जब कोपाकुल हो भृकुटि चढ़ाती है;
दो राह, समय के रथ का घर्घर-नाद सुनो,
सिंहासन खाली करो कि जनता आती है।

हुंकारों से महलों की नींव उखड़ जाती,
साँसों के बल से ताज हवा में उड़ता है;
जनता की रोके राह, समय में ताब कहाँ?
वह जिधर चाहती, काल उधर ही मुड़ता है।

अब्दों, शताब्दियों, सहस्राब्द का अंधकार
बीता; गवाक्ष अम्बर के दहके जाते हैं;
यह और नहीं कोई, जनता के स्वप्न अजय
चीरते तिमिर का वक्ष उमड़ते आते हैं।

सबसे विराट जनतन्त्र जगत का आ पहुँचा,
तैंतीस कोटि-हित सिंहासन तैयार करो;
अभिषेक आज राजा का नहीं, प्रजा का है,
तैंतीस कोटि जनता के सिर पर मुकुट धरो।

आरती लिये तू किसे ढूँढ़ता है मूरख,
मन्दिरों, राजप्रासादों में, तहखानों में?
देवता कहीं सड़कों पर मिट्टी तोड़ रहे,
देवता मिलेंगे, खेतों में, खलिहानों में।

फावड़े और हल, राजदंड बनने को हैं,
धूसरता सोने से श्रृंगार सजाती है;
दो राह, समय के रथ का घर्घर-नाद सुनो,
सिंहासन खाली करो कि जनता आती है।

'अज्ञेय' सच्चिदानन्द हीरानन्द वात्स्यायन

(1911–1987)

साँप

साँप!
    तुम सभ्य तो हुए नहीं
    नगर में बसना भी
        तुम्हें नहीं आया।
एक बात पूछूँ—(उत्तर दोगे?)
तब कैसे सीखा डँसना—
        विष कहाँ पाया?

मैंने देखा : एक बूँद

मैंने देखा
एक बूँद सहसा
उछली सागर के झाग से—
रंगी गई क्षण-भर
ढलते सूरज की आग से।
—मुझको दीख गया :
सूने विराट के सम्मुख
हर आलोक-छुआ अपनापन
है उन्मोचन
नश्वरता के दाग से।

हवाएँ चैत की

बह चुकीं बहकी हवाएँ चैत की
कट गईं पूलें हमारे खेत की
    कोठरी में लौ बढ़ा कर दीप की
गिन रहा होगा महाजन सेंत की।

आँगन के पार द्वार

आँगन के पार
द्वार खुले
द्वार के पार आँगन
भवन के ओर-छोर
सभी मिले—
उन्हीं में कहीं खो गया भवन :
कौन द्वारी
कौन आगारी, न जाने,
पार द्वार के प्रतिहारी को
भीतर के देवता ने
किया बार-बार पा-लागन।

धूप

सूप-सूप भर
धूप कनक
यह सूने नभ में गई बिखर।
चौंधाया
बीन रहा है
उसे अकेला एक कुरर।

कन्हाई ने प्यार किया

कन्हाई ने प्यार किया कितनी गोपियों को कितनी बार।
पर उड़ेलते रहे अपना सारा दुलार
उस एक रूप पर जिसे कभी पाया नहीं—
जो कभी हाथ आया नहीं।
कभी किसी प्रेयसी में उसी को पा लिया होता—
तो दुबारा किसी को प्यार क्यों किया होता?
कवि ने गीत लिखे नये-नये बार-बार,
पर उसी एक विषय को देता रहा विस्तार
जिसे कभी पूरा पकड़ पाया नहीं—
किसी एक गीत में वह अँट गया दिखता
तो कवि दूसरा गीत ही क्यों लिखता?

जो पुल बनायेंगे

जो पुल बनायेंगे
वे अनिवार्यतः पीछे रह जायेंगे।
सेनाएँ हो जायेंगी पार
मारे जायेंगे रावण
जयी होंगे राम,
जो निर्माता रहे
इतिहास में
बंदर कहलायेंगे।

कदम्ब-कालिन्दी

(पहला वाचन)
टेर वंशी की
यमुना के पार

अपने-आप झुक आई
    कदम की डार।
द्वार पर भर, गहर,
ठिठकी राधिका के नैन
झरे कँप कर
    दो चमकते फूल।
फिर वही सूना अँधेरा
कदम सहमा
    घुप कालिन्दी कूल!

(दूसरा वाचन)
अलस कालिन्दी—कि काँपी
टेर वंशी की
नदी के पार।
कौन दूभर भार
अपने-आप
झुक आई कदम की डार
धरा पर बरबस झरे दो फूल।

द्वार थोड़ा हिले—
झरे, झपके राधिका के नैन
अलक्षित टूट कर
दो गिरे तारक बूँद।
फिर—उसी बहती नदी का
वही सूना कूल!—
पार-धीरज भरी
फिर वह रही वंशी टेर।

कतकी पूनो

छिटक रही है चाँदनी
मदमाती, उन्मादिनी,
कलगी-मौर सजाव ले
कास हुए हैं बावले,
पकी ज्वार से निकल शशों की जोड़ी गई फलाँगती—
सन्नाटे में बाँक नदी की जगी चमक कर झाँकती!

कुहरा झीना और महीन,
झर-झर पड़े अकासनीम;
उजली-लालिम मालती
गंध के डोरे डालती;
मन में दुबकी है हुलास ज्यों परछाईं हो चोर की—
तेरी बाट अगोरते ये आँखें हुईं चकोर की!

कलगी बाजरे की

हरी बिछली घास।
दोलती कलगी छरहरी बाजरे की।
अगर मैं तुमको
ललाती साँझ के नभ की अकेली तारिका
अब नहीं कहता,
या शरद के भोर की नीहार-न्हायी कुंई,
टटकी कली चम्पे की
वगैरह, तो
नहीं कारण कि मेरा हृदय उथला या कि सूना है
या कि मेरा प्यार मैला है।
बल्कि केवल यही
ये उपमान मैले हो गये हैं।

देवता इन प्रतीकों के कर गये हैं कूच।
कभी बासन अधिक घिसने से मुलम्मा छूट जाता है।
मगर क्या तुम
नहीं पहचान पाओगी?
तुम्हारे रूप के
तुम हो, निकट हो, इसी जादू के
निजी किस सहज, गहरे बोध से
किस प्यार से मैं कह रहा हूँ
अगर मैं यह कहूँ
    बिछली घास हो तुम
लहलहाती हवा में कलगी छरहरी बाजरे की?

आज हम शहरातियों को
पालतू मालंच पर सँवरी जुही के फूल से
सृष्टि के विस्तार का—ऐश्वर्य का
औदार्य का—
कहीं सच्ची, कहीं प्यारा
एक प्रतीक
    बिछली घास है
    या शरद की साँझ के सूने गगन की पीठिका पर
    दोलती कलगी अकेली
    बाजरे की।

और सचमुच, इन्हें जब-जब देखता हूँ
यह खुला वीरान संसृति का घना हो सिमट आता है
और मैं एकान्त होता हूँ
    समर्पित।
शब्द जादू हैं
मगर क्या यह समर्पण कुछ नहीं है?

फूल काँचनार के

फूल काँचनार के
प्रतीक मेरे प्यार के।
प्रार्थना-सी अर्धस्फुट काँपती रहे कली
पत्तियों का सम्पुट, निवेदिता ज्यों अंजली।
आये फिर दिन मनुहार के, दुलार के
—फूल काँचनार के।

सुमन-वृन्त बावले बबूल के।
झोंके ऋतुराज के वसन्ती दुकूल के
दूर बिखराता जा पराग अंगराग का
दे जा स्पर्श ममता की सिहरती आग का।
आवे मत्त गन्ध वह ढीठ हूल-हूल के
—सुमन-वृन्त बावले बबूल के।
कली री पलास की।
टिमटिमाती ज्योति मेरी आस की
या कि शिखा ऊर्ध्वमुखी मेरी दीप्त प्यास की।
वासना-सी मुखरा, वेदना-सी प्रखरा
दिगन्त में।

प्रान्तर में, प्रान्त में
खिल उठ, फूल जा, मस्त हो
फैल जा बनान्त में
मार्ग मेरे प्रणय का प्रशस्त हो।

यह दीप अकेला

यह दीप अकेला स्नेह-भरा
है गर्व-भरा मदमाता, पर

इसको भी पंक्ति को दे दो।
यह जन है : गाता गीत जिन्हें फिर कौन गाएगा?
पनडुब्बा : ये मोती सच्चे फिर कौन कृती लाएगा?
यह समिधा : ऐसी आग हठीला बिरला सुलगाएगा।
यह अद्वितीय : यह मेरा : यह मैं स्वयं विसर्जित :
यह दीप अकेला, स्नेह भरा
है गर्व भरा मदमाता, पर
इसको भी पंक्ति को दे दो।
यह मधु है : स्वयं काल की मौन का युग-संचय
यह गोरस : जीवन-कामधेनु का अमृत-पूत पय
यह अंकुर : फोड़ धरा को रवि को तकता निर्भय
यह प्रकृत, स्वयम्भू, ब्रह्म, अयुत
इसको भी शक्ति को दे दो।
यह दीप अकेला, स्नेह-भरा
है गर्व-भरा मदमाता, पर
इसको भी पंक्ति को दे दो।

यह वह विश्वास, नहीं जो अपनी लघुता में भी काँपा
वह पीड़ा, जिसकी गहराई को स्वयं उसी ने नापा
कुत्सा, अपमान, अवज्ञा के धुँधुआते कड़ुवे तम में
यह सदा-द्रवित, चिर-जागरूक, अनुरक्त-नेत्र
उल्लम्ब-बाहु, यह चिर-अखण्ड अपनापा।
जिज्ञासु, प्रबुद्ध, सदा श्रद्धामय
इसको भक्ति को दे दो।
यह दीप अकेला, स्नेह-भरा
है गर्व भरा मदमाता, पर
इसको भी पंक्ति को दे दो।

नदी के द्वीप

(1)

हम नदी के द्वीप हैं।
हम नहीं कहते कि हमको छोड़कर स्रोतस्विनी बह जाये।
वह हमें आकार देती है।
हमारे कोण, गलियाँ, अन्तरीप, उभार, सैकत कूल
सब गोलाइयाँ उसकी गढ़ी हैं।
माँ है वह। है, इसी से हम बने हैं।

(2)

किन्तु हम हैं द्वीप।
हम धारा नहीं हैं।
स्थिर समर्पण है हमारा, हम सदा से द्वीप हैं स्रोतस्विनी के।
किन्तु हम बहते नहीं हैं; क्योंकि बहना रेत होना है।
हम बहेंगे तो रहेंगे ही नहीं।
पैर उखड़ेंगे, प्लवन होगा, ढहेंगे, सहेंगे, बह जायेंगे।
और फिर हम चूर्ण होकर भी कभी क्या धार बन सकते?
रेत बनकर हम सलिल को तनिक गँदला ही करेंगे।
अनुपयोगी ही बनाएँगे।

(3)

द्वीप हैं हम
यह नहीं है शाप, यह अपनी नियति है।
हम नदी के पुत्र हैं, बैठे नदी के क्रोड़ में।
वह बृहद् भूखंड से हमको मिलाती है।
और वह भूखंड
अपना पितर है।

(4)

नदी! तुम बहती चली।
भूखंड से जो दाय हमको मिला है, मिलता रहा है,
माँजती, संस्कार देती चलो
यदि ऐसा कभी हो
तुम्हारे आह्लाद से या दूसरों के किसी स्वैराचार से
अतिचार से
तुम बढ़ो, प्लावन तुम्हारा घरघराता उठे
यह स्रोतस्विनी ही कर्मनाशा कीर्तिनाशा घोर
काल-प्रवाहिनी बन जाय
तो हमें स्वीकार है वह भी। उसी में रेत होकर
फिर छनेंगे हम। जमेंगे हम। कहीं फिर पैर टेकेंगे।
कहीं फिर भी खड़ा होगा नये व्यक्तित्व का आकार।
मातः! उसे फिर संस्कार तुम देना।

शमशेर बहादुर सिंह

(1911–1993)

उषा

प्रात नभ था बहुत नीला शंख जैसे

भोर का नभ

राख से लीपा हुआ चौका
[अभी गीला पड़ा है]

बहुत काली सिल ज़रा से लाल केसर से
कि जैसे धुल गई हो

स्लेट पर या लाल खड़िया चाक
मल दी हो किसी ने

नील जल में या किसी की
गौर झिलमिल देह
जैसे हिल रही हो।

और...
जादू टूटता है इस उषा का अब
सूर्योदय हो रहा है

सौंदर्य

एक अंधकार के चमकीले निर्झर में
तुम्हारे स्वर चमकते हैं :

एक इंतज़ार के झुरमुट में
वह फल है
जिसका अन्तर एक तीखी पुकार है

उस आकाश में तुम्हारी गूँज
कि जैसे खून बजता हो हवा में
कि जैसे मुक्त जीवन का प्रवाह बजता हो
सौंदर्य जो त्वचा में नहीं
थिरकते रक्त में नहीं
मस्तिष्क में नहीं
नहीं :

कहीं इनके पार से
बरसता है अणु-अणु पल-पल में
बदन में, दृष्टि में—
शब्द में : और उनके पार से
कहीं शब्द के अर्थ में
दुख-सा—मौन-सा
अपरिमित सुख की चेतना में
मथता है
मथता है।

ओ स्पर्श!
मुझे क्षमा करना
कि तुम मुझी में होकर मुझी से परे हो।
ओ माध्यम!
क्षमा करना
कि मैं तुम्हारे पार जाना चाहता रहा हूँ।

वह जो तुम्हारे हृदय में बज रहा है
मैं उस साज में एक चाँद

देखता हूँ :
उसको पकड़ना चाहता रहा हूँ :
मेरी अपनी इस चाह के अलावा मैं कुछ नहीं
कुछ नहीं!
तुम कि एक सितारे की झलक आँसू में :
उस आँसू की झलक में एक किरण
हूँ मैं
और कुछ नहीं!

वह न होता मेरा काश जो मेरे ही लिए
तुम्हें प्रिय है
मैं उसी के हित हूँ!

काश कि मैं न होऊँ
न होऊँ
तो कितना अधिक विस्तार
किसी पावन विशेष सौंदर्य का
अवतरित हो!
पावन विशेष सौंदर्य का!

प्रेम

द्रव्य नहीं कुछ मेरे पास
फिर भी मैं करता हूँ प्यार
रूप नहीं कुछ मेरे पास
फिर भी मैं करता हूँ प्यार
सांसारिक व्यवहार न ज्ञान
फिर भी मैं करता हूँ प्यार
शक्ति न यौवन पर अभिमान

फिर भी मैं करता हूँ प्यार
कुशल कलाविद् हूँ न प्रवीण
फिर भी मैं करता हूँ प्यार
केवल भावुक दीन मलीन
फिर भी मैं करता हूँ प्यार।

मैंने कितने किए उपाय
किन्तु न मुझसे छूटा प्रेम
सब विधि था जीवन असहाय
किन्तु न मुझसे छूटा प्रेम
सब कुछ साधा, जप, तप, मौन,
किन्तु न मुझसे छूटा प्रेम
कितना घूमा देश विदेश
किन्तु न मुझसे छूटा प्रेम
तरह-तरह के बदले वेष
किन्तु न मुझसे छूटा प्रेम।

उसकी बात-बात में छल है
फिर भी है वह अनुपम सुंदर
माया ही उसका संबल है
फिर भी है वह अनुपम सुंदर
वह वियोग का बादल मेरा
फिर भी है वह अनुपम सुंदर
छाया जीवन आकुल मेरा
फिर भी है वह अनुपम सुंदर
केवल कोमल, अस्थिर नभ-सी
फिर भी है वह अनुपम सुंदर
वह अन्तिम भय-सी, विस्मय-सी,
फिर भी कितनी अनुपम सुंदर।

लौट आ, ओ धार

लौट आ ओ धार

टूट मत ओ साँझ के पत्थर
हृदय पर

(मैं समय की एक लम्बी आह
मौन लम्बी आह)

लौट आ, ओ फूल की पंखड़ी
फिर
फूल में लग जा
चूमता है धूल का फूल
कोई, हाय।

बात बोलेगी

बात बोलेगी
हम नहीं।
भेद खोलेगी
बात ही।

सत्य का मुख
झूठ की आँखें
क्या—देखें!

सत्य का रुख
समय का रुख है :
अभय जनता को
सत्य ही सुख है,
सत्य ही सुख।

दैन्य दानव; काल
भीषण; क्रूर
स्थिति; कंगाल
बुद्धि; घर मजूर।

सत्य का
क्या रंग है ?—
पूछो
एक संग।

चुका भी हूँ मैं नहीं!

चुका भी हूँ मैं नहीं
कहाँ किया मैंने प्रेम
अभी।
जब करूँगा प्रेम
पिघल उठेंगे
युगों के भूधर
उफन उठेंगे
सात सागर।
किन्तु मैं हूँ मौन आज
कहाँ सजे मैंने साज
अभी।
सरल से भी गूढ़, गूढ़तर
तत्व निकलेंगे
अमित विषमय
जब मथेगा प्रेम सागर
हृदय।

निकटतम सबकी
अपर शौर्यों की
तुम
तब बनोगी एक
गहन मायामय
प्राप्त सुख
तुम बनोगी तब
प्राप्य जय!

काल, तुझसे होड़ है मेरी

काल,
तुझसे होड़ है मेरी : अपराजित तू—
तुझमें अपराजित मैं वास करूँ।
इसीलिए तेरे हृदय में समा रहा हूँ
सीधा तीर-सा, जो रुका हुआ लगता हो—
कि जैसा ध्रुव नक्षत्र भी न लगे,
एक एकनिष्ठ, स्थिर, कालोपरि
भाव, भावोपरि
सुख, आनन्दोपरि
सत्य, सत्यासत्योपरि
मैं—तेरे भी, ओ 'काल' ऊपर!
सौंदर्य यही तो है, जो तू नहीं है, ओ काल!

जो मैं हूँ—
मैं कि जिसमें सब कुछ है...

क्रांतियाँ, कम्यून,
कम्यूनिस्ट समाज के
नाना कला विज्ञान और दर्शन के

जीवंत वैभव से समन्वित
व्यक्ति मैं।

मैं, जो वह हरेक हूँ
जो, तुझसे, ओ काल, परे है

अभाव के व्यंग्य से

अभाव के व्यंग्य से
जूते चबाता हुआ-सा मानो
    कुत्ता था जब मैं
टकराता बार-बार अपने हवाई दाँत
    नोकीले

तब जनता पूजा में
    व्यस्त थी
मरु-मारवाड़ में दूध की
    नहरें और
असंख्य शुद्ध आर्य
    भारतीय नागरिक
लाखों मन शुद्धतम घृत का
    वर्ष व्यापी यज्ञ
    कर रहे थे

तब कहाँ था मैं निश्चय ही
    भारत में नहीं
इस स्वर्ग में नहीं?
    निश्चय ही रूस में नहीं
    न ही न्यूयार्क की
    नीग्रो बस्ती में

भूसे का ढेर
उठता चला गया है
        आकाश बनता हुआ
और एकाएक सुलग उठा है
क्या मैं दूरबीन से कुछ
        दूर पचास हज़ार
किरणवर्ष दूर से किसी
ज्योति घन को देख रहा था।

वासुदेवाय नमः नहीं
सातों आकाश के परे
        अर्श की तजल्ली- ?
नहीं, अल्हम्लिल्लाह !

मैं कीड़ों से उनका अन्न
        क्यों छीन रहा था
अन्न जो फेफड़े और
        जिगर और कलेजे में
        गाद बन गया था
विज्ञान ने मुझे स्वर्ण
        का शरीर दे देना चाहा
कृतघ्नभाव से मैंने ही
        वह अमर उपहार
        ठुकरा दिया
तभी तो, तभी तो, तभी तो।

नागार्जुन

(1911-1998)

कालिदास

कालिदास, सच-सच बतलाना!
इन्दुमती के मृत्युशोक से
अज रोया या तुम रोये थे?
कालिदास, सच-सच बतलाना!

शिवजी की तीसरी आँख से
निकली हुई महाज्वाला में
घृतमिश्रित सूखी समिधा-सम
कामदेव जब भस्म हो गया
रति का क्रंदन सुन आँसू से
तुमने ही तो दृग धोए थे?
कालिदास, सच-सच बतलाना!
रति रोई या तुम रोये थे?

वर्षा ऋतु की स्निग्ध भूमिका
प्रथम दिवस आषाढ़ मास का
देख गगन में श्याम घन घटा
विधुर यक्ष का मन जब उचटा
खड़े-खड़े तब हाथ जोड़कर
चित्रकूट के सुभग शिखर पर
उस बेचारे ने भेजा था
जिनके ही द्वारा सन्देशा

उन पुष्करावर्त मेघों का
साथी बनकर उड़ने वाले
कालिदास, सच-सच बतलाना
परपीड़ा से पूर-पूर हो
थक-थक कर औ' चूर-चूर हो
अमल-धवल गिरि के शिखरों पर
प्रियवर, तुम कब तक सोये थे?
रोया यक्ष कि तुम रोए थे?
कालिदास, सच-सच बतलाना!

उनको प्रणाम!

जो नहीं हो सके पूर्ण-काम
मैं उनको करता हूँ प्रणाम!

कुछ कुंठित औ' कुछ लक्ष्य-भ्रष्ट
जिनके अभिमंत्रित तीर हुए,
रण की समाप्ति के पहले ही
जो वीर रिक्त तूणीर हुए!
—उनको प्रणाम!
जो छोटी-सी नैया लेकर
उतरे करने को उदधि-पार;
मन की मन में ही रही, स्वयं
हो गए उसी में निराकार!
—उनको प्रणाम!
जो उच्च शिखर की ओर बढ़े
रह-रह नव-नव उत्साह भरे,
पर कुछ ने ले ली हिम-समाधि

कुछ असफल ही नीचे उतरे!
—उनको प्रणाम!

एकाकी और अकिंचन से
जो भू-परिक्रमा को निकले;
हो गए पंगु, प्रति-पद जिनके
इतने अदृष्ट के दाँव चले!
—उनको प्रणाम!

कृत्कृत्य नहीं जो हो पाये;
प्रत्युत फाँसी पर गए झूल,
कुछ ही दिन बीते हैं, फिर भी
यह दुनिया जिनको गई भूल!
—उनको प्रणाम!

थी उग्र साधना, पर जिनका
जीवन नाटक दुखान्त हुआ;
था जन्म-काल में सिंह लग्न
पर कुसमय में देहान्त हुआ!
—उनको प्रणाम!

दृढ़ व्रत औ' दुर्दम साहस के
जो उदाहरण थे मूर्तिमंत;
पर निरवधि बंदी जीवन ने
जिनकी धुन का कर दिया अन्त!
—उनको प्रणाम!

जिनकी सेवाएँ अतुलनीय
पर विज्ञापन से रहे दूर;
प्रतिकूल परिस्थिति ने जिनके
कर दिए मनोरथ चूर-चूर!
—उनको प्रणाम!

बादल को घिरते देखा है

अमल धवलगिरि के शिखरों पर
बादल को घिरते देखा है।
छोटे-छोटे मोती जैसे
उसके शीतल तुहिन कणों को
मानसरोवर के उन स्वर्णिम
कमलों पर गिरते देखा है
बादल को घिरते देखा है।

छोटी-बड़ी कई झीलें हैं
उनके श्यामल-नील सलिल में
समतल देशों से आ-आकर
पावस की उमस से आकुल
तिक्त-मधुर बिसतन्तु खोजते
हंसों को तिरते देखा है
बादल को घिरते देखा है।

ऋतु बसन्त का सुप्रभाव था
मंद-मंद था अनिल बह रहा
बालारुण की मृदु किरणें थीं
अगल-बगल स्वर्णाभ शिखर थे
एक-दूसरे से विरहित हो
अलग-अलग रहकर ही जिनको
सारी रात बितानी होती
निशाकाल के चिर-अभिशापित
बेबस उन चकवा-चकई का
बंद हुआ क्रंदन, फिर उनमें
उस महान सरवर के तीरे
शैवालों की हरी दरी पर

प्रणय कलह छिड़ते देखा है
बादल को घिरते देखा है।

दुर्गम बर्फ़ानी घाटी में
शत-सहस्र फुट ऊँचाई पर
अलख नाभि से उठने वाले
निज के ही उन्मादक परिमल
के पीछे धावित हो-होकर
तरल-तरुण कस्तूरी मृग को
अपने पर चिढ़ते देखा है।

कहाँ गया धनपति कुबेर वह
कहाँ गयी उसकी वह अलका
नहीं ठिकाना कालिदास के
व्योम-प्रवाही गंगाजल का,
ढूँढ़ा बहुत परन्तु लगा क्या
मेघदूत का पता कहीं पर,
कौन बताए वह छायामय
बरस पड़ा होगा न यहीं पर,
जाने दो, वह कवि-कल्पित था
मैंने तो भीषण जाड़ों में
नभ-चुम्बी कैलाश शीर्ष पर
महामेघ को झंझानिल से
गरज-गरज भिड़ते देखा है
बादल को घिरते देखा है।
शत-शत निर्झर-निर्झरिणी-कल
मुखरित देवदास-कानन में,
शोणित-धवल भोजपत्रों से
छाई हुई कुटी के भीतर,
रंग-बिरंगे और सुगंधित

फूलों से कुंजल को साजे,
इन्द्रनील की माला डाले
शंख-सरीखे सुघड़ गलों में
कानों में कुवलय लटकाए,
शतदल लाल कमल वेणी में,
रजत-रचित मणि-खचित कलामय
पानपात्र द्राक्षासव पूरित
रखे सामने अपने-अपने
लोहित चन्दन की त्रिपटी पर,
नरम निदाग बाल कस्तूरी
मृगछालों पर पलथी मारे
मदिरारुण आँखों वाले उन
उन्मद किन्नर-किन्नरियों की
मृदुल मनोरम अँगुलियों को
वंशी पर फिरते देखा है
बादल को घिरते देखा है।

पावस तुम्हें प्रणाम!

लोचन अंजन, मानस रंजन
पावस, तुम्हें प्रणाम!
तापतप्त वसुधा दुख भंजन
पावस, तुम्हें प्रणाम!
ऋतुओं के प्रतिपालक ऋतुवर
पावस, तुम्हें प्रणाम!
अतुल अमित अंकुरित बीजधर
पावस, तुम्हें प्रणाम!
नेह-छोह की गीली मूरत

पावस, तुम्हें प्रणाम!
अग-जग फैली नीली सूरत
पावस, तुम्हें प्रणाम!

फूले कदंब

फूले कदंब
टहनी-टहनी में कंदुक सम झूले कदंब
फूले कदंब
सावन बीता
बादल का कोष नहीं रीता
जाने कब से वो बरस रहा
ललचाई आँखों से नाहक
जाने कब से तू तरस रहा
मन कहता है, छू ले कदंब
फूले कदंब
झूले कदंब

घन-कुरंग

नभ में चौकड़ियाँ भरें भले
शिशु घन-कुरंग
खिलवाड़ देर तक करें भले
शिशु घन-कुरंग
लो, आपस में गुथ गए खूब
शिशु घन-कुरंग
लो घटा-जाल में गए डूब
शिशु घन-कुरंग

लो, बूँदें पड़ने लगीं, वाह
शिशु घन-कुरंग
लो, कब की सुधियाँ जगीं, आह
शिशु घन-कुरंग
पुरवा सिहकी, फिर दीख गए
शिशु घन-कुरंग
शशि से शरमाना सीख गए
शिशु घन-कुरंग

मेघ बजे

धिन धिन धा धमक धमक
मेघ बजे
दामिनि यह गई दमक
मेघ बजे
दादुर का कंठ खुला
मेघ बजे
धरती का हृदय खुला
मेघ बजे
पंक बना हरिचंदन
मेघ बजे
हलका है अभिनन्दन
मेघ बजे
धिन धिन धा...

अकाल और उसके बाद

कई दिनों तक चूल्हा रोया चक्की रही उदास
कई दिनों तक कानी कुतिया सोई उनके पास
कई दिनों तक लगी भीत पर छिपकलियों की गश्त
कई दिनों तक चूहों की भी हालत रही शिकस्त

दाने आये घर के अन्दर कई दिनों के बाद
धुआँ उठा आँगन से ऊपर कई दिनों के बाद
चमक उठीं घर-भर की आँखें कई दिनों के बाद
कौए ने खुजलाई पाँखें कई दिनों के बाद

भारत भाग्य-विधाता

खून-पसीना किया बाप ने एक, जुटाई फ़ीस
आँख निकल आयी पढ़-पढ़ के, नम्बर पाए तीस
शिक्षामंत्री ने सिनेट से कहा—"अजी शाबाश!
सोना हो जाता हराम यदि ज़्यादा होते पास"
फ़ेल पुत्र का पिता दुखी है, सिर धुनती है माता
जन गण मन अधिनायक जय हे भारत भाग्य-विधाता

केदारनाथ अग्रवाल

(1911–2000)

धीरे से पाँव धरा धरती पर किरनों ने

धीरे से पाँव धरा धरती पर किरनों ने,
मिट्टी पर दौड़ गया लाल रंग तलुवों का।

छोटा-सा गाँव हुआ केसर की क्यारी-सा,
कच्चे घर डूब गये कंचन के पानी में।

डालों की डोली में लज्जा के फूल खिले,
ऊषा ने मस्ती से फूलों को चूम लिया।

गोरी ने गीतों से सरसों की गोद भरी,
भौरों ने गोरी के गालों को चूम लिया।

सुआपंखी घाम पहने पेड़ वन के

सुआपंखी घाम पहने पेड़ वन के,
मोर नाचे तले जिनके;
गीत गाते विहग जिनके;
और झूले में झुलाते हमें-तुमको,
फूल देते,
और फल की भेंट देते,
वे अनूठे पेड़ सूखे नहीं वन के,
अमर हों जैसे अमर कवि सूर-तुलसी!

धूप चमकती है चाँदी की साड़ी पहने

धूप चमकती है चाँदी की साड़ी पहने
मैके में आयी बेटी की तरह मगन है
फूली सरसों की छाती से लिपट गयी है
जैसे दो हमजोली सखियाँ गले मिली हैं
भैया की बाँहों से छूटी भौजाई-सी
लहँगे को लहराती चलती हवा चली है
सारंगी बजती है खेतों की गोदी में
दल के दल पक्षी उड़ते हैं मीठे स्वर के
अनावरण यह प्राकृत छवि की अमर भारती
रंग-बिरंगी पंखुरियों की खोल चेतना
सौरभ से मँह-मँह महकाती है दिगन्त को
मानव मन को भर देती है दिव्य दीप्ति से
शिव के नन्दी-सा नदिया में पानी पीता
निर्मल नभ अवनी के ऊपर बिसुध खड़ा है
काल काग की तरह ठूँठ पर गुमसुम बैठा
खोयी आँखों देख रहा है दिवास्वप्न को।

चोली फटी सरस सरसों की

चोली फटी सरस सरसों की
लहँगा गिरा फागुनी नीचे
चूनर उड़ी अकासी नीली
नंगी हुई पहाड़ी देखो।

मेरे मन का सुआ ठूँठ पर आ बैठा है

मेरे मन का सुआ घुमक्कड़ बागीचों का,
हरी डाल पर नहीं, ठूँठ पर आ बैठा है

जैसे पत्ता एक बचा हो गिर जाने से
पतझर में जो बोध कराता है सावन का,
हरियाली जब फूट निकलती है पेड़ों से
बूढ़े वन में भी तरुणाई की उमंग से।
क्यों बैठा है? क्या बिसूरता सुधि में खोया?
नहीं जानता है दुनिया का पण्डित कोई।
उसके पंख हरे पत्ते हैं नहीं पेड़ के;
वह सावन है बाहर से, भीतर से पतझर।

एक हथौड़ेवाला घर में और हुआ

एक हथौड़ेवाला घर में और हुआ!
हाथी-सा बलवान,
जहाज़ी हाथों वाला और हुआ!
सूरज-सा इंसान,
तरेरी आँखोंवाला और हुआ!!
एक हथौड़ेवाला घर में और हुआ
माता रही विचार :
अँधेरा हरनेवाला और हुआ!
दादा रहे निहार :
सबेरा करनेवाला और हुआ!!
एक हथौड़ेवाला घर में और हुआ!
जनता रही पुकार :
सलामत लानेवाला और हुआ!
सुन ले री सरकार!
कयामत ढानेवाला और हुआ!!
एक हथौड़ेवाला घर में और हुआ!

मैंने उसको जब-जब देखा

मैंने उसको
जब-जब देखा,
लोहा देखा,
लोहा जैसा—
तपते देखा,
गलते देखा,
ढलते देखा,
मैंने उसको
गोली जैसा
चलते देखा!

बैठा हूँ इस केन किनारे

बैठा हूँ इस केन किनारे!
दोनों हाथों में रेती है,
नीचे, अगल-बगल रेती है
होड़ राज्य-श्री से लेती है
मोद मुझे रेती देती है
रेती पर ही पाँव पसारे
बैठा हूँ इस केन किनारे
धीरे-धीरे जल बहता है
सुख की मृदु थपकी लहता है
बड़ी मधुर कविता कहता है
नभ जिस पर बिम्बित रहता है
मैं भी उस पर तन-मन वारे
बैठा हूँ इस केन किनारे।
प्रकृति-प्रिया की माँग चमकती

चटुल मछलियाँ उछल चमकतीं
बगुलों की प्रिय पाँत चमकती
चाँदी जैसी रेत दमकती
मैं भी उज्ज्वल भाग्य निखारे
बैठा हूँ इस केन किनारे!

जिऊँगा लिखूँगा

जिऊँगा लिखूँगा
कि मैं ज़िन्दगी को
तुम्हारे लिए और अपने लिए भी
अनूठी मिली एक निधि मानता हूँ,
क़ि मैं लेखनी को
हिमालय-हृदय और सागर-हृदय की
सती पार्वती औ' रमा मानता हूँ।

जिऊँगा लिखूँगा
कि मैं आदमी को
सृजन के रथों और युग के रथों का
सुखों का महासारथी मानता हूँ;
कि मैं लेखनी को
अगिन के अधर और विद्युत अधर की
प्रबल प्राण की बाँसुरी मानता हूँ।

जिऊँगा लिखूँगा
कि जो ढह गया है
समुन्नत नहीं जो यहाँ रह गया है
उसे प्रेम से....क्षेम से मैं उठाऊँ;
कि जो रह गया है
प्रखर धार में जो नहीं बह गया है
उसे शक्ति से और श्रम से बढ़ाऊँ!

पूरा हिन्दुस्तान मिलेगा

इसी जन्म में,
इस जीवन में,
हमको–तुमको मान मिलेगा।
गीतों की खेती करने को,
पूरा हिन्दुस्तान मिलेगा।

क्लेश जहाँ है,
फूल खिलेगा,
हमको–तुमको त्राण मिलेगा।
फूलों की खेती करने को,
पूरा हिन्दुस्तान मिलेगा।

दीप बुझे हैं,
जिन आँखों के;
इन आँखों को ज्ञान मिलेगा।
विद्या की खेती करने को,
पूरा हिन्दुस्तान मिलेगा।

मैं कहता हूँ,
फिर कहता हूँ;
हमको–तुमको प्रान मिलेगा।
मोरों–सा नर्तन करने को,
पूरा हिन्दुस्तान मिलेगा।

रामविलास शर्मा

(1912–2000)

सिलहार

पूरी हुई कटाई अब खलिहान में
पीपल के नीचे है राशि सुची हुई,
दानों भरी पकी बालों वाले बड़े
पूलों पर पूलों के लगे अरंभ हैं।
बिगही बरहे दीख पड़े अब खेत में,
छोटे-छोटे ठूँठ ठूँठ ही रह गये।
अभी दुपहरी में पर, जब आकाश को
चाँदी का-सा पात किये है तप रहा,
छोटा-सा सूरज सिर पर बैसाख का,
काले धब्बों-से बिखरे वे खेत में
फटे अँगोछों में, बच्चे भी साथ ले,
ध्यान लगा सीला चमार हैं बीनते,
खेत कटाई की मज़दूरी, इन्हीं ने
जोता-बोया-सींचा भी था खेत को।

कतकी

पिछला पहर रात का, पर आकाश में
छिटकी है अब भी चौदस की चाँदनी;
बिना वृक्ष-झाड़ी के, घेरे क्षितिज को,
ऊसर ही ऊसर कोसों फैला हुआ।

चला गया है उसे चीरता बीच से
गहरे कई खुढ़ों का गलियारा बड़ा,
कतकी का ढर्रा, जिस पर हैं जा रही
घुँघरू की ध्वनि करती इस सुनसान में
पाँति बाँधकर धीरे-धीरे लाढ़ियाँ।
उड़ते पीछे उजले बादल धूल के।
तने हुए तंबू भीतर पैरा बिछा
सुखी बाल-बच्चे बैठे हैं ऊँघते,
गरम रज़ाई में निश्चिंत किसान भी
बैठा बैलों की पगही ढीली किये।
घुँघरू की मीठी ध्वनि करते जा रहे
फटी-पुरानी झूलें ओढ़े बैल वे,
पहचानते लीक हैं, पहले भी गये।
स्वप्न देखते धीरे-धीरे जा रहे,
सकरघटी कर पार, जहाँ लहरा रही
सर्-सर् करती गंगा की धारा, वहाँ
रंग-बिरंगा कोलाहल करता बड़ा,
बालू पर मेला है एक जुड़ा हुआ।

शारदीया

सोना ही सोना छाया आकाश में,
पश्चिम में सोने का सूरज डूबता,
पका रंग कंचन जैसे ताया हुआ,
भरे ज्वार के भुट्टे पककर झुक गये।
'गला-गला' कर हाँक रही गुफना लिए,
दाने चुगती हुई गलरियों को खड़ी,
सोने से भी निखरा जिसका रंग है,
भरी जवानी जिसकी पककर झुक गई।

सॉनेट

अस्तप्राय शारद गगन में है दिनमान,
फैला रहा राशि-राशि सघन सुवर्ण रवि;
हरे-हरे ईख ज्वार खेतों पर एक छवि,
छायी तरुलता पुष्प दल पर असमान।
गूढ़ तन्द्रा भरे स्वर्णपुंज तव भासमान,
स्वागत संध्ये, औ' तव सुन्दर अलस वेश,
उलझाये स्वप्न छोरों से तव विस्रस्त केश
ढाँपते इमन के स्वरों से क्षित्ति आसमान!

स्वागत ज्वलित स्नेहदीप सांध्य तारा एक;
आँको उर-उर में सुन्दरियों के विद्यु-रेख
स्नेह-स्वर्णिमा की, निशिदूतिके हे स्वप्नाधार,
कंपित हों देह-मन-प्राण सभी अविवेक;
हो अखण्ड एक स्नेह-चेतना का समुद्रेक;
आज जन-जन को हो सुखद ये अन्धकार।

वह सहज विलंबित मंथर गति

वह सहज विलंबित मंथर गति जिसको निहार
गजराज लाज से राह छोड़ दे एक बार;
काले लहराते बाल देव-सा तन विशाल,
आर्यों का गर्वोन्नत, प्रशस्त, अविनीत भाल;
झंकृत करती थी जिसकी वाणी में अमोल,
शारदा सरस वीणा के सार्थक सधे बोल;—
कुछ काम न आया वह कवित्व आर्यत्व आज,
संध्या की वेला शिथिल हो गये सभी साज।
अब वन्य जंतुओं का पथ में रोदन कराल।

एकाकीपन के साथी हैं केवल शृगाल।

अब कहाँ यक्ष से कवि-कुल-गुरु का ठाटबाट?
अर्पित है कवि-चरणों में किसका राजपाट?
उन स्वर्ण-खचित प्रासादों में किसका विलास?
कवि के अन्त:पुर में किस श्यामा का निवास?
पैरों में कठिन बिवाईं, कटती नहीं डगर;
आँखों में आँसू, दुख से खुलते नहीं अधर!
खो गया कहीं सूने नभ में वह अरुण राग,
धूसर संध्या में कवि उदास है वीतराग!
अब वन्य जंतुओं का पथ में रोदन कराल।
एकाकीपन के साथी हैं केवल शृगाल।

अज्ञान-निशा का बीत चुका है अंधकार;
खिल उठा गगन में अरुण,—ज्योति का सहस्रार।
किरणों ने नभ में जीवन के लिख दिये लेख;
गाते हैं वन के विहग ज्योति का गीत एक।
फिर क्यों पथ में यह संध्या की छाया उदास?
क्यों सहस्रार का मुरझाया नभ में प्रकाश?
किरणों ने पहनाया था जिसको मुकुट एक,
माथे पर वहीं लिखे हैं दुख के अमिट लेख।
अब वन्य जंतुओं का पथ में रोदन कराल।
एकाकीपन के साथी हैं केवल शृगाल।

इन वन्य जन्तुओं से मनुष्य फिर भी महान्।
तू क्षुद्र मरण से जीवन को ही श्रेष्ठ मान।
''रावण-महिमा-श्यामा-विभावरी-अन्धकार''-
छँट गया तीक्ष्ण बाणों से वह भी तम अपार।
अब बीती बहुत रही थोड़ी, मत हो निराश,
छाया-सी संध्या का यद्यपि धूसर प्रकाश।

उस वज्र-हृदय से फिर भी तू साहस बटोर;
कर दिये विफल जिसने प्रहार विधि के कठोर।
    क्या कर लेगा मानव का यह रोदन कराल?
    रोने दे यदि रोते हैं वन-पथ में शृगाल।

कट गई डगर जीवन की, थोड़ी रही और।
इस वन में कुश-कंटक, सोने को नहीं ठौर।
क्षत चरण न विचलित हों, मुँह से निकले न आह;
थक कर मत गिर पड़ना ओ साथी बीच राह।
यह कहे न कोई—जीर्ण हो गया जब शरीर,
विचलित हो गया हृदय भी पीड़ा से अधीर।
पथ में उन अमिट रक्त-चिह्नों की रहे शान,
मर मिटने को आते हैं पीछे नौजवान।
    इस वन में जहाँ अशुभ ये रोते हैं शृगाल,
    निर्मित होगी जन-सत्ता की नगरी विशाल।

नरेन्द्र शर्मा

(1913–1989)

आज न सोने दूँगी बालम!

आज न सोने दूँगी बालम!
मेरे अधिक निन्दारे बालम!
अर्ध निशा है, घिरी अँधेरी
जगर-मगर निशि गूँज रही है
चंचल हैं तारे, चंचल मन
अग-जग मदिरा छलक रही है
यौवन-सरिता उमड़ पड़ी है
मधु की बेला आयी बालम!
भरी सेज उमड़ी फूलों से
व्याकुल हैं माला की कलियाँ
तुम्हें भेंटने की आशा में
चंचल तन की पुलकावलियाँ
सूखे अधर मधुर-मद प्यासे
रस के प्यासे लोचन बालम!
आज अभी से सो जाओगे?
अभी नहीं सोये हैं तारे
उत्सुक हैं सब सुमन सेज के
केवल तुम ही अधिक निन्दारे,
खोलो लोचन प्राण पियारे
मानो, बलि-बलि जाऊँ बालम!
सुख-समीर के आलिंगन में
बेसुध सघन-कुंज के द्रुम-दल

हल्की ध्वनि कर हिल-डुल जाते
प्रतिपल विह्वल उर कर चंचल
गात-गात में व्याकुलता भर
आज न सोओ प्यारे बालम!

कलि-कलि के मुकुलित सपने ले
घिर आये सौरभ के बादल
लाये कुसुम-मधुप के चुम्बन
वल्लरियों की रति-गति चंचल
तरुओं के आलिंगन विह्वल
मानो, आज हठीले बालम!

देखो सुरभित मौलसिरी भी
फूलों के मिस रस बरसाती
मेहंदी की मद-भरी मंजरी
सुरभि-सुरा की धार बहाती
नस-नस में फिर प्यास जगाती
वक्षःस्थल उमड़ाती, बालम!

हरसिंगार जो झर-झर झरते
कुसुम-राशि से सेज मनोहर
सौरभ की नन्ही बूँदों-से
फूल गिराते पुलकित तन पर
रग-रग में कुछ अकुलाहट भर
पुलक-पुलक आकुल कर बालम!

आज विश्व से छीन तुम्हें प्रिय!
निज वक्षःस्थल में भर लूँगी
मृदुल गोल गोरी बाँहों में
कम्पित अंगों में कस लूँगी
फूलों के तन में भर लूँगी
अलि-से रैन-निन्दारे बालम!

कब मिलेंगे?

आज के बिछुड़े न जाने कब मिलेंगे?
आज से दो प्रेम-योगी अब वियोगी ही रहेंगे।
सत्य हो यदि, कल्प की भी कल्पना कर धीर बाँधूँ
किन्तु कैसे व्यर्थ की आशा लिए यह योग साधूँ?
जानता हूँ अब न हम तुम मिल सकेंगे।

आयेगा मधुमास फिर भी, आयेगी श्यामल घटा घिर
आँख भर कर देख लो अब, मैं न आऊँगा कभी फिर
प्राण तन से बिछुड़कर कैसे मिलेंगे?

अब न रोना, व्यर्थ होगा हर घड़ी आँसू बहाना
आज से अपने वियोगी हृदय को हँसना सिखाना
अब न हँसने के लिए हम तुम मिलेंगे।

आज से हम तुम गिनेंगे एक ही नभ के सितारे
दूर होंगे पर सदा को ज्यों नदी के दो किनारे
सिन्धु-तट पर भी न जो दो मिल सकेंगे।

वह कितना सुन्दर सपना हो

वह कितना सुन्दर सपना हो
जो आकर मेरे सिरहाने
तुम जलता मस्तक सहला दो।

फिर बैठ पास झुक धीरे से
चूमो भीगे पीले कपोल
पोंछो गीली पलकों को यदि
शरमा कर फिर मुख फेर कहीं
मुख-मण्डल लज्जारुण कर लो।

घण्टों बैठो यों पास प्राण!
फिर ज्वर से जब सहसा कराह
तुमको पुकार आँखें भर लूँ
व्रीड़ा से आनत मुख, आँचल
से अश्रु पोंछ पीड़ा हर लो।

तुम्हें याद है क्या उस दिन की?

तुम्हें याद है क्या उस दिन की
नये कोट के बटन-होल में
हँसकर प्रिये! लगा दी थी जब
वह गुलाब की लाल कली?

फिर कुछ शरमाकर, साहस कर
बोली थीं तुम, "इसको यों ही
खेल समझ कर फेंक न देना
है यह प्रेम-भेंट पहली।"

कुसुम-कली वह कब की सूखी
फटा ट्वीड का नया कोट भी
किन्तु बसी है सुरभि हृदय में
जो उस कलिका से निकली।

मेरा घर हो नदी किनारे

मेरा घर हो नदी किनारे।

रह-रह याद तुम्हारी आये
देख मचलती तरल लहरिया
देखूँ जब पल भर आँखें भर

कभी उछलता चटुल मछलियाँ
खुलें हृदय में नयन तुम्हारे।

अति लघु धनुषाकार ऊर्मियों
पर देखूँ शशि की परछाईं
याद मुझे आयें वे अवसर
जब तुम पास बैठ मुस्काईं,
सोचूँ, फिर दिन फिरें हमारे।

कब बीते दिन फिरे किसी के
लौटा कब बहता सरिता-जल?
लहरों की मृदु थपक-ताल में
सुन लोरी तट-सा ही निश्चल
सो जाऊँ फिर नदी किनारे।

फिर-फिर रात और दिन आते

फिर-फिर रात और दिन आते
फिर-फिर होता साँझ-सवेरा
मैंने भी चाहा फिर आये
बिछुड़ा जीवन-साथी मेरा
पर मेरे जीवन का साथी
छूट गया सो छूट गया।

रातों जगा, करवटें बदलीं,
साँसें गिन-गिन नींद बुलायी
किन्तु न पूरा हुआ अधूरा
सपना, उचटी नींद न आयी
कच्चे धागे-सा सुख-सपना
टूट गया सो टूट गया।

हैं नभ में अनगिनत तारे
रोज़ एक-दो टूटें तो क्या?
पर मेरी आँखों का तारा
उसे छोड़कर मुझे कौन था?
भाग्य, भरे प्याले-सा कर में
फूट गया सो फूट गया।

चौमुख दिवला

चौमुख दिवला बार।

धरूँगी चौबारे में आज
चौमुख दिवला बार।
जाने कौन दिशा से आवें
मेरे राजकुमार?

जब-जब पवन सन्देसा लावे,
दीये की लौ सौ बल खाए,
झाला दे दे पास बुलावे,
उझक देख, मैं जानूँ
मेरे आए राजकुमार।

जंगल में देखूँ पटबिजना,
गगन बीच तारों का खिलना,
मैं जानूँ यह केवल छलना,
कौन कहे, सचमुच आवेंगे
मेरे राजकुमार।

होता दीप स्नेह से रीता,

आशा में सब जीवन बीता,
मैं अनदेखे की परिणीता,
निर्मोही बन मोहे लेते,
मेरे राजकुमार।

छीज रही तन-मन की बाती,
दीये-सी ही रात सिराती,
जीती तो फिर दीप जलाती,
कह भर देता कोई
मेरे आते राजकुमार।

गोपाल सिंह नेपाली

(1911–1963)

यह लघु सरिता का बहता जल

यह लघु सरिता का बहता जल
कितना शीतल, कितना निर्मल!

हिमगिरि के हिम से निकल-निकल
यह विमल दूध-सा हिम का जल
कर-कर निनाद कलकल-छलछल
बहता आता नीचे पल-पल

तन का चंचल, मन का विह्वल
यह लघु सरिता का बहता जल!

निर्मल जल की यह तेज़ धार
करके कितनी शृंखला पार
बहती रहती है लगातार
गिरती उठती है बार-बार

रखता है तन में इतना बल
यह लघु सरिता का बहता जल

एकांत प्रांत निर्जन-निर्जन
यह वसुधा के हिमगिरि का वन
रहता मंजुल मुखरित छन-छन
लगता जैसे नन्दन कानन

करता है जंगल में मंगल
यह लघु सरिता का बहता जल

करके तरु-मूलों का सिंचन
लघु जल-धारों से आलिंगन
जलकुंडों में करके नर्तन
करके अपना बहु परिवर्तन

आगे बढ़ता जाता केवल
यह लघु सरिता का बहता जल

ऊँचे शिखरों से उतर-उतर
गिर-गिर गिरि की चट्टानों पर
कंकड़-कंकड़ पैदल चल कर
दिन-भर, रजनी-भर, जीवन-भर

धोता वसुधा का अन्तस्तल
यह लघु सरिता का बहता जल

मिलता है इसको जब पथ पर
पथ रोके खड़ा कठिन पत्थर
आकुल, आतुर, दुख से कातर
सिर पटक-पटक कर रो-रो कर

करता है कितना कोलाहल
यह लघु सरिता का बहता जल

हिम के पत्थर वे पिघल-पिघल
बन गये धरा के वारि विमल
सुख पाता जिससे पथिक विकल
पी-पी कर अंजलि भर मृदु जल

नित जल कर भी कितना शीतल
यह लघु सरिता का बहता जल

कितना कोमल, कितना वत्सल
रे जननी का वह अन्तस्तल
जिसका यह शीतल करुणा जल
बहता रहता युग-युग अविरल

गंगा, यमुना, सरयू निर्मल
यह लघु सरिता का बहता जल!

नवीन कल्पना करो

तुम कल्पना करो, नवीन कल्पना करो
तुम कल्पना करो

अब घिस गईं समाज की तमाम नीतियाँ
अब घिस गईं मनुष्य की अतीत रीतियाँ
हैं दे रहीं चुनौतियाँ तुम्हें कुरीतियाँ
निज राष्ट्र के शरीर के सिंगार के लिए
तुम कल्पना करो, नवीन कल्पना करो

ज़ंजीर टूटती न कभी अश्रुधार से
दुख-दर्द दूर भागते नहीं दुलार से
हटती न दासता पुकार से, गुहार से
इस गंग-तीर बैठ आज राष्ट्रशक्ति की
तुम कामना करो, किशोर, कामना करो

जो तुम गये, स्वदेश की जवानियाँ गईं
चित्तौर के 'प्रताप' की कहानियाँ गईं
आज़ाद देश-रक्त की रवानियाँ गईं

अब सूर्य-चन्द्र से समृद्धि, ऋद्धि-सिद्धि की
तुम याचना करो दरिद्र, याचना करो

जिसकी तरंग लोल है अशान्त सिन्धु वह
जो काटता घटा प्रगाढ़ बक्र इन्दु वह
जो मापता समग्र सृष्टि दृष्टि-बिन्दु वह
वह है मनुष्य जो स्वदेश की व्यथा हरे
तुम यातना हरो मनुष्य, यातना हरो

तुम प्रार्थना किये चले, नहीं दिशा हिली
तुम साधना किये चले, नहीं निशा हिली
इस आर्त दीन देश की न दुर्दशा हिली
इस अश्रुदान छोड़ आज शीशदान से
तुम अर्चना करो अमोघ अर्चना करो

आकाश है स्वतन्त्र, है स्वतन्त्र मेखला
यह शृंग भी स्वतन्त्र ही खड़ा, बना, ढला
है जलप्रपात काटता सदैव शृंखला
आनन्द-शोक, जन्म और मृत्यु के लिए
तुम योजना करो, स्वतन्त्र योजना करो

तुम कल्पना करो, नवीन कल्पना करो
तुम कल्पना करो!

दीपक जलता रहा रात भर

तन का दिया, प्राण की बाती
दीपक जलता रहा रात भर

दुख की घनी बनी अँधियारी, सुख के टिमटिम दूर सितारे
उठती रही पीर की बदली, मन के पंछी उड़-उड़ हारे

बची रही प्रिय की आँखों से मेरी कुटिया एक किनारे
मिलता रहा स्नेह-रस थोड़ा, दीपक जलता रहा रात भर

दुनिया देखी भी अनदेखी, नगर न जाना, डगर न जानी
रंग न देखा, रूप न देखा, केवल बोली ही पहचानी
कोई भी तो साथ नहीं था, साथी था आँखों का पानी
सूनी डगर, सितारे टिमटिम, पंथी चलता रहा रात भर

अगणित तारों के प्रकाश में मैं अपने पथ पर चलता था
मैंने देखा, गगन-गली में चाँद सितारों को छलता था
आँधी में, तूफ़ानों में भी प्राण-दीप मेरा जलता था
कोई छली, खेल में, मेरी दिशा बदलता रहा रात भर

मेरे प्राण मिलन के भूखे, ये आँखें दर्शन की प्यासी
घिरती रहीं घटाएँ काली अम्बर में, प्रिय की छाया सी
श्याम गगन से नयन जुड़ाये, जगा रहा अन्तर का वासी
काले मेघों के टुकड़ों से चाँद निकलता रहा रात भर

छिपने नहीं दिया फूलों को फूलों के उड़ते सुवास ने
रहने नहीं दिया अनजाना शशि को शशि के मंद हास ने
भरमाया जीवन को दर-दर जीवन की ही मधुर आस ने
मुझको मेरी आँखों का ही सपना छलता रहा रात भर

होती रही रात भर चुपके आँखमिचौनी शशि-बादल में
लुकते छिपते रहे सितारे अम्बर के उड़ते आँचल में
बनती मिटती रहीं लहरियाँ जीवन की यमुना के जल में
मेरे मधुर मिलन का क्षण भी पल-पल टलता रहा रात भर

सूरज को प्राची में उठ कर पश्चिम ओर चला जाना है
रजनी को हर रोज़ रात भर तारक दीप जला जाना है
मुझको धूलि-कणों में मिलकर जग का दिल बहला जाना है
एक फूँक के लिए, प्राण का दीप मचलता रहा रात भर।

खिड़कियों से न कोई इशारा करे

दूर जाकर न कोई बिसारा करे
मन दुबारा-तिबारा पुकारा करे
यूँ बिछुड़ कर न रतियाँ गुज़ारा करे
मन दुबारा-तिबारा पुकारा करे

मन मिला तो जवानी रसम तोड़ दे
प्यार निभता न हो, तो डगर छोड़ दे
दर्द देकर नहीं यूँ बिसारा करे

खिल रही है कली, आप भी आइए
बोलिये या न बोले चले जाइए
मुस्कुराकर न कोई किनारा करे

चाँद-सा हुस्न है, तो गगन में बसे
फूल-सा रंग है, तो चमन में हँसे
चैन चोरी न कोई हमारा करे

हम तकें ना किसी की नयन खिड़कियाँ
तीर-तेवर सहें या सुनें झिड़कियाँ
कनखियों से न कोई निहारा करे

लाख मुखड़े मिले और मेला लगा
रूप जिसका भयावह अकेला लगा
रूप ऐसे न कोई सिंगारा करे

रूप चाहे पहन नौलखा हार ले
अंग-भर में सजा रेशमी तार ले
फूल से लट न कोई सँवारा करे

पग महावर लगा कर नवेली रंगे
या कि मेहंदी रचा कर हथेली रंगे
अंग-भर में न मेहंदी उभारा करें

आप पर्दा करें, तो किये जाइए
साथ अपनी बहारें लिये जाइए
रोज़ घूँघट न कोई उतारा करे

आप चाहें हमारी डगर बंद हो
तो नज़र आपकी भी नज़रबंद हो
खिड़कियों से न कोई इशारा करे

एक दिन क्या मिले, मन उड़ा ले गये
मुफ़्त में उम्र भर को जलन दे गये
बात हमसे न कोई दुबारा करे।

मेरा धन है स्वाधीन कलम

राजा बैठे सिंहासन पर, यह ताजों पर आसीन कलम।
मेरा धन है स्वाधीन कलम।

जिसने तलवार शिवा को दी, रोशनी उधार दिवा को दी,
पतवार थमा दी लहरों को, खंजर की धार हवा को दी
अग-जग के उसी विधाता ने कर दी मेरे आधीन कलम।
मेरा धन है स्वाधीन कलम।

रस-गंगा लहरा देती है, मस्ती-ध्वज फहरा देती है,
चालीस करोड़ों की भोली किस्मत पर पहरा देती है,
संग्राम-क्रांति का बिगुल यही, है सही प्यार की बीन कलम।
मेरा धन है स्वाधीन कलम।

कोई जनता को क्या लूटे, कोई दुखियों पर क्या टूटे!
कोई भी लाख प्रचार करे सच्चा बन कर झूठे-झूठे,
अनमोल सत्य का रत्नहार, लाती चोरों से छीन कलम।
मेरा धन है स्वाधीन कलम।

बस मेरे पास हृदय-भर है, वह भी जग पर न्योछावर है
लिखता हूँ तो मेरे आगे सारा ब्रह्मांड विषय-भर है
रंगती चलती संसार-पटी—यह सपनों की रंगीन कलम।
मेरा धन है स्वाधीन कलम।

लिखता हूँ अपनी मर्ज़ी से, बचता हूँ कैंची-दर्ज़ी से
आदत न रही कुछ लिखने की, निन्दा-वंदन-खुदगर्ज़ी से
कोई छेड़े तो तन जाती—बन जाती है संगीन कलम।
मेरा धन है स्वाधीन कलम।

तुझ सा लहरों में बह लेता, तो मैं भी सत्ता गह लेता
ईमान बेचता चलता, तो मैं भी महलों में रह लेता
हर दिल पर झुकती चली मगर आँसू वाली नमकीन कलम।
मेरा धन है स्वाधीन कलम।

सुमित्राकुमारी सिन्हा

(1913–1994)

अज्ञात

ले किसकी सुधि की साँसें, जी फिर से उठा समीरण?
फिर कलियों में मुस्काई यह किसकी पलकें उन्मन?
यह भ्रमर-भीर मंडराई किसकी अलकावलियाँ बन?
वल्लरियों की बाँहों में, यह किसका फूलों-सा तन?
किंशुक के बन में मचला, किसके सोने का यौवन?
किसके पद की लाली ले, हँस पड़ा गुलाबों का मन?
नीले कमलों की आँखों में किसके मन का बन्धन?
अग-जग ज्योतिर्मय करने, आये किसके दर्शन-क्षण?
किस स्वर का भार लिये फिर, कूकी रसाल पर कोयल?
फूटा मंजरियों में फिर किन रोमों का मधु-परिमल?
यह किसकी मिलन घड़ी की फिर गूँज उठी शहनाई?
किन चिह्नों पर लुटने को तृण-तृण हरियाली छाई?
पा परस-पवन के झोंके, उन्माद-हिंडोले डोले।
सोये सपनों की किरणों के तार-तार फिर बोले॥
फिर किसका दीप सजाकर शशि राह दिखाने आया।
तृष्णा को कौन पिपासा ने जी भर फिर नहलाया॥

पतिवाली विधवा से

बिखरे लहरे से केश सुहागिन, तेरा 'यह कैसा सुहाग?'
युग-युग से आँखों में पानी अन्तस में प्रलयंकरी आग॥

तेरे सुहाग का जो प्रतीक तेरा तन, मन, सर्वस्व मुक्ति।
कर गया आज है उपेक्षिता, दूरी कृत ज्यों बिन रत्न-शुक्ति॥
आँसू से भीगे अंचल पर संघर्ष लिखे उर जीवन का।
सूनी शय्या पर तड़प उठीं, सुख त्यागे मधुमय यौवन का॥
नारी जीवन का चित्र यही क्या? लिये व्यथा उर में गहरी।
दिशि-दिशि को गुंजित कर दुखमय नित उठे काँपती स्वर लहरी॥
सोने के सपने उच्छ्वासों से उड़ा बनी साकार व्यथा!
यौवन की जलती अभिलाषा कहती पुकार कर हृदय कथा॥
हा! अरी सुहागिन, विधवाओं-सा यह तेरा कैसा बाना!
इस चिर-प्रवास से जीवन के तममय पथ पर चलते जाना॥
चाँदी की निशि, सोने के दिन उन्मद सपनों से हैं रीते!
प्रियतम से मिलने की अतृप्त तृष्णा में हैं युग-युग बीते॥
देकर सुहाग साधना तुझे कर मनो राज्य से निर्वासित!
वह निष्ठुर बसता उस जग में जो अशुचि प्रभा से आलोकित॥
तू मौन मुखी हो बिता रही शत कल्पों-सा सूना जीवन!
वह तृप्ति प्रसाधन खोज रहा सौन्दर्य-जगत् में कर विचरण॥
तू अरी सुहागिन, उजली दुनिया की मस्ती से है वंचित।
वह सपनों के महलों पर उड़ करता सुहाग के कण संचित॥
पर हाय! बिना प्रतिवाद किये तू झेल रही है दुख अपार।
ओ पतिवाली विधवा, सुन सकता कौन मौन उर की पुकार॥
जब समवेदन भी है अप्राप्य तब हो अभाव की पूर्ति कहाँ?
है हृदय जगत के लिए जहाँ, है तेरा तो उपहास वहाँ॥
ऐसी धोखे की दुनिया में रहना तुझको कैसा अभाग?
रो-रो कर जीवन ढोना है हा! तेरा 'यह कैसा सुहाग'!!
जब जगमग होते जगमग में चलता मस्ती का मदिर राग!
तब टूटे स्वर में गा विहाग तू रोती—'यह कैसा सुहाग'!!

बालकृष्ण राव

(1913–1976)

फिर क्या होगा उसके बाद?

फिर क्या होगा उसके बाद?
उत्सुक होकर शिशु ने पूछा,
माँ, क्या होगा उसके बाद?
रवि से उज्ज्वल, शशि से सुंदर,
नव किसलय दल से कोमलतर
वधू तुम्हारी घर आयेगी
उस विवाह उत्सव के बाद!
पलभर मुख पर स्मित की रेखा,
खेल गई, फिर माँ ने देखा—
कर गम्भीर मुखाकृति शिशु ने
फिर पूछा, माँ क्या उसके बाद?
फिर नभ के नक्षत्र मनोहर,
स्वर्ग लोक से उतर-उतर कर,
तेरे शिशु बनने को, मेरे
घर आयेंगे उसके बाद।
मेरे नये खिलौने लेकर,
चले न जायें वे अपने घर!
चिंतित हो कह उठा, किन्तु फिर
पूछा शिशु ने, उसके बाद?
अब माँ का जी ऊब चुका था,
हर्ष श्रांति में डूब चुका था;
बोली, फिर मैं बूढ़ी होकर

मर जाऊँगी उसके बाद।
यह सुनकर भर आये लोचन,
किन्तु पोंछ कर उन्हें उसी क्षण,
सहज कुतूहल से फिर शिशु ने
पूछा, माँ, क्या उसके बाद?
कवि को बालक ने सिखलाया
सुख-दुख है पल भर की माया,
है अनंत का तत्त्व-प्रश्न यह
फिर क्या होगा उसके बाद?

कौन जाने?

झुक रही है भूमि बायीं ओर, फिर भी
कौन जाने?
नियति की आँखें बचाकर,
आज धारा दाहिने बह जाये।

जाने किस किरण-शर के वरद आघात से
निर्वर्ण रेखा-चित्र, बीती रात का,
कब रंग उठे। सहसा मुखर हो
मूक क्या कह जाये?

'सम्भव क्या नहीं है आज—
लोहित लेखनी प्राची क्षितिज की,
कर रही है प्रेरणा, यह प्रश्न अंकित? कौन जाने
आज ही निःशेष हों सारे सँजोये स्वप्न,
दिन की सिद्धियों में
कौन जाने
शेष फिर भी,
एक नूतन स्वप्न की सम्भावना रह जाये।

भवानीप्रसाद मिश्र
(1914-1985)

सतपुड़ा के जंगल

सतपुड़ा के घने जंगल
नींद में डूबे हुए-से
ऊँघते अनमने जंगल।

झाड़ ऊँचे और नीचे
चुप खड़े हैं आँख मीचे
घास चुप है, कास चुप है
मूक शाल, पलाश चुप है
बन सके तो धँसो इनमें
धँस न पाती हवा जिनमें
सतपुड़ा के घने जंगल
नींद में डूबे हुए-से
ऊँघते, अनमने जंगल।

सड़े पत्ते, गले पत्ते
हरे पत्ते, जले पत्ते
वन्य का पथ ढँक रहे-से
पंक-दल में पले पत्ते
चलो इन पर चल सको तो
दलो इनको दल सको तो
ये घिनौने-घने जंगल
नींद में डूबे हुए-से

ऊँघते, अनमने जंगल।

अटपटी उलझी लताएँ
डालियों को खींच खाएँ
पैर को पकड़ें अचानक
प्राण को कस लें कपाएँ
साँप-सी काली लताएँ
बला की पाली लताएँ
लताओं के बने जंगल
नींद में डूबे हुए-से
ऊँघते अनमने जंगल।

मकड़ियों के जाल मुँह पर
और सिर के बाल मुँह पर
मच्छरों के दंश वाले
दाग काले, लाल मुँह पर
वात-झंझा वहन करते
चलो इतना सहन करते
कष्ट से ये सने जंगल
नींद में डूबे हुए-से
ऊँघते अनमने जंगल।

अजगरों से भरे जंगल
अगम, गति से परे जंगल
सात-सात पहाड़ वाले
बड़े-छोटे झाड़ वाले
शेर वाले, बाघ वाले
गरज और दहाड़ वाले
कंप से कनकने जंगल
नींद में डूबे हुए-से

ऊँघते अनमने जंगल।

इन वनों के खूब भीतर
चार मुर्गे, चार तीतर
पाल कर निश्चिंत बैठे
विजन वन के बीच पैठे
झोपड़ी पर फूस डाले
गोंड तगड़े और काले
जब कि होली पास आती
सरसराती घास गाती
और महुए से लपकती
मत्त करती बास आती
गूँज उठते ढोल इनके
गीत इनके बोल इनके
सतपुड़ा के घने जंगल
नींद में डूबे हुए-से
ऊँघते अनमने जंगल।

जागते अँगड़ाइयों में
खोह-खड्डों-खाइयों में
घास पागल, कास पागल
शाल और पलाश पागल
लता पागल, वात पागल
डाल पागल, पात पागल
मत्त मुर्गे और तीतर
इन वनों के खूब भीतर।
क्षितिज तक फैला हुआ-सा
मृत्यु तक मैला हुआ-सा
क्षुब्ध काली लहर वाला
मथित, उत्थित ज़हर वाला

मेरू वाला, शेष वाला
शम्भु और सुरेश वाला
एक सागर जानते हो?
उसे कैसा मानते हो?
ठीक वैसे घने जंगल
नींद में डूबे हुए-से
ऊँघते अनमने जंगल।

धँसो इनमें डर नहीं है
मौत का यह घर नहीं है
उतर कर बहते अनेकों
कल-कथा कहते अनेकों
नदी-निर्झर और नाले
इन वनों ने गोद पाले
लाख पंछी, सौ हिरन-दल
चाँद के कितने किरन दल
झूमते बन-फूल, फलियाँ
खिल रहीं अज्ञात कलियाँ
हरित दूर्वा, रक्त किसलय
पूत, पावन, पूर्ण रसमय
सतपुड़ा के घने जंगल
लताओं के बने जंगल।

सन्नाटा

तो पहले अपना नाम बता दूँ तुमको
फिर चुपके-चुपके धाम बता दूँ तुमको
तुम चौंक नहीं पड़ना, यदि धीमे-धीमे
मैं अपना कोई काम बता दूँ तुमको।

कुछ लोग भ्रान्तिवश मुझे शान्ति कहते हैं
निःस्तब्ध बताते हैं, कुछ चुप रहते हैं
मैं शान्त नहीं, निःस्तब्ध नहीं, फिर क्या हूँ?
मैं मौन नहीं हूँ, मुझमें स्वर बहते हैं।

कभी-कभी कुछ मुझमें चल जाता है
कभी-कभी कुछ मुझमें जल जाता है
जो चलता है, वह शायद है मेंढक ही
वह जुगनू है, जो तुमको छल जाता है।

मैं सन्नाटा हूँ, फिर भी बोल रहा हूँ
मैं शान्त बहुत हूँ, फिर भी डोल रहा हूँ
यह 'सर-सर' यह 'खड़-खड़' सब मेरी है
है यह रहस्य मैं इसको खोल रहा हूँ।

मैं सूने में रहता हूँ, ऐसा सूना
जहाँ घास उगा रहता है ऊना
और झाड़ कुछ इमली के, पीपल के
अन्धकार जिनमें होता है दूना।

तुम देख रहे हो मुझको, जहाँ खड़ा हूँ?
तुम देख रहे हो मुझको जहाँ पड़ा हूँ?
मैं ऐसे ही खण्डहर चुनता फिरता हूँ
मैं ऐसी ही जगहों में पला, बढ़ा हूँ।

हाँ, यहाँ किले की दीवारों के ऊपर
नीचे तलघर में या समतल पर, भू पर
कुछ जन-श्रुतियों का पहरा यहाँ लगा है
जो मुझे भयानक कर देती हैं छू कर।

तुम डरो नहीं, डर वैसे कहाँ नहीं है
पर खास बात डर की कुछ यहाँ नहीं है

बस एक बात है, वह केवल ऐसी है
कुछ लोग यहाँ थे, अब वे यहाँ नहीं हैं।

यहाँ बहुत दिन हुए एक थी रानी
इतिहास बताता उसकी नहीं कहानी
वह किसी एक पागल पर जान दिये थी
थी उसकी केवल एक यही नादानी।

यह घाट नदी का, अब जो टूट गया है
यह घाट नदी का, अब जो फूट गया है
वह यहाँ बैठ कर रोज़-रोज़ गाता था
अब यहाँ बैठना उसका छूट गया है।

शाम हुए रानी खिड़की पर आती
थी पागल के गीतों को वह दुहराती
तब पागल आता और बजाता बंसी
रानी उसकी बंसी पर छुप कर गाती।

किसी एक दिन राजा ने यह देखा
खिंच गयी हृदय पर उसके दुख की रेखा
वह भरा क्रोध में आया औ' रानी से
उसने माँगा इन सब साँझों का लेखा।

रानी बोली पागल को ज़रा बुला दो
मैं पागल हूँ, राजा! तुम मुझे भुला दो
मैं बहुत दिनों से जाग रही हूँ राजा!
बंसी बजवा कर मुझको ज़रा सुला दो।

वह राजा था हाँ, कोई खेल नहीं था
ऐसे जवाब से उसका मेल नहीं था
रानी ऐसे बोली थी, जैसे उसके
इस बड़े किले में कोई जेल नहीं था।

तुम जहाँ खड़े हो, यहीं कभी सूली थी;
रानी की कोमल देह यहीं झूली थी
हाँ, पागल की भी यहीं, यहीं रानी की
राजा हँस कर बोला, रानी भूली थी।

किन्तु नहीं फिर राजा ने सुख जाना
हर जगह गूँजता था पागल का गाना
बीच-बीच में, राजा तुम भूले थे
रानी का हँस कर सुन पड़ता था ताना।

तब और बरस बीते, राजा भी बीते
रह गये किले के कमरे-कमरे रीते
तब मैं आया, कुछ मेरे साथी आये
अब हम सब मिल कर करते हैं मनचीते।

पर कभी-कभी जब पागल आ जाता है
लाता है रानी को, या गा जाता है
तब मेरे उल्लू, साँप और गिरगट पर
अनजान एक सकता-सा छा जाता है।

श्रव्य-हव्य

सुनाएँ?
भवानी प्रसाद मिश्र की कविताएँ?

नहीं
यह झंझट और कहीं।
हमें तो तुम संग्रह दे दो
पढ़ लेंगे
छपी हुई चीज़
हिमालय भी हो

तो
हम चढ़ लेंगे।

मगर भाई,
ये पठ्य उतनी नहीं है
जितनी श्रव्य हैं।

तो भाड़ में डालो उन्हें
अर्थात् जो पठ्य उतनी नहीं हैं
वे चाहे जितनी श्रव्य हों
हमारे लेखे हव्य हैं।

गीत फ़रोश

जी हाँ हुज़ूर, मैं गीत बेचता हूँ।
मैं तरह-तरह के गीत बेचता हूँ,
मैं किसिम-किसिम के गीत
बेचता हूँ।

जी माल देखिये दाम बताऊँगा,
बेकाम नहीं है, काम बताऊँगा;
कुछ गीत लिखे हैं मस्ती में मैंने,
कुछ गीत लिखे हैं पस्ती में मैंने;
यह गीत, सख़्त सरदर्द भुलायेगा।
यह गीत पिया को पास बुलायेगा।
जी, पहले कुछ दिन शर्म लगी मुझको
पर पीछे-पीछे अक्ल जगी मुझको;
जी, लोगों ने तो बेच दिये ईमान।
जी, आप न हों सुनकर ज़्यादा हैरान।
मैं सोच-समझकर आखिर

अपने गीत बेचता हूँ;
जी हाँ, हुज़ूर मैं गीत बेचता हूँ।

यह गीत सुबह का है, जाकर देखें;
यह गीत गज़ब का है, ढाकर देखें;
यह गीत ज़रा सूने में लिक्खा था,
यह गीत वहाँ पूने में लिक्खा था।
यह गीत पहाड़ी पर चढ़ जाता है;
यह गीत बढ़ाये से बढ़ जाता है,
यह गीत भूख और प्यास भगाता है;
जी, यह मसान में भूत जगाता है;
यह गीत भुवाली की है हवा हुज़ूर
यह गीत तपेदिक की है दवा हुज़ूर
मैं सीधे-सादे और अटपटे,
गीत बेचता हूँ;
जी हाँ, हुज़ूर, मैं गीत बेचता हूँ।

जी, और गीत भी हैं, दिखलाता हूँ;
जी, सुनना चाहें आप तो गाता हूँ;
जी, छंद और बे-छंद पसन्द करें—
जी, अमर गीत और वे जो तुरत मरें।
ना, बुरा मानने की इसमें क्या बात,
मैं पास रखे हूँ कलम और दावात...
इनमें से भाये नहीं, नये लिख दूँ?
जो नये चाहिए नहीं, गये लिख दूँ।
इन दिनों कि दुहरा है कवि का धंधा;
हैं दोनों चीज़ें व्यस्त, कलम, कंधा।
कुछ घंटे लिखने के, कुछ फेरी के
जी, दाम नहीं लूँगा इस देरी के।
मैं नये-पुराने सभी तरह के

गीत बेचता हूँ।
जी हाँ हुज़ूर, मैं गीत बेचता हूँ।

जी, गीत जनम का लिखूँ, मरन का लिखूँ
जी, गीत जीत का लिखूँ, शरन का लिखूँ;
यह गीत रेशमी है, यह खादी का,
यह गीत पित्त का है, यह बादी का।
कुछ और डिज़ाइन भी हैं, ये इल्मी—
यह लीजे चलती चीज़ नयी, फ़िल्मी।
यह सोच-सोचकर मर जाने का गीत,
यह दुकान से घर जाने का गीत,
जी नहीं, दिल्लगी की इसमें क्या बात?
मैं लिखता ही तो रहता हूँ दिन-रात।
तो तरह-तरह के बन जाते हैं गीत।
जी रूठ-रूठ कर मन जाते हैं गीत।
जी बहुत ढेर लग गया, हटाता हूँ,
गाहक की मर्ज़ी—अच्छा जाता हूँ।
मैं बिल्कुल अन्तिम और दिखाता हूँ—
या भीतर जाकर पूछ आइए, आप!
है गीत बेचना वैसे बिल्कुल पाप;
क्या करूँ मगर लाचार हार कर
गीत बेचता हूँ।
जी हाँ, हुज़ूर मैं गीत बेचता हूँ।

'शील'

(1914–1994)

शब्द-बीज

ये शब्दों के बीज
तुम्हारी गर्भवती आस्था की तह में
फूट पड़ेंगे
अंकुर देंगे।
आलोड़ित होने दो अपने मन की पीड़ा
और सपचने दो जठरानल।

संयम के संराधक हो तुम,
शिव की साध पचाकर देखो!
ये शब्दों के बीज
तुम्हारे पुत्र बनेंगे।

तरंगों का उपहार

समुद्र में लाठी मार कर प्रमाद ने कहा,
लो, मैंने पानी की रीढ़ तोड़ दी!

प्रमाद खिलखिलाया, हँसा।
पानी सत्-चेतन था,
देखता रहा—

छिल गये लाठी के पोर-पोर
फाँसें निकल आईं।

पानी ने कहा,
लो यह मेरी तरंगों का उपहार!

झर गये क्लेश उल्का

आलोक-शरों से खंड-खंड—
घन-अंधकार,
मूर्छित विकार छलका।
हो गया आयु में अरुण-तरुण—
यौवन अपार,
नूतन सिंगार छलका।
जल रहे प्रभा से कलुष-कोष,
अन्याय-दोष,
पददलित रोष, पुलका।
हत हुए विभाजित सैन्य-संघ—
निशिचर प्रसंग—
झर गये क्लेश उल्का।

मेरे दीपक जलते रहना

मेरे दीपक जलते रहना
जब तक रात रहे!
जब तक सूरज नयन न खोले
खिल कमल न मुख से बोले,
तब तक मेरे उर के दीपक
चौमुख ज्योति बहे!
खुलें न जब तक मन्दिर के पट,
मिले न प्रिय-पग-ध्वनि की आहट,

तब तक प्राण-रुई की बाती
रहना स्नेह गहे!
मेरे दीपक जलते रहना
जब तक रात रहे!

राह हारी

राह हारी, मैं न हारा!
थक गये पथ-धूलि के
उड़ते हुए रज-कण घनेरे,
पर न अब तक मिट सके हैं
वायु में पदचिह्न मेरे—
जो प्रकृति के जन्म ही से
ले चुके गति का सहारा।
राह हारी, मैं न हारा!
स्वप्नमग्ना रात्रि सोई
दिवस-संध्या के किनारे।
थक गये वन-विहग, मृग, तरु
थके सूरज-चाँद-तारे।
पर न अब तक थका
मेरे लक्ष्य का ध्रुव-ध्येय तारा।
राह हारी, मैं न हारा!

आदमी का गीत

देश हमारा, धरती अपनी, हम धरती के लाल
नया संसार बसायेंगे, नया इंसान बनायेंगे,
सौ-सौ स्वर्ग उतर आयेंगे,

सूरज सोना बरसायेंगे,
दूध-पूत के लिए पहिन कर जीवन की जयमाल—
रोज़ त्योहार मनायेंगे,
नया संसार बसायेंगे,
नया इंसान बनायेंगे,
देश हमारा, धरती अपनी, हम धरती के लाल...

सुख-सपनों के सुर गूँजेंगे,
मानव की मेहनत पूजेंगे—
नई चेतना, नये विचारों की हम लिए मशाल
समय को राह दिखायेंगे,
नया संसार बसायेंगे
नया इंसान बनायेंगे—
देश हमारा, धरती अपनी, हम धरती के लाल...

एक करेंगे मनुष्यता को,
सींचेंगे ममता-समता को,
नई पौध के लिए, बदल देंगे तारों की चाल
नया भूगोल बनायेंगे,
नया संसार बसायेंगे,
नया इंसान बनायेंगे—
देश हमारा, धरती अपनी, हम धरती के लाल...

विद्यावती 'कोकिल'

(1914)

आज रात शृंगार करूँगी

आज रात शृंगार करूँगी।
जाऊँगी मैं मलय शिखर पर,
श्वासों से समीर पी लेने,
बालों को सुरभित कर लेने,
चितवन में गुरुता भर लेने,
खिले फूल-सा यौवन लेकर,
शूलों के बन पार करूँगी।
आज जल उठा एकाकीपन,
तोड़ो मेरी कारा तोड़ो,
घाव बन गया यह दुराव अब,
खोलो मेरे बन्धन खोलो,
एक बार जी भर कर निष्ठुर!
मैं मानव को प्यार करूँगी।
क्रेता-विक्रेता बन जिसने-जिसने,
जग को श्री सम्पन्न बनाया,
उसकी ही करुणा के बल पर
उसकी ही बस्ती में जाकर,
आज स्नेह की हाट लगाकर,
मैं निर्धन व्यापार करूँगी।
सजल जलद का आज न जानें,
क्यों दम घुटता सा जाता है,

सबको सोता देख गगन कुछ
कहता है पर रुक जाता है,
आज मधुर रागिनी छेड़
सबका सोना दुश्वार करूँगी।

घासवाली

मौन क्यों हो घासवाली?
निरखती क्या भवन ऊँचे; आँख घूँघट में चुराकर,
ढूँढ़ती हो क्या किसी को इस गली में रोज़ आकर,
यहीं रहती थीं कभी क्या ओ बड़े घर-द्वारवाली?
मौन क्यों हैं, स्वेद के कण व्यथा भीतर की बताकर,
क्या सन्देशा ला रहा है दूध आँचल में टपक कर,
क़िसे रोता छोड़ आई हो बड़े परिवारवाली?
हाथ में है ओज पलता पैर से उत्साह झरता,
प्रकृति-सा सौन्दर्य मुक्त समीर में जो श्वास भरता,
लौट जाओ धूप से दायित्व के गुरु भारवाली।
इधर बहती प्रति कणों से प्रेम लहरों की रुकी गति,
चौंध जाती राजश्री है, सहम उठते उधर धनपति,
देख कर दो निडर आँखें विश्व पर अधिकारवाली।
रेशमी पट उठा यदि इन खिड़कियों के, देख सकतीं,
तड़पती दो बूँद पानी में नयन की मीन मिलतीं।
देख गर्वित गति सफल अहिवात के श्रृंगारवाली॥

मुझको मेरी मुक्ति मिल गई है!

तेरे इंगित ही अब मेरी बने कर्म की धारा,
तेरी इच्छा ही पग-गति का मेरी बनी इशारा,

अब मेरे बन्धन-बन्धन की ग्रन्थि खुल गई है!
मुझको मेरी मुक्ति मिल गई है!
अन्तरतम के तल से यथा किसी ने मुझे गुहारा,
वस्तु-वस्तु में देख लिया वह मैंने रूप तुम्हारा,
मुझको मेरा कर्म, ज्ञान औ' भक्ति मिल गई है!
मुझको मेरी मुक्ति मिल गई है!
दुनिया के बल आकर मुझको, डिगा नहीं अब पाते,
रुक-रुककर मेरे अन्तर में, उलटे फिर जन्माते,
मुझको मेरी परम अचंचल शक्ति मिल गई है!
मुझको मेरी मुक्ति मिल गई है!
परम शान्ति का यहाँ एक साम्राज्य बिछ गया है,
तेरी पूर्ण विजय पर अब विश्वास जम गया है;
मुझे अमर बनकर मेरी अनुरक्ति मिल गई है!
मुझको मेरी मुक्ति मिल गई है!
अमिट प्रेम की लहर निरन्तर बहती छिन-छिन है;
मैं न जानती, मैं हूँ, तुम हो, या जग-जीवन है!
जीवन-स्रोत खिल गए, सारी मुक्ति खिल गई है!
मुझको मेरी मुक्ति मिल गई है!
मेरा तो सखि अंग-अंग डूबा तुम भी डूबी हे,
देश और देशान्तर डूबो, डूबो जन-जन हे,
आओ देखो यहाँ तुम्हारी तृप्ति मिल गई है।

रामेश्वर शुक्ल 'अंचल'

(1915–1995)

बन जाता कौमार्य तुम्हारा

मेरा वश चलता मैं बन जाता कौमार्य तुम्हारा

होंठों पर निर्माल्य अछूता बनकर मैं छा जाता
अंगों के चंपई रेशमी परदों में सो जाता
आँखों की सुर्मई गुलाबी चितवन में खो जाता
मेरा वश चलता मैं बन जाता सौन्दर्य तुम्हारा

जब तुम सिहर लजातीं बनता मैं कानों की लाली
शरद समीरण में बनता मैं पुलकों की घनजाली
मैं न छलकने देता मुस्कानों की गोरी प्याली
मेरा वश चलता मैं बन जाता कौमार्य तुम्हारा

अनबींधे मोती की शुचिता तन में भर-भर देता
खस-खस पड़ते शिथिल चीर को मस्तक पर कर लेता
मैं गति चंचल मंजीरों को अधिक न बजने देता
मेरा वश चलता मैं बन जाता संभार तुम्हारा

जब मधु-सिक्त व्यथा से तुम नीहारों-सी घुल चलतीं
नीर भरी सित बदली-सी तुम मुझसे किलक मचलतीं
जब अखंड उज्ज्वलता में तुम घनसारों-सी जलतीं
मेरा वश चलता मैं बन जाता निष्कंप तुम्हारा

बनता रंग तुम्हारा तुमसे विलग न होता क्षण भर
मादक रसमय गोद तुम्हारी देता किरणों से भर

किसी अचीन्हे स्वर में गाता बन यौवन का निर्झर
मेरा वश चलता मैं बन जाता कौमार्य तुम्हारा

परिचय का प्रथम क्षण

कौन पिछली रात की तुम रस भिगोई चाँदनी-सी

देखकर तुमको न छूने की पिपासा शान्त होती
कूल को पाकर निकट विह्वल लहर उद्भ्रान्त होती
मुग्ध गति की पायलों में शीश की लाजे चुनरिया
स्वप्न पलकों में चुराये जग उठे जैसे निन्दरिया
अधजले नक्षत्र की सीमान्त में बेंदी सजाये
जो उलझते सिक्त शैशव के घनों में छिप न पाये
लहलहाते गात में चमचम चमकता मन तुम्हारा
सीप में जैसे निखरकर फैलता आरक्त पारा
प्रेरणा के सिन्धु में तुम शक्ति की उठती किरण-सी
कौन तुम पिछले अँगारों की बनी उन्मादिनी-सी

रूप के औ' तेज के संघर्ष की तुम दीपमाला
आज मेरे प्राण के काले क्षितिज पर फिर उजाला
छूट सटकारी लटों से नव सुरभि के स्रोत आये
गीत वर्षा की उमंगों ने—हँसी ने पंख पाये
बन्धमुक्ते! भावना की यह बड़ी सुकुमार आँधी
गूँथ जिसने प्राण प्राणों से तृषा की डोर बाँधी
मैं छिपा लूँगा तुम्हें, पहचान यह कैसे छिपेगी
शमा छिप जाए—शलभ की आन पर कैसे छिपेगी
छूट सकता है सभी कुछ पर न परिचय का प्रथम क्षण
कौन तुम ममता-जयी अभिमान की वरदानिनी-सी

आज मधु विश्वास में उलझी हुई तुम कल्पना हो
चिर प्रतीक्षा में पले अनुमान की तुम जल्पना हो

और क्या-क्या हो अरे मैं व्यक्त भी तो कर न सकता
स्तब्ध रह जाता चकित-सा मैं तुम्हारा रूप तकता
साधना दो—गा सकूँ वरदान अविनाशी तुम्हारा
ज्योति दो—इस लौ भरी अनुभूति की सूखे न धारा
दो मुझे वर—हो न कुंठित धार मेरे संवरण की
पार जीवन के जले अन्तर्-शिखा इस अवतरण की
शक्ति दो कौमार्य की अरुणे—विभा की अंशुमाले!
कौन तुम जीवन-विजयिनी वृष्टि की सौदामिनी-सी

अन्तिम भेंट

अब तक प्रिय मैं रही तुम्हारी अब हो गई पराई

सुन ओ जीवन की अँधियारी औ' प्रकाश के दाता!
भूला जाता पन्थ मुझे अब अपना भूला जाता
मेरे आँचल में तेरी साँसों का स्वर भर आता
सोच रही मैं जली आज से या हूँ गई बुझाई

शेष हो गया प्राणों का सुख-स्रोत—हृदय की बातें
मधुर जागरण, मादक निद्रा की वे क्वारी रातें
आज शिथिल बाँहों के बंधन चुम्बन मंत्र न गाते
लगता यों प्राणेश! मुझे मैं उमड़ी बरस न पाई

मैं पतझड़ के छिन्न बादलों की दुखभरी प्रभाती
जो मधु ऋतु का स्वप्न मिटाकर स्वयं नहीं मिट पाती
पर शोलों के इकतारे-सी कँपती मेरी छाती
मैं अपनी आत्मा की अरथी लिये चली मुरझाई

अक्षमता की विवश चेतना मुझसे प्रतिक्षण कहती
कैसे कुचले मन से तू खंडित तृष्णाएँ सहती
कर्मतरी तू कैसे बाड़व-दाह लिये यों बहती
जब तेरे जीवन की सरिता सूखी मरु की नाईं

लगता तुम असीम हो—सीमित मेरी विह्वल बाँहें
आ न सकूँगी तुम तक, मेरी बन्द हो गईं राहें
अब तुम पिक की स्वर-लहरी में सुनना मेरी चाहें
लुटी कपोती के क्रन्दन में लग्न भ्रष्ट तरुणाई

ओ जीवन के साथी! मैं क्या देख रही थी सपना
हँसती निर्दय नियति रोकती कह न किसी को अपना
समझा रहा दुख जीवन में एक मंत्र ही जपना
रहे भूमि से ऊपर मेरे दीपक की अरुणाई

आलोक नहीं मरता है!

बुझ जाते हैं दीप, कभी आलोक नहीं मरता है!

क्यों न बुझे वह दीप रात-भर का जो स्नेह सजाए,
नश्वर है वह दीप स्नेह के बल पर जो लहराए!
कब तक गूँथ सकेगा वह उज्ज्वल निमिषों की माला;
जिसे पराई ममता के बल ने दे दिया उजाला।
बँधती है कब लीक विभा की बाती के बंधन में;
अग्नि-शिखा कब बँधकर रहती अंगारों के तन में!
दीपक बढ़ते हैं—प्रकाश केवल फैला करता है!
बुझ जाते हैं दीप कभी आलोक नहीं मरता है!

स्नेहहीन होकर भी अनमिल अनचाहा मन दहता;
तृष्णा चुगती है चिनगारी प्राण-पपीहा सहता।
यह अविराम जलन—ज्वाला की सेज बिछी हो जैसे;
ऐसी प्यास उमड़ती मन में युग-युग बुझे न जैसे।
है अविनश्वर यह प्रकाश—यह मुग्ध चाँदनी मन की।
प्रथम विरह से जलती आई द्वीप-शिखा जीवन की।
स्नेह नहीं इसमें अभाव की सुधि का जल झरता है!
बुझ जाते हैं दीप कभी आलोक नहीं मरता है।

तारा पांडे

(1915)

सखि, जागो!

सखि, जागो अब हुआ सवेरा!
विहगों का कलरव सुन पड़ता
प्राणों में नव-जीवन भरता
लाल रंग से चित्र बनाता
प्राची में वह प्रातः चितेरा!
वन-उपवन में कलियाँ हँसकर
कहती हैं प्राणों में मधु भर
निखिल विश्व अलि; सुन्दर सुखमय
बरस रहा है; प्रेम सवेरा!
कैसी बातें करतीं भोली
यह केवल दो दिन की होली
मधु से रीता होगा जब उर
दीखेगा जब जगत अँधेरा!
क्या होगा मधु-मधु कहने से
मिथ्या भ्रम में नित रहने से
अरुणोदय में हँस उठ तू भी
बीती रजनी हुआ सवेरा!

सजनी, मैं जागी!

अमर करों के मृदुल स्पर्श से
सजनी, मैं जागी!

बीती स्वप्नों से भरी रात
खग गाते आया नव प्रभात
बही सुगंधित मलय पवन अलि,
जीवन अनुरागी!
पूर्व गगन में आए दिनकर
सकल जगत में नव आभा भर
अर्घ्यदान दे रही सखी, मैं
जागी अब जागी!

माँगूँ कौन सा वरदान

माँगूँ कौन-सा वरदान?
उठ नहीं सकते हृदय में
सुप्त वे अरमान!
ज्योति मैं कैसे जलाऊँ?
कौन-सा मृदु गीत गाऊँ?
सजनि, मैं कैसे करूँ उस अमर का आह्वान?
आज मन्दिर में मनोहर
सुन पड़ा अति मधुर-सा स्वर,
रुक गये मेरे चरण पथ भी बना अनजान!
स्वप्न से इस बार जागूँ,
कल्पना का मोह त्यागूँ,
सत्य पथ को खोज लेंगे व्यथित मेरे प्राण!
दुर्बलों को ही सताते
दुख-सुख के क्षणिक नाते;
व्यर्थ ही लगते मुझे अभिशाप और वरदान॥

मैं दुख से श्रृंगार करूँगी

मैं दुख से शृंगार करूँगी।
जीवन में जो थोड़ा सुख है,
मृग-जल है, उसमें भी दुख है,
छली गई बहु बार जगत में
फिर क्यों अपनी हार करूँगी?
मैं दुख से शृंगार करूँगी!
दुखियों के आँसू ले लेकर,
अपने गीले आँचल में धर,
जग कर निशि में उन्हें गूँथ मैं,
तारों से व्यापार करूँगी!
मैं दुख से शृंगार करूँगी!
मैंने प्राणों में दुख पाला,
नशा करेगा क्या मधु प्याला?
प्रति पल जीवन में हँस-हँस मैं,
मृत्यु संग अभिसार करूँगी।
मैं दुख से शृंगार करूँगी!
सुख-दुख दोनों ही आवेंगे,
क्रम-क्रम से छवि दिखलावेंगे,
इस भिक्षुक जग को सुख देकर
दुख के सुख को प्यार करूँगी।
मैं दुख से शृंगार करूँगी!

शिवमंगल सिंह 'सुमन'

(1915–2002)

जिस-जिस से पथ पर स्नेह मिला

जिस-जिस से पथ पर स्नेह मिला, उस-उस राही को धन्यवाद।

जीवन अस्थिर अनजाने ही, हो जाता पथ पर मेल कहीं,
सीमित पग डग, लम्बी मंज़िल, तय कर लेना कुछ खेल नहीं।
दाएँ-बाएँ सुख-दुख चलते, सम्मुख चलता पथ का प्रसाद—
जिस-जिस से पथ पर स्नेह मिला, उस-उस राही को धन्यवाद।

साँसों पर अवलम्बित काया, जब चलते-चलते चूर हुई,
दो स्नेह-शब्द मिल गये, मिली नव स्फूर्ति, थकावट दूर हुई।
पथ के पहचाने छूट गये, पर साथ-साथ चल रही याद—
जिस-जिस से पथ पर स्नेह मिला, उस-उस राही को धन्यवाद।

जो साथ न मेरा दे पाये, उनसे कब सूनी हुई डगर?
मैं भी न चलूँ यदि तो भी क्या, राही मर लेकिन राह अमर।
इस पथ पर वे ही चलते हैं, जो चलने का पा गये स्वाद—
जिस-जिस से पथ पर स्नेह मिला, उस-उस राही को धन्यवाद।

कैसे चल पाता यदि न मिला होता मुझको आकुल अन्तर?
कैसे चल पाता यदि मिलते, चिर-तृप्ति अमरता-पूर्ण प्रहर!
आभारी हूँ मैं उन सबका, दे गये व्यथा का जो प्रसाद—
जिस-जिस से पथ पर स्नेह मिला, उस-उस राही को धन्यवाद।

देखो मालिन मुझे न तोड़ो

देखो मालिन मुझे न तोड़ो।
हम-तुम बहुत पुराने साथी
जगती के मधुवन में,
दोनों तन-मन से कोमल हैं,
फूल रहे गृह, वन में।
हम उपवन का, तुम जन-मन का, मधु कण-कण कर जोड़ो,
देखो मालिन मुझे न तोड़ो।

हम-तुम दोनों में यौवन है,
दोनों में आकर्षण,
दोनों कल मुरझा जायेंगे,
कर क्षण-भर मधु वर्षण,
आओ क्षण-भर हँस खिल-मिल लें, कल की कल पर छोड़ो,
देखो मालिन मुझे न तोड़ो।

जब जग मुझे तोड़ने आता
मैं हँस-हँस रो देता,
जब तुम मुझ पर हाथ उठातीं,
मैं सुधि-बुधि खो देता,
हृदय तुम्हारा-सा ही मेरा, इसको यों न मरोड़ो,
देखो मालिन मुझे न तोड़ो।

मैं नहीं आया तुम्हारे द्वार

मैं नहीं आया तुम्हारे द्वार
पथ ही मुड़ गया था।

गति मिली मैं चल पड़ा
पथ पर कहीं रुकना मना था,

राह अनदेखी, अजाना देश
संगी अनसुना था।
चाँद सूरज की तरह चलता
न जाना रात-दिन है,
किस तरह हम तुम गए मिल
आज भी कहना कठिन है,
तन न आया माँगने अभिसार
मन ही जुड़ गया था।

देख मेरे पंख चल, गतिमय
लता भी लहलहाई
पत्र आँचल में छिपाए मुख
कली भी मुस्कुराई।
एक क्षण को थम गए डैने
समझ विश्राम का पल
पर प्रबल संघर्ष बनकर
आ गई आँधी सदल-बल।
डाल झूमी, पर न टूटी
किन्तु पंछी उड़ गया था।

जानकीवल्लभ शास्त्री

(1916–2011)

फूलो ना!

मुकुल-मुख! फूलो ना, फूलो ना।
देखी रेख, सुनी धुनि पग की
भूलो ना, भूलो ना।

छुटपन के छोटे छिन रीते
आँखमिचौनी के दिन बीते
परछाईं-सी पास खड़ी मैं
छू लो ना, छू लो ना।

रिमझिम फुहियाँ लोचन-घन की
जीवन में बहार सावन की
प्यार-चपल उर के झूले पर
झूलो ना, झूलो ना।

और कसो तार

और कसो तार, तार सप्तक में गाऊँ!

ऐसी ठोकर दो मिजराब की अदा से
गूँज उठे सन्नाटा सुरों की सदा से
ठंडे साँचों में मैं ज्वाल ढाल पाऊँ!
और कसो तार, तार सप्तक में गाऊँ!

खूँटियाँ न तड़कें अब मीडों में ऐंठूँ,
मंज़िल नियराये, जब पाँव तोड़ बैठूँ,
मुँदी-मुँदी रातों को धूप में उगाऊँ!
और कसो तार, तार सप्तक में गाऊँ!

नभ बाहर-भीतर के द्वन्द्वों का मारा,
चिपकाये शनि चेहरे पर मंगलतारा!
क्या बरसा? मरती धरती निहार आऊँ!
और कसो तार, तार सप्तक में गाऊँ!

ढीले संबंधों को आपस में कस दूँ,
सूखे तर्कों को मैं श्रद्धा का रस दूँ,
पथरीले पंथों पर दूब मैं उगाऊँ!
और कसो तार, तार सप्तक में गाऊँ!

धूप-तरी

धूप-तरी तिरती कुहरी की झील में
जैसे उजली बदली अम्बर नील में।

पुरवाई आई खेतों की ओर से
गई तरी झकझोर किरन की डोर से
खनक रही सी नीरवता पतझार की,
महक रही केवलता सूनी डार की,
साँस फँसी ठिठुरी धरती की कील में,
धूप-तरी तिरती कुहरी की झील में।

गुँथा-गुँथा-सा दुख से सुख है चल रहा,
किससे मिलने को मन आज मचल रहा!
जीवन-मधु की कौन बूँद निष्प्राण है?
कौन मौन क्षण अपने में सुनसान है?

कर्दम में जो मुँदे, खुलेंगे खील में!
धूप-तरी तिरती कुहरी की झील में!

अँकुराये संकल्प फुनगियों में कहीं,
ऊँची दृष्टि, सँवर, नवीन नीचे नहीं।
गिरि-शिखरों पर जो गहराता रंग है,
वह उछाल पाती क्या सिंधु-तरंग है!
फूल भरें परिमल शूलों के शील में!
धूप-तरी तिरती कुहरी की झील में!

राग यह अनुराग का

राग यह अनुराग का
खेल पानी-आग का
भोग दुख; सुख-त्याग का
कंठ से कढ़ता कि चढ़ता सुर; उतरता सुर!
नयन झरते ज्यों गगन
बरसते ज्यों प्राण-घन
बिसुधपन या सुधि-मगन
छहरता हिम जोत से या स्रोत से भुर्भुर!

सुर उड़ा लाते कहाँ
पुरातन-नूतन 'न-हाँ'
जननि, एकायन जहाँ
गरल गल जाता गले में, चू अमृत सुमधुर!
दिन ढले संध्या न हो
प्राण चुप हों, गान हो
जगत् जनमे, माँ न हो!
निष्प्रयोजन करुण क्रंदन, निष्प्रयोजन डर!

शंभूनाथ सिंह

(1916-1991)

समय की शिला पर

समय की शिला पर मधुर चित्र कितने
किसी ने बनाये, किसी ने मिटाये।

किसी ने लिखी आँसुओं से कहानी
किसी ने पढ़ा किन्तु दो बूँद पानी
इसी में गये बीत दिन ज़िन्दगी के
गयी घुल जवानी, गयी मिट निशानी।
विकल सिन्धु से साध के मेघ कितने
धरा ने उठाये, गगन ने गिराये।

शलभ ने शिखा को सदा ध्येय माना,
किसी को लगा यह मरण का बहाना
शलभ जल न पाया, शलभ मिट न पाया
तिमिर में उसे पर मिला क्या ठिकाना?
प्रणय-पंथ पर प्राण के दीप कितने
मिलन ने जलाये, विरह ने बुझाये।

भटकती हुई राह में वंचना की
रुकी श्रान्त हो जब लहर चेतना की
तिमिर-आवरण ज्योति का वर बना तब
कि टूटी तभी श्रृंखला साधना की
नयन-प्राण में रूप के स्वप्न कितने
निशा ने जगाये, उषा ने सुलाये।

सुरभि की अनिल-पंख पर मौन भाषा
उड़ी, वन्दना की जगी सुप्त आशा
तुहिन-बिन्दु बनकर बिखर पर गये स्वर
नहीं बुझ सकी अर्चना की पिपासा
किसी के चरण पर वरण-फूल कितने
लता ने चढ़ाये, लहर ने बहाये।

टेर रही प्रिया!

टेर रही प्रिया! तुम कहाँ?
किसकी यह छाँह
और किसके ये गीत रे?
बरगद की छाँह
और चैता के गीत रे!
सिहर रहा जिया तुम कहाँ?

किसके ये काँटे हैं
किसके ये पात रे?
बैरी के काँटे हैं
केले के पात रे!
बिहर रहा हिया तुम कहाँ?

कौन से टिकोरे ये
किसके ये फूल रे?
आम के टिकोरे ये
महुए के फूल रे!
बिरम गये पिया तुम कहाँ?

किसकी ये आँखें हैं
किसकी यह रात रे?

बिरहिन की आँखें हैं
मावस की रात रे!
बुझता यह दीया, तुम कहाँ?

बजता है ढोल कहीं

बजता है ढोल कहीं, पूजा के बोल
नवमी का चाँद बुझा
हवा उठी जाग
तैरता अँधेरे पर
मिला-जुला राग
गीत के हिंडोलों पर रात रही डोल।
नीम का हिंडोला औ
मालिन का द्वार
एक बूँद की प्यासी
माँ रही पुकार
यह पुकार नींद के किवाड़ रही खोल।
बाहर की साँय-साँय
भीतर की ऊब
हल्के पदचाप रहे
डिमडिम में डूब
मन में सुगबुगा उठे सपने अनबोल।
गान-लगा जी, जैसे
बीन-उगा साँप
उठता-गिरता स्वर की
लहरों पर काँप
पाल खुली, नाव बही सुधि की अनमोल।

गजानन माधव मुक्तिबोध

(1917–1964)

मुझे क़दम-क़दम पर

मुझे क़दम-क़दम पर
चौराहे मिलते हैं
बाँहें फैलाये!!

एक पैर रखता हूँ
कि सौ राहें फूटतीं,
व मैं उन सब पर से गुज़रना चाहता हूँ;
बहुत अच्छे लगते हैं
उनके तजुर्बे और अपने सपने...
सब सच्चे लगते हैं;
अजीब-सी अकुलाहट दिल में उभरती है,
मैं कुछ गहरे में उतरना चाहता हूँ;
जाने क्या मिल जाये!!

मुझे भ्रम होता है कि प्रत्येक पत्थर में
चमकता हीरा है,
हर-एक छाती में आत्मा अधीरा है,
प्रत्येक सुस्मित में विमल सदानीरा है,
मुझे भ्रम होता है कि प्रत्येक वाणी में
महाकाव्य-पीड़ा है,
पलभर मैं सबमें से गुज़रना चाहता हूँ,
प्रत्येक उर में से तिर आना चाहता हूँ,
इस तरह खुद ही को दिये-दिये फिरता हूँ,

अजीब है ज़िन्दगी!!
बेवकूफ़ बनने के खातिर ही
सब तरफ़ अपने को लिये-लिये फिरता हूँ;
और यह देख-देख बड़ा मज़ा आता है
कि मैं ठगा जाता हूँ...
हृदय में मेरे ही,
प्रसन्न-चित्त एक मूर्ख बैठा है
हँस-हँसकर अश्रुपूर्ण, मत्त हुआ जाता है,
कि जगत्...स्वायत्त हुआ जाता है।

कहानियाँ लेकर और
मुझको कुछ देकर ये चौराहे फैलते
जहाँ ज़रा खड़े होकर
बातें कुछ करता हूँ...
...उपन्यास मिल जाते।

दुख की कथाएँ, तरह-तरह की शिकायतें
अहंकार-विश्लेषण, चारित्रिक आख्यान,
ज़माने के जानदार सूरे व आयतें
सुनने को मिलती हैं!

कविताएँ मुस्कुरा लाग-डाँट करती हैं
प्यार बात करती हैं।
मरने और जीने की जलती हुई सीढ़ियाँ
श्रद्धाएँ चढ़ती हैं!!

घबराये प्रतीक और मुस्काते रूप-चित्र
लेकर मैं घर पर जब लौटता...
उपमाएँ, द्वार पर आते ही कहती हैं कि
सौ बरस और तुम्हें
जीना ही चाहिए।

घर पर भी, पग-पग पर चौराहे मिलते हैं,
बाँहें फैलाये रोज़ मिलती हैं सौ राहें,
शाखा-प्रशाखाएँ निकलती रहती हैं,
नव-नवीन रूप-दृश्यवाले सौ-सौ विषय
रोज़-रोज़ मिलते हैं...
और, मैं सोच रहा कि
जीवन में आज के
लेखक की कठिनाई यह नहीं कि
कमी है विषयों की
वरन् यह कि आधिक्य उनका ही
उसको सताता है,
और, वह ठीक चुनाव कर नहीं पाता है!!

पता नहीं...

(1)

पता नहीं, कब, कौन, कहाँ किस ओर मिले,
किस साँझ मिले, किस सुबह मिले!!
यह राह ज़िन्दगी की
जिससे जिस जगह मिले
है ठीक वहीं, बस वहीं अहाते मेहंदी के
जिनके भीतर
है कोई घर
बाहर प्रसन्न पीली कनेर
बरगद ऊँचा, ज़मीन गीली
मन जिन्हें देख कल्पना करेगा जाने क्या!!
तब बैठ एक
गम्भीर वृक्ष के तले

टटोलो मन, जिससे जिस छोर मिले,
कर अपने-अपने तप्त अनुभवों की तुलना
घुलना मिलना!!

(2)

यह सही है कि चिलचिला रहे फ़ासले,
तेज़ दुपहर भूरी
सब ओर गरम धार-सा रेंगता चला
काल बाँका-तिरछा;
पर, हाथ तुम्हारे में जब भी मित्र का हाथ
फैलेगी बरगद-छाँह वहीं
गहरी-गहरी सपनीली-सी
जिसमें खुलकर सामने दिखेगी उरस्-स्पृशा
स्वर्गीय उषा
लाखों आँखों से, गहरी अन्तःकरण तृषा
तुमको निहारती बैठेगी
आत्मीय और इतनी प्रसन्न,
मानव के प्रति, मानव के
जी की पुकार
जितनी अनन्य!
लाखों आँखों से तुम्हें देखती बैठेगी
वह भव्य तृषा
इतने समीप
ज्यों लालीभरा पास बैठा हो आसमान
आँचल फैला,
अपनेपन की प्रकाश-वर्षा
में रुधिर-स्नात हँसता समुद्र
अपनी गम्भीरता के विरुद्ध चंचल होगा।

(3)

मुख है कि मात्र आँखें हैं वे आलोकभरी,
जो सतत तुम्हारी थाह लिये होतीं गहरी,
इतनी गहरी
कि तुम्हारी थाहों में अजीब हलचल,
मानो अनजाने रत्नों की
अनपहचानी-सी चोरी में
धर लिये गये,
निज में बसने, कस लिये गये।

(4)

तब तुम्हें लगेगा अकस्मात्,
....
ले प्रतिभाओं का सार, स्फुलिंगों का समूह
सबके मन का
जो एक बना है अग्नि-व्यूह
अन्तस्तल में,
उस पर जो छायी हैं ठंडी
प्रस्तर-सतहें
सहसा काँपीं, तड़कीं, टूटीं
औ' भीतर का वह ज्वलत् कोष
ही निकल पड़ा!!
उत्कलित हुआ प्रज्वलित कमल!!
यह कैसी घटना है...
कि स्वप्न की रचना है।
उस कमल-कोष के पराग-स्तर
पर खड़ा हुआ
सहसा होता है प्रकट एक
वह शक्ति-पुरुष

जो दोनों हाथों आसमान थामता हुआ
आता समीप अत्यन्त निकट
आतुर उत्कट
तुमको कन्धे पर बिठला ले जाने किस ओर
न जाने कहाँ व कितनी दूर!!

फिर वही यात्रा सुदूर की,
फिर वही भटकती हुई खोज भरपूर की,
कि वही आत्मचेतस् अन्तःसम्भावना,
...जाने किन खतरों में जूझे ज़िन्दगी!!

(5)

अपनी धकधक
में दर्दीले फैले-फैलेपन की मिठास,
या निःस्वात्मक विकास का युग
जिसकी मानव-गति को सुनकर
तुम दौड़ोगे प्रत्येक व्यक्ति के
चरण-तले जनपथ बनकर!!
वे आस्थाएँ तुमको दरिद्र करवायेंगी
कि दैन्य ही भोगोगे
पर, तुम अनन्य होगे,
प्रसन्न होगे!!
आत्मीय एक छवि तुम्हें नित्य भटकायेगी
जिस जगह, जहाँ जो छोर मिले
ले जायेगी...
...पता नहीं, कब, कौन, कहाँ, किस ओर मिले।

ब्रह्मराक्षस

शहर के उस ओर खँडहर की तरफ़
परित्यक्त सूनी बावड़ी
के भीतरी
ठण्डे अँधेरे में
बसीं गहराइयाँ जल की...
सीढ़ियाँ डूबीं अनेकों
उस पुराने घिरे पानी में...
समझ में आ न सकता हो
कि जैसे बात का आधार
लेकिन बात गहरी हो।

बावड़ी को घेर
डालें खूब उलझी हैं
खड़े हैं मौन औदुम्बर।
व शाखों पर
लटकते घुग्घुओं के घोंसले
परित्यक्त, भूरे, गोल।

विगत शत पुण्य का आभास
जंगली हरी कच्ची गन्ध में बसकर
हवा में तैर
बनता है गहन सन्देह
अनजानी किसी बीती हुई उस श्रेष्ठता का जो कि
दिल में एक खटके-सी लगी रहती।
बावड़ी की इन मुंडेरों पर
मनोहर हरी कुहनी टेक
बैठी है टगर
ले पुष्प-तारे-श्वेत।

उसके पास
लाल फूलों का लहकता झौंर—
मेरी वह कन्हेर...
वह बुलाती एक खतरे की तरफ़ जिस ओर
अँधियारा खुला मुँह बावड़ी का
शून्य अम्बर ताकता है।

बावड़ी की उन घनी गहराइयों में शून्य
ब्रह्मराक्षस एक पैठा है,
व भीतर से उमड़ती गूँज की भी गूँज,
बड़बड़ाहट-शब्द पागल से।
गहन अनुमानिता
तन की मलिनता
दूर करने के लिए प्रतिपल
पाप-छाया दूर करने के लिए, दिन-रात
स्वच्छ करने—
ब्रह्मराक्षस
घिस रहा है देह
हाथ के पंजे, बराबर,
बाँह-छाती-मुँह छपाछप
खूब करते साफ़,
फिर भी मैल
फिर भी मैल!!

और...होंठों से
अनोखा स्तोत्र, कोई क्रुद्ध मन्त्रोच्चार,
अथवा शुद्ध संस्कृत गालियों का ज्वार,
मस्तक की लकीरें
बुन रहीं
आलोचनाओं के चमकते तार!!

उस अखण्ड स्नान का पागल प्रवाह...
प्राण में संवेदना है स्याह!!

किन्तु, गहरी बावड़ी
की भीतरी दीवार पर
तिरछी गिरी रवि-रश्मि
के उड़ते हुए परमाणु, जब
तल तक पहुँचते हैं कभी
तब ब्रह्मराक्षस समझता है, सूर्य ने
झुककर 'नमस्ते' कर दिया।
पथ भूलकर जब चाँदनी
की किरन टकराये
कहीं दीवार पर,
तब ब्रह्मराक्षस समझता है
वन्दना की चाँदनी ने
ज्ञान-गुरु माना उसे।

अति-प्रफुल्लित कण्टकित तन-मन वही
करता रहा अनुभव कि नभ ने भी
विनत हो मान ली है श्रेष्ठता उसकी!!

और, तब दुगुने भयानक ओज से
पहचानवाला मन
सुमेरी-बैबिलोनी जन-कथाओं से
मधुर वैदिक ऋचाओं तक
व तब से आज तक के सूत्र
छन्दस्, मन्त्र, थियोरम,
सब प्रमेयों तक
कि मार्क्स, एंजेल्स, रसेल, टॉएन्बी
कि हीडेग्गर व स्पेंग्लर; सार्त्र, गाँधी भी

सभी के सिद्ध–अन्तों का
नया व्याख्यान करता वह
नहाता ब्रह्मराक्षस, श्याम
प्राक्तन बावड़ी की
उन घनी गहराइयों में शून्य।

...ये गरजती, गूँजती, आन्दोलिता
गहराइयों से उठ रहीं ध्वनियाँ, अत:
उद्भ्रान्त शब्दों के नये आवर्त में
हर शब्द निज प्रति–शब्द को भी काटता,
वह रूप अपने बिम्ब से ही जूझ
विकृताकार–कृति
है बन रहा
ध्वनि लड़ रही अपनी प्रतिध्वनि से यहाँ।
बावड़ी की इन मुँडेरों पर
मनोहर हरी कुहनी टेक सुनते हैं
टगर के पुष्प–तारे श्वेत
वे ध्वनियाँ!
सुनते हैं करौंदी के सुकोमल फूल
सुनता है उन्हें प्राचीन औदुम्बर
सुन रहा हूँ मैं वही
पागल प्रतीकों में कही जाती हुई
वह ट्रैजेडी
जो बावड़ी में अड़ गयी।

खूब ऊँचा एक ज़ीना साँवला
उसकी अँधेरी सीढ़ियाँ...
वे एक आभ्यन्तर निराले लोक की।
एक चढ़ना औ' उतरना,

पुनः चढ़ना औ' लुढ़कना,
मोच पैरों में
व छाती पर अनेकों घाव।
बुरे-अच्छे-बीच के संघर्ष
से भी उग्रतर
अच्छे व उससे अधिक अच्छे बीच का संगर
गहन किंचित् सफलता,
अति भव्य असफलता!!
...अतिरेकवादी पूर्णता
की ये व्यथाएँ बहुत प्यारी हैं...
ज्यामितिक संगति-गणित
की दृष्टि से कृत
भव्य नैतिक मान
आत्मचेतन सूक्ष्म नैतिक भान...
...अतिरेकवादी पूर्णता की तुष्टि करना
कब रहा आसान
मानवी अन्तर्कथाएँ बहुत प्यारी हैं!!

रवि निकलता
लाल चिन्ता की रुधिर-सरिता
प्रवाहित कर दिवालों पर;
उदित होता चन्द्र
व्रण पर बाँध देता
श्वेत-धौली पट्टियाँ
उद्विग्न भालों पर।
सितारे आसमानी छोर पर फैले हुए
अनगिन दशमलव से
दशमलव-बिन्दुओं के सर्वतः
पसरे हुए उलझे गणित मैदान में

मारा गया, वह काम आया,
और वह पसरा पड़ा है...
वक्ष-बाँहें खुली फैलीं
एक शोधक की।

व्यक्तित्व वह कोमल स्फटिक प्रासाद-सा,
प्रासाद में ज़ीना
व ज़ीने की अकेली सीढ़ियाँ
चढ़ना बहुत मुश्किल रहा।
वे भाव-संगत तर्क-संगत
कार्य सामंजस्य-योजित
समीकरणों के गणित की सीढ़ियाँ
हम छोड़ दें उसके लिए।
उस भाव-तर्क व कार्य-सामंजस्य-योजन-
शोध में
सब पण्डितों, सब चिन्तकों के पास
वह गुरु प्राप्त करने के लिए
भटका!!

किन्तु युग बदला व आया कीर्ति-व्यवसायी
...लाभकारी कार्य में से धन,
व धन में से हृदय-मन,
और, धन-अभिभूत अन्तःकरण में से
सत्य की झाईं
निरन्तर चिलचिलाती थी।

आत्मचेतस् किन्तु इस
व्यक्तित्व में थी प्राणमय अनबन...
विश्वचेतस् बे-बनाव!!
महत्ता के चरण में था
विषादाकुल मन!

मेरा उसी से उन दिनों होता मिलन यदि
तो व्यथा उसकी स्वयं जीकर
बताता मैं उसे उसका स्वयं का मूल्य
उसकी महत्ता!

वह उस महत्ता का
हम सरीखों के लिए उपयोग,
उस आन्तरिकता का बताता मैं महत्त्व!!

पिस गया वह भीतरी
औ' बाहरी दो कठिन पाटों बीच,
ऐसी ट्रैजेडी है नीच!!

बावड़ी में वह स्वयं
पागल प्रतीकों में निरन्तर कह रहा
वह कोठरी में किस तरह
अपना गणित करता रहा
औ' मर गया...
वह सघन झाड़ी में कँटीले
तम-विवर में
मरे पक्षी-सा
बिदा ही हो गया
वह ज्योति अनजानी सदा को सो गयी
यह क्यों हुआ!
क्यों यह हुआ!!
मैं ब्रह्मराक्षस का सजल-उर शिष्य
होना चाहता
जिससे कि उसका वह अधूरा कार्य,
उसकी वेदना का स्रोत
संगत, पूर्ण निष्कर्षों तलक
पहुँचा सकूँ।

त्रिलोचन

(1917–2007)

हरा-भरा संसार

हरा-भरा संसार है आँखों के आगे

ताल भरे हैं, खेत भरे हैं
नई-नई बालें लहराए
झूम रहे हैं, धान हरे हैं
झरती हैं झीनी मंजरियाँ
खेल रही हैं खेल लहरियाँ

जीवन का विस्तार है आँखों के आगे

उड़ती-उड़ती आ जाती हैं
देस-देस की रंग-रंग की
चिड़ियाँ सुख से छा जाती हैं
नए-नए स्वर सुन पड़ते हैं
नए भाव मन में जड़ते हैं

अनदेखा उपहार है आँखों के आगे

गाता अलबेला चरवाहा
चौपायों को साथ सँभाले
पार कर रहा है वह बाहा
गए साल तो ब्याह हुआ है
अभी-अभी बस जुआ छुआ है

घर घरनी परिवार है आँखों के आगे

फूल मुझे ला दे बेले के

माली के छोकरे, माली के छोकरे
फूल मुझे ला दे बेले के

बेले की कलियों के गजरे बनाऊँगी
पाँच-पाँच लड़ियों के गजरे बनाऊँगी
हाथों में कंगन गले बीच हार
बालों में होगी लहरिया बहार
पूनम शरद् की रात आज आई है
फूल मुझे ला दे बेले के

चली गईं मेरी सखियाँ सहेलियाँ
फूलों से भर-भर आई हैं बेलियाँ
छूटे घरौंदे छूटा गुड़ियों से प्यार
छूट गए खेल-खिलौने अपार
पूजा की साध आज मेरे मन जागी है
फूल मुझे ला दे बेले के

देख, लोढ़ लाना न कहीं निरी कलियाँ
खुल-खुल पड़ने को हों ऐसी कलियाँ
जाकर देखना लेना उतार
हौले-हौले हाथों से लेना उतार
कह देना, ऊर्मि तुम्हें न्योता दे आई है
फूल मुझे ला दे बेले के...

आँसू बाँधे मैंने गठरिया में

आँसू बाँधे मैंने गठरिया में
अपने भी हैं और पराये भी हैं ये

उपराये हैं तो तराये भी हैं ये
आप आ गए हैं, बराये भी हैं ये
साधे हैं मैंने कन-कन डगरिया में

देखा ये पत्थर के ऊपर चुए हैं
चुपके से चू-चू कर चुप हुए हैं
सूने में अटके अभी अनछुए हैं
काँधे हैं मैंने बढ़ के नगरिया में

चम्पा काले-काले अच्छर नहीं चीन्हती

चम्पा काले-काले अच्छर नहीं चीन्हती
मैं जब पढ़ने लगता हूँ वह आ जाती है
खड़ी-खड़ी चुपचाप सुना करती है
उसे बड़ा अचरज होता है :
इन काले चीन्हों से कैसे ये सब स्वर
निकला करते हैं

चम्पा सुंदर की लड़की है
सुंदर ग्वाला है : गायें-भैंसें रखता है
चम्पा चौपायों को लेकर
चरवाही करने जाती है

चम्पा अच्छी है
        चंचल है
नटखट भी है
कभी-कभी ऊधम करती है
कभी-कभी वह कलम चुरा देती है
जैसे-तैसे उसे ढूँढ़ कर जब लाता हूँ
पाता हूँ—अब काग़ज़ गायब

परेशान फिर हो जाता हूँ
चम्पा कहती है :
तुम कागद ही गोदा करते हो दिन भर
क्या यह काम बहुत अच्छा है
यह सुनकर मैं हँस देता हूँ
फिर चम्पा चुप हो जाती है

उस दिन चम्पा आई, मैंने कहा कि
चम्पा, तुम भी पढ़ लो
हारे गाढ़े काम सरेगा
गाँधी बाबा की इच्छा है—
सब जन पढ़ना-लिखना सीखें
चम्पा ने यह कहा कि
मैं तो नहीं पढ़ूँगी
तुम तो कहते थे गाँधी बाबा अच्छे हैं
वे पढ़ने-लिखने की कैसे बात कहेंगे
मैं तो नहीं पढ़ूँगी

मैंने कहा कि चम्पा, पढ़ लेना अच्छा है
ब्याह तुम्हारा होगा, तुम गौने जाओगी,
कुछ दिन बालम संग साथ रह चला जायेगा जब कलकत्ता
बड़ी दूर है वह कलकत्ता
कैसे उसे सँदेसा दोगी
कैसे उसके पत्र पढ़ोगी
चम्पा पढ़ लेना अच्छा है!

चम्पा बोली : तुम कितने झूठे हो, देखा,
हाय राम, तुम पढ़-लिख कर इतने झूठे हो
मैं तो ब्याह कभी न करूँगी
और कहीं जो ब्याह हो गया

तो मैं अपने बालम को सँग साथ रखूँगी
कलकत्ता मैं कभी न जाने दूँगी
कलकत्ते पर बजर गिरे।

ताप के ताए हुए दिन

ताप के ताए हुए दिन ये
क्षण के लघु मान से
मौन नपा किए।

चौंध के अक्षर
पल्लव-पल्लव के उर में
चुपचाप छपा किए।

कोमलता के सुकोमल प्राण
यहाँ उपताप में
नित्य तपा किए।
क्या मिला क्या मिला
जो भटके अटके
फिर मंगल मंत्र जपा किए!

उस जनपद का कवि हूँ

उस जनपद का कवि हूँ जो भूखा दूखा है,
नंगा है, अनजान है, कला—नहीं जानता
कैसी होती है क्या है, वह नहीं मानता
कविता कुछ भी दे सकती है। कब सूखा है
उसके जीवन का सोता, इतिहास ही बता
सकता है। वह उदासीन बिलकुल अपने से,

अपने समाज से है; दुनिया को सपने से
अलग नहीं मानता, उसे कुछ भी नहीं पता
दुनिया कहाँ से कहाँ पहुँची; अब समाज में
वे विचार रह गए नहीं हैं जिन को ढोता
चला जा रहा है वह, अपने आँसू बोता
विफल मनोरथ होने पर अथवा अकाज में।
धरम कमाता है वह तुलसीकृत रामायण
सुन-पढ़ कर, जपता है नारायण-नारायण।

आशीः

पृथ्वी से
दूब की कलाएँ लो
चार

उषा से
हल्दिया तिलक
लो

और
अपने हाथों में
अक्षत लो

पृथ्वी आकाश
जहाँ कहीं
तुम्हें जाना हो
बढ़ो
बढ़ो

प्रभाकर माचवे
(1917–1991)

बरसों बाद

बरसों बाद वही मुख दीखा
फीका-फीका
वही भाल पर सेन्दुर-टीका
वैसी ही सीमन्तिन रेखा
आँखों में वैसी ही सकरुण आतुर आहट
इतने वर्षों में भी तुमने कुछ न सीखा
अन्तर चीखा।

'भाव' रहा वैसा ही हिय का
भाव घटा है कब 'भक्ति' का।
(कविता होगी संस्कृत-टीका)
व्यंग्य बहुत है तीखा :
(यह अमरीका)
जिनके पास अधिक उनके दिल खाली
जिनके पास अभाव उन्हीं के हृदय भरे हैं
यही तबाही, यही सलीका
कब मनचाही, प्रीत निबाही
बरसों बाद मिली हो, हल्का करो भार
अब जी का।

बहुत दिनों से

बहुत दिनों से मैंने कुछ भी नहीं लिखा
बहुत दिनों से चाँद कहीं पर नहीं दिखा
कोहरा ही कोहरा था, दिल में
उमड़-घुमड़कर मद्धिम होती होम-शिखा।

बहुत दिनों से हाथ किसी ने नहीं हाथ में यहाँ रखा
बहुत दिनों से प्राण उड़ेलूँ ऐसा पाया नहीं सखा
बहुत दिनों से किसी नये निष्काम व वर्जित फल को
नहीं चखा।

नन्ही सूनी-सूनी घाटी में झुरमुर इक-सुरिया बरखा
नहीं कभी हिय का पाखी छिन-भर हरखा
नहीं यहाँ कोई पत्ता भी इस सन्नाटे में खड़का
नहीं यहाँ बदला मौसम चिर-पतझड़ का
नहीं किसी ने हेम-हृदय का
अपने पत्थर दिल पर ही घिस सही, पर नहीं
कभी परखा।

किंशुक

चारों ओर है वीरान, है मैदान, सूखी घास
हो चुकी कटनी, बचे हैं ज्वार और कपास।
ऐसे समय गहरी धूप, जैसे जम गयी हो प्रात
स्वर्ण से सुस्नात, आकर्षण-रहित जगजात।
ऐसे शून्य में भी एक पापी का अकेला पुण्य
श्रीहीन-सी तस्वीर में छवि चिन्ह ज्यों अक्षुण्ण
शीश पर बाँधे हुए शोणिम कुसुम्भी पाग
रक्त-फूलों से लदा किंशुक मचाता फाग।

गा रहा मानो थिरक कर यह अकेला वृक्ष
दे चुनौती शुष्क-सी भू को, भुलाये यक्ष
वर्ण-सुषमा-हीन इस वातास के व्रण लक्ष
निज तन पर लिये, है खिलखिलाता सुर्खरू, प्रत्यक्ष।
हँस रहे हैं लोग ''टेसू'' कह तुम्हें बेकाम
आगभिम्यत् पुष्पमयता के अरुण पैगाम।

चन्द्रकुँवर बर्त्वाल

(1919-1947)

हिम स्तवक

हे मेघों के महामित्र, हिमपुंज हिमालय!
सविता के प्रकाश के मन्दिर सूर्य कांतिमय!
उषाकांत हे, वसुधा के प्रिय पात शरीरी,
हे पर्वत अधिराज, द्यो पिता के प्रहरी!
संध्या के गुलाब के बन, रजनी के दीपक,
वसुधा के उर पर फूले हे हिम स्तवक!
हे शशि के एकांतवास से पावन गिरिवर!
नमस्कार तुमको शत् बार, चिर युवा सुंदर!

आज मंदाकिनी-जल में

आज मंदाकिनी-जल में खेलते हैं वरुण अपनी प्रणय लीला।
घोर केश-समूह छितरा
काटती अपने किनारे,
गगन को घन-घन कँपाती
पर्वतों को तोड़-बिखरा,
गज-घटा से वन बहाती आज
कर्दम-धूमिला सरि नाचती उन्मादिनी-सी।
नाचते हैं वरुण जल में, लहर-लहरों में उठाये हाथ पीला,
आज मंदाकिनी-जल में खेलते हैं वरुण अपनी प्रणय लीला।

गान कर रही है पृथ्वी

शरद-सूर्य के सोने के द्वारों के आगे
पके हुए धानों की निश्छल छवि में डूबी
फूलों से अंजलि भर, निर्मल नयन उठाये
गान कर रही है पृथ्वी मृदु-मंद स्वरों में!

संध्या पवन

सोने की रेखाओं से घिर गये दिवाकर
पश्चिम में लहराया घन-परिमल का सागर,
केसर से भर गये मेघ, केसर में सन कर
लगी उमड़ने नभ से संध्या-पवन मनोहर।

पृथ्वी जगी

पृथ्वी जगी, हुआ चीड़ों में गुंजित मर्मर,
डोला पवन, कँपे छाया के अंग मनोहर!
जगे विहग, पंखों से आलस हिला-डुला कर,
नोच-नोच निद्रा, रह-रह कूजन कर सुंदर!
उठे जुगाली करते पशु, उनके कंठों की
मंजु घंटियों से मुखरित निर्जन वनस्थली।
भोर हो गई, उठे ग्वाले,
मृदु मुरली-स्वर लगे गुँजाने
फिर, गिरि के पथ निर्जन सुंदर!

पहली किरण

मैं हिमालय पर गिरी पहली किरण हूँ।
मैं धरा को निरखती पहली किरण हूँ॥
मैं हिमानी की प्रथम अनुराग-रति-रेखा सुनहली,
सूर्य की मैं दूतिका, पहुँची प्रिया के पास, पहली,
मैं मृदुल चंपक कली हूँ, सूर्य ने जिसको गिराया
और वसुधा के कपोलों पर गिरी रवि-प्रेम-काया।
पवन से बुझने न वाली ज्योतिश्वासा,
दीप की सुंदर शिखा मैं, ज्योति-आशा।

जाह्नवी

दूर तक फैली हुई है जाह्नवी!
तरल जल-सा विकल है मेरा हृदय
किस तरह लावें नयन तुमको सदय?

गिलहरी

आती है गिलहरी नाचती, पूँछ उठाती
अपने सिर पर अपनी दुम का चँवर डुलाती
कभी बैठ कर इत्मिनान से देख कहीं पर
पड़ा हुआ रोटी का टुकड़ा एक, उठा कर
उसे, पकड़ दोनों हाथों से नोच-नोच कर
खाती, औ' सहसा हो चंचल, पूँछ नचा कर
दौड़, भाग जाती आँगन में, या पेड़ों पर
चढ़ कर किसी डाल पर छाया में सुन मर्मर
पत्तों का, गाने लगती है तीखे स्वर से—

अपने गीत, और सहसा ही चुप होकर
कूद पेड़ से नीचे, देख कहीं दूरी पर
कोई और गिलहरी, उसके पास दौड़कर
उसकी पूँछ दबा कर मुँह से, उसे छेड़ती
दिन भर उसके साथ छाँह में खेल-खेल कर।

निराला के प्रति

सहो, अमर कवि, अत्याचार सहो जीवन के,
सहो धरा के कंटक, निष्ठुर वज्र गगन के!
कुपित देवता हैं तुम पर, हे कवि, गा-गा कर
क्योंकि अमर करते तुम सुख-दुख मर्त्य भुवन के!
कुपित दास हैं तुम पर, क्योंकि न तुमने अपना
शीश झुकाया, तुमने राग मुक्ति का गाया!
निर्धनता को सहो, तुम्हारी यह निर्धनता
एकमात्र निधि होगी कभी देश, जीवन की!

अकेला कमरा

यह अकेला शून्य कमरा, यह अकेली चारपाई
गरीबी, बीमारियों के साथ यह ऐसी तबाही!
किसी से मिलना न जुलना, ये घृणित बातें सभी,
भाग्य ने दीं तुम्हें, या तुमने, हृदय, थीं स्वयं चाही?

मरण

मरण, कितनी दूर है, रे मरण, कितनी दूर!
उड़ रहा प्रतिपल हवा में विकल प्राण-कपूर।

पीत जीवन-पात प्रतिपल
काँपता है, कह रहा—
हृदय में मेरे व्यथा है
और पलकों पर अनेकों आँसुओं का चूर।
ग्रीष्म की दारुण हँसी से
सूख, जीवन कह रहा—
चरण मेरे थक गये अब,
हाय, जाना मुझे जाने अभी कितनी दूर!

यम

बैठ मृत्यु के द्वारे पर भीषण निश्चय से
मैं गाता हूँ यम का यश, वैबस्वत यम का,
क्षीण कंठ है मेरा, क्षण-क्षण पड़ते जाते
मेरे हाथ शिथिल, मेरा डर कुटिल मृत्यु ने
छान कर दिया चलनी-सा, जीवन-धारा
कभी बह गई, इससे यदि पूरा न गा सकूँ
यदि न तुम्हारा पौरुष शब्दों में उठा सकूँ
तो न कुपित होना, हे गहन मृत्यु के स्वामी
मुझे क्षमा करना, हे यम! हे अन्तर्यामी!!

गिरिजाकुमार माथुर

(1919–1994)

गीत

छाया मत छूना, मन
होगा दुख दूना, मन
जीवन में हैं सुरंग सुधियाँ सुहावनी
छवियों की चित्र–गंध फैली मनभावनी
तन सुगंध शेष रही बीत गयी यामिनी
कुंतल के फूलों की याद बनी चाँदनी
भूली–सी एक छुवन
बनता हर जीवित क्षण
छाया मत छूना, मन
होगा दुख दूना, मन
यश है, न वैभव है, मान है, न सरमाया
जितना ही दौड़ा तू उतना ही भरमाया
प्रभुता का शरण–बिम्ब केवल मृगतृष्णा है
हर चँदिरा में छिपी एक रात कृष्णा है
जो है यथार्थ कठिन
उसका तू कर पूजन
छाया मत छूना, मन
होगा दुख दूना, मन
द्विविधाहत साहस है दिखता है पंथ नहीं
देह सुखी हो पर मन के दुख का अन्त नहीं
दुख है न चाँद खिला शरद रात आने पर
क्या हुआ जो खिला फूल रस–वसन्त जाने पर

जो न मिला, भूल उसे
कर तू भविष्य वरण
छाया मत छूना, मन
होगा दुख दूना, मन।

आज हैं केसर रंग रँगे वन

आज हैं केसर रंग रँगे वन,
रंजित शाम भी फागुन की खिली पीली कली सी,
केसर के वसनों में छिपा तन,
सोने की छाँह-सा,
बोलती आँखों में
पहिले वसन्त के फूल का रंग है।
गोरे कपोलों पे हौले से आ जाती,
पहिले ही पहिले के,
रंगीन चुंबन की सी ललाई।
आज हैं केसर रंग रँगे—

गृह, द्वार, नगर, वन,
जिनके विभिन्न रंगों में है रँग गई
पूनो की चंदन चाँदनी।
जीवन में फिर लौटी मिठास है,
गीत की आखिरी मीठी लकीर सी,
प्यार भी डूबेगा गोरी सी बाँहों में,
ओंठों में, आँखों में,
फूलों में डूबे ज्यों—
फूल की रेशमी-रेशमी छाँहें।

शरद नीहारिका का देह-स्वप्न

हरी धूप की किरन-सी
लता
उठी
बैंजनी रंग की फूल-तुरही
बजा

लहरदार कटि
बाँक उभरे नितम्
खुली काँपती-सी
हथेली नरम
सुबह
बुँदकियोंदार मेहँदी लगा
पाँव में
साँझ का आलता
हरी धूप की किरन-सी
लता
श्वेत फूलों-भरी
टोकरी सिर धरे
चाँदनी के बिरछ
मालती के पहन
लाल फुँदने लगे झूमके
ज़ेवरों से लदी
गोरियाँ बन खड़ी

बेल
आँचल खुरस
गेंद-सी फेंकते
फूल-गेंदा मरद

लाल चोली कसे
केलियों के खुले
होंठ प्यासे अधर

गन्ध ले लो
मगर रस न माँगो
हँसी
भंगिमा से बता

हरी धूप की किरन-सी
लता।

पृथ्वी-गीत

जयति पृथ्वी
जयति धरणी
जयति जननी
जयति जीवन!

आदि तुम हो अन्त हो तुम
बीज-सूत्र अनंत हो तुम
विकसिता क्रमवंत हो तुम
मृत्यु पर हर क्षण विजयिनी
स्वर्ग - जननी
जय चिरंतन!

कोटि ग्रह, उडु, सूर्य दीपित
चक्रमय नीहारिकाएँ
घूमती सूने नभों में

सृष्टि की अग्निम छटाएँ
लक्ष जलते तारकों में
एक तुम सुंदर सचेतन!

नील लोहित, हरित, श्यामल,
रितु-बरन तन, सिंधु आँचल
दिवस चंदन, रात काजल
गंध-रूपों की कमलिनी
ज्योति - वदनी
अमर यौवन!

खिलीं तुम पर अरुणिमाएँ
मानवी केसर - कथाएँ
मृत्यु के फंगस - वनों पर
उठीं हर युग में ऋचाएँ
ले प्रलय की भस्म रचतीं
नित नये संस्कृति तपोवन!

भूमि के कर खंड लघुतम
लघु करों में बाल - परचम
राष्ट्र शिशु फिरते भयातुर
घृणा, हिंसा, युद्ध में भ्रम
शमन कर दुख, युद्ध रचतीं
फिर समाज नया सुहावन!

भारतभूषण अग्रवाल

(1919–1975)

मैं और मेरा पिट्ठू

देह से अकेला होकर भी
मैं दो हूँ
मेरे पेट में पिट्ठू है।

जब मैं दफ़्तर में
साहब की घण्टी पर उठता-बैठता रहता हूँ
मेरा पिट्ठू
नदी किनारे वंशी बजाता रहता है।
जब मेरी 'नोटिंग' कट-कुट कर 'रि-टाइप' होती है
तब साप्ताहिक के मुख-पृष्ठ पर
मेरे पिट्ठू की तस्वीर छपती है।
शाम को जब मैं
बस के फुटबोर्ड पर टँगा-टँगा घर आता हूँ
तब मेरा पिट्ठू
चाँदनी की बाँहों में बाँहें डाले
'मुगल-गार्डेन्स' में टहलता रहता है
और जब मैं
बच्चे की दवा के लिए
'आउटडोर वार्ड' की क्यू में खड़ा रहता हूँ
तब मेरा पिट्ठू
कवि-सम्मेलन के मंच पर पुष्पमालाएँ पहनता है।

इन सरगर्मियों से तंग आकर
मैं अपने पिट्ठू से कहता हूँ
भई! यह ठीक नहीं
एक म्यान में दो तलवारें नहीं रहतीं।
तो मेरा पिट्ठू हँसकर कहता है
पर एक जेब में दो कलमें तो सभी रखते हैं।

तब मैं झल्लाकर आस्तीनें चढ़ाकर
अपने पिट्ठू को ललकारता हूँ
तो फिर जा, भाग जा, मेरा पिण्ड छोड़
मात्र कलम बनकर रह।
और यह सुनकर वह चुपके से
मेरे सामने गीता की कॉपी रख देता है।
और जब मैं
हिम्मत बाँधकर
आँखें मींचकर, मुट्ठियाँ भींचकर
तय करता हूँ कि अपनी देह उसी को दे दूँगा
तब मेरा पिट्ठू
मुझे झकझोरकर
'ऐफ़िशियेन्सी बार' की याद दिला देता है।

एक दीखने वाली मेरी इस देह में
दो मैं है।
एक मैं
और एक मेरा पिट्ठू।
मैं तो, खैर, मामूली-सा क्लर्क हूँ
पर, मेरा पिट्ठू
वह जीनियस है।

देवता सावधान

जब तुम्हें मैंने पहले-पहल देखा
तो भक्ति से झुककर मैंने तुम्हारे चरणों पर
अपना भविष्य चढ़ा दिया।
तुमने मुझे आशीर्वाद दिया
और मेरा भविष्य रख लिया।

फिर तुम्हें मैंने अपनी प्रतिभा दी।
तुमने मुझे वरदान दिया
और मेरी प्रतिभा ले ली।

फिर तुम्हें मैंने अपनी शक्ति सौंपी
तुम चुप रहे
पर मेरी शक्ति तुमने स्वीकार की।

सिद्धि की प्रतीक्षा में
जब आँखें मूँदे मुझे एक युग बीत गया
तब मैंने तुम्हें फिर देखा—
तुम अचल थे, मूर्तिवत्
नहीं
तुम मूर्ति ही थे।

फिर मुझे आशीष और वरदान किसने दिये?

और तब मैंने पहली बार
तुम्हारे पुजारियों पर नज़र डाली
जो तुम्हारी ओट में
मेरा भविष्य, मेरी प्रतिभा, मेरी शक्ति
भोग रहे थे।
मैं तो अब मुक्त हूँ
क्योंकि अपनी स्थिति का ज्ञान ही मुक्ति है

पर देवता!
यदि तुम निरे पत्थर ही नहीं हो
तो अपने इन पुजारियों से अपनी रक्षा करो।

समाधि-लेख

रस तो अनन्त था, अँजुरी भर ही पिया
जी में वसन्त था, एक फूल ही दिया
मिटने के दिन आज मुझको यह सोच है
कैसे बड़े युग में कैसा छोटा जीवन जीया

नेमिचन्द्र जैन

(1919-2005)

आगे गहन अँधेरा है

आगे गहन अँधेरा है, मन रुक-रुक जाता है एकाकी
अब भी है टूटे प्राणों में किस छबि का आकर्षण बाकी
चाह रहा है अब भी यह पापी दिल पीछे को मुड़ जाना
एक बार फिर से दो नैनों के नीलम नभ में उड़ जाना
मन में गूँज रहे हैं अब भी वे पिछले स्वर सम्मोहन के
अनजाने ही खींच रहे हैं धागे भूले-से बन्धन के
किन्तु अँधेरा है यह, मैं हूँ, मुझको तो है आगे जाना
जाना ही है—पहन लिया है मैंने मुसाफ़िरी का बाना
आज मार्ग में मेरे अटक न जाओ यों ओ सुधि की छलना
मैं निस्सीम डगर का राही मुझको सदा अकेले चलना
इस दुर्भेद्य अँधेरे के उस पार बसा है मन का आलम
रुक न जाये सुधि के बाँधों से प्राणों की यमुना का संगम
खो न जाये द्रुत से द्रुततर बहते रहने की साध निरन्तर
मेरे-उस के बीच कहीं रुकने से बढ़ न जाये यह अन्तर।

जब अर्थहीन चंचलता से

जब अर्थहीन चंचलता से उत्तेजित मन
थक जाता है
लम्बी उदास छायाओं से ढँक जाता है
हो जाता है फीका-फीका

जैसे सूरज उगने के पहले आसमान
जब दूर कहीं से भूल
पूरबी के स्वर ऐसे घिर आते हैं
भटक गये हों ज्यों संझा के पंछी
तब लगता है
आदर्शों की मोटी सख्त तहों के नीचे
बहती है धारा—
अविवेक असंयम की
अतृप्ति के उत्तप्त पिघलते लावे की
जिसकी प्रतिध्वनि से गुंजित है
अस्थिर है जीवन की कारा।

उस क्षण में तो
निष्ठा के झीने बादल सारे त्रस्त
हवा में घुलकर सब खो जाते हैं
सब अनायास टुकड़े-टुकड़े हो जाते हैं...।

चट्टानें

मैं जूझ रहा चट्टानों से अपने मन की
पड़ रहीं अनवरत चोटें जीवन के घन की
हो उठे प्राण उद्दीप्त एक अभिलाषा से
है चाह न मुझको आज किसी आश्वासन की।

मोरा कहीं बोला

मोरा कहीं बोला
तड़पकर

कहीं दूर
चम्पा बाग में
बदरिया झुक आयी
उमड़-घुमड़
घिरी घनघोर
जिया डोला...
मोरा कहीं बोला।

बिजली कहीं चमकी
काली बदली के बीच
जैसे कोई चीर गयी याद की कटार
पल भर को
उमगा किसी का मन भोला...
मोरा बोला।

रिमझिम-रिमझिम बरसै मेहा
झरै दिन-रात
छोह भरी तरसै सुहागन
अकेली
हिया काँपै
भरी बरसात
भरे सब रीते तालाब
छलक उठा नेहा
पुरवा के झोंके से
सिहर के
नयी दुलहिन ने
चुपके से अपने हिये का भेद खोला...
मोरा कहीं बोला।

जिजीविषा

फोड़कर दीवार
उगा हुआ नन्हा पीपल का पौधा
अपनी चार कोमल हरी ललछौंही
झूमती पत्तियों की भाषा में
कहता है
देखो यह मेरी जिजीविषा अदम्य
उठने की आकांक्षा
देती हर बाधा को चुनौती
भले ही जन्मा हूँ उपेक्षित
अदना-से बीज से
पर मैं नहीं हूँ नगण्य
डाल दी है मैंने दरार इस पक्के भवन में
यही अब फैलेगी
लायेगी ध्वंस चरम
परिवर्तन और
फिर नया निर्माण।

चिड़िया

अचानक लगा
एक चिड़िया एकदम सफ़ेद
साफ़ नीले आसमान में
उड़ती हुई
उजले मज़बूत डैनों से झपटती हुई
निर्द्वन्द्व सुन्दर...

क्या यह कविता है

कविता ही होगी
क्योंकि
कहीं कुछ नहीं है
चिड़िया न आसमान।

स्वर

यह अन्तिम वादी स्वर यह भी अब रुक जाये
धीमी लय द्रुत होकर टूटे, और चुक जाये
डूब जाये सन्ध्या के रागों का मायालोक
ध्रुवपद के उस सम पर मस्तक भी झुक जाये।

बलबीर सिंह 'रंग'

(1911–1984)

थर-थर काँपे गात

थर-थर काँपे गात, राह के साथी, सच मानो
दूरी अब न सही जाती है
कह कर भी न कही जाती है
अपने मन की बात,
आह के साथी, सच मानो

मेरे साथ-साथ बेचारे
जाग रहे हैं चाँद-सितारे,
बीती जाती रात
आह के साथी, सच मानो

कब तक चातक प्यासा तरसे
बिना दामिनी कैसे बरसे—
रस-भीनी बरसात
दाह के साथी, सच मानो

ऐसे ज्वार सिंधु में आये
लहर-लहर मर्याद मिटाये,
तट की कौन बिसात
थाह के साथी, सच मानो

थर-थर काँपे गात, राह के साथी सच मानो

कहीं ज़िन्दगी में हम-तुम संयोग ऐसा पाएँ

कहीं ज़िन्दगी में हम-तुम संयोग ऐसा पाएँ
कभी गीत तुम सुनाओ, कभी गीत हम सुनाएँ

आकाश गुनगुनाए
धरती न बोल पाए
जो भी हो जिसको कहना
कभी सामने तो आए
कहीं यामिनी में हम-तुम संयोग ऐसा पाएँ
कभी दीप तुम जलाओ, कभी दीप हम जलाएँ
नहीं चाहते सितारे
कभी चाँदनी पधारे,
रहें मेघ सिर पटकते
सौदामिनी के द्वारे
कहीं चाँदनी में हम-तुम संयोग ऐसा पाएँ
कभी तुम हमें मनाओ, कभी हम तुम्हें मनाएँ

कह तक न पाऊँ, ऐसा
उन्माद भी नहीं है
कुछ कहते डर रहा हूँ
कुछ याद भी नहीं है
कहीं बेबसी में हम-तुम संयोग ऐसा पाएँ
कभी याद तुम न आओ, कभी याद हम न आएँ।

तुम्हारा नहीं हूँ

तुम्हारी शपथ, मैं तुम्हारा नहीं हूँ
भटकती लहर हूँ, किनारा नहीं हूँ

तुम्हारा ही क्या; मैं नहीं हूँ किसी का
रहेगा मुझे अन्त तक दुख इसी का
किया एक अपराध मैंने जगत में—
नहीं जिसका कोई, हुआ मैं उसी का,
अब आगे की मैं कुछ नहीं जानता हूँ
अभी तक तो जीवन से हारा नहीं हूँ।

किसी को न कुछ दे सकी चाह मेरी
प्रलय भी नहीं ले सकी थाह मेरी
किसी के चरण-चिह्न मैंने न खोजे
जहाँ पग बढ़े, बन गई राह मेरी
न जाने कहाँ से कहाँ जाके पहुँचूँ
निराश्रित पथिक हूँ, सहारा नहीं हूँ

लुटाऊँ वृथा कल्पना-कोष कब तक
दबाऊँ हृदय का असन्तोष कब तक
इसी भाँति धोता रहूँ आँसुओं से
समय की दयादृष्टि का दोष कब तक
निठुर देवता की अमर आरती पर
चढ़ाया गया हूँ, उतारा नहीं हूँ

मेरा गाँव गरीब है

नगर-नगर बढ़ रही अमीरी, मेरा गाँव गरीब है
अपना गाँव गरीब है, सबका गाँव गरीब है

यहाँ चेतना दफ़न हो गई चिंता के श्मशान में
गलियारे में बचपन कटता, तरुणाई सुनसान में
अंधकार का राज यहाँ है, सौ-सौ कोस प्रकाश है
आग लगी खेतों में, पानी बरस रहा खलिहान में

जनहित सारा सौंप दिया है दलपति के अधिकार में
'हलपति' की अब कौन सुनेगा दिल्ली के दरबार में
इससे बढ़कर प्रजातन्त्र का हो सकता सम्मान क्या
स्वामी पैदल मारे फिरते, सेवक चलते कार में

बरबादी का अद्‌भुत कारण आबादी इंसान की
कैसी दुर्गति हुई अमर बापू के हिन्दुस्तान की
अभिशापित मानवता श्रम के मुँह की ओर निहारती
वरदानों के भंडारी को चिंता है श्रमदान की

कुछ न करे सो बड़ा आदमी, यह सिद्धांत अजीब है
नगर-नगर बढ़ रही अमीरी, मेरा गाँव गरीब है
अपना गाँव गरीब है, सबका गाँव गरीब है

गाँव-गाँव में बिजली कर दी खेत-खेत में नीर है
फिर भी मूढ़ किसान आज का नाहक हुआ अधीर है
दिन पर दिन बढ़ते जाते हैं उत्पादन के आँकड़े
सेवा करना नहीं किसी के बाबा की जागीर है

धान उगाओ वैसे जैसे बोते हैं जापान में
मेहनत ऐसी करो कि जैसी है रूसी मैदान में
दीया तले है अगर अँधेरा इसकी चर्चा व्यर्थ है
नाम हमारा पूछो अमरीका या इंग्लिस्तान में

लोग कहा करते हैं यह तो आज़ादी है नाम की
क्योंकि सुबह के भूले को भी खबर न आती शाम की
रमते फिरें विनोबा भावे, टंडन जी बैठे रहें
राजभवन में करते हैं हम बातें सेवाग्राम की

स्वतन्त्रता के दाताओं से मिली यही तहज़ीब है
नगर-नगर बढ़ रही अमीरी, मेरा गाँव गरीब है
अपना गाँव गरीब है, सबका गाँव गरीब है

विधि का कौतुक कलाकार को तन दे दिया किसान का
और साथ ही साथ दे दिया मन सम्राट महान का
कानूनों के लिए न्याय है, सत्य शपथ के वास्ते
विध्वंसों के साथ कर लिया समझौता निर्माण का

जोरावर जाटव के घर में बीमारी घर कर गई
कल ही उसकी सुघड़ पतोहू तड़प-तड़प कर मर गई
संयत होकर कहता हूँ मैं, इसे न लो आवेश में
बिना दवा के मरी अभागिन धनवंतरि के देश में

जब तक नंगे बदन 'बिहारी' या 'गोपी' मोहताज है
तब तक कोई कैसे कह दे सचमुच हुआ सुराज है
पर निराश होने की कोई बात नहीं है साथियो
सदा नहीं रह सकती ऐसी हालत जैसी आज है

क्रांति-पर्व के उद्घाटन का उत्सव बहुत करीब है
नगर-नगर बढ़ रही अमीरी, मेरा गाँव गरीब है
अपना गाँव गरीब है, सबका गाँव गरीब है

आज देश को नये विचार चाहिए

आज देश को नये विचार चाहिए

आज राष्ट्रमुक्ति के विचार अलग हैं
आज एक दोष के सुधार अलग हैं
एक सिंधु के अनेक ज्वार अलग हैं
हानि-लाभ, वैर और प्यार अलग हैं

एक दर्द, एक अश्रु-धार चाहिए

एक दीप आँधियों से लड़ न सकेगा
एक मेघ श्वेत-व्योम मढ़ न सकेगा

एक बिन्दु धार को न मोड़ सकेगा
एक क्षीण स्वर न राग जोड़ सकेगा
कोटि-कोटि कंठ की पुकार चाहिए

अब न सहन होगी बेबसी की यातना
अन्त स्वयं कर रहा सृजन की साधना
आदमी का काल आज आदमी बना
एक-दूसरे से आज हो रही घृणा
आदमी को आदमी का प्यार चाहिए

अभी तो एक और क्रांति होगी

अभी तो निर्माण की दिशा में
सुझाव हैं, साधना नहीं है

अभी भी क्षति-पूर्ति में कमी क्यों
अभी गरीबी की जड़ जमी क्यों
अभी भी मजबूर आदमी क्यों
यह प्रश्न है, याचना नहीं है

न भय से पीड़ित समाज संभव
जो कल नहीं था वो आज संभव
स्वराज्य जिस दिन सुराज्य संभव
अभी वो बानक बना नहीं है

न मंद तारों की कान्ति होगी
कभी तो धरती पर शान्ति होगी
अभी तो एक और क्रान्ति होगी
यह सत्य है, कल्पना नहीं है

सही लड़ाई जारी है

पर्वत और मैदानों में, खेतों में खलिहानों में
अभी लड़ाई जारी है, सही लड़ाई जारी है
नीची-नीची है ऊँचाई
ऊपर आ बैठी गहराई
काँटों के घर हँसी-खुशी है
फूलों को आ रही रुलाई
बागों और वीरानों में, आँसू और मुस्कानों में
अभी लड़ाई जारी है, सही लड़ाई जारी है
चंदा-सूरज धुँधले-धुँधले
तम के परदे उजले-उजले
नया सवेरा लाने वाली
किरनों के रंग बदले-बदले
रोगों और निदानों में, सन्तों और सयानों में
अभी लड़ाई जारी है, सही लड़ाई जारी है
आधी मदिरा आधा पानी
सारी दुनिया है दीवानी
मदिरालय में कोलाहल है
साकी करता आनाकानी
शीशा और पैमानों में, शम्मअ औ' परवानों में
अभी लड़ाई जारी है, सही लड़ाई जारी है

नरेश मेहता
(1922–2000)

काम्या

जो जहाँ भी है
समर्पित है
सत्य को।

ये फूल
औ यह धूप
लहलहाते खेत
नदी का कूल
क्या प्रार्थनाएँ नहीं हैं?
ये व्यक्तित्व, निवेदित
उर्ध्व के प्रति क्या नहीं हैं?

तब
प्रार्थना में
निवेदन में
समर्पण में
क्यों नहीं व्यक्तित्व मेरा नदी बनता?
तब क्यों नहीं यह माथ मेरा
प्रत्येक को
फूल सा रंग-गंध देकर विनम्रित होता?
तब क्यों नहीं इन बाहुओं से
सृष्टि को मैं भेंट पाता?

चाहता हर बार
उन्मुक्त हो घर-द्वार
अन्तर का।
प्रशस्त हो मुझमें हवा
आकाश मुझमें ही लिखा हो
दृष्टियाँ, पृथ्वीकृपा हों।
किसी का हो अश्रु
मेरा बने
सब मुझे अपनी पराजय सौंप
सुखी हो जायें।

किस दिन जगेगा यह पुण्य?
किस दिन जन्म लेगी यह तपस्या
जब रहूँ
समर्पित रहूँ
अन्य को।

कोई है?

हमने
एक छोटा-सा घर बनाया
औ उसने
एक बड़ा-सा राजमार्ग बनाया।

हाय रे हम
घर की नामपट्टिका में जड़कर
शेष हो गये
लेकिन
वह वीतरागी

उस राजमार्ग को
बिना सौंपे, यों ही
असंज्ञ रह चला गया।

कोई है ?
जो अपने घर का मोह छोड़
इस राजमार्ग पर
अंकित हो जाने को तत्पर है ?

इस राजमार्ग को
नाम नहीं
निष्ठा देनी है।

कोई है ?

किरन-धेनुएँ

उदयाचल से किरन-धेनुएँ
हाँक ला रहा
वह प्रभात का ग्वाला।

पूँछ उठाये चली आ रही
क्षितिज-जंगलों से टोली
दिखा रहे पथ इस भूमा का
सारस सुना-सुना बोली

गिरता जाता फेन मुखों से
नभ में बादल बन तिरता
किरन-धेनुओं का समूह यह
आया अंधकार चरता।

नभ की आम्रछाँह में बैठा

बजा रहा वंशी रखवाला।

ग्वालिन-सी ले दूब मधुर
वसुधा हँस-हँस कर गले मिली
चमका अपने स्वर्ण-सींग वे
अब शैलों से उतर चलीं

बरस रहा आलोक-दूध है
खेतों-खलिहानों में
जीवन की नव-किरन फूटती
मकई के धानों में

सरिताओं में सोम दुह रहा
वह अहीर मतवाला।

मित्र हूँ, प्रियम्वद हूँ

इस अपमानित मुखवाले दिन का
मैं मित्र हूँ, प्रियम्वद हूँ।
जिसके आलोक में
सौम्य चीड़-पंक्तियों ने
छालों और फूलों की भिक्षा ली,
छतनारे देवदार गाछों ने
पर्णहीन पतझर से
वासन्ती-चीवर की दीक्षा ली।
सीतापति खेत हुए
टेसू में तिथियाँ सब सुलग उठीं
देवों के यश-सा यह उजला दिन
उत्सव है।
जात्रा है!!

किन्तु तुम उदास बने बैठे रहे
अपने विकल्प सने
कीर्तिप्रिया इन बाहुओं को
ऋतु के पहले ही झुका लिया
कर्म की हत्या की—
तुमने तिरस्कृत किया
दिन को
उसकी महत्ता को—
ओ हतभागो! आओ स्वीकारो
बाँसों के फूलों से विनयी हो
खोजो
इस दिन को
जो सम्यक है
पश्चिम तट खोजो
मत जाने दो अपमानित, उपेक्षित, तिरस्कृत
देवों के यश से उजले इस दिन को—
डाको
विनयो—
लौटो
ओ सम्यक् दिन! लौटो
हमें आलोको
हमारी रचनाओं को दूबों का शील दो
हमारी मृत चेतनाओं को धेनु करो
धूपाभिषिक्त करो।

आओ, हम सरपत का शील वरें
ओ झील की सी शान्तिमुख वाले सम्यक् दिन!
हम मित्र हैं, प्रियम्वद हैं!!

मदन वात्स्यायन

(1922–2008)

शुक्रतारा

नये दूल्हे-सा सूरज नव-वधू-सा पीछे-पीछे यह
शुक्रतारा जा रहा है।
बदल रहा है रंग आसमाँ का क्षण-क्षण,
बदल-बदल यह जगमगा रहा है।
इंजन के हैडलाइट-सा; शोर-गुल के बीच
सूरज निकल गया।
गार्ड की रोशनी-सा पीछे-पीछे गुमसुम अब
शुक्रतारा जा रहा है।
हमारी बस्ती में दीये-से, बल्ब-से (पेट्रोमैक्स-सा चाँद),
चारों ओर जल उठे तारे।
दूरी में बैलगाड़ी की लालटेन-सा यह
शुक्रतारा जा रहा है।
शहर को अँधेरा कर, हवाई जहाज से
मिनिस्टर चले गये।
'जनता' से एम.एल.ए.-सा पीछे-पीछे यह
शुक्रतारा जा रहा है।
कि भटक न जायें, राहगीरों की खातिर
शाम को जला के मशाल अब शुक्रतारा जा रहा है।
तपता सूर्य गया, चिल्लाते 'राह दिखाते' कौड़ियों-से
सितारे दौड़ आ भरे।
अपने सब कुछ की रमाने धूनी अब क्रान्ति-द्रष्टा
शुक्रतारा जा रहा है।

है नेहरू एक वतन का प्यारा, सताये हुओं को है
जिस पर भरोसा।
हमारी आँखों में अब भी चमक है, कि बीच आसमाँ में
वह सितारा जगमगा रहा है।
बीवी, सजा दीयों का थाल लाओ, ज्योति भर लो।
कि हमारे आसमान को सूना करके, रश्के देवता यह
शुक्रतारा जा रहा है।

अपथगा

['दिनकर' जी की लीक पर]

धड़-धड़ धड़-धड़ धड़-धड़ड़-धड़ड़।
मेरे स्वागत में चीख रहीं प्रज्वलित कण्ठ चिमनी शत्-शत्,
लोहे पर लोहा धमक रहा आह्वान-रोर में हत-प्रतिहत,
पेट्रोल-वह्नि से विकल-गन्ध सदियों से दहक रहे खाण्डव,
पृथ्वी में आर्त-प्रकम्प, विद्युतों से कराल नभ आकुल रव,
चट्टान फाड़ निकली नृसिंह मैं अर्द्ध-सभ्य भीषण-केसर।
धड़-धड़ धड़-धड़ धड़-धड़ड़-धड़ड़॥

मैं अग्नि-दानवी की बेटी, फल दहक रहे तहखानों में,
पत्थर-सी निखर जवान हुई मैं तड़ित-क्षुब्ध तूफ़ानों में।
ऋभुओं ने गढ़ा वज्र कंकण, मय ने दुर्दान्त अयस्-कुण्डल,
निज मुण्ड काट लंकापति ने शत् बार सजाया वक्षस्थल।
मेरे चरणों में प्रणय-भीख माँगते रहे सुर-वर पवि-कर।
धड़-धड़ धड़-धड़ धड़-धड़ड़-धड़ड़॥

मैं निस्तेजों का तेज, निःस्व की जादू की हूँ बाँह सबल,
लोगों राष्ट्रों के भाग्यों पर मैं प्रश्न-चिह्न नित-नव अ-सहल।
मेरे नथनों में प्रलय-धूम, आवृद्ध-कोख में भू-कम्पन,
निर्जर अशान्ति का चीर पहन, नाचा करती मैं छूम-छनन।

मैं उलटफेर की जादूगर, मैं निलयंकर, मैं विलयंकर।
धड़-धड़ धड़-धड़ धड़-धड़ड़-धड़ड़॥

कोई मुँह से, पग से कोई, बाँहों-जाँघों से जात चार—
मैं रक्त-शिरा!
ऊपर-नीचे धाती सत्त्वर निर्बन्ध खौलती जहाँ धार।
मैं गगन फोड़ कर झहरी हूँ दुर्द्धर अबाध गंगावतार,
इतिहास उलटती धाती हूँ मैं श्रुति-स्मृतियों के आर-पार।
मैं क्षुब्ध ज्वार-सी दुर्निवार, उत्तप्त तिपहरी का अन्धड़।
धड़-धड़ धड़-धड़ धड़-धड़ड़-धड़ड़॥

मैं विनय-क्षुधा से चिर अतृप्त मेरे पंजों का घात क्रूर,
यह रौद्र-तेज की रण-चण्डी निर्द्वन्द्व अन्ध निर्बन्ध शूर।
यह लो दाहिने खड़ी कोमल तुलसी की मंजु सरल माया,
बायें साँगा की चिर-उन्नत गौरव उज्ज्वल आधी काया।
मैं पोतयुक्त क्लाइव नृशंस, मैं तोपयुक्त बर्बर बाबर।
धड़-धड़ धड़-धड़ धड़-धड़ड़-धड़ड़॥

मैं चिर-कुमारिका नित्य-मुक्त आकाश अयन पाताल बास,
विक्षुब्ध ऊर्मियाँ पथ मेरा शिखरों पर मेरा अट्टहास।
मैं अपथ-गामिनी जिधर चली भीषण कान्तार विकट मरुथल,
आतुर पीछे-पीछे मेरे उठती गिरती सभ्यता विकल।
मैं वर्तमान की रानी हूँ, मैं उदय-प्रहर की रश्मि अमर।
धड़-धड़ धड़-धड़ धड़-धड़ड़-धड़ड़॥

अब परशुराम की बारी है ओ जड़ता की चट्टान सजग!
यह भीम-शक्ति का इंजन है, सम्मुख-शयान अ-सयान सजग!
मिट्टी पर कौंध रही जिससे आलोकित था सुर-यान, सजग!
ओ दीया-ज्योति-रंजित सपने सपनाने वाले प्राण, सजग!
सुन लो, बज रहा दिशाओं में किन महा ट्रैक्टरों का घर्घर
धड़-धड़ धड़-धड़ धड़-धड़ड़-धड़ड़॥

दो बिहाग

1. संयोग

गोरी मोरी गेहुँअन साँप महुर-धर रे
गोरी मोरी गेहुँअन साँप।
फागुन चैत गुलाबी महीने, दोंगा[1], पर आयी जैसी चाँद,
लहरे वात, गात मद-लहरे, गोरी मोरी गेहुँअन साँप।
गोरे गात रश्मि-वत पतरे, रेशमी केंचुल चमाचम,
कबरी (छत्र) कुसुम-चितकबरी, गोरी मोरी गेहुँअन साँप।
टोना नैन, तरंग अंग में, रोक ली रात मेरी राह,
लिपट गयी अंग-अंग लपट-सी, गोरी मोरी गेहुँअन साँप।
अधर-परस-आकुल मन मेरा आँगन घर न बुझाये,
निशि नहीं नींद, न जाग दिवस में, गोरी मोरी गेहुँअन साँप।

2. वियोग

दूज की चाँद ये आयी, आयी, गोरी रे याद तेरी
यह गंग-मूल बसे, तू पटना, दौड़ी-दौड़ी आयीं जोन्हियाँ,
शोहरत छायी जो आये, आयी गोरी रे याद तेरी।
महीन लकीर लिखी मुख-आभा, दीप्त लकीर हँसी,
तू नख-शिख मुस्कायी, आयी गोरी रे याद तेरी।
व्यस्त सकल दिन, नींद-भरी रतियाँ, अध-लड़ बेली-कोंढ़ियाँ
तू संध्या की जुन्हाई, आयी गोरी रे याद तेरी।
ध्रुव-जोन्ही यह आयी, आयी गोरी रे याद तेरी।
नाचती आयीं, चली गयी जोन्हियाँ, आँखें रहीं, ये रही,
परिचय-दीप्त सोहाई, आयी गोरी रे याद तेरी।
तुम आया : ज्योति आयी; आयी गोरी रे याद तेरी।

---

1. द्विरागमन

ओ मेरे अफ़सर

ओ मेरे अफ़सर,
क्या कभी कोई आग
वातावरण को ठण्डा कर गयी है?
क्या कोई आँसू
दुनिया को सूखी कर गया है?
अपनी ताकतों का जिनको नाज़ था
इतिहास की धूल में वे खो गये।
तुम भी गरीब थे, शोषकों को चीरते आगे बढ़े,
और अब मैं गरीब हूँ।
ओ मेरे अफ़सर!

शंकर शैलेन्द्र

(1923–1966)

जिस ओर करो संकेत मात्र

जिस ओर करो संकेत मात्र, उड़ चले विहग मेरे मन का,
जिस ओर बहाओ तुम स्वामी, बह चले श्रोत इस जीवन का!

तुम बने शरद् के पूर्ण चाँद, मैं बनी सिंधु की लहर चपल,
मैं उठी गिरी पद चुंबन को, आकुल व्याकुल असफल प्रतिपल,
जब-जब सोचा भर लूँ तुमको अपने प्यासे भुज-बंधन में,
तुम दूर क्रूर तारक बन कर, मुस्काए निज नभ आँगन में,
आहें औ' फैली बाँहें ही इतिहास बन गईं जीवन का!
जिस ओर करो संकेत मात्र!

तुम काया, मैं कुरूप छाया, हैं पास-पास पर दूर सदा,
छाया काया होंगी न एक, है ऐसा कुछ ये भाग्य बदा,
तुम पास बुलाओ दूर करो, तुम दूर करो लो बुला पास,
बस इसी तरह निस्सीम शून्य में डूब रही हैं शेष श्वास,
हे अद्‌भुत, समझा दो रहस्य, आकर्षण और विकर्षण का!
जिस ओर करो संकेत मात्र!

उस दिन

उस दिन ही प्रिय जनम-जनम की
साध हो चुकी पूरी!

जिस दिन तुमने सरल स्नेह भर

मेरी ओर निहारा;
विहँस बहा दी तपते मरुथल में
चंचल रस धारा!
उस दिन ही प्रिय जनम-जनम की
साध हो चुकी पूरी!

जिस दिन चूम अरुण अधरों से
तुमने हरीं व्यथाएँ;
कर दीं प्रीत-गीत में परिणित
मेरी करुण कथाएँ!
उस दिन ही प्रिय जनम-जनम की
साध हो चुकी पूरी!
जिस दिन तुमने बाँहों में भर
तन का ताप मिटाया;
प्राण कर दिए पुण्य—
सफल कर दी मिट्टी की काया!
उस दिन ही प्रिय जनम-जनम की
साध हो चुकी पूरी!

तू ज़िन्दा है

तू ज़िन्दा है, तू ज़िन्दगी की जीत में यकीन कर
अगर कहीं है स्वर्ग तो उतार ला ज़मीन पर।

ये ग़म के और चार दिन, सितम के और चार दिन
ये दिन भी जायेंगे गुज़र गुज़र गये हज़ार दिन
कभी तो होगी इस चमन पे भी बहार की नज़र
अगर कहीं है स्वर्ग तो उतार ला ज़मीन पर।

सुबह-ओ-शाम के रंगे हुए गगन को चूमकर

तू सुन ज़मीन गा रही है, कब से झूम-झूम कर
तू आ मेरा सिंगार कर, तू आ मुझे हसीन कर
अगर कहीं है स्वर्ग तो उतार ला ज़मीन पर।

हज़ार भेस धर के आयी मौत तेरे द्वार पर
मगर तुझे न छल सकी चली गयी वो हार कर
हर इक सुबह के संग सदा तुझे मिली नई उमर
अगर कहीं है स्वर्ग तो उतार ला ज़मीन पर।

हमारे कारवाँ को मंज़िलों का इन्तज़ार है
ये आँधियों, ये बिजलियों की पीठ पर सवार है
तू आ कदम मिला के चल, चलेंगे एक साथ हम
अगर कहीं है स्वर्ग तो उतार ला ज़मीन पर।

ज़मीं के पेट में पली अगन, पले हैं ज़लज़ले
टिके न टिक सकेंगे भूख रोग के स्वराज ये
मुसीबतों के सर कुचल, चलेंगे एक साथ हम
अगर कहीं है स्वर्ग तो उतार ला ज़मीन पर।

बुरी है आग पेट की, बुरे हैं दिल के दाग ये
न दब सकेंगे, एक दिन बनेंगे इन्कलाब ये
गिरेंगे ज़ुल्म के महल, बनेंगे फिर नवीन घर
अगर कहीं है स्वर्ग तो उतार ला ज़मीन पर।

विजयदेव नारायण साही

(1924–1982)

सिन्दबाद

कल्पित आकाशों पर उड़ते हैं पक्षी दूर...दूर
बहता हुआ जाता है राशि-राशि समुद्र फेन
द्वीप को ढँके हुए ऊँचे पहाड़ों की अचल पीठ
जिनकी चोटियों से रह-रह कर
उझक आते हैं डैने चलाते हुए विशाल पक्षी
धूप भरे आकाश में चक्कर काटते हैं
कहीं और उड़ जाने के पूर्व...

फेंटे में कसे हुए जवाहर...
मैं चारों ओर फैले हुए समुद्री पानी को देखता हूँ
उठता गिरता
और जहाज़ियों के बेतहाशा दमामे की आवाज़ सुनता हूँ।

लाक्षागृह

हर बार आज तक यही हुआ
युग-युग तक ऐसे ही होगा।
जब-जब असत्य ने छल से, बल से, माया से,
सब कुछ करने को भस्म लाख के भवन रचे
कोई ज्ञानी, धर्मालु, सत्य का अन्वेषी
निष्कपट विदुर आड़े आया—
दे गया दबे शब्दों में सारा कपट-भेद

फिर प्रभु-अनुकम्पा के बल से
जो सच था शिव था सुन्दर था
बे-आँच सुरंगों वाले पथ से बच आया।
निस्संशय ही
होती आयी है, आगे भी
हर बार सत्य की जय होगी।
वे मदोन्मत्त
कुछ जली अस्थियों के भ्रम में
उत्सव करते हैं क्षणभंगुर—वे हैं असत्य।
हम अभय-सिद्ध
जो अब भी अडिग सुरक्षित हैं
इस वन में बैठे हँसते हैं—हम धवल सत्य।

लेकिन राजन्
कल लाक्षागृह के भीतर जो शव पड़े मिले
वे किसके थे?

इस नगरी में रात हुई

मन में पैठा चोर अँधेरी तारों की बारात हुई
बिना घुटन के बोल न निकले यह भी कोई बात हुई
धीरे-धीरे तल्ख़ अँधेरा फैल गया, खामोशी है
आओ खुसरो लौट चलें घर इस नगरी में रात हुई।

अयाचित झोंका

हो गया कम्पित शरद के शान्त, झीने ताल-सा
तन
आह, करुणा का अयाचित एक झोंका

सान्त्वना की तरह मन की सतह पर लहरा गया
कहाँ से उपजा?
कहाँ को गया?

अगाध-द्रष्टा, बर्बर और एक तीसरा

हमने इक्कीस बार पृथिवी जीती
और इक्कीस बार बर्बरों को दान कर दी
यही कहते हुए
कि इसे भी बर्बरों को ले जाने दो—
क्योंकि हम जिस अगाध की तलाश में थे
बर्बरों का उससे कोई सरोकार नहीं था।

तब भी तुम उन जाते हुए मणि-मुकुटों की ओर
अपराधी तरसती आँखों से देखा करते थे
तब हमें नहीं ज्ञात था
कि भीतर ही भीतर
तुम इतने अशक्त हो गये हो
कि एक दिन इस तरह
नदी पार करके चले जाओगे
और रत्नजटित पादुकाओं को
अपने भीगे रेशमी बालों से ढँक दोगे,
अगर तुम्हें सचमुच उन चरणों में
सान्त्वना मिली होती
तो तुम्हारे हृदय में
इस तरह आग न जलती होती।

उनसे हमारी कोई दुश्मनी नहीं है
हमने सुना है
कि जब तुम उनसे
हमारी निरपेक्ष अगाधता की बातें करते हो

तो वे कौतूहल और विस्मय के साथ
तुम्हारी ओर देखते हैं
तुम उन्हें कभी न समझा सकोगे
कि हम होड़ में न पड़ने वाले लोग
सचमुच कितने खतरनाक हैं।

पृथिवी की तरह
हमने तुम्हें भी
बर्बरों को दान कर दिया होता
लेकिन जीवितों का दान करने की रस्म
हम में अभी तक नहीं पड़ी
इसीलिए अभी भी हम
नगर के परकोटों से
तुम्हारी आकृति को
बयावानों में लड़खड़ाते देखते हैं
और आश्चर्य करते हैं।

आधी रात
जब बर्बर सेनानी
अपने-अपने तम्बुओं में
जो इन शान्त प्रासादों की ईंट से ईंट बजाकर
आक्षितिज सिर्फ़ बर्बरों का राज्य देखने के लिए
भयंकर ज्वाला में आजीवन तिलमिलाते रहेंगे।

बन्द इमारत की आवाज़

आधी रात
कुएँ की गड़ारी बोलती है
कौन अनबेली नार
झमाझम पानी भरती है?

जगदीश गुप्त

(1924–2001)

टेरो मत

टेरो मत।
बाँहों से मुक्त किया—
वाणी से घेरो मत।

दूर हूँ
दिशाओं का सारा व्यवधान चीर
रह-रहकर बोल रही
इन बड़री आँखों से
हेरो मत।
दया करो।
टेरो मत।
टेरो मत।
टेरो मत।

पागर-गन्ध विथोरती

भर-भर अँजुरी
पागर-गन्ध विथोरती।

पर्वत की कोमल बयार भी
अपनी गन्धमादनी गति से
एक साथ ही

देह–प्रान झकझोरती।

भँवरों की गुंजार टारकर
बिथुरी सौरभ कणिकाओं से
गुपचुप मधुरस चोरती।

घाटी की चिन्ता

सरिता–जल में
पैर डालकर
आँखें मूँदे, शीश झुकाये
सोच रही है कब से
बादल ओढ़े घाटी।

कितने तीखे अनुतापों को
आघातों को
सहते–सहते
जाने कैसे असह दर्द के बाद
बन गयी होगी पत्थर
इस रसमय धरती की माटी।

आदिम एकान्त

मुझे फिर मेरा गहन एकान्त दो।
जहाँ वज्राघात का भूकम्प–सा स्वर भी
एक तिनका टूटने से अधिक
आभासित न हो।
जहाँ उल्कापात से सन्त्रस्त अम्बर भी
एक जुगनू के टिमकने से अधिक

भासित न हो।
मुझे फिर मेरा वही एकान्त दो।
हर जने विश्वास की
जड़ उखड़ने के साथ
मैं भी उखड़ता हूँ।
हर बिछड़ती आँख के सँग
तरल होकर—
मैं स्वयं से बिछुड़ता हूँ।
मुझे फिर मेरा सहज एकान्त दो।
दो वही आदिम, अचल एकान्त
असह कोलाहल कलह को बेध कर भी
छाँह जिसकी तिक्त मन को परस जाती है।
जहाँ भी अस्तित्व झूठा जाग पड़ता है
वहीं उसकी याद आती है।

रामदरश मिश्र

(1924)

धूल

कोई जितनी ही तेज़ी से कुचलता है
वह उतना ही ऊँचे उठती है
और दूर तक पीछा करती है
मधुमक्खियों की तरह
हमसे तो अच्छी यह धूल ही है न
जो हर दमन का प्रतिरोध करती है।

चिट्ठियाँ

लेटरबाक्स में पड़ी हुई चिट्ठियाँ
अनन्त सुख-दुःख वाली अनन्त चिट्ठियाँ
लेकिन कोई किसी से नहीं बोलती
सभी अकेले-अकेले
अपनी मंज़िल पर पहुँचने का इन्तज़ार करती हैं
कैसा है यह एक साथ होना
दूसरे के साथ न हँसना न रोना
क्या हम भी
लेटरबाक्स की चिट्ठियाँ हो गये हैं?

आग की हँसी

जी नहीं
चूल्हे की आग से तो

गरम-गरम रोटियाँ निकलती हैं
जो बुझाती हैं पेट की ज्वाला,
और धीरे-धीरे आदमी की हँसी बन जाती हैं
आप ज़रा आईना देखिए श्रीमान
आपकी शीतल शालीन हँसी से
कैसे धीमी-धीमी आग फूट रही है
और धीरे-धीरे
अपनी लपेट में ले-ले रही है दिशाओं को-
महाज्वाला बनकर
फिर भी आपकी माया है कि
लोग समझते हैं-
आग चूल्हे ने लगायी है
आपकी माया कितनी हसीन है मायाधर।

एक उजास भरा कोना

रात आती है माँ की तरह
बेबसों के थकान भरे तन को अपनी ममता में समेट लेती है
और उसे धीरे-धीरे नींद में उतार देती है
दिन में दबा हुआ अन्तर्मन खुल जाता है
और शुरू हो जाता है उसमें सपनों का आना-जाना
काल्पनिक ही सही
दिन का वंचित मन
सपनों में कितना कुछ पा लेता है
और कुछ समझने लगता है अपने को
रात बीतती है
स्फूर्त तन-मन में
एक प्रफुल्ल सुबह की सम्भावना अँगड़ाई लेती है
गत दिनों के थके मादे अनुभवों के बावजूद
लगता है आज की सुबह

कुछ अच्छा लेकर आयेगी
लो अखबार आ गया
फिर वही सब कुछ-
चोरी-डकैती, लूट-पाट, दुर्घटनाएँ
हत्याएँ-आत्महत्याएँ
नेताओं की शातिर चालबाज़ियाँ
और आपसी तू-तू-मैं-मैं
बेबसों पर पुलिस का कहर
आतंकवादियों की विनाश-लीला
प्रेमियों पर गिरता
खाप पंचायतों का कुरूप कोप
लगता है अखबार नहीं
खून का सड़ा हुआ दलदल है
जिसमें फँस गया हूँ

खोजता हूँ कहीं तो पनाह मिले
लो एक कोने में
एक छोटा सा प्रसन्न समाचार दुबका पड़ा है—
'एक अजनबी ने पुलिस के डर के बावजूद
सड़क पर गिरे हुए एक घायल आदमी को
अस्पताल पहुँचाया
वह आदमी बच गया'
ऐसी ही दो एक और छोटी-छोटी खबरें
कोने में दुबकी हुई मिलीं
लगा कि
नेताओं, अभिनेताओं, साहबों, श्रीमानों और बाबाओं के
असह कथा-भार से लदा अखबार साँस ले रहा है
मेरी सुबह गहरी उदासी में जाते जाते
एकाएक मुस्करा पड़ी
और मेरी कविता में समा गई

कविता सोचती रहती है दर्द से—
कल क्या होगा इस दुनिया का
उद्दंड यन्त्रों पर सवार आदमी
रौंद रहा है जीवन-प्रदा प्रकृति को
मिट्टी, आग, हवा, पानी, आकाश
सभी आहत हो चेतावनी दे रहे हैं
लेकिन बाज़ार-सुख में खोया आदमी
सुन नहीं रहा है
उसके द्वारा
तोड़े गये मूल्यों के टुकड़े
काँच के टुकड़ों की तरह बिखरे हैं राह में
और सफर को लहूलुहान कर रहे हैं
वे कह रहे हैं—
हमें मत तोड़ो
हम हैं तो तुम हो
लेकिन नहीं सुनता आदमी
लोग उड़े जा रहे हैं
राजनीति, बाज़ारवाद और धर्मांधता की शोर भरी आँधी में
कविता की पुकार खो जा रही है

लेकिन जब अखबार का
एक उजास भरा कोना दिखाई पड़ जाता है
तब कविता फिर एक नयी आशा से दीप्त हो उठती है
अखबारों को भले न दिखाई देता हो
कविता की तो प्राय: भेंट हो जाती है
गली, कूचों में ऐसे उजले प्रसंगों से
इसीलिए वह स्वयं ज़िन्दा है
और आदमीयत की सम्भावना को
जिलाये हुए चल रही है।

ठाकुरप्रसाद सिंह

(1924–1994)

पाँच जोड़ बाँसुरी

पाँच जोड़ बाँसुरी।
बासन्ती रात के विह्वल पल आखिरी
पर्वत के पार से बजाते तुम बाँसुरी
पाँच जोड़ बाँसुरी।

वंशी–स्वर उमड़–घुमड़ रो रहा
मन उठ चलने को हो रहा
धीरज की गाँठ खुली लो, लेकिन
आधे अँचरा पर पिय सो रहा

मन मेरा तोड़ रहा पाँसुरी
पाँच जोड़ बाँसुरी।

अब मत सोचो प्रिय रे!

अब मत सोचो प्रिय रे! अब मत सोचो
आँखों के जल को प्रिय वंशी से पोंछो
धानों के खेतों सी गीली
मन में यह जो राह गयी है
उस पर से लौट गये प्रियतम के
पैरों की छाप नयी है
पाँवों के चिह्नों में जल जो निथराया

मन का ही दर्द उमड़ अँखियन में छाया
आँखों में भर आये उस जल को प्यारे
तुम वंशी से पोंछो
अब मत सोचो।

मेरे घर के पीछे चन्दन है

मेरे घर के पीछे चन्दन है
लाल चन्दन है
तुम ऊपर टोले के
मैं निचले गाँव की
राहें बन जाती हैं रे
कड़ियाँ पाँव की
समझो, कितना मेरे प्राणों पर बन्धन है।
आ जाना वन्दन है
लाल चन्दन है।

फूल से सजाओ

फूल से सजाओ
मुझको
फूल से सजाओ
माथे पर फूल धरो मेरे, माँ!
बलि-बलि जाओ
माँ! मुझे सजाओ।

शाल के सुहाने फूल
अंग-अंग फूले

मेरी यह देह
शाल-वन-सी
माँ! झूमे

फूलों-सी मुझे
देवचौरे धर आओ
बाबा धर आओ
माँ, मुझे सजाओ।

मैं वंशी

मैं वंशी
माँ हमारी दूध का तरु
बाप बादल
औ' बहन हर बोल पर
बजती हुई मादल
उतर आ हँसी।

रामावतार त्यागी
(1925–1985)

जब मिलेगी रोशनी मुझसे मिलेगी

इस सदन में मैं अकेला ही दीया हूँ;
मत बुझाओ!
जब मिलेगी, रोशनी मुझसे मिलेगी!!

पाँव तो मेरे थकन ने छील डाले
अब विचारों के सहारे चल रहा हूँ,
आँसुओं से जन्म दे-देकर हँसी को
एक मन्दिर के दीये-सा जल रहा हूँ;
मैं जहाँ धर दूँ कदम, वह राजपथ है;
मत मिटाओ—
पाँव मेरे, देखकर दुनिया चलेगी!!

बेबसी, मेरे अधर इतने न खोलो
जो कि अपना मोल बतलाता फिरूँ मैं,
इस कदर नफ़रत न बरसाओ नयन से
प्यार को हर गाँव दफ़नाता फिरूँ मैं;
एक अंगारा गरम मैं ही बचा हूँ;
मत बुझाओ!
जब जलेगी, आरती मुझसे जलेगी!!

जी रहे हो जिस कला का नाम लेकर
कुछ पता भी है कि वह कैसे बची है,
सभ्यता की जिस अटारी पर खड़े हो

वह हमीं बदनाम लोगों ने रची है;
मैं बहारों का अकेला वंशधर हूँ,
मत सुखाओ!
मैं खिलूँगा, तब नयी बगिया खिलेगी!!

शाम ने सबके मुखों पर रात मल दी
मैं जला हूँ, तो सुबह लाकर बुझूँगा,
ज़िन्दगी सारी गुनाहों में बिताकर
जब मरूँगा, देवता बनकर पुजूँगा;
आँसुओं को देखकर मेरी हँसी तुम—
मत उड़ाओ!
मैं न रोऊँ, तो शिला कैसे गलेगी!!

हाथ का कंगन बनूँगा

जो समन्दर की सतह पर तैरती है बाल खोले—
अब उसी बाग़ी लहर के हाथ का कंगन बनूँगा।

मैं रहूँ प्यासा यही काफ़ी नहीं है,
होंठ भी मेरे किरन से छील डालो,
फिर उदासी की गुफा में बन्द कर दो—
माफ़ कर दूँगा तुम्हें संसार वालो;

लाज को बे-बात जिसकी दे गया गाली स्वयंवर—
मैं उसी घायल दुल्हन की बे-जुबां तड़पन बनूँगा।

बिजलियों की बे-रहम चेतावनी पर
मुस्कुरा भर दूँ अगर, वे रो पड़ेंगी,
है नियम इनका उजाले से लड़ेंगी—
जो अंधेरा हो उसे सिर पर जड़ेंगी;

जो अनल का पुत्र होकर जन्म देता है दीये को—
मैं उसी तपसी अंगारे का दहकता तन बनूँगा।

शूल ने ऐसे सुगंधित बोल बोले,
फूल का धोखा मुझे ही हो गया था;
लौट आया राजपथ पर, कुछ समय को—
मैं किसी बुज़दिल गली में खो गया था;

मान ली हो देवता ने आरती जिसकी अपावन—
मैं उसी भावुक पुजारी का पतित पूजन बनूँगा।

आज मैं सुख के लिए चिन्तित नहीं हूँ,
दर्द तो यह है कि दुख घटने लगा है,
चल रहा था जिस उदासी के सहारे—
हाथ उसका हाथ से छुटने लगा है;

तोड़कर सारे नियम जो कल्पना को पूजती है—
मैं उसी चंचल जवानी का सरल बचपन बनूँगा।

बुझते दीप का आत्म-निवेदन

अपनी उम्र कर चुका पूरी
छूट गए सब काम अधूरे
मेरे अशुभ अनमने सिरजन
मुझको कभी क्षमा मत करना।

जीवन का अमृत निचोड़कर प्यासे यम को पिला दिया है
मैंने अपनी माँ के पुण्यों को मिट्टी में मिला दिया है,

मेरे रचनाकार, तुम्हारे
फूल अगर रह जाये अनचुने

ओ मेरे पद दलित आचमन
मुझको कभी क्षमा मत करना।

ले डूबेगा बीच भंवर में इसका मुझको नहीं ज्ञान था
अपने मन पर मुझको अपने भाई से ज़्यादा गुमान था

अपने ही विश्वास घात से
मेरे सब संकल्प पराजित
ओ मेरे उदास घर-आँगन
मुझको कभी क्षमा मत करना।

ममता दृष्टि माँगती, यौवन माँग रहा शृंगार सलोना
बचपन मार-मार किलकारी माँग रहा है सुघर खिलौना

मैं कर्त्तव्य हीन, मैं कायर
जो बिक जाता मृत्यु के हाथों
मुझ पनघट के प्यासे बचपन
मुझको कभी क्षमा मत करना।

गोपालदास 'नीरज'

(1925–2018)

धनियों के तो धन हैं लाखों

धनियों के तो धन हैं लाखों
मुझ निर्धन के धन बस तुम हो!

कोई पहने माणिक–माला
कोई लाल जड़ावे,
कोई रचे महावर मेहंदी
मुतियन माँग भरावे,

सोने वाले, चाँदी वाले
पानी वाले, पत्थर वाले
तन के तो लाखों सिंगार हैं
मन के आभूषण बस तुम हो!

कोई जावे पुरी द्वारिका,
कोई ध्यावे काशी,
कोई तपे त्रिवेणी–संगम
कोई मथुरावासी,

उत्तर दक्खिन, पूरब पच्छिम
भीतर–बाहर, सब जग–जाहर
सन्तों के सौ–सौ तीरथ हैं—
मेरे वृंदावन बस तुम हो!

कोई करे गुमान रूप पर,

कोई बल पर झूमे,
कोई मारे डींग ज्ञान की,
कोई धन पर झूमे,

काया-माया, जोरू-जाता,
जस-अपजस, सुख-दुख त्रयतापा
जीता-मरता जग सौ विधि से
मेरे जन्म-मरण बस तुम हो!

दीप और मनुष्य

एक दिन मैंने कहा यूँ दीप से—
'तू धरा पर सूर्य का अवतार है,
किसलिए फिर स्नेह-बिन मेरे बता
तू न कुछ, बस धूलि-कण निस्सार है?'

लौ रही चुप, दीप ही बोला मगर
'बात करना तक तुझे आता नहीं,
सत्य है; सिर पर चढ़ा जब दर्प हो
आँख का पर्दा उधर पाता नहीं।

'मूढ़, खिलता फूल यदि निज गंध से
मालियों का नाम फिर चलता कहाँ?
मैं स्वयं ही आग से जलता अगर
ज्योति का गौरव तुझे मिलता कहाँ?'

कारवाँ गुज़र गया

स्वप्न झरे फूल से,
मीत चुभे शूल से,

लुट गये सिंगार सभी बाग के बबूल से;
और हम खड़े-खड़े बहार देखते रहे।
कारवाँ गुज़र गया, गुबार देखते रहे!

नींद भी खुली न थी कि हाय धूप ढल गई,
पाँव जब तलक उठें कि ज़िन्दगी फिसल गई,
पात-पात झर गये कि शाख-शाख जल गई,
चाह तो निकल सकी न, पर उमर निकल गई,
गीत अश्क बन गए,
छंद हो दफ़न गए
साथ के सभी दीये धुआँ-धुआँ पहन गये,
और हम झुके-झुके,
मोड़ पर रुके-रुके,
उम्र के चढ़ाव का उतार देखते रहे।
कारवाँ गुज़र गया, गुबार देखते रहे।

क्या शबाब था कि फूल-फूल प्यार कर उठा,
क्या सुरूप था कि देख आइना सिहर उठा,
इस तरफ़ ज़मीन और आसमाँ उधर उठा
थाम कर जिगर उठा कि जो मिला नज़र उठा,
एक दिन मगर यहाँ,
ऐसी कुछ हवा चली,
लुट गयी कली-कली कि घुट गयी गली-गली,
और हम लुटे-लुटे,
वक्त से पिटे-पिटे,
साँस की शराब का खुमार देखते रहे।
कारवाँ गुज़र गया, गुबार देखते रहे।

हाथ थे मिले कि ज़ुल्फ चाँद की सँवार दूँ,
होंठ थे खुले कि हर बहार को पुकार दूँ,

दर्द था दिया गया कि हर दुखी को प्यार दूँ,
और साँस यूँ कि स्वर्ग भूमि पर उतार दूँ,
हो सका न कुछ मगर,
शाम बन गई सहर,
वह उठी लहर कि ढह गये किले बिखर-बिखर,
और हम डरे-डरे,
नीर नयन में भरे,
ओढ़कर कफ़न, पड़े मज़ार देखते रहे।
कारवाँ गुज़र गया, गुबार देखते रहे!

माँग भर चली कि एक, जब नयी-नयी किरन,
ढोलकें धुमुक उठीं, ठुमुक उठे चरन-चरन,
शोर मच गया कि लो चली दुल्हन, चली दुल्हन,
गाँव सब उमड़ पड़ा, बहक उठे नयन-नयन,
पर तभी ज़हर भरी,
गाज एक वह गिरी,
पुँछ गया सिन्दूर, तार-तार हुईं चूनरी,
और हम अजान-से
दूर के मकान से,
पालकी लिये हुए कहार देखते रहे।
कारवाँ गुज़र गया, गुबार देखते रहे।

धर्मवीर भारती

(1926-1997)

फागुन की शाम

घाट के रस्ते
उस बँसवट से
इक पीली-सी चिड़िया
उसका कुछ अच्छा-सा नाम है।

मुझे पुकारे
ताना मारे
भर आयें आँखड़ियाँ
उन्मन, यह फागुन की शाम है।

घाट की सीढ़ी तोड़-फोड़कर वन-तुलसा उग आयीं
झुरमुट से छन जल पर पड़ती सूरज की परछाईं
तोतापंखी किरनों में हिलती बाँसों की टहनी
यहीं बैठ कहती थी तुमसे सब कहनी-अनकहनी

आज खा गया बछड़ा, माँ की रामायण की पोथी
अच्छा अब जाने दो मुझको घर में कितना काम है।

इस सीढ़ी पर, यहीं जहाँ पर लगी हुई है काई
फिसल पड़ी थी मैं, फिर बाँहों में कितना शरमायी
यहीं न तुमने उस दिन तोड़ दिया था मेरा कंगन
यहाँ न आऊँगी अब, जाने क्या करने लगता मन

लेकिन तब तो कभी न हममें-तुममें पल-भर बनती

तुम कहते थे जिसे छाँह है, मैं कहती थी घाम है।

अब तो नींद निगोड़ी सपनों-सपनों भटकी डोले
कभी-कभी तो बड़े सकारे कोयल ऐसे बोले
ज्यों सोते में किसी बिसैली नागन ने हो काटा
मेरे सँग-सँग अक्सर चौंक-चौंक उठता सन्नाटा

पर फिर भी कुछ कभी न ज़ाहिर करती हूँ इस डर से
कहीं न कोई कह दे कुछ, ये ऋतु इतनी बदनाम है।

डोले का गीत

अगर डोला कभी इस राह से गुज़रे कुबेला
यहाँ अँबवा तरे रुक
एक पल विश्राम लेना
मिलो जब गाँव भर से, बात कहना, बात सुनना
भूलकर मेरा
न हरगिज़ नाम लेना
अगर कोई सखी कुछ ज़िक्र मेरा छेड़ बैठे
हँसी में टाल देना बात
आँसू थाम लेना।

शाम बीते, दूर जब भटकी हुई गायें रँभाएँ
नींद में खो जाये जब
खामोश डाली आम की
तड़पती पगडंडियों से पूछना मेरा पता
तुम को बताएँगी कथा मेरी
व्यथा हर शाम की
पर न अपना मन दुखाना, मोह क्या उससे
कि जिसका नेह टूटा, गेह छूटा

हर नगर परदेस है जिसके लिए अब
हर डगरिया राम की।

भोर फूटे, भाभियाँ जब गोद भर आशीष दे दें
ले विदा अमराइयों से
चल पड़े डोला हुमचकर
है कसम तुमको, तुम्हारे कोंपलों-से नैन में आँसू न आयें
राह में पाकड़ तले
सुनसान पाकर
प्रीति ही सब कुछ नहीं है, लोक की मरजाद है सबसे बड़ी
बोलना रुँधते गले से
'ले चलो। जल्दी चलो। पी के नगर।'

पी मिलें जब
फूल-सी उँगली दबाकर चुटकियाँ लें और पूछें—क्यों?
कहो कैसे रही जी, यह सफ़र की रात?
हँसकर टाल जाना बात।
हँसकर टाल जाना बात, आँसू थाम लेना
यहाँ अँबवा तरे रुक एक पल विश्राम लेना।

केलि सखी

आज की रात
हर दिशा में अभिसार के संकेत क्यों हैं?

हवा के हर झोंके का स्पर्श
सारे तन को झनझना क्यों जाता है?

और यह क्यों लगता है
कि यदि और कोई नहीं तो
यह दिगन्त-व्यापी अँधेरा ही

मेरे शिथिल अधखुले गुलाब-तन को
पी जाने के लिए तत्पर है।

और ऐसा क्यों भान होने लगा है
कि ये मेरे पाँव, माथा, पलकें, ओठ
मेरे अंग-अंग-जैसे मेरे नहीं हैं
मेरे वश में नहीं हैं—बेबस
एक-एक घूँट की तरह
अँधियारे में उतरते जा रहे हैं
खोते जा रहे हैं
मिटते जा रहे हैं
और भय
आदिम भय, तर्कहीन, कारणहीन भय जो
मुझे तुमसे दूर ले गया था, बहुत दूर
क्या इसीलिए कि मुझे
दुगुने आवेग से तुम्हारे पास लौटा लावे
और क्या यह भय की ही काँपती उँगलियाँ हैं
जो मेरे एक-एक बन्धन को शिथिल
        करती जा रही हैं
        और मैं कुछ कह नहीं पाती।
मेरे अधखुले ओठ काँपने लगे हैं
और कण्ठ सूख रहा है
और पलकें आधी मुँद गयी हैं
और सारे जिस्म में जैसे प्राण नहीं हैं।

मैंने कसकर तुम्हें जकड़ लिया है
और जकड़ती जा रही हूँ
और निकट, और निकट
कि तुम्हारी साँसें मुझमें प्रविष्ट हो जायें
तुम्हारे प्राण मुझमें प्रतिष्ठित हो जायें

तुम्हारा रक्त मेरी मृतप्राय शिराओं में प्रवाहित होकर
फिर से जीवन संचरित कर सके।

और यह मेरा कसाव निर्मम है
और अन्धा, और उन्माद भरा, और मेरी बाँहें
नागवधू की गुंजलक की भाँति
कसती जा रही हैं
और तुम्हारे कन्धों पर, बाँहों पर, ओठों पर
नागवधू की शुभ दंत-पंक्तियों के नीले-नीले चिह्न
उभर आये हैं।

और तुम व्याकुल हो उठे हो
धूप में करने
अथाह समुद्र की उत्ताल विक्षुब्ध
हहराती लहरों के निर्मम थपेड़ों से
छोटे से प्रवाल द्वीप की तरह
बेचैन।

•

सेतु : मैं

नीचे की घाटी से
ऊपर के शिखरों पर
जिसको जाना था वह चला गया
हाय! मुझी पर पग रख
मेरी बाँहों से
इतिहास तुम्हें ले गया।

सुनो कनु! सुनो
क्या मैं सिर्फ़ एक सेतु थी तुम्हारे लिए
लीलाभूमि और युद्धक्षेत्र के

अलंघ्य अन्तराल में?

अब इन सूने शिखरों, मृत्यु घाटियों में बने
सोने के पतले गुँथे तारोंवाले पुल-सा
निर्जन
निरर्थक
काँपता-सा, यहाँ छूट गया—मेरा यह सेतु-जिस्म

जिसको जाना था वह चला गया।

रमानाथ अवस्थी

(1926–2002)

सो न सका

सो न सका कल याद तुम्हारी आई सारी रात
और पास ही बजी कहीं शहनाई सारी रात

मेरे बहुत चाहने पर भी नींद न मुझ तक आई
ज़हर भरी जादूगरनी-सी मुझको लगी जुन्हाई
मेरा मस्तक सहला कर बोली मुझसे पुरवाई

दूर कहीं दो आँखें भर-भर आईं सारी रात
और पास ही बजी कहीं शहनाई सारी रात

गगन बीच रुक तनिक चन्द्रमा लगा मुझे समझाने
मनचाहा मन पा जाना है खेल नहीं दीवाने
और उसी क्षण टूटा नभ से एक नखत अनजाने

देख जिसे मेरी तबियत घबराई सारी रात
और पास ही बजी कहीं शहनाई सारी रात

रात लगी कहने सो जाओ देखो कोई सपना
जग ने देखा है बहुतों का रोना और तड़पना
यहाँ तुम्हारा क्या, कोई भी नहीं किसी का अपना

समझ अकेला मौत मुझे ललचाई सारी रात
और पास ही बजी कहीं शहनाई सारी रात

मुझे सुलाने की कोशिश में जागे अनगिन तारे

लेकिन बाज़ी जीत गया मैं वे सबके सब हारे
जाते-जाते चाँद कह गया मुझसे बड़े सकारे

एक कली मुरझाने को मुसकाई सारी रात
और पास ही बजी कहीं शहनाई सारी रात

बंद न करना द्वार

तुमने मुझे बुलाया है मैं आऊँगा
बंद न करना द्वार देर हो जाए तो!

अनगिन साँसों का स्वामी होकर भी निरा अकेला हूँ
पाँव थके हैं दिन-भर अपनी माटी के सँग खेला हूँ
चरवाहे की रानी जैसी सुन्दर मेरी राह है
मुझको अपने से ज़्यादा सुन्दरता की परवाह है

मेरे आने तक मन में धीरज धरना
चाँद देख लेना यदि मन घबराए तो!

महकी-महकी साँसों वाले फूल बुलाते हैं मुझे
पर फूलों के संगी-साथी शूल रुलाते हैं मुझे
लेकिन मुझ यात्री का इन शूलों-फूलों से मोह क्या
मेरे मन का हंसा इनसे अनगिन बार छला गया

मुझसे मिलने की आशा में सह लेना
यदि तुमको दुनिया का दर्द सताए तो!

मेरी मंज़िल पर है रवि की धूप बदलियों की छाया
मैं इन दोनों की सीमाओं के घर में भी सो आया
लेकिन मुझको तो छूनी है सीमा उस शृंगार की
जिसके लिए टूटती है हर मूरत इस संसार की

मैं न रहूँ तब मेरे गीतों को सुनना
जब कोई कोकिल जंगल में गाए तो!

धो देते हैं बादल जब तब धूल-भरे मेरे मन को
लेकिन इनसे बहुत शिकायत है मेरे प्यासे मन को
मरुथल में चाँदनी तैरती लेकिन फूल नहीं खिलते
मन ने जिनको चाहा अक्सर मन को वही नहीं मिलते

मेरा और तुम्हारा मिलना तो तय है
शंकित मत होना यदि जग बहकाए तो!

भीड़ का अकेलापन

भीड़ में भी रहता हूँ वीरान के सहारे
जैसे कोई मन्दिर किसी गाँव के किनारे

जाना-अनजाना शोर आता बिन बुलाए
जीवन की आग को आवाज़ में छिपाए
दूर-दूर काली रात साँय-साँय करती
मन में न जाने कैसे-कैसे रंग भरती

अनजाना, अनथाहा अंधकार बार-बार
करता है तारों से न जाने क्या इशारे!

चारों ओर बिखरे हैं धूल भरे रास्ते
पता नहीं इनमें है कौन मेरे वास्ते
जाने कहाँ जाने के लिए हूँ यहाँ आया
किसी देवी-देवता ने नहीं यह बताया

मिलने को मिलता है सारा ही ज़माना
एक नहीं मिलता जो प्यार से पुकारे!

तन चाहे कहीं भी हो, मन है सफ़र में
हुआ मैं पराया जैसा अपने ही घर में
सूरज की आग मेरे साथ-साथ चलती
चाँदनी से मिली-जुली रात मुझे छलती

तन की थकन तो उतार ली है पथ ने
जाने कौन मन की थकन को उतारे!

कोई नहीं लगा मुझे अपना-पराया
दिल से मिला जो उसे दिल से लगाया
भेदभाव नहीं किया शूल या सुमन से
पाप-पुण्य जो भी किया, किया पूरे मन से

जैसा भी हूँ, वैसा ही हूँ समय के सामने
चाहे मुझे नाश करे, चाहे यह सँवारे।

कुँवर नारायण

(1927–2017)

सुनयना

(1)
कई बार ऐसा हुआ
कि वैसा नहीं हुआ
जैसा होना चाहिए था...
कैसा होना चाहिए था
फूल-सी सुनयना की आँखों में
अपने प्रेम में विश्वास का रंग?

वैसा नहीं मिला मौसम
जिसमें खिलते हैं फूल
अपनी समस्तता में
निश्छल और चंचल एक साथ...

(2)
कुछ लोग उसे देखने आए
देखने की तारीख से पहले
खरीद की तर्ज़ पर पक्की कर गए उसे
पकने की तारीख से पहले।

(3)
तूफ़ानों से लड़ती
एक अकेली पत्ती
दरख़्त की उँगली पकड़े...

उसके विश्वास का रंग
अब वैसा था जैसा होता है
डाल से तोड़े हुए फूलों का रंग।

(4)
...पिछली बार अयोध्या में
कनकभवन की सीढ़ियों से उतरते देखा उसे—
भस्म अंगों में वैसा न था यौवन
जैसा होना चाहिए था
ऐसे भरे फागुन में टेसू का रंग!
अब वह
सूर्यास्त समय
जैसे नदी पार के घिरते अँधेरे में
घुलता चला जाए एक बजरे का रंग
ऐसा था ऐसे समय
हाथों में फूल लिये
उसका चुपचाप कहीं
ओझल हो जाने का ढंग।

एक अजीब दिन

आज सारे दिन बाहर घूमता रहा
और कोई दुर्घटना नहीं हुई।
आज सारे दिन लोगों से मिलता रहा
और कहीं अपमानित नहीं हुआ।
आज सारे दिन सच बोलता रहा
और किसी ने बुरा न माना।
आज सबका यकीन किया

और कहीं धोखा नहीं खाया।

और सबसे बड़ा चमत्कार तो यह
कि घर लौटकर मैंने किसी और को नहीं
अपने ही को लौटा हुआ पाया।

पालकी

काँधे धरी यह पालकी
है किस कन्हैयालाल की?

इस गाँव से उस गाँव तक
नंगे बदन, फेंटा कसे,
बारात किसकी ढो रहे?
किसकी कहारी में फँसे?
    यह कर्ज़ पुश्तैनी अभी किस्तें हज़ारों साल की।
    काँधे धरी यह पालकी है किस कन्हैयालाल की?

इस पाँव से उस पाँव पर,
ये पाँव बेवाई फटे :
काँधे धरा किसका महल?
हम नींव पर किसकी डटे?
    यह माल ढोते थक गयी तकदीर खच्चर-हाल की।
    काँधे धरी यह पालकी है किस कन्हैयालाल की?

फिर, एक दिन आँधी चली
ऐसी कि पर्दा उड़ गया!
अन्दर न दुल्हन थी न दूल्हा
एक कौवा उड़ गया...
    तब भेद जाकर यह खुला—हमसे किसी ने चाल की
    काँधे धरी यह पालकी ला ला अशर्फ़ी लाल की!

मृत्युमुखात्प्रमुक्तम्

अंगुष्ठमात्रः पुरुषो मध्य आत्मनि तिष्ठति।
ईशानो भूतभव्यस्य न ततो विजुगुप्सते॥

मैं तुझको जीवन फिर से वापस देता हूँ।
यह ज़िम्मेदारी
फिर से तुझे सौंपता हूँ।
मैं आदि अन्त की तुलनाओं के बिना तुझे
जीवन-धारा में पुनः बहाए देता हूँ।...

परिवर्तनशील
असिद्ध
वही संसार पुनः ...
तू सक्रिय समय
शक्ति
चिन्तन,
मैं तुझमें निहित
परिस्थितियों का सही ज्ञान।
तू रचनाशील
चेतना का कण-कण में प्रसार।

तू यही समझकर जी
तुझको फिर मुझ तक वापस आना है।
तू मेरा है।
श्रद्धा के किसी पूत क्षण में
तूने अपने को स्वेच्छा से
निर्लोभ
काल को सौंपा है।
तेरा भविष्य अब मेरा है
तुझको भविष्य के लिए

इस तरह जीना है
मानो वह मुझसे प्राप्त हुआ है तुझको।

एक अजीब-सी मुश्किल[1]

एक अजीब-सी मुश्किल में हूँ इन दिनों—
मेरी भरपूर नफ़रत कर सकने की ताकत
दिनोदिन क्षीण पड़ती जा रही

अंग्रेज़ों से नफ़रत करना चाहता
जिन्होंने दो सदी हम पर राज किया
तो शेक्सपियर आड़े आ जाते
जिनके मुझ पर न जाने कितने एहसान हैं।

मुसलमानों से नफ़रत करने चलता
तो सामने ग़ालिब आकर खड़े हो जाते।
अब आप ही बताइए किसी की कुछ चलती है
उनके सामने?

सिखों से नफ़रत करना चाहता
तो गुरुनानक आँखों में छा जाते
और सिर अपने आप झुक जाता

और ये कंबन, त्यागराज, मुत्तुस्वामी...
लाख समझाता अपने को
कि वे मेरे नहीं
दूर कहीं दक्षिण के हैं
पर मन है कि मानता ही नहीं
बिना इन्हें अपनाए

1. यह कविता पहले 'प्रेम रोग' शीर्षक से छपी थी

और वह प्रेमिका
जिससे मुझे पहला धोखा हुआ था
मिल जाये तो उसका खून कर दूँ!
मिलती भी है, मगर
कभी मित्र
कभी माँ
कभी बहन की तरह
तो प्यार का घूँट पीकर रह जाता।

हर समय
पागलों की तरह भटकता रहता
कि कहीं कोई ऐसा मिल जाये
जिससे भरपूर नफ़रत करके
अपना जी हल्का कर लूँ।

पर होता है इसका ठीक उलटा
कोई-न-कोई, कहीं-न-कहीं, कभी-न-कभी
ऐसा मिल जाता
जिससे प्यार किए बिना रह ही नहीं पाता।

दिनोदिन मेरा यह प्रेम-रोग बढ़ता ही जा रहा
और इस वहम ने पक्की जड़ पकड़ ली है
कि वह किसी दिन मुझे
स्वर्ग दिखाकर ही रहेगा।

अबकी अगर लौटा तो

अबकी अगर लौटा तो
वृहत्तर लौटूँगा

चेहरे पर लगाए नोकदार मूँछें नहीं

चरमराता डोलता है।

कहीं नीचे बहुत गहरी अतल खाई है।

सबल उत्कण्ठा
नवल आवेग
आगे खींचते हैं,
"लौट आओ"
चीखकर भय कहीं पीछे बोलता है।

आह! स्मृति की अजानी राह—
दर्द अजगर-सा
निगलकर उगल देता है—
शेष हैं तारे,
पार का वह घना झुरमुट,
दूर सिमटी नदी,
खुले स्वर के पाल,
गीत की वह कड़ी तिरती है
हिल गयी है एक सूखी डाल।

विवशता

कितना चौड़ा पाट नदी का, कितनी भारी शाम,
कितने खोये-खोये से हम कितना तट निष्काम,
कितनी बहकी-बहकी-सी दूरागत-वंशी-टेर,
कितनी टूटी-टूटी-सी नभ पर विहगों की फेर,
कितनी सहमी-सहमी-सी क्षिति की सुरमई पिपासा,
कितनी सिमटी-सिमटी-सी जल पर तट-तरु-अभिलाषा,
कितनी चुप-चुप गयी रोशनी छिप-छिप आयी रात,
कितनी सिहर-सिहरकर अधरों से फूटी दो बात,

चार नयन मुस्काये, खोये, भीगे, फिर पथराये—
कितनी बड़ी विवशता जीवन की कितनी कह पाये!

आये महन्त वसन्त

आये महन्त वसन्त

मखमल के झूल पड़े हाथी-सा टीला,
बैठे किंशुक छत्र लगा बाँध पाग पीला,

चँवर सदृश डोल रहे सरसों के सर अनन्त।
आये महन्त वसन्त।

श्रद्धानत तरुओं की अंजलि से झरे पात,
कोंपल के मुँदे नयन थर-थर-थर पुलक गात,

अगरु-धूम लिए झूम रहे सुमन दिग-दिगन्त।
आये महन्त वसन्त।

खड़-खड़ करताल बजा नाच रही विसुध हवा,
डाल-डाल अलि-पिक के गायन का बँधा समाँ,

तरु-तरु की ध्वजा उठी जय-जय का है न अन्त।
आये महन्त वसन्त।

जंगल का दर्द

एक ने मुझ से पूछा :
'जंगल क्या होता है?'
दूसरे ने कहा—'और दर्द?'

मैं खामोश रहा।

मैंने एक बड़े पिंजड़े में
दोनों को बंद कर दिया
और ऊपर एक काली
झीनी चादर डाल दी।

कुछ दिनों बाद वे मुझे
जंगली जानवरों की तरह देखने लगे—
पहले उनकी आँखें हरी हुईं
अहिंसक पशुओं जैसी
फिर सुर्ख, हिंसक पशुओं में बदल गईं,
ख़ूँखार—

वे भूखे थे।
मैंने टुकड़ा फेंका।
वे आहार छोड़
आपस में गुँथ गये,
लहूलुहान हो गये।

ताकतवर ने सब खा लिया
कमज़ोर ने उच्छिष्ट से
सन्तोष कर, दर्द से मुँह छिपा लिया।

यह क्रम बहुत दिनों तक
मैंने बना रहने दिया—
भूखा रहना, टुकड़ा फेंकना,
ताकतवर में दर्प जगाना
और कमज़ोर में सन्तोष।

और जब वे
इसके इतने आदी हो गए

कि कुछ और सोच पाना
उनके लिए असम्भव हो गया
तब मैंने उन्हें
पिंजड़े से निकाल दिया।

अब वे खुले में खड़े थे
खड़े हैं
खड़े रहेंगे
टुकड़े फेंके जाने की प्रतीक्षा में
लड़ने को तैयार
दर्प और सन्तोष के
शिकार।

कुआनो नदी

(एक अंश)

फिर बाढ़ आ गयी होगी उस नदी में
पास का फुटहिया बाज़ार बह गया होगा,
पेड़ की शाखों में बँधे खटोले पर
बैठे होंगे बच्चे किसी काछी के
और नीचे कीचड़ में खड़े होंगे चौपाये
पूँछ से मक्खियाँ उड़ाते

मेरी निगाह कुछ कमज़ोर हो गयी है।

दिल्ली की सड़कें दीखती हैं जैसे कुआनो नदी—
नदी जो एक कुएँ से निकली है
जिसे मैं अपने बचपन में
कभी खोज निकालने का उत्साह रखता था।

कुआनो नदी—
सँकरी, नीली, शान्त
अभी भी बहती रहती है रात-दिन मेरे सामने
अदेखे को पाने का उत्साह कुरेदती हुई।
बरसात में अपना पाट चौगुना करती
आस-पास के गाँवों को डुबाती
शहर की ऊँची सड़क के
दोनों ओर की नीची ज़मीन को
हरहराते नाले-सा बनाती।
अभी भी मैं एक लंबी शहतीर
अपने घर की दालान से सड़क तक रखकर
वह हरहराता जल पार कर जाता हूँ
जब कि मेरे पिता जाँघ तक धोती उठाये
पानी को हलकोरते आते हैं
कलल-कल, कलल-कल
ज्यों ही आने लगती है अँधेरे में आवाज़
मैं लालटेन लेकर बाहर दौड़ता हूँ
शायद यह रोशनी काम आ जाये।

मुकुटबिहारी सरोज
(1927)

चिन्ता क्यों करते हो

चिन्ता क्यों करते हो गलत बयानी पर बूढ़ी दुनिया की
न्यायाधीश समय निर्णय कर देगा अपने आप एक दिन

व्यर्थ नहीं जाता है बोया हुआ पसीना
अलबत्ता उगने में देर भले हो जाए
एक न एक रोज़ सुनवाई होगी श्रम की
मौजूदा युग में अन्धेर भले हो जाए
अगर तुम्हारी फ़सल रही निर्दोष बादलों का विरोध क्या
सागर खुद क्यारी-क्यारी भर देगा अपने आप एक दिन

बात अभी ऐसी है ये जितने वकील हैं
इन सब के मुँह बन्द कर गई है गरमाई
ये पत्थर दिल कभी अश्रु का पक्ष न लेंगे
बेकसूर मर जाय भले कोई तरुणाई
गिरफ़्तार हो गए तुम्हारे नाबालिग सपने इससे क्या
सूरज खुद उड़ने लायक पर देगा अपने आप एक दिन

वैसे ही चलना दूभर था

वैसे ही चलना दूभर था अँधियारे में
तुमने और घुमाव ला दिया गलियारे में

तुम बजाय इसके कि दृष्टि को पाल पोसकर
किसी योग्य सपने के साथ सगाई करते
यह क्या किया कि उन हाथों पर गाज गिरा दी
जो कि कभी जीवन की फटी बिवाई भरते
वैसे ही ईमान बहुत शक्की मिज़ाज थे
तुमने और तनाव ला दिया गलियारे में

कुछ ऐसा छोटा कर डाला संयम का मन
मूर्त्ति बुलाती है जाता ही नहीं पुजारी
मन्दिर से सूनापन जो बातें कहता था
आज हुआ मालूम कि वह थी बात तुम्हारी
वैसे ही दीपक के पास खड़ी थी आँधी
तुमने और दबाव ला दिया गलियारे में

उत्तर का अन्तिम अक्षर

उत्तर का अन्तिम अक्षर लिखना बाकी था
घोषित, तुमने व्यर्थ परीक्षाफल कर डाला

किस नीयत से अंक दिए कम ये तुम जानो
मैंने तो हल करने में आँसू बरते थे
दुख के गुरुकुल का स्नातक था
जहाँ रात-दिन बड़े-बड़े ज्ञानी-ध्यानी पानी भरते थे
मैंने सिर्फ़ अभावों के अनुबन्ध लिखे थे
तुमने उनकी गिनती कर टोटल कर डाला

बुरे दिनों में पढ़ा किया असफल इस कारण
लेकिन इस लिखाव का मरम नहीं पहचाना
और किसी बैठे के प्रति चलने वाले के
दायित्वों का पहला धरम नहीं पहचाना

सही रूप-रेखा को महज़ नकल ठहरा कर
तुमने मेरा काम और मुश्किल कर डाला

कर्ज़दार हो जाय न दुनिया की तरुणाई
परम्परा के हाथ इसलिए नहीं वर सका
आश्वासन तो बहुत दिए थे आसमान ने
मैं ही कुछ तम से समझौता नहीं कर सका
मैंने सिर्फ़ सलामी भेजी थी सूरज को
तुमने आँखें मूँद सत्य ओझल कर डाला

इसमें रोने-धोने की क्या बात है

इसमें रोने-धोने की क्या बात है
हार-जीत तो दुनियाभर के साथ है

नपी-तुली साँसें, माटी को मिलीं यही क्या कम मिला
यह अवसर की बात किसी को खुशी किसी को गम मिला
तुम तो हो इन्सान कि जो कह लेते हो दुख-दर्द को
चाँद कहाँ तक रोए जिसके आगे-पीछे रात है

सूरज रोता अगर कि जैसी मिली बिचारे को जलन
कब का डूब गया होता अब तक तारों वाला गगन
लेकिन साहस तो देखो उस चलती-फिरती आग का
जहाँ पाँव रख देती है मुस्काता वहीं प्रभात है

चरणों का इतिहास मंज़िलों से जाकर पूछो ज़रा
कितने चले गुलाबों पर कितनों का मन प्यासा मरा
तुम शायद विश्वास करोगे नहीं कि इस संसार में
छुईमुई के पातों तक पर पतझर का आघात है

तुम्हें, पलक भीगी आँखों का प्यार

तुम्हें, पलक भीगी आँखों का प्यार

प्रथम चरण के साथ
अमा की रात
तुम्हें उजियाला दे
जीवन भर का मीत
प्रणय का गीत
तुम्हें जय माला दे
सदा चले तेरे पथ में, सुख-सपनों का संसार

नीड़ सृजन पर डाल
बने खुशहाल
दुआएँ दे माली
केन्द्रित रहे वसन्त
युगों पर्यन्त
हँसे कोयल काली
सदा चले तेरे उपवन में मीठी-मन्द बयार।

शिवबहादुर सिंह भदौरिया

(1927)

पुरवा जो डोल गई

पुरवा जो डोल गई,
घटा-घटा आँगन में जूड़े-से खोल गई।

बूँदों का लहरा दीवारों को चूम गया,
मेरा मन सावन की गलियों में झूम गया;
श्याम रंग परियों से अम्बर है घिरा हुआ,
घर को फिर लौट चला बरसों का फिरा हुआ;
मइया के मन्दिर में
अम्मा की मानी हुई—
डुग-डुग-डुग-डुग-डुग बधइया फिर बोल गई।

बरगद की जड़ें पकड़ चरवाहे झूल रहे,
बिरहा की तानों में बिरहा सब भूल रहे;
अगली सहालक तक ब्याहों की बात टली,
बात बड़ी छोटी पर बहुतों को बहुत खली;
नीम तले चौरा पर
मीरा की बार-बार
गुड़िया के ब्याह वाली चर्चा रस घोल गई।

खनक चूड़ियों की सुनी मेहंदी के पातों ने,
कलियों पै रंग फेरा मालिन की बातों ने;
धानों के खेतों में गीतों का पहरा है,
चिड़ियों की आँखों में ममता का सेहरा है;

नदिया से उमक-उमक
मछली वह छमक-छमक
पानी की चूनर को दुनिया से मोल गई।

झूले के झूमक हैं शाखों के कानों में,
शबनम की फिसलन है केले की रानों में;
ज्वार और अरहर की हरी-हरी सारी है,
सनई के फूलों की गोटा किनारी है;
गाँवों की रौनक है
मेहनत की बाँहों में,
धोबिन भी पाटे पर हइया छू बोल गई।

फागुनी सबेरे

फागुनी सबेरे
वन-बाग महमहाये।

उँगली से पंखुड़ियाँ खोलती समीरन,
बिरवों से गुप-चुप यूँ बोलती समीरन;
क्यों बड़े सबेरे—
तुम ओस में नहाये।

पेड़ों पर कल के सोये स्वर फिर जागे,
कुछ डालों पर डोले कुछ उड़कर भागे;
कुछ लम्बे गेहूँ के—
साथ गहगहाये।

गभुआरे तन पर हर फूल है सलोना,
कंधे-से अरहर अब तौल रही सोना;
कह न सके कोई—
घर-गाँव गुनगुनाये।

छिमियारे सरसों के पीताम्बर डोले,
मेड़ों तक झुककर वे राह रोक बोले;
नगर छोड़कर कविवर—
आप कहाँ आये ?

एक अनुग्रह

वरदायिनी!
अब और न वर दे,
एक अनुग्रह मुझ पर कर दे।
चाल-ढाल से, वाग्जाल से-
अपनी लघुताओं को ढँकते,
धूप-छाँव में, नग़र-गाँव में-
चले महत्त्व प्रकाशन करते,
डूबें
ऊँचे सौध छद्म के,
आखर-आखर सागर कर दे।
साज मिलाते, स्वर सँभालते
जो गाना था, वह न गा सके,
सृजन नृत्य-गति, लय अखण्ड अति
जो पाना था वह न पा सके,
उस आनन्द-
नृत्य से छिटका-
घुँघरू, पुनः नियोजित कर दे।

देवीप्रसाद 'राही'

(1927)

तुम्हीं कुछ गाओ!

ये अँधियारी रैन!
तनिक कट जाये—
तुम्हीं कुछ गाओ!

दुख-दर्दों का मारा हो,
उम्मीदों से हारा हो,
फाँसी जैसी हों रातें—
दिन जिसके हित कारा हो,

सूरज उसको मिल जाये
तनिक मुँह खोलो!
चन्दा उसको मिल जाये—
तनिक मुस्काओ!

हँसना जिसका दूभर हो
जीवन बंजर, ऊसर हो,
जिसका कोई न सहारा
अंबर में या भू पर हो,

धरती उसको मिल जाये—
कि बाँह पसारो,
अंबर उसको मिल जाये—
निगाह उठाओ!

मिलकर जो छूट गया हो
रस्ते से रूठ गया हो,
किस्मत के हाथों से गिर—
शीशे-सा टूट गया हो,

मंज़िल उसको मिल जाये
तनिक बढ़ आओ!
राहें उसकी कट जायें—
तुम्हीं कुछ गाओ!

तुम्हारे मौन का मैं अर्थ क्या समझूँ

तुम्हारे मौन का मैं अर्थ क्या समझूँ
कि तुम पाषाण से भी—
बढ़ गये, दो-चार डग आगे!

मगर पाषाण में भी तो
प्रगति की आग होती है,
अटल विश्वास होता है—
कहे की लाज होती है,
न हो विश्वास जाकर देख लो—
भटकी निगाहों से—
अभी तक, ताज में, मुमताज की—
आवाज़ रोती है,

हिमालय की कसम तुमको
अजन्ता की कसम तुमको,
कसम गिरनार की तुमको
कुतुबमीनार की तुमको,

कि जिनकी रूह से अब तक
यही आवाज़ आती है—
मनुज क्या, काल पर भी तो
कला की जीत होती है।

कि तुम इन्सान होकर भी
न मेरे गीत सुन पाये,
धधकते होंठ पर मेरे
सिसकते अश्रु पर मेरे,
न तिल भर आज तक
कोई, कभी अरमान धर पाये,

इसी से यदि कहूँ कुछ तो
बुरा मत मानना मुझसे,
भला पाषाण है तुमसे—
कि जो इन्सान के आड़े समय पर—
काम आ जाये,
जो रख ले लाज पूजा की—
स्वयं भगवान बन जाये,
तुम्हारे स्नेह का अब अर्थ
क्या समझूँ
कि तुम भगवान से भी बढ़ गये,
दो-चार पग आगे!

वीरेन्द्र मिश्र

(1927–1999)

पीर मेरी कर रही गमगीन

पीर मेरी कर रही गमगीन मुझको
और उससे भी अधिक तेरे नयन का नीर, रानी
और उससे भी अधिक हर पाँव की ज़ंजीर, रानी

एक ठंडी साँस की डोरी मुझे बाँधे
बन्धनों का भार तेरा प्यार है साधे
भार अपना कुछ नहीं, देखें अगर उनको
जा रहे जो मौन पर्वत पीठ पर लादे
भूल मेरी कर रही गमगीन मुझको
और उससे भी अधिक तेरा सजल मन-फूल, रानी
और उससे भी अधिक सब की डगर का शूल, रानी

है प्रणय-पथ में प्रलय पहले, सृजन पीछे
प्राण अपने चल रहे आगे, नयन पीछे
हम चले ही क्या ज़रा देखें अगर उनको
नापते हैं जो धरा पहले, गगन पीछे
प्यार मेरा कर रहा गमगीन मुझको
और उससे भी अधिक सुनसान हर त्यौहार, रानी
और उससे भी अधिक सबकी व्यथा का भार, रानी

गीत है मैंने सदा संघर्ष का गाया
राजरानी-सा तुझे मैं रख नहीं पाया
जो ज़माने के बनाने में सदा मिटते

क्या करूँ मुझ पर पड़ी उनकी सघन छाया
गीत मेरा कर रहा गमगीन मुझको
और उससे भी अधिक तेरी रुआँसी प्रीति, रानी
और उससे भी अधिक जर्जर जगत की नीति, रानी

है अमावस, घिर रहा है मेघ काला
किन्तु सारा तम खतम है, साथ तेरे साथ, रानी
काट देंगे हम अँधेरी ज़िन्दगी की रात, रानी

एक निमिष ढल जाता

एक निमिष ढल जाता
और मैं तुम्हारा था

सारे मतभेदों को पाटकर
इच्छा की नर्म बाँह थामने
वर्षों की दूरी को काटकर
आया था एक निमिष सामने
उस क्षण तुमको विलोक
दूर से पुकारा था।

युग के युग क्षणिक हुए इस तरह
कल्प हुआ एक पल अनन्त-सा
उस पर थी एक पर्त की सतह
छा जाता झूमता वसन्त-सा
वह ही क्षण जीत गया
अब तक जो हारा था।

सड़ रही है ज़िन्दगी सागर किनारे

शेषशायी विष्णु, लक्ष्मी, क्षीरसागर
सब पुराणों की कथा तक हैं उजागर
सड़ रही है ज़िन्दगी सागर-किनारे

जहाँ गहरा जल, जहाँ सपने नये हैं
जाल लेकर वहाँ मछुआरे गये हैं
वे वहाँ, हम यहाँ करते श्रम निरन्तर
मौसमों का कहीं कोई नहीं अन्तर
शाम को सब आ मिलेंगे थके-हारे

ये हमारी मस्त मच्छीमार बस्ती
रात में भी जागकर चुपचाप हँसती
माल काला ढो रहीं हम बेबसी में
ऐश कितना तस्करीवाली हँसी में
लड़खड़ाते 'बड़े' लोगों के सहारे

सामने जलदेवता है लाज कैसी
सुर-सुरा-सुन्दरी देशी या विदेशी
हर तरह की गंदगी पर चढ़ी पर्तें
पेंग भरती खुशबुओं की स्याह शर्तें
कार्निवालों में चरित्रों के नज़ारे

कुमारेन्द्र पारसनाथ सिंह

(1928–1994)

जंगल की पीठ पर खरगोश

एक छोटी-सी नदी है
जिसमें स्नान कर लेता हूँ
और जल भी उसी का पीता हूँ
जब प्यास लगती है।
किन्तु बदले में उसने कभी कुछ नहीं माँगा।

उसी के किनारे
एक छोटा-सा गाँव है
जंगल की पीठ पर छलाँग
लगाते जा रहे खरगोश की तरह।

जहाँ पैदा हुआ,
बढ़ा,
और अब बच्चे मुझे दादा कहने लगे हैं—
उसका सूर्योदय देखने के लिए तरसता रहता हूँ,
कहीं और होता हूँ जब।

और एक छोटा-सा आँगन है
जहाँ एक छोटी-सी ही थाली में
सूर्यग्रहण देखा था एक दिन,
फिर चाँद और तारों को भी देखा हिलते जल में—
कितना अद्‌भुत था दृश्य वह!
कभी यह शिकायत नहीं की उसने

कि ऊपर आसमान तंग है।

वही आसमान
आज तंग पड़ने लगा है
आँगन कई-कई टुकड़ों में बँटा हुआ है
और दिन-पर-दिन
रेत में समाती जा रही है नदी भी।

गोली और गुलाब

गोलियाँ जवाब नहीं होतीं,
सवाल पैदा करती हैं।

यह और है कि
कभी-कभी सवाल ही
जवाब की जगह खड़े हो जायें।

मैं अपने लिए गोली चुनना नहीं चाहूँगा,
बल्कि गुलाब पसन्द करूँगा।

गुलाब यह तो यकीन दिलाते हैं
कि धरती चाहे जैसी भी हो,
उस पर खड़ा हुआ जा सकता है।

गुलाब धरती से आसमान को मिलाते हैं—
और जब अपना संगीत छेड़ते हैं,
गोलियाँ अक्सर मेरे जेहन से उतर जाती हैं।

गोली मैं तब चुनूँगा
जब धरती से आसमान का संवाद टूट जायेगा,
और भाषा अन्धकार में ले जाकर हमारा साथ छोड़ देगी।
मगर ऐसा नहीं होगा।

भाषा जहाँ मुड़कर रास्ता दिखाने लगे
तुम मेरे साथ हो लेना।
वहाँ हम गोली को दफ़न कर गुलाब रोपेंगे,
और आगे बढ़ जायेंगे।

रोटी

रोटी, पूछने पर माँ ने कहा था, पसीने से
आती है। मगर उसकी हिफ़ाजत का काम

बहुत मुश्किल होता है। ज़रूरत पड़ने पर
उसके लिए खून बहाना पड़ता है।

मैंने सारा पसीना जला दिया। खून भी
बहाया। मगर रोटी नहीं आयी। बोलो—कहाँ

गयी रोटी? ये संगीनें—ये गोलियाँ। बोलो—
संगीनें और गोलियाँ क्या भूख मिटाती हैं?

मैं रोटी माँगता हूँ। और चूल्हे की जगह मेरा घर
सुलगाने लगते हो। मेरी झोंपड़ी क्या तवा है?

सब कैसे ऐंठे हैं! ये माँ, ये मेरे बच्चे, ये बच्चों की
माँ! ये रोटी हैं! इन्हें कौन कहेगा रोटी?

और तुम भी क्या ऐसी ही रोटी खाते हो? इस तरह
पकने के लिए तुम्हारे यहाँ अभी कितने प्राणी बचे हैं?

इस घर में अब कुछ नहीं रहा। तुम्हारे यहाँ चलते हैं—
देखें, वहाँ कैसे बनती है, कैसी लगती है रोटी!

रघुवीर सहाय
(1929–1990)

शक्ति दो

शक्ति दो, बल दो, हे पिता
जब दुख के भार से मन थकने आए
पैरों में कुली–की–सी लपकती चाल छटपटाए
इतना सौजन्य दो कि दूसरों के बक्स–बिस्तर घर तक पहुँचा आएँ
कोट की पीठ मैली न हो, ऐसी दो व्यथा—
शक्ति दो।

और यह नहीं दो तो यही कहो,
अपने पुत्रों मेरे छोटे भाइयों के लिए यही कहो—
कैसे तुमने अपनी पीढ़ी में किया होगा क्या उपाय?
कैसे सहा होगा, पिता, कैसे तुम बचे होगे?
तुमसे मिला है जो विक्षत जीवन का हमें दाय
उसे क्या करें?
तुमने जो दी है अनाहत जिजीविषा
उसे क्या करें?
कहो, अपने पुत्रों मेरे छोटे भाइयों के लिए यही कहो।

गले हमारे डाल सखी

बाँहें ये गले हमारे डाल, सखी
मेरे कन्धों पर आ जायें ये बिखरे बाल, सखी

ओंठों पर ओंठ दहकते हों
आँखों पर आँखें मुँद जाएँ
भुजबन्धन कसता जाए—
यह आतुर तन उस तन में धँसता जाए
थक जाएँ
थक जाएँ तेरे कुच मेरे सीने पर धक्-धक् कर के
फड़कें
फिर रह जाएँ गुम्फित जंघाएँ
हो जाए वह क्षण जीवन-मरण-विशाल, सखी।

हमने यह देखा

यह क्या है जो इस जूते में गड़ता है
यह कील कहाँ से रोज़ निकल आती है
इस दुख को रोज़ समझना क्यों पड़ता है

फिर कल की जैसी याद तुम्हारी आयी
वैसी ही करुणा है वैसी ही तृष्णा
इस बार मगर कल से है कम दुखदायी

फिर खत्म हो गये अपने सारे पैसे
सब चला गया सुख-दुख बट्टेखाते में
रह गये फ़कत हम-तुम वैसे के वैसे

फिर अपना पिछला दर्द अचानक जागा
फिर हमने जी लेने की तैयारी की
उस वक्त तकाज़ा करने आया आग़ा

इस मुश्किल में हमने आखिर क्या सीखा
इस कष्ट उठाने का कोई मतलब है
या है यह केवल अत्याचार किसी का

‘यह तो है ही’, शुभचिन्तक यों कहते हैं,
‘अपमान, अकेलापन, फ़ाका, बीमारी’
क्यों है ? औ वह सब हम ही क्यों सहते हैं ?

हम ही क्यों यह तकलीफ़ उठाते जाएँ
दुख देने वाले दुख दें और हमारे
उस दुख के गौरव की कविताएँ गाएँ!

यह है अभिजात तरीके की मक्कारी
इसमें सब दुख हैं, केवल यही नहीं हैं
—अपमान, अकेलापन, फ़ाका, बीमारी

जो हैं, वे भी हो जाया करते हैं कम
है खास ढंग दुख से ऊपर उठने का
है खास तरह की उनकी अपनी तिकड़म

जीवन उनके खातिर है खाना-कपड़ा
वह मिल जाता है और उन्हें क्या चाहिए
आखिर फिर किसका रह जाता है झगड़ा

हम सहते हैं इसलिए कि हम सच्चे हैं
हम जो करते हैं वह ले जाते हैं वे
वे झूठे हैं लेकिन सबसे अच्छे हैं

पर नहीं, हमें भी राह दीख पड़ती है
चलने की पीड़ा कम होती जाती है
जैसे-जैसे वह कील और गड़ती है

हमने यह देखा दर्द बहुत भारी है
आवश्यक भी है, जीवन भी देता है
—यह नहीं कि उससे कुछ अपनी यारी है

हमने यह देखा अपनी सब इच्छाएँ
रह ही जाती हैं थोड़ी बहुत अधूरी
—यह नहीं कि यह कह कर मन को समझाएँ

—यह नहीं कि जो जैसा है वैसा ही हो
यह नहीं कि सब कुछ हँसते-हँसते ले लें
देने वाले का मतलब कैसा ही हो

—यह नहीं कि हमको एक कष्ट है कोई
जो किसी तरह कम हो जाये, बस छुट्टी
कोई आकर कर दे अपनी दिलजोई

वह दर्द नहीं मेरे ही जीवन का है
वह दर्द नहीं है सिर्फ़ विरह की पीड़ा
वह दर्द ज़िन्दगी के उखड़ेपन का है

वह दर्द अगर ये आँखें नम कर जाए
करुणा कर आप हमारे आँसू पोंछें
—वह प्यार कहीं यह दर्द न कम कर जाए

चिकने कपड़े, अच्छी औरत, ओहदा भी
फ़िलहाल सभी नाकाफ़ी बहलावे हैं
ये तो पा सकता है कोई शोहदा भी

जब ठौर नहीं मिलता है कोई दिल को
हम जो पाते हैं उस पर लुट जाते हैं
क्या यही पहुँचना होता है मंज़िल को?

हमको तो अपने हक सब मिलने चाहिए
हम तो सारा का सारा लेंगे जीवन
'कम-से-कम' वाली बात न हमसे कहिए।

अकाल

फूटकर चलते-फिरते छेद
भूमि की पर्त गई है सूख
औरतें बाँधे हुए उरोज।
पोटली के अन्दर है भूख।
आसमानी चट्टानी बोझ
ढो रही है पत्थर की पीठ
लाल मिट्टी लकड़ी ललछौर
दाँत मटमैले इकटक दीठ।
कटोरे के पेंदे में भात
गोद में लेकर बैठा बाप
फ़र्श पर रखकर अपना पुत्र
खा रहा है उसको चुपचाप।
पीटकर कृष्णा के तटबन्ध
लौटकर पानी जाता डूब
रात होते उठती है धुन्ध
ऊपरी आमदनी की ऊब।
जोड़कर हाथ काढ़कर खीस
खड़ा है बूढ़ा रामगुलाम
सामने आकर के हो गए
प्रतिष्ठित पंडित राजाराम।
मारते वही जिलाते वही
वही दुर्भिक्ष वही अनुदान
विधायक वही, वही जनसभा
सचिव वह, वही पुलिस कप्तान।
दया से देख रहे हैं दृश्य
गुसलखाने की खिड़की खोल
मुक्ति के दिन भी ऐसी भूल!
रह गया कुछ कम ईसबगोल!

अधिनायक

राष्ट्रगीत में भला कौन वह भारत-भाग्य-विधाता है
फटा सुथन्ना पहने जिसका गुन हरचरना गाता है!
मखमल टमटम बल्लम तुरही पगड़ी छत्र चँवर के साथ
तोप छुड़ाकर ढोल बजाकर जय-जय कौन कराता है!
पूरब-पच्छिम से आते हैं नंगे-बूचे नरकंकाल
सिंहासन पर बैठा, उनके तमगे कौन लगाता है!
कौन-कौन है वह जन-गण-मन अधिनायक वह महाबली
डरा हुआ मन बेमन जिसका बाजा रोज़ बजाता है!

आपकी हँसी

निर्धन जनता का शोषण है
कह कर आप हँसे
लोकतन्त्र का अन्तिम क्षण है
कह कर आप हँसे
सब के सब हैं भ्रष्टाचारी
कहकर आप हँसे
चारों ओर बड़ी लाचारी
कह कर आप हँसे
कितने आप सुरक्षित होंगे
मैं सोचने लगा
सहसा मुझे अकेला पाकर
फिर से आप हँसे।

रामदास

चौड़ी सड़क गली पतली थी
दिन का समय घनी बदली थी
रामदास उस दिन उदास था
अन्त समय आ गया पास था
उसे बता यह दिया गया था उसकी हत्या होगी

धीरे-धीरे चला अकेले
सोचा साथ किसी को ले-ले
फिर रह गया, सड़क पर सब थे
सभी मौन थे सभी निहत्थे
सभी जानते थे यह उस दिन उसकी हत्या होगी

खड़ा हुआ वह बीच सड़क पर
दोनों हाथ पेट पर रखकर
सधे कदम रख करके आए
लोग सिमट कर आँख गड़ाए
लगे देखने उसको जिसकी तय था हत्या होगी

निकल गली से तब हत्यारा
आया उसने नाम पुकारा
हाथ तौलकर चाकू मारा
छूटा लोहू का फ़व्वारा
कहा नहीं था उसने आखिर उसकी हत्या होगी

भीड़ ठेलकर लौट गया वह
मरा पड़ा है रामदास यह
देखो-देखो बार-बार कह
लोग निडर उस जगह खड़े रह
लगे बुलाने उन्हें जिन्हें संशय था हत्या होगी।

दयाशंकर

इस बड़े शहर में कई नागरिक रहते हैं
उनमें से एक दयाशंकर कहलाता है
वह नकलनवीसी करके एक कचहरी में
तनख्वाह एक सौ दस रुपये घर लाता है

उसका घर एक कोठरी एक बरम्दा है
उसमें बीवी औ' पाँचों बच्चे रहते हैं
वह भी रहता है रहता क्या है कोने में
बैठा अक्सर बेमतलब सर खुजलाता है

बच्चों को दोनों वक्त दाल-रोटी देकर
सर झुका दयाशंकर की बीवी कहती है
तुम भी खा लो थाली को वहीं फ़र्श पर रख
वह बड़े नेम से हर लुकमा चबलाता है

बच्चे छोटे हैं इतने छोटे मगर नहीं
किससे मिलकर रहना चाहिए डरकर किससे
वे खूब समझते हैं कब क्या कहना चाहिए
हाँ बच्चा है तो वह है जो तुतलाता है

उस रोज़ रात को बिस्तर पर कुछ शरमाकर
मुंशी की बीवी ने मुंशी से कहा सुनो
मेरा मन पूआ खाने को जब करता है
तब मुझको यह होना मुश्किल दिखलाता है

यह बात दयाशंकर ने दुख के साथ सुनी
वह सात जनों के लिए कहाँ पूआ लाते
वह चुप होकर के लेट रहे इसलिए कि वह
माने बैठे थे पूआ पति घर लाता है

तब ज़रा देर कर इन्तज़ार बीवी बोली

उठ पड़ो अभी हम लोग पका खाएँ पूआ
बच्चे सोते हैं मीठी नींद झगड़ करके
बस जो तुतला है कभी-कभी अकुलाता है

वह उठी अरे वह कितनी सुन्दर लगती थी
दुबली कोई आवाज़ न होने दी उसने
ऐसे चुपचाप पकाये उसने चार पुए
जैसे पूआ ही मधुर मिलन कहलाता है

दोनों अपने-अपने हिस्से के पूए ले
जैसे थे जहाँ वहाँ पर बैठे खाते हैं
इतने में सब बच्चे एकदम से जगते हैं
उठ पड़ते हैं मुस्काते हैं सो जाते हैं।

राजकमल चौधरी

(1929–1967)

सरस्वती-वंदना

विलास-पद्म पर रुकी हुई शब्द प्रिया
रोती है। वीणा के क्षत-विक्षत स्तन।
हंस की सर्पाकृति ग्रीवा व्रण-दग्ध।
अधरों पर आलेपित पैतृक प्रणय-दंश।
विलाप-सागर पर रुकी हुई ध्वनिप्रिया
हँसती है। रिक्त है अब भी किन्तु,
मधुपात्र। बीता है अब भी नहीं, क्षण
वह एकमात्र।

एक प्रश्न हज़ार उत्तर

मैंने सूरज से पूछा—धरती कब आग का
गोला बन जायेगी? मुझसे सूरज ने पूछा,
—तुम बरफ़-घर में सोये रहोगे कब
तक?

उनके आ जाने तक

यह बंद तहखाना अपनी देह पर सहना
पड़ेगा। एक अश्लील झूठ बन कर मुझे

यहीं रहना पड़ेगा। अपने गाँव की नदी
का नाम भूल जाना। जिसका भी पत्र
बिना पढ़े, दराज में सरका देना। केवल
उँगलियों से छूकर पुरानी किताबें बंद
करते रहना। सुबह के अखबार दरवाज़े से
झाँकते हैं, वापस लौट जायें। फ्रेम में टँगी
हुई जापानी गुड़िया दीवार से कूद कर खुदकुशी
कर ले। मगर, एक बीमार झूठ बनकर
मुझे यहीं रहना होगा। खाली फूलदानों से
मटमैला धुआँ निकलेगा। बंद तहखाना
अफ़वाहों और चूहों से भर जायेगा।
मैं यहाँ नहीं हूँ,—कोई साँकल खटखटाता
रहेगा, तो मुझे कहना होगा। उनके आ जाने
तक—एक सुरंग निकल आयेगी, मेरे गाँव से
इस तहखाने तक।

भरत की प्रतिज्ञा

डस्टबीन की बगल में कूड़े के ढेर पर अड़ी हुई
ट्राम जंक्शन के पार्श्व में कोयले के टीले पर खड़ी हुई
पार्क में, काठ के टूटे से बैंच में ताज़ा शव सी गड़ी हुई
एक अर्ध विक्षिप्ता नारी, कल बनेगी माता
नये जनमे हुए चमगादड़ नोचने लगेंगे उसके सूखे स्तन
जय हे, जय हे, जय जय जय हे, भारत भाग्य विधाता
गायेंगे स्कूली लड़के-लड़कियाँ, हर रोज़, हर क्षण...

कंधों का सहारा दिए, अपनी बाँहों में बाँध कर
अँधेरी गलियों से उसे खींच लाता हूँ अपने घर
तभी तड़प उठता है कानों में मकान मालिक का निर्दय स्वर

'यहाँ नहीं लाने सकता है, भद्रलोक का गृह है
कैसा मानुस है तुम, क्या नया-नया आया है कलकत्ता?'

कहाँ जायेगी फुटपाथ की यह शकुंतला, विश्व निस्पृह है
मैं आश्रयहीन कण्व हूँ, और दिशाएँ हैं दुश्यंतों की सत्ता!

इसी विश्वास पर, किन्तु, जीवित हूँ, जाग्रत हूँ, कार्यरत हूँ,
कण्व नहीं रहूँ, न सही, किन्तु ओ माँ, मैं तुम्हारा भरत हूँ!

मुक्ति प्रसंग : आठ

आदमी को तोड़ती नहीं हैं लोकतांत्रिक पद्धतियाँ केवल पेट के बल
उसे झुका देती हैं धीरे-धीरे अपाहिज़
धीरे-धीरे नपुंसक बना लेने के लिए उसे शिष्ट राजभक्त देशप्रेमी
नागरिक बना लेती हैं
आदमी को इस लोकतन्त्री संसार से अलग हो जाना चाहिए
चले जाना चाहिए कस्साबों गाँजाखोर साधुओं
भिखमंगों अफीमची रंडियों की काली और अंधी दुनिया में
मसानों में अधजली लाशें नोचकर
खाते रहना श्रेयस्कर है जीवित पड़ोसियों को खा जाने से
हम लोगों को अब शामिल नहीं रहना है
इस धरती से आदमी को हमेशा के लिए खत्म कर देने की
साजिश में

भारतभूषण

(1929–2011)

गीत प्रश्न

आधी उमर करके धुआँ
यह तो कहो किसके हुए!
परिवार के, या प्यार के
या गीत के, या देश के!

कंधे बदलती थक गईं
सड़कें तुम्हें ढोती हुईं,
ऋतुएँ सभी तुमको लिये
घर–घर फिरीं रोती हुईं,
फिर भी न टँक पाया कहीं
टूटा हुआ कोई बटन,
अस्तित्व सब चिथड़ा हुआ
गिरने लगे पग–पग जुए!

संध्या तुम्हें घर छोड़ कर
दीवा जला मन्दिर गई,
फिर एक टूटी रोशनी
कुछ साँकलों से घिर गई,
स्याही तुम्हें लिखती रही
पढ़ती रहीं उखड़ी छतें,
आवाज़ से परिचित हुए
केवल गली के पहरुए!

डरता रहा हर दिन
किसी तड़की हुई दीवार से,
हर वर्ष के माथे लिखा
गिरना किसी मीनार से
निश्चय सभी अँकुरान में
पीले पड़े, मुरझा गये,
मन में बने साँपों भरे
जालों-पुरे अंधे कुएँ!

राम की जल-समाधि

पश्चिम में ढलका सूर्य
उगा वंशज सरयू की रेती से
हारा-हारा, रीता-रीता,
निश्शब्द धरा, निश्शब्द व्योम
निश्शब्द अधर, पर रोम-रोम
था टेर रहा 'सीता! सीता!'

किसलिए रहे अब ये शरीर
ये अनाथ मन किसलिए रहे!
धरती को मैं किसलिए सहूँ
धरती मुझको किसलिए सहे!

'तू कहाँ खो गई, वैदेही,
वैदेही तू खो गई कहाँ!—
मुरझे राजीव नयन बोले,
काँपी सरयू
सरयू काँपी

देवत्व हुआ लो पूर्णकाम

नीली माटी निष्काम हुई
इस स्नेहहीन देह के लिए
अब साँस-साँस संग्राम हुई,
ये राजमुकुट, ये सिंहासन
ये दिग्विजयी वैभव अपार,
ये त्रियाहीन जीवन मेरा
सामने नदी की अगम धार

माँग रे, भिखारी लोक, माँग!
कुछ और माँग अन्तिम वेला
इन अंचलहीन आँसुओं से
नहला बूढ़ी मर्यादाएँ,
आदर्शों के जल-महल बना
फिर राम मिले न मिले तुझको
कल ऐसी शाम ढले न ढले!

ओ खंडित प्रणय-बंध मेरे
किस ठौर कहाँ तुझको जोड़ूँ!
कब तक पहनूँ ये मौन धैर्य
बोलूँ भी तो किससे बोलूँ!

सिमटे, अब ये लीला सिमटे
भीतर-भीतर गूँजा-भर था,
छप् से पानी में पाँव पड़ा
कमलों से लिपट गई सरयू

फिर लहरों पर वाटिका खिली
रतिमुख सखियाँ, नतमुख सीता,
सम्मोहित मेघबरन तड़पे—
पानी घुटनों-घुटनों आया
आया घुटनों-घुटनों पानी

फिर धुआँ-धुआँ, फिर अँधियारा
लहरों-लहरों, धारा-धारा
व्याकुलता फिर पारा-पारा

फिर एक हिरन-सी किरन देह
दौड़ती चली आगे-आगे,
आँखों में जैसे बान सधा
दो पाँव उड़े जल में आगे
पानी लो, नाभि-नाभि आया
आया लो नाभि-नाभि पानी

जल में तम, तम में जल बहता
ठहरो बस और नहीं! कहता,
जल में कोई जीवित दहता!

फिर एक तपस्विनी शान्त, सौम्य
धक्-धक् लपटों में निर्विकार
सशरीर सत्य-सी सम्मुख थी,
उन्माद नीर चीरने लगा—
पानी छाती-छाती आया
आया छाती-छाती पानी,
भीतर लहरें-बाहर लहरें
आगे जल था, पीछे जल था
केवल जल था, वक्षस्थल था
वक्षस्थल तक केवल जल था,
जल पर तिरता था नीलकमल
बिखरा-बिखरा-सा नीलकमल
कुछ और-और-सा नीलकमल

फिर फूटा जैसे ज्योति-प्रहर
धरती से नभ तक जगर-मगर

दो टुकड़े धनुष पड़ा नीचे
जैसे सूरज के हस्ताक्षर
बाँहों के चन्दन घेरे से
दीपित जयमाल उठी ऊपर
सर्वस्व सौंपता शीश झुका
लो शून्य राम!
लो राम-लहर!
फिर लहर-लहर
लहरें-लहरें
सरयू-सरयू
सरयू-सरयू
लहरें-लहरें
लहरें-लहरें
केवल तम ही तम
तम ही तम
जल ही जल
जल ही जल केवल
हे राम! राम!
हे राम! राम!
हे राम! राम!
हे राम! राम!

मलय

(1929)

दुख के धागे

चेहरे पर बिखरे हुए
दुख के धागे
गोया लिखी काली रेखाएँ
        धुआँ-सी

धँसी आँखों में दिखता-देखता
चमकता प्रकाश
मेरी ज़ुबान पर तैर आया
        आग का स्वाद
        स्वाद आग का!

रात में

इस रात में भी
सितारों जैसे
हज़ार-हज़ार लोगों से मिलता हूँ
        हिलता हूँ अन्दर तक
अपनी ज़मीन से
        जड़ों में छन जाता हूँ

रात में भी
सुबह जैसी यह सुगंध

लोगों के साथ दौड़ती है
बिजली की कौंध ज्यों
        रास्ता रचती है
        हमें हरा करती है
रचती है बड़ा करती है
सुबह होने के करीब
        खड़ा करती है
        बड़ा करती है!

एक वाक्य

प्रश्न की ऊँचाई को पाने
उत्तर की गहराई खोदता हूँ
झुकता हूँ—झुकाता हूँ तार-तार छूता हूँ

तो सिर पर पड़ती एक फटकार
        नाड़ियाँ तरतरा जाती हैं
        तीली की तरह जल उठता हूँ
        उनके सामने
        आँखों में
        एक धधकते वाक्य की तरह
                जी रहा हूँ।

शामिल होता हूँ

मैं चाँद की तरह
रात के माथे पर
चिपका नहीं हूँ,

ज़मीन में दबा हुआ
गीला हूँ गरम हूँ

फटता हूँ अपने अन्दर
अंकुर की उठती ललक को
महसूसता

देखने और रचने के सुख में
थरथराते पानी में
उगते सूर्य की तरह
सड़क पर निकला हूँ
पूरे आकाश पर नज़र रखे,
भाषा की सुबह
मेरे रोम-रोम में
हरी दूब की तरह
हज़ार-हज़ार आँखों से खुली है

ज़मीन में दबा हुआ
गीला हूँ गरम हूँ

मैं शामिल होता हूँ तुम सब में
डूबकर चलता हूँ
रचता हूँ उगता हूँ
भाषा की सुबह में।

भाषा की सुबह

खुली है
होंठों पर तुली है हवा
एक ब्लेड की तरह
सधी है शब्दों की धार

भाषा की सुबह
सनसनायी भिदी है
रोम-रोम की इस हरी दूब में
अन्दर मीठी
और बाहर कुछ नमक की तरह
स्वाद से बाहर भी
हज़ार-हज़ार आँखों से
खुली है
भाषा की सुबह।

श्रीकांत वर्मा

(1931–1986)

मगध

सुनो भई घुड़सवार, मगध किधर है
मगध से
आया हूँ
मगध
मुझे जाना है

किधर मुड़ूँ
उत्तर के दक्षिण
या पूर्व के पश्चिम
में?

लो, वह दिखायी पड़ा मगध,
लो, वह अदृश्य—

कल ही तो मगध मैंने
छोड़ा था
कल ही तो कहा था
मगधवासियों ने
मगध मत छोड़ो
मैंने दिया था वचन—
सूर्योदय के पहले
लौट आऊँगा

न मगध है, न मगध

तुम भी तो मगध को ढूँढ़ रहे हो
बन्धुओ,
यह वह मगध नहीं
तुमने जिसे पढ़ा है
किताबों में,
यह वह मगध है
जिसे तुम
मेरी तरह गँवा
चुके हो

कोसल में विचारों की कमी है

महाराज बधाई हो! महाराज की जय हो।
युद्ध नहीं हुआ—
लौट गये शत्रु।

वैसे हमारी तैयारी पूरी थी!
चार अक्षौहिणी थीं सेनाएँ,
दस सहस्त्र अश्व,
लगभग इतने ही हाथी।

कोई कसर न थी!

युद्ध होता भी तो
नतीजा यही होता।

न उनके पास अस्त्र थे,
न अश्व,
न हाथी,
युद्ध हो भी कैसे सकता था?
निहत्थे थे वे।

उनमें से हरेक अकेला था
और हरेक यह कहता था
प्रत्येक अकेला होता है!

जय यह आपकी है!
बधाई हो!
राजसूय पूरा हुआ,
आप चक्रवर्ती हुए—

वे सिर्फ़ कुछ प्रश्न छोड़ गये हैं
जैसे कि यह—

कोसल अधिक दिन नहीं टिक सकता,
कोसल में विचारों की कमी है!

हस्तिनापुर का रिवाज

मैं फिर कहता हूँ
धर्म नहीं रहेगा, तो कुछ नहीं रहेगा—
मगर मेरी
कोई नहीं सुनता!
हस्तिनापुर में सुनने का रिवाज नहीं—

जो सुनते हैं
बहरे हैं या
अनसुनी करने के लिए
नियुक्त किये गये हैं

मैं फिर कहता हूँ
धर्म नहीं रहेगा, तो कुछ नहीं रहेगा—
मगर मेरी

कोई नहीं सुनता

तब सुनो या मत सुनो
हस्तिनापुर के निवासियो! होशियार!
हस्तिनापुर में
तुम्हारा एक शत्रु पल रहा है, विचार—
और याद रखो
आजकल महामारी की तरह फैल जाता है,
विचार।

काशी का न्याय

सभा बरख़ास्त हो चुकी
सभासद चलें

जो होना था सो हुआ
अब हम, मुँह क्यों लटकाए हुए हैं?
क्या कशमकश है?
किससे डर रहे हैं?

फ़ैसला हमने नहीं लिया—
सिर हिलाने का मतलब फ़ैसला लेना नहीं होता
हमने तो सोच-विचार तक नहीं किया

बहसियों ने बहस की
हमने क्या किया?

हमारा क्या दोष?
न हम सभा बुलाते हैं
न फ़ैसला सुनाते हैं
वर्ष में एक बार

काशी आते हैं—
सिर्फ़ यह कहने के लिए
कि सभा बुलाने की भी आवश्यकता नहीं
हर व्यक्ति का फ़ैसला
जन्म के पहले हो चुका है

उमाकांत मालवीय

(1931–1982)

जैसे अनगिन नीली आँखें

फूली अलसी,
जैसे अनगिन नीली आँखें,

हेर रहीं प्रियपथ विह्वल सी।
तरल तुषार कणों को बुनकर;
भिनसारे कुहरों की दोहर।
ओढ़ सुभीते से अलबेली,
रवि तन निरखे परम विकल सी।

नटखट पवन परस देता तन,
लच-लच जाते कुसुमित आनन।
लहराती सुमनों की पाँतें;
झीलों के नीलम आँचल-सी।

किरणों की नव सोन मंजरी,
गलबाँहें देती उजागरी।
परछाईं कुसुमों में रमती,
आँज गई नयनन काजल-सी।

डालो मत डोरे

डालो मत डोरे,
डगर पिय अगोरे।

लजवन्ती मूरत
मनभावन सूरत।
जन्मा हो जैसे
प्यार का मुहूरत।
चितवन के दर्पण,
दूध के कटोरे।

रंग चढ़ी गहबर,
यौवन की दुपहर।
बहकी कुछ ऐसी,
तज आई नइहर।
कौन से भरोसे,
कौन से निहोरे।

विनती कर जोरी,
नाहक बरजोरी।
बरजो रे बरजो,
काहे मति भोरी।
झूठी सब कसमें,
वादे सब कोरे।

आ गया प्यारा दशहरा

आ गया प्यारा दशहरा,
भेंट लाया हूँ, तुम्हारे लिये बेटे!
पुलिस के मजबूत बूटों से,
अभी रौंदा हुआ ताज़ा ककहरा।

बड़े नाज़ों से,

तुम्हें पाला सहेजा
हर मुसीबत उठाकर भी
स्कूल भेजा।
सिर्फ़ इस खातिर कि कोई एक गोली,
चाट जाये यह तुम्हारा तन इकहरा।

आँसुओं की कमी क्या
जो गैस छूटे,
उफ़ अजब कानून
लाठी के अनूठे।
पर उठाओ माथ गर्वीला उठाओ,
बींधती संगीन सूर्योदय सुनहरा।

बड़े आ से आग होती
यही रटते
सिलेटों के इन्द्रधनुषी
स्वप्न मिटते
लो, उठो, उपहार पूजा का सम्हालो
खून से लथपथ मूर्छित भाइयों का
साँवला गोरा बदन बाँका छरहरा।

विपिन कुमार अग्रवाल

(1931–1989)

संसार

एक पार करते हैं तो सब
बूँद की तरह
समाता हूँ सागर-सी भीड़ में
उग आते हैं मेरे सहस्र हाथ
हज़ारों पैरों से लगता हूँ चलने
समय के साथ

समय मुड़कर बन जाता है शंख

मैं बूँद हूँ समुद्र भी
प्रार्थना और कीर्तन भी
बहता जल हूँ तो अचल द्वीप भी
हर विलोम है मेरा प्रतिबिम्ब
मृत्यु से जन्मा
आदिहीन अनंत हूँ

प्रत्येक दिवस का अभिनंदन करने के लिए
संघर्षरत

उठा लो मुझे तो फूल हूँ
जला दो तो दीप

ख़ुश्बू का दरिया हूँ
ज़मीन का सूर्य
जो हूँ उतना ही नहीं हूँ
वह क्या है जो नहीं हूँ?

यह रोता बालक कैसे होगा चुप?
कहीं जगह नहीं
तिल धरने की
वायु और जल
सबको उपलब्ध
जन्म और मृत्यु की तरह
आकाश और बादल
सदा संग
धूप और छाँह की तरह

जीवन है नदी-नाव का संयोग

देखो राजन्
सागर अपनी मर्यादा का उल्लंघन कर
बढ़ रहा है प्रलयकाल की जलराशि-सा
सात ऋषियों के साथ
समस्त धन-धान्य त्याग
ध्यान करो उस छोटी मछली का
जो फैलती गई तुम्हारी अंजलि से
चार सौ कोस तक सरोवर में

मछुआरा मत फेंको जाल यहाँ

उषा अश्वावती है

हमारे तुम्हारे लिए ही नहीं
ज्योति रचती है   सारे संसार के लिए

उषा की आँखें टटोलती हैं
अपने प्रति रँभाती गायों को

नदी की धार में बहता
घास-फूस-सा मेरा अस्तित्व
बाँध सको तो बाँधो
तुम गाओ मैं सुनूँ
तुम आओ मैं द्वार खोलूँ
हँसो तो हँसूँ
चाहे जैसे
... ...

गुमनाम बस्ती में
बंद कमरे से आ रही खाँसी की आवाज़

कुमारी कन्याएँ
प्रातः
अपने वस्त्र उतार
ठंडे यमुना जल में
थर थर काँपती
यहाँ नहाएँगी

मत फेंको जाल यहाँ

मन से   वाणी से   दृष्टि से
जो ग्रहण किया जाता है

वह सब हूँ मैं
जाग्रत, स्वप्न और सुषुप्ति
मैं ही मत्स्य हूँ
मैं ही हंस
सबका हितैषी
सुहृद और प्रियतम

कहना मानो...

मिलन

आ गई है बेला मिलन की

सुख के उनचास अश्व
पवन बन
करें मंद-मंद विहार
वन-उपवन में
बसें विहग विहाग
विभूषित और विशंकित
सखियाँ करें विलास

मिल बैठें संग-संग
खरगोश और ऊदबिलाव

उठें समुद्र में मधुमय लहरें
धरें सिंहरूप प्रभु सुंदरवन में
ढँक जाएँ खेतों के मैदान
उड़ती रंगीन पतंगों से

तब गगन और सागर के खुले अधर में
समाए सोमरस की अजर धार
घर में प्रवेश करती लौटी गायों-सी
लगातार

किनारे लगी नावों के
हिलते मस्तूल...
विदाई में
दूर यात्री जहाज़ की

('आदिहीन अनंत यात्रा' सीरीज़ की तीसरी और पाँचवीं कविता)

केदारनाथ सिंह
(1932–2018)

अनागत

इस अनागत को करें क्या?—
जो कि अक्सर बिना सोचे, बिना जाने
सड़क पर चलते अचानक दीख जाता है!

किताबों में घूमता है;
रात की वीरान गलियों-पार गाता है!
राह के हर मोड़ से हो कर गुज़र जाता;
दिन-ढले सूने घरों में लौट आता है!

बाँसुरी को छेड़ता है;
खिड़कियों के बन्द शीशे तोड़ जाता है!
किवाड़ों पर लिखे नामों को मिटा देता;
बिस्तरों पर छाप अपनी छोड़ जाता है!
इस अनागत को करें क्या—
जो न आता है, न जाता है!

आज-कल ठहरा नहीं जाता कहीं भी;
हर घड़ी, हर वक़्त खटका लगा रहता है!
कौन जाने कब, कहाँ वह दीख जाये!
हर नवागन्तुक उसी की तरह लगता है!
फूल जैसे अँधेरे में दूर से ही चीखता हो;
इस तरह वह दरपनों में कौंध जाता है!
हाथ उसके
हाथ में आ कर बिछल जाते

स्पर्श उस का
धमनियों को रौंद जाता है!
पंख
उसकी सुनहरी परछाइयों में खो गये हैं।
पाँव
उस के कुहासे में छटपटाते हैं!

इस अनागत का करें क्या हम
कि जिस की सीटियों की ओर
बरबस खिंचे जाते हैं!

दुपहरिया

झरने लगे नीम के पत्ते, बढ़ने लगी उदासी मन की,
उड़ने लगी बुझे खेतों से
झुर-झुर सरसों की रंगीनी,
धूसर धूप हुई, मन पर ज्यों—
सुधियों की चादर अनबीनी,
दिन के इस सुनसान पहर में रुक-सी गयी प्रगति जीवन की।
साँस रोक कर खड़े हो गये
लुटे-लुटे-से शीशम उन्मन,
चिलबिल की नंगी बाँहों में
भरने लगा एक खोयापन,
बड़ी हो गयी कटु कानों को 'चुर-मुर' ध्वनि बाँसों के वन की।
थक कर ठहर गयी दुपहरिया,
रुक कर सहम गयी चौवाई,
आँखों के इस वीराने में—
और चमकने लगी रुखाई,
प्रान, आ गये दर्दीले दिन, बीत गयीं रातें ठिठुरन की।

धानों का गीत

धान उगेंगे कि प्रान उगेंगे
उगेंगे हमारे खेत में,
आना जी बादल ज़रूर।
चन्दा को बाँधेंगे कच्ची कलगियों
सूरज को सूखी रेत में
आना जी बादल ज़रूर!
आगे पुकारेगी सूनी डगरिया
पीछे झुके बन-बेंत
संझा पुकारेंगी गीली अखड़ियाँ
भोर हुए धन खेत;
आना जी बादल ज़रूर,
धान कँपेंगे कि प्रान कँपेंगे
कँपेंगे हमारे खेत में,
आना जी बादल ज़रूर!

धूप ढरे तुलसी-बन झरेंगे,
साँझ घिरे पर कनेर,
पूजा की बेला में ज्वार झरेंगे
धान—दिये की बेर,
आना जी बादल ज़रूर,
धान पकेंगे कि प्रान पकेंगे
पकेंगे हमारे खेत में,
आना जी बादल ज़रूर!

झीलों के पानी खजूर हिलेंगे,
खेतों में पानी बबूल,
पछुवा के हाथों में शाखें हिलेंगी,
पुरवा के हाथों में फूल,
आना जी बादल ज़रूर!

धान तुलेंगे कि प्रान तुलेंगे,
तुलेंगे हमारे खेत में,
आना जी बादल ज़रूर!

रात

रात पिया, पिछवारे पहरू ठनका किया!
कँप-कँप कर जला दीया,
बुझ-बुझ कर यह जिया,
मेरा अंग-अंग जैसे,
पछुए ने छू दिया,
बड़ी रात गये कहीं पण्डुक पिहका किया!
आँखड़ियाँ पगली की—
नींद हुई चोर की
पलकों तक आ-आकर
बाढ़ रुकी लोर की
रह-रह कर खिड़की का पल्ला उढ़का किया!
पथराये तारों की जोत—
डबडबा गयी,
मन की अनकही सभी
आँखों में छा गयी,
सुना क्या न तुम ने, यह दिल जो धड़का किया!

टूटने दो

टूटने दो,
टूटने दो,
टूटने दो!

ठाठें मारता है एक नया भाव
मेरी धमनियों में,
हाँ, हड्डी-हड्डी को,
पसली-पसली को
नदी के अरार की तरह
टूटने दो,
टूटने दो,
टूटने दो!

अगर नहीं हैं मेरे स्वरों में तुम्हारे स्वर,
अगर नहीं हैं मेरे हाथों में तुम्हारे हाथ
अगर नहीं है मेरे शब्दों में तुम्हारी आहट,
अगर नहीं है मेरे गीतों में तुम्हारी बात—
तो ओ रे भाई,
ओ रे भाई,
मुझे पछाड़ खाये बादल की तरह
टूटने दो,
टूटने दो,
टूटने दो!

अगर रोती हैं मेरे तटों पर तुम्हारी लहरें,
अगर जलते हैं मेरी बाँहों में तुम्हारे धान,
अगर बन्द हैं मेरी मुट्ठी में तुम्हारी नदियाँ
अगर कैद हैं मेरी छाती में तुम्हारे गान,
तो ओ रे भाई,
ओ रे भाई,
मुझे ज़ंग-लगे लोहे की तरह
टूटने दो,
टूटने दो,
टूटने दो!

विदा-गीत

रुको, आँचल में तुम्हारे
यह समीरन बाँध दूँ, यह टूटता प्रन बाँध दूँ।
एक जो इन उँगलियों में
कहीं उलझा रह गया है
फूल-सा वह काँपता क्षण बाँध दूँ!

फेन-सा इस तीर पर
हम को लहर बिखरा गयी है!
हवाओं में गूँजता है मन्त्र-सा कुछ
साँझ हल्दी की तरह
तन-बदन पर छितरा गयी है!
पर रुको तो—
पीत पल्ले में तुम्हारे
फ़सल पकती बाँध दूँ!
यह उठा फागुन बाँध दूँ!

'प्यार'—यह आवाज़
पेड़ों-घाटियों में खो गयी है!
हाथ पर, मन पर, अधर पर, पुकारों पर
एक गहरी पर्त
झरती पत्तियों की सो गयी है!
पर रहो तो,
रुँधे गीतों में तुम्हारे
लपट हिलती बाँध दूँ!
यह डूबता दिन बाँध दूँ!

धूप तकिये पर पिघल कर
शब्द कोई लिख गयी है,
एक तिनका, एक पत्ती, एक गाना—

साँझ मेरे झरोखे की
    तीलियों पर रख गयी है!
पर सुनो तो—
खुले जूड़े में तुम्हारे
    बौर पहला बाँध दूँ।
    हाँ, यह निमन्त्रण बाँध दूँ!

दिग्विजय का अश्व

    अभी,
बिलकुल अभी,
दिग्विजय का अश्व इस पथ से गया है!
मकानों पर उड़ रही है धूल
पेड़ थर-थर काँपते हैं!
अभी, बिलकुल अभी!
हाँ, वही, बिलकुल वही था
कभी हल्के झुटपुटे में जिसे देखा था!
तलहटी में, घाटियों में,
नींद की खामोश गलियों पार
जिसकी डूबती टापें सुनी थीं,
हवाओं के साथ उड़ते जिसे देखा था!
हाँ, वही था, वही था वह अश्व—
इस पथ से गया है अभी बिलकुल अभी!
हाँ, यहीं से—
इसी खिड़की से उसे मैंने पुकारा था :
'आह, ठहरो, दिग्विजय के अश्व,
मैं पहचानता हूँ!
जानता हूँ क्या लिखा है उस सुनहले पत्र में जो

तुम्हारी, ग्रीवा में बँधा है!
पर रुको तो—
भूलता हूँ मैं कि मैंने कब, कहाँ, किस सिन्धु-तट पर
तुम्हें छोड़ा था!
कुछ दिये थे पंख तुम को,
किधर,
किन विजयकूलों की दिशा में
तुम्हें मोड़ा था!
ओह, ठहरो, दिग्विजय के अश्व!
हवा से भी, लहर से भी,
आयु के छिन पहर से भी—
बहुत आगे, बहुत आगे—
तुम बराबर कहीं अगले मोड़ पर हो,
और मैं चिल्ला रहा हूँ
आ रहा हूँ! आ रहा हूँ!
तुम जहाँ तक हो, वहाँ तक
हाथ ये फैला रहा हूँ
आह, ठहरो, दिग्विजय के अश्व!'
और वह ठहरा नहीं,
मुड़ कर इधर देखा नहीं;
खिड़कियों को तोड़ता,
हर हाँक पीछे छोड़ता, अनसुना, अनजान,
इस पथ से गया है—
अभी बिलकुल अभी!
आह, कोई उसे रोके, उसे बाँधे
झुटपुटे में फिर कहीं वह बिला जायेगा!
चक्रवर्ती कहाँ है वह!
कौन है हम में!
दिग्विजय का अश्व यों ही चला जायेगा!

देवेन्द्र कुमार 'बंगाली'

(1933–1991)

एक पेड़ चाँदनी

एक पेड़ चाँदनी लगाया है आँगने
फूले तो, आ जाना
एक फूल माँगने!

ढिबरी की लौ–जैसे लीक चली आ रही
बादल का रोना है, बिजली शरमा रही
मेरा घर
        छाया है तेरे सुहाग ने।

तन कातिक–मन अगहन बार–बार हो रहा
मुझमें तेरा कुआर जैसे कुछ बो रहा
रहने दो
        यह हिसाब कर लेना बाद में।

नदी, झील, सागर के रिश्ते मत जोड़ना
लहरों को आता है यहाँ–वहाँ छोड़ना
मुझको पहुँचाया है
        तुम तक अनुराग ने।

एक पेड़ चाँदनी लगाया है आँगने
फूले तो, आ जाना
एक फूल माँगने!

लो आये मक्का में दाने

लो, आये मक्के में दाने!
जाग रहे रखवाले,
        गाँव, घर, सिवाने।

ठहरा है तालों में पानी
ऐसी चुप्पी के क्या मानी!
बोल रही बिटिया—
        बाबू गये कमाने।

किसकी छाया, कैसा छूना!
हर कोई बन गया नमूना
खेतों, मेड़ों, जड़ें
        बहाने।

खोल दिये नदियों ने जूड़े
दाँतों को खा गये मसूड़े
किस्से—
        कुछ नये, कुछ पुराने।

अंधकार का खोल

लो, दिन बड़ा हुआ।
अंधकार का खोल फेंककर
सूरज खड़ा हुआ!

खुलने लगीं दिशाएँ मन में
दूर कहीं आँखों के वन में
आसमान नंगी बाँहों पर
लगता अड़ा हुआ!

देखो तो इस शाम को भला
अपने में खोई शकुंतला
आधा धड़ बाहर
आधा ज़मीन में गड़ा हुआ!

नदी, पहाड़, वनस्पतियाँ हैं
बिस्तर-बंद मनस्थितियाँ हैं
नर्म हथेली पर सब कुछ
सरसों-सा पड़ा हुआ!

दुष्यंत कुमार

(1933–1975)

अभी तो

रात के घने, काले समय में
मेरी हथेली पर
तुमने बनाया है जो सूरज
—मेहंदी से
कहीं सुबह तक रचेगा,
लाल होगा!

यों उतावले मत हो
रचेगा ज़रूर
सूरज है
तुमने बनाया है;

लेकिन प्रिय
अभी तो अँधेरा है,
नमी है, हथेली में
सुबह की प्रतीक्षा है।

निर्वासित कुंठा

मेरी कुंठा
रेशम के कीड़े-सी ताने-बाने बुनती
स्वर से, शब्दों से, भावों से

और वाणी से कहती-सुनती
तड़क-तड़क कर बाहर आने को सिर धुनती
गर्भवती है—
मेरी कुंठा क्वारी कुंती?
बाहर आने दूँ तो लोक-लाज मर्यादा
भीतर रहने दूँ तो घुटन
सहन से ज़्यादा
मेरा यह व्यक्तित्व
सिमटने पर आमादा

प्रसव-काल है—सघन वेदना
मन की चट्टानों, कुछ खिसको,
राह बना लूँ,
ओ स्वर-निर्झर बहो कि तुममें
गर्भवती अपनी कुंठा का कर्ण बहा लूँ
मुझको इससे मोह नहीं है
इसे विदा दूँ।

यह कुंठा का पुत्र
अभागी, मंगल-नाशक
इसे उठा कर जो भी पालेगा
इसके हित कष्ट सहेगा
बुरा करेगा, द्रोही! घातक!!

...प्राप्य सत्य के लिए
महाभारत-सा जब-जब युद्ध छिड़ेगा
यह कुंठा का पुत्र हमेशा
कौरव दल के साथ रहेगा
और लड़ेगा...

अभिव्यक्ति का प्रश्न

प्रश्न अभिव्यक्ति का है,
मित्र!
किसी मर्मस्पर्शी शब्द से
या क्रिया से,
मेरे भावों, अभावों को भेदो
प्रेरणा दो!
यह जो नीला
ज़हरीला धुआँ भीतर उठ रहा है,
यह जो जैसे मेरी आत्मा का गला घुट रहा है,
यह जो सद्य-जात शिशु सा
छटपटा रहा है,
यह क्या है?
क्या है मित्र,
मेरे भीतर झाँककर देखो।
छेदो! मर्यादा की इस लौह-चादर को,
मुझे ढँके बैठी जो,
उठने मुस्कुराने नहीं देती,
दुनिया में आने नहीं देती।
मैं जो समुद्र-सा
सैकड़ों सीपियों को छिपाए बैठा हूँ,
सैकड़ों लाल मोती खपाए बैठा हूँ,
कितना विवश हूँ!
मित्र, मेरे हृदय का यह मंथन
यह सुरों और असुरों का द्वंद्व
कब चुकेगा?
कब जागेगी शंकर की गरल पान करने वाली करुणा?
कब मुझे हक मिलेगा

इस मंथन के फल को प्रगट करने का?
मूक!
असहाय!!
अभिव्यक्ति-हीन!!!
मैं जो कवि हूँ,
भावों-अभावों के पाटों में पड़ा हुआ
एकाकी दाने-सा
कब तक जीता रहूँगा?
कब तक कमरे के बाहर पड़े हुए गर्दखोर-सा
जीवन का यह क्रम चलेगा?
कब तक ज़िन्दगी की गर्द पीता रहूँगा?
प्रश्न अभिव्यक्ति का है मित्र!
ऐसा करो कुछ
जो मेरे मन में कुलबुलाता है
बाहर आ जाए!
भीतर शान्ति छा जाए!

अजित कुमार

(1933–2017)

चाँदनी

चाँदनी चंदन सदृश हम क्यों लिखें?
मुख हमें कमलों सरीखे क्यों दिखें?
हम तो लिखेंगे
चाँदनी उस रुपये सी है
जिसमें चमक तो है
खनक गायब है।

पहाड़ और पहाड़

नदियाँ बहाकर ले गई थीं
पहाड़ और धरती का
जो चूना रसायन और नमक
समुद्र में,
कीड़ों ने खाया उन्हें,
पचाया उन्हें
और उत्पादन शुरू किया
नमक, रसायन और चूने का
अपने ही तन से।

क्या पता
यह प्रकृति का एक और सन्तुलन हो

कि उधर गलते रहें पहाड़
खड़े धरती के शीश पर...
इधर चलते रहें पहाड़
टिके घोंघों की पीठ पर।

कोशिश कर

कैसा यह मोह
झरे फूल को भी
छाती से चिपकाये
तू बैठा है, पगले!

इस देश की प्रथा है—
उसे बींधो, उसे नोचो, सूँघो, मसलो और फेंक दो।
तू भी क्यों न कोशिश कर!

गाँव वह नईमपुर अपना,
अरे, माला की तरह उसे जपना क्या!

अमराई तेरे बचपन की
जाने कब कट चुकी,
जोगिया, सिन्दूरी, बतसिया, वे तमाम आम
अलग-अलग स्वाद जिनका
अभी भी है ताज़ा तेरे मुख में
सबसे अधिक उस खटुवे का,
रस-भरा, मगर अँबिया-सा चूक, खट्टा...

—अमराई वह कट चुकी—
पर तुझमें चुभे हैं जो
तीतर और कोयल
और बरखा की टपर-टपर,

बगिया के बीच में वह छोटी-सी मड़इया—
अरे, कब तक इन्हें यों ही ढोये जायेगा तू, पगले!

देख लाल-लाल चींटे,
बड़े, बेढब, ज़हरीले
उस 'गोलवा' से उतर
चढ़ आते हैं छाती पर—
झटक, फेंक, हटा इन्हें तुरत! ओ रे पगले!

एक पतली-सी डगर थी
एक नन्हा-सा सफ़र था
एक गुड़िया-सी बहन थी,
एक सरपत का वन था
और
फूलों के बोझ से लदी-फँदी, रुकी-झुकी
वह सुगंधित अमराई...

भाग! भाग!
अररा कर वह तेरे ही ऊपर
आयी जाती है!
भाग! भाग!
जाग ओ रे, पगले!
इस देश की प्रथा है
तू भी क्यों न कोशिश कर!

कीर्ति चौधरी
(1934–2008)

बरसते हैं मेघ झर-झर

बरसते हैं मेघ झर–झर
भीगती है धरा
उड़ती गंध
चाहता मन
छोड़ दूँ निर्बंध
तन को, यहीं भीगे
भीग जाए
देह का हर रंध्र
रंध्रों में समाती स्निग्ध रस की धार
प्राणों में अहर्निश जल रही
ज्वाला बुझाए
भीग जाए
भीगता रह जाए सब उत्ताप।
बरसते हैं मेघ झर–झर
अलक माथे पर
बिछलती बूँद मेरे
मैं नयन को मूँद
बाँहों में अमिय–रस–धार घेरे
आह! हिम–शीतल सुहानी शान्ति
बिखरी है चतुर्दिक

एक जो अभिशप्त

वह उत्तप्त अन्तर
दहे ही जाता निरंतर
बरसते हैं मेघ झर-झर।

स्वयंचेता

घाव तो अनगिन लगे
कुछ भरे कुछ रिसते रहे पर
बान चलने की नहीं छूटी।

चाव तो हर क्षण जगे
कुछ कफ़न ओढ़े, किरन से संबंध जोड़े
आस जीवन की नहीं टूटी।

भाव तो हर पल उठे
कुछ सिंधु-वाणी में समाए, कुछ किनारे
प्रीति सपनों से नहीं रूठी।

इस तरह हँस-रो चले हम
पर किसी भी ओर से, संकेत की
कोई किरन भी तो नहीं फूटी।

एक चतुष्पदी

एक पग उठता कि लगता
हौसले मन में पहाड़ों को उलटने के
बहुत जागे।

दूसरा पग प्रेरणा देता
गहन किस अंध गह्वर में सभी कुछ
छोड़ मन भागे।

क्षण-प्रतिक्षण राह में यह
प्रगति औ' अवरोध के दो मोड़ संग-संग
ही खड़े आगे।

शक्तिमय सक्षम बना दे कौन?
उन्नति की दिशा में बढ़ चलें हम
अगति को त्यागे।

फूल झर गए

फूल झर गए।

क्षण-भर की ही तो देरी थी,
अभी-अभी तो दृष्टि फेरी थी—
इतने में सौरभ के प्राण हर गए;
फूल झर गए।

दिन-दो दिन जीने की बात थी,
आखिर तो खानी ही मात थी;
फिर भी मुरझाए तो व्यथा भर गए—
फूल झर गए।

तुमको औ' मुझको भी जाना है—
सृष्टि का अटल विधान माना है;
लौटे कब प्राण गेह बाहर गए—
फूल झर गए।

फूलों सम आओ हँस हम भी झरें
रंगों के बीच ही जिएँ औ' मरें
पुष्प अरे गए किन्तु खिलकर गए—

फूल झर गए।

स्नेहमयी चौधरी

(1935–2017)

कैद अपनी ही

किसने कहा था
खूँटा जो गड़ा है
उससे बँधी रस्सी के एक सिरे पर
कसकर गाँठ बाँध दो
दूसरे सिरे के गोल घेरे में
अपनी गरदन डाल दो,
फिर घबड़ाकर
रस्सी तुड़ाकर भागो
लेकिन बार-बार वापस आ
उसी के आस-पास घूमती रहो!

कहना किसे है—ऐसे में
जब,
खुद अपनी ही क़ैद में
गिरफ़्त हो—'मैं'।

उपस्थित

जब मैं ऐसे लोगों के बीच
उपस्थित होती हूँ—
जहाँ रेगिस्तान ही रेगिस्तान है,

कैक्टस उगे हैं ढेरों,
ऊपर चिलचिलाती धूप का ताप है,
वहाँ मेरा मन एक ताल पर नहीं रहता
बेसुरा हो जाता है,
बाद में बड़ी देर तक उछल-कूद होती रहती है।

सम ताल पर लाने के लिए
कठिन परिश्रम करना पड़ता है,
पर मैं खींच ही लाती हूँ उसे
सम ताल पर—
और मैं दूसरों के प्रति
उदार हो जाती हूँ,
उन्हें क्षमा कर देती हूँ।

तब, मैं वास्तव में उपस्थित होती हूँ।

ऐसे हम मिले

जब अपने से ऊबे
हम चल दिये मिलने
दूसरों से,
मन को अन्दर से बन्द किया।
फिर कैसे मिले, पता नहीं?
अन्दर-अन्दर छुपे
बाहर-बाहर से मिले...

मिले कहाँ?
उल्टे हम
और दूर हो लिये।

दुविधा

रोटी सेंकती—
औरत का हाथ जलता है,
चिमटे के बिना
रोटी फुलाती है जब वह
आँच पर।

देश जलता है—
एक सामूहिक लगी
आग में।

वह देश की
आग में जले?
या
रोटी बनाती हुई जले?

किसे छोड़े
किसे अपनाए?

दुविधा में
क्या करे?

कुमार विकल
(1935–1997)

बायस्कोप

एक रोज़ बचपन में मैंने ज़िद की थी
बायस्कोप देखूँगा।
माँ ने मुझको सहज भाव से फुसलाया
'बिस्तर में, तकिये के नीचे मुँह रख
आँखें बन्द करके
चंदा मामा के घर में
चरखा कात रही बुढ़िया के बारे में सोचो,
तब जो देखोगे उसको बायस्कोप कहते हैं।'

मैं अबोध था
समझा यही बायस्कोप है।
और रात सोने से पहले
बिस्तर में तकिये के नीचे मुँह रख
आँखें बन्द करके मैंने
चंदा मामा के घर में
चरखा कात रही बुढ़िया के बारे में सोचा।
तब मैंने देखा—
बादल भैया के घोड़े
आइसक्रीम खाते हुए परियों के बच्चे
चॉकलेट और टॉफ़ी के डिब्बों से भरा पड़ा बौनों का देश।
मेरा बायस्कोप कितना अच्छा था
रोज़ रात सोने से पहले देखा करता।

तब बचपन था,
किन्तु आज जब बचपन अँधेरे कमरे में खोई सूई के समान है
अक्सर अधसोई रातों को
बिस्तर में अर्थहीन सोचा करता हूँ।
लेकिन अब—
चंदा मामा के घर में
चरखा कात रही बुढ़िया
और बादल भैया के घोड़े नज़र नहीं आते।
अब तो घर के ईंधन,
दफ़्तर की फ़ाइलों के नीचे
दबे पड़े,
कटे हुए पंख नज़र आते हैं
जो पीड़ा देते हैं,
पलकें गीली कर जाते हैं,
अधसोई रातें इसी सोच में कट जाती हैं—
मैंने बचपन में ज़िद क्यों की थी
माँ ने क्यों मुझको झूठा बायस्कोप देखना सिखलाया था?

चम्बा की धूप

ठहरो भाई,
धूप अभी आयेगी
इतने आतुर क्यों हो
आखिर यह चम्बा की धूप है—
एक पहाड़ी गाय—
आराम से आयेगी।
यहीं कहीं चौगान में घास चरेगी

गद्दी महिलाओं के संग सुस्तायेगी
किलकारी भरते बच्चों के संग खेलेगी
रावी के पानी में तिर जायेगी।
और खेलकूद के बाद
यह सूरज की भूखी बिटिया
आटे के पेड़े लेने को
हर घर का चूल्हा-चौखट चूमेगी
और अचानक थककर
दूध बेच कर लौट रहे
गुज्जर परिवारों के संग,
अपनी छोटी-सी पीठ पर
अँधेरे का बोझ उठाये,
उधर—
जिधर से उतरी थी
चढ़ जायेगी—
यह चम्बा की धूप—
पहाड़ी गाय।

कैलाश वाजपेयी

(1936–2015)

चतुष्पदी

यामिनी हो तम न हो; संभव नहीं
अन्त हो उद्गम न हो; संभव नहीं
मत शिकायत कर दुखी तू है यहाँ
ज़िन्दगी हो ग़म न हो; संभव नहीं

कुछ मत चाहो

कुछ मत चाहो दर्द बढ़ेगा
ऊबो और उदास रहो

आगे पीछे एक अनिश्चय
एक अनीहा, एक वहम
टूट बिखरने वाले
मन के लिए व्यर्थ है कोई क्रम

चक्राकार अँगार उगलते
पथरीले आकाश तले
कुछ मत चाहो दर्द बढ़ेगा
ऊबो और उदास रहो

यह अनुर्वरा पितृभूमि है
धूप झलकती है पानी
खोज रही

खोखली सीपियों में
चाँदी
हर नादानी

ये जन्मांध दिशाएँ
दें आवाज़ तुम्हें इससे पहले
रहने दो विदेह वे सपने
बुझी व्यथा को आग न दो

तम के मरुस्थलों में तुम
मणि से अपनी यों अलगाए
जैसे आग लगे आँगन में
बच्चा सोया रह जाए

अब जब अनस्तित्व की दूरी
नाप चुकीं असफलताएँ
यहीं विसर्जन कर दो ये क्षण
गहरे डूबो
साँस न लो।

परास्त बुद्धिजीवी का वक्तव्य

न हमारी आँखें हैं आत्मरत
न हमारे होंठों पर शोक गीत
जितना कुछ ऊब सके ऊब लिये
हमें अब किसी भी व्यवस्था में डाल दो
(जी जाएँगे)

ऊर्ध्व संगमरमर पर लगे हुए छत्ते-सी
यह सारी दुनिया :

जिसे हम न पा सके
हमारी डंक-छिदी देह को नहीं पता
वहाँ कहीं शहद भी होता है
कटे हुए पैरों में
        अपनी हर यात्रा लपेटकर
हम रेगिस्तानों-से फैले पड़े हैं
वर्जित हो यों तो अपनी
सुविधा के लिए
        रेतीली छाती से पहिये निकाल दो
(जी जाएँगे)
        पानी मटमैला है
        या
        खाली चेहरा
            नहीं पता
बाहर दरारें हैं
        या
        फटी आँखों में
            नहीं पता
बस इतना याद है बर्फ़ के चाकू की तरह प्यार
एक बहुत भद्दा मज़ाक था
जो भीतर घाव कर
भीतर पिघल गया
हमें अब न जीवन रविवार है
न बूढ़ी माँ की मृत्यु का समाचार,
डोरी से खींचकर लटका दो बाँस पर
(यदि हमें चाहो हो)
गौरवान्वित नहीं होंगे
पढ़े गए रद्दी अखबार-सा
छितरा दो नंगे फुटपाथ पर

अपमानित न होंगे

चिल्लाती धूप में
बदहवास रात में
कहीं किसी गटर पर
हम खुली पलकों सो जाएँगे
हमें अब किसी भी व्यवस्था में डाल दो
(जी जाएँगे)

क्योंकि निराध्यात्म की
सब जगह सड़ाँध है
हर नगर अच्छा है
क्योंकि हर चेहरे पर
बैठा है 'हायना'
हर मनुष्य सच्चा है।
(हमको अब सब कुछ स्वीकार है)
हमारी परिणति न आत्महत्या है
न ज़ंग लगी हुई आरती
मुरदा इतिहास की पीली मीनार में
हम दो चुम्बकों के बीच
स्थिर हैं
बुरा लगे यों भी तो
बाहर घसीटकर
हमको निर्वात में
उछाल दो
जितना कुछ ऊब सके ऊब लिये
हमें अब किसी भी
व्यवस्था में डाल दो
(जी जाएँगे)

भटका हुआ अकेलापन

यह अधनंगी शाम और
यह भटका हुआ
अकेलापन
मैंने फिर घबराकर अपना शीशा तोड़ दिया

राजमार्ग-कोलाहल-पहिये
काँटेदार रंग गहरे
यंत्र सभ्यता चूस-चूसकर
फेंके गए अस्त चेहरे
    झाग उगलती खुली खिड़कियाँ
    सड़े गीत सँकरे ज़ीने
    किसी एक कमरे में मुझको
    बंद कर लिया फिर मैंने
यह अधनंगी शाम और
यह चुभता हुआ
अकेलापन
मैंने फिर घबराकर अपना शीशा तोड़ दिया

झरती भाँप, खाँसता बिस्तर, चिथड़ा साँसें
उबकाई
धक्के देकर मुझे ज़िन्दगी आखिर कहाँ
                    गिरा आई
टेढ़ी दीवारों पर चलते
मुरदा सपनों के साये
जैसे कोई हत्यागृह में
    रह-रह कर लोरी गाए
        यह अधनंगी शाम और
        यह टूटा हुआ

अकेलापन
मैंने फिर उकताकर कोई पन्ना मोड़ दिया।

आई याद—खौलते जल में जैसे
बच्चा छूट गिरे।
जैसे
जलते हुए मरुस्थल में तितली का पंख झरे।
चिटख गया आकाश
देह टुकड़े-टुकड़े हो बिखर गई
क्षण-भर में सौ बार घूम कर धरती जैसे
ठहर गई
यह अधनंगी शाम और
यह हारा हुआ
अकेलापन
मैंने फिर मणि देकर पाला विषधर छोड़ दिया।

इन्फ़ेक्शन

औरत ने कहा
औरतों ने कहा
औरतों ने औरतों से कहा
औरतों ने और औरतों से कहा
और औरतों ने और औरतों से कहा
और और औरतों ने और और औरतों से कहा—
शहर में हैज़ा फैल गया।

एक धनी मित्र के प्रति

बड़े बाप के बेटे हैं
जब से जन्म हुआ
लेटे हैं!

निगमबोध घाट पर

मामूली लिखावट में
बेहद अनूठी एक सूचना—
'कार्यालय चौबीसों घंटे खुला है।'

धूमिल

(1936–1975)

किस्सा जनतन्त्र

कलछुल—
बटलोही से बतियाती है और चिमटा
तवे से मचलता है
चूल्हा कुछ नहीं बोलता
चुपचाप जलता है और जलता रहता है

औरत—
गवें गवें उठती है—गगरी में
हाथ डालती है
फिर एक पोटली खोलती है।
उसे कठवत में झाड़ती है
लेकिन कठवत का पेट भरता ही नहीं
पतरमुही (पैथन तक नहीं छोड़ती)
सरर-फरर बोलती है और बोलती रहती है

बच्चे आँगन में—
आँगड़-बाँगड़ खेलते हैं
घोड़ा-हाथी खेलते हैं
चोर-साव खेलते हैं
राजा-रानी खेलते हैं और खेलते रहते हैं
चौके में खोई हुई औरत के हाथ
कुछ भी नहीं देखते

वे केवल रोटी बेलते हैं और बेलते रहते हैं
एक छोटा-सा जोड़-भाग
गश खाती हुई आग के साथ-साथ
चलता है और चलता रहता है।

बड़कू को एक
छोटकू को आधा
परबत्ती-बालकिशुन आधे में आधा
कुल रोटी छै
और तभी मुँहदुब्बर
दरबे में आता है—'खाना तैयार है?'
उसके आगे थाली आती है
कुल रोटी तीन
खाने से पहले मुँहदुब्बर
पेट भर
पानी पीता है और लजाता है
कुल रोटी तीन
पहले उसे थाली खाती है
फिर वह रोटी खाता है

और अब—
पौने दस बजे हैं—
कमरे की हर चीज़
एक रटी हुई रोज़मर्रा धुन
दुहराने लगती है
वक्त घड़ी से निकलकर
अँगुली पर आ जाता है और जूता
पैरों में, एक दाँत टूटी कंघी
बालों में गाने लगती है
दो आँखें दरवाज़ा खोलती हैं

दो बच्चे टा-टा कहते हैं
एक फटेहाल कलफ़ कॉलर—
टाँगों में अकड़ भरता है
और खटर-पटर एक ढड्ढा साइकिल
लगभग भागते हुए चेहरे के साथ
दफ़्तर जाने लगती है

सहसा चौरस्ते पर जली लाल बत्ती जब
एक दर्द हौले से हिरदे को हूल गया
'ऐसी क्या हड़बड़ी कि जल्दी में पत्नी को
चूमना—
देखो, फिर भूल गया।'

आस्था

रोशनी के दस्तावेज़
फट गये हैं
और टूट गई है
उपलब्धियों की कर्ता

फिर भी
अँधेरे की मुँडेर पर
अमरबेलि लहकी है :
मुझमें पूरे समूह का भय—
चीखता है
दिग्विजय! दिग्विजय!!

उसके बारे में

पता नहीं कितनी रिक्तता थी—
जो भी मुझसे होकर गुज़रा—रीत गया
पता नहीं कितना अंधकार था मुझमें
मैं सारी उम्र चमकने की कोशिश में
बीत गया।

भलमनसाहत
और मानसून के बीच खड़ा मैं
ऑक्सीजन का कर्ज़दार हूँ
मैं अपनी व्यवस्थाओं में
बीमार हूँ।

चन्द्रकांत देवताले

(1936–2017)

रचना-प्रक्रिया के पूर्व

खाली हाथ और भरे मन
रेत के ऊपर
आकाश के नीचे
कोहरे की नदी में
चित लेटे हुए
मैं सूर्य माँगता हूँ
मुझे बर्फ़ मिलती है
सिर्फ़ वही शब्द नहीं मिलता
सिर्फ़ वही क्षण नहीं मिलता
शेष समय की भट्टी में
अतिरिक्त सैकड़ों शब्द फेंकता हूँ
सिर्फ़ वही जगह छूटती है
जहाँ कुछ हो सकता हूँ
वैसे फेंकता हूँ अपने को
शहरों के बीच
सड़कों पर
लोगों के भीतर।

औरत

वह औरत
आकाश और पृथ्वी के बीच

कब से कपड़े पछीट रही है
पछीट रही है, शताब्दियों से
धूप के तार पर सुखा रही है
वह औरत आकाश और धूप और हवा से
वंचित घुप्प गुफा में
कितना आटा गूँध रही है?
गूँध रही है मनों सेर आटा
असंख्य रोटियाँ
सूरज की पीठ पर पका रही है

एक औरत
दिशाओं के सूप में खेतों को
फटक रही है
एक औरत
वक्त की नदी में
दोपहर के पत्थर से
शताब्दियाँ हो गईं
एड़ी घिस रही है,
एक औरत अनंत पृथ्वी को
अपने स्तनों में समेटे
दूध के झरने बहा रही है
एक औरत अपने सिर पर
घास का गट्ठर रखे
कब से धरती को
नापती ही जा रही है,

एक औरत अँधेरे में
खर्राटे भरते हुए आदमी के पास
निर्वसन जागती
शताब्दियों से सोई है,

एक औरत का धड़
भीड़ में भटक रहा है
उसके हाथ अपना चेहरा ढूँढ़ रहे हैं
उसके पाँव
जाने कब से
सबसे
अपना पता पूछ रहे हैं।

धनुष पर चिड़िया

धनुष पर बैठी चिड़िया को वह देखती है पहली बार
दीवार पर लटका धनुष उसे नागवार लगता था
हमेशा एक हिंसक स्मृति की तरह
गलत जगह और समय में टँगा हुआ बेबात

पर अभी इस पीली रोशनी में
उसे नहीं लगा चिड़िया बाण की तरह छूटकर
फिंक जा टकराएगी या टपक पड़ेगी लहूलुहान
पके फल की तरह धनुष के इस खतरनाक पेड़ से

चिड़िया धनुष से नहीं उसके देखने से आतंकित है
जबकि वह चिड़िया के कारण पुलकित धनुष से आज
उसने उससे जो बेखबर इस वाकिये से पढ़ रहा था
कहा आहिस्ते देखी तुमने चिड़िया धनुष पर
वह देखता रहा चिड़िया को धनुष समेत
फिर अपने समेत उसे देखकर बोला
तुम भी तो चिड़िया हो मेरी इसी तरह
अब वह चिड़िया को नहीं धनुष को देख रही थी

उस पढ़ते हुए की तरह
और सुन रही थी प्रत्यंचा को
उसमें अपनी गंध के साथ।

प्रेम की परिक्रमा

जब मैं प्रेम करता हूँ अपने से
अच्छा लगता है पानी का दरख़्त
और मेरे भीतर से उछलकर कुछ बीज
प्रवेश करते हैं शब्दों के भीतर

जब मैं प्रेम करता हूँ तुमसे-सबसे
अच्छी लगती है भरी-पूरी नदी
और नक्षत्र-लोक से बरसती दुआएँ
जोत जगाती हैं आँगन के दीयों में

जब हम प्रेम करते हैं पृथ्वी से
आँखों में तैरते हैं सातों समुद्र
और पुरखों के सपनों की पताकाएँ
फहराने लगती हैं समय के आकाश में

पानी का दरख़्त नदी में
और नदी समुद्र में मिल जाती है
फिर भी पूरी नहीं होती प्रेम की परिक्रमा
क्षितिजों के पार कुछ ढूँढ़ती ही रहती हैं
कवियों की आँखें।

विनोद कुमार शुक्ल
(1937)

एक सुन्दर लड़की को देखना

एक सुन्दर लड़की को देखना
सौन्दर्य को सुन्दर देखना है।

वह अकेली सुन्दर लड़की
जब वह आयी जब वह गयी
बहुतों ने उसे देखा

वह चली जायेगी
शायद चली गयी
सचमुच चली गयी

जिन लोगों ने उसे देखा
उन लोगों ने उसे देख लिया।

यह चेतावनी है

यह चेतावनी है
कि एक छोटा बच्चा है।
यह चेतावनी है
कि चार फूल खिले हैं।
यह चेतावनी है
कि खुशी है
और घड़े में भरा हुआ पानी

पीने के लायक है,
हवा में साँस ली जा सकती है।
यह चेतावनी है
कि दुनिया है
बची दुनिया में
मैं बचा हुआ
यह चेतावनी है
मैं बचा हूँ।
किसी होने वाले युद्ध से
जीवित बच निकलकर
मैं अपनी
अहमियत से मरना चाहता हूँ
कि मरने के
आखिरी क्षणों तक
अनंतकाल जीने की कामना करूँ
कि चार फूल हैं
और दुनिया है।

जंगल के दिन भर के सन्नाटे में

जंगल के दिन भर के सन्नाटे में
महुवा टपकने की आवाज़ आती है
और शाम को हर टप! के साथ
एक तारा अधिक दिखने लगता है
जैसे आकाश में तारा टपका है
फिर आकाश भर जाता है
जैसे जंगल भर जाता है।

आदिवासी लड़की, लड़के, स्त्री जन

अपनी टोकनी लेकर महुवा बीनने
दिन निकलते ही उजाले के साथ-साथ
जंगल में फैल जाते हैं।

एक आदिवासी लड़की
महुवा बीनते-बीनते
एक बाघ देखती है
जैसे जंगल में
एक बाघ दिखता है।
आदिवासी लड़की को बाघ
उसी तरह देखता है
जैसे जंगल में एक आदिवासी लड़की दिख जाती है
जंगल के पक्षी दिख जाते हैं
तितली दिख जाती है।—
और बाघ पहले की तरह
सूखी पत्तियों पर
जंभाई लेकर पसर जाता है।
एक अकेली आदिवासी लड़की को
घने जंगल जाते हुए डर
नहीं लगता
बाघ-शेर से डर नहीं लगता
पर महुआ लेकर गोदाम के बाज़ार
जाने से डर लगता है।

बाज़ार का दिन है
महुवा की टोकनी सिर पर बोहे
या काँवर पर
इधर-उधर जंगल से
पहाड़ी के ऊपर से उतर कर

सीधे–सादे वनवासी लोग
पेड़ के नीचे इकट्ठे होते हैं
और इकट्ठे बाज़ार जाते हैं।

गोली की आवाज़ सुनकर

गोली की आवाज़ सुनकर
पेड़ की सारी चिड़ियाँ उड़ गईं
पर मरने वाला एक आदमी है
चिड़ियाँ बेकार डरीं।

इतने अनिश्चय की स्थिति में
कि कब कौन आदमी अचानक मारा जायेगा
लोगों के लिए
जीवन भरपूर और निश्चित हो गया है...

जैसे स्कूल के समय
स्कूल जाने वाले बच्चे अधिक दिखते हैं
बस में पूरे परिवार के साथ सफ़र अब भी होता है
भीड़ और धक्कामुक्की उतनी ही है
गरमी अधिक पड़ने से
अब अधिक लोग रात में घर के बाहर सोते हैं
देर रात को दोस्तों के घर से लौटने वाले लोग
कहीं ज़्यादा हैं
और बहुत याराना हैं।

ऐसे में यह सब कि कौन मारा जायेगा
मौत के लिए लापरवाही हो
पर जीवन की सबसे अधिक परवाह ऐसी ही हो
शायद पंजाब में इस साल भी फ़सल अच्छी हो।

सौमित्र मोहन

(1938)

बिन चाहे

घास के लम्बे-लम्बे मैदानों में
चन्द्रमा भाप छोड़ रहा है
एक बिना खिड़की वाली दीवार से
झाँक रहा है कोई।

एक सफ़ेद तश्तरी में अंडा फट गया है।

टहलते-टहलते कदमों में
टखनों में
टाँगों में
सुकड़े हुए होंठों से निकलती हुई सीटी में
ज़ंग लग गया है

मैं अपने आप को छोड़ दूँगा चींटियों से खाये
जाने के लिए
बिना किसी मुहूर्त के
बिना किसी आयोजन के
कभी भी।

अकेलापन

हाथों में बोझ है, हज़ारों मन
लंगरों का :

[और एक चहल है हवा में जहाज़ जाने की
चारा खोजती छोटी-छोटी मछलियों की];

मन में जम गयी है गहरी उदासी, झड़ते
खण्डहरों की :
[और एक गूँज है सूने कमरे में बार-बार
लौटती गौरेया की
घोंसले में टाँकते तिनकों के संग-संग;
खिड़की के आरपार बेकरी के सिकने की गंध];

आज, अर्थों में छिपी है सन्दर्भविहीन शून्यता :
[काँच के सतरंगी प्रतिबिम्बों में खुद गयी है
अकेली उड़ानों की काली थकान—
बौरायापन
सूरज के चारों ओर चक्कर लगाती
झुलसन का
बेपीर घुटन का];

आत्म-वक्तव्य

काले और लाल डोरों में आँखें मिचिया कर
लोग देख रहे हैं
तरल इस्पात को बिना आकार लेते;
ज़मीन पर गिरते।

लोगो
मैं तुम्हारी सहानुभूति पर थूकता हूँ
क्योंकि मुझे कमज़ोर बनाने के सारे षड्यंत्र वृथा हैं।

मिट्टी में सिर गाड़े
पक्षी की तरह

मैं
आकाश गिरने की दुर्घटना के टलने की
प्रतीक्षा करूँगा।

सम्बद्ध प्रतिक्षेप[1]

काले लबादे ओढ़े लोग दुर्घटनारहित दिन पर आश्चर्य
प्रकट कर रहे हैं। संभावित सभी अव्यवस्थाओं में कहीं भी कुछ विचित्र
नहीं घटा।

हस्पतालों से छूटते हुए लोग प्रार्थना करते हैं : अच्छी देखरेख, नर्सों और
समय की पाबंदी की। नीचे मुँह किये हुए वे किताबें पढ़ते जा रहे हैं।
सड़कों पर रोशनी इतनी बढ़ती जा रही है कि कोई भी चेहरा
बिना ज़ाहिर किये भावों को भी विज्ञापनों की पीली चमक में
खुश होकर प्रकट कर देता है।

भाषणकर्ता से भी अधिक तैयारी कर वे सभाओं में एकत्र होते हैं।
सुरक्षित अनुभव करने के लिए अपने को सिनेमाघरों, रेस्तराँओं
और पंक्तियों में छोड़ आते हैं। सिर्फ़
उत्सुकता के लिए इतने रिश्ते बना लिए हैं : कि
मानव-स्वतन्त्रता एक बहुत भौंडी मनःस्थिति बनकर रह गयी है।

विदूषक या त्रासद-नायक : सार्थक लगने लगते हैं उन्हें
उपलब्धि घोषित किये जाने के बाद—और उनके स्मरण-चिह्नों के लिए
वे हरदम कोशिश करते रहते हैं। शौर्य प्रदर्शन के अवसर को
वे राष्ट्रीय सम्मान के साथ जीते हैं।

दुर्घटना और अव्यवस्था के अभ्यस्त लोग साहित्य की उपयोगिता
खोज रहे हैं।

---

1. Conditioned reflex

शलभ श्रीराम सिंह

(1938–2000)

जीवन बचा है अभी

जीवन बचा है अभी
ज़मीन के भीतर नमी बरकरार है
बरकरार है पत्थर के भीतर आग
हरापन जड़ों के अन्दर साँस ले रहा है!

जीवन बचा है अभी
रोशनी खोकर भी हरकत में हैं पुतलियाँ
दिमाग सोच रहा है जीवन के बारे में
खून दिल तक पहुँचने की कोशिश में है!

जीवन बचा है अभी
सूख गए फूल के आस-पास है खुशबू
आदमी को छोड़कर भागे नहीं हैं सपने
भाषा शिशुओं के मुँह में आकार ले रही है!
जीवन बचा है अभी।

दुनिया

बिना बोले चल रहे हैं लोग
भासित है दूर-दूर तक चाल की लय!

लय, हाथों के हिलने की
हवा की तरंगों पर तैरती जा रही है

बिना रुके!

गतिशील चुप्पी का कोरस
आदमी की जीवित उपस्थिति है सर्वत्र!

यहाँ, इस शहर में
उस गाँव में, वहाँ ऽ ऽ
सुदूर समुद्र-तट पर
पहाड़ी ढलान के ऊपर
बर्फ़ीली हवाओं के बीच ध्रुवों के आस-पास
आदमी की जीवित उपस्थिति का नाम है दुनिया!

आषाढ़ की दूसरी सुबह

बादल-बादल है आकाश!
पानी-पानी है पृथ्वी!!
हवा-हवा है वातावरण!!!

रेशा-रेशा हरा है जंगल!
रोआँ-रोआँ खुश हैं पशु!!
पहचान वाली हो गई हैं पगडण्डियाँ
रातोरात!!!

धुल गए हैं गाँवों के मुख
याद से लेकर आँगन और आँचल तक
उमँग रही है कोई-न-कोई नदी!

रमेश रंजक
(1938–1991)

भला लगता है

डाकिये का दीख जाना
मुस्कुराते हुए आना
        भला लगता है।

सोचता हूँ कुछ देर
बैठाल कर बातें करूँ
सामने सिगरेट, बीड़ी,
चाय की प्याली धरूँ

कसे घोड़े को कहाँ फ़ुरसत?
'मेहरबानी आपकी' कहते हुए
चिट्ठियाँ आगे बढ़ाना
        भला लगता है।

नौकरी ने इस कदर
बाँधा हुआ है आदमी
वक्त के पाबंद को ही
वक्त की रहती कमी।

इन कमेरे सधे हाथों से
द्वार पर संपर्क के स्वर में
साइकिल का टनटनाना
        भला लगता है।

प्रातः के चार बजे

अन्तर् के तार बजे
बंधु! बार-बार बजे
किसने छू दिया मुझे
प्रातः के चार बजे।

सिहर गया सारा तन
फूल-फूल हुआ बदन
नींद गयी, खुले नयन
    तन-मन में एक नदी
    उतर गयी धीरे से
    लहरों की थापों से
    काँपते कगार बजे।

दत्त-चित्त नील व्योम
उमस, घुटन, हुई होम
पुलकित है रोम-रोम
    प्यारी-सी एक छुअन
    तैर गयी नस-नस में
    प्राण में, धमनियों में,
    अनदिखा सितार बजे।

तुम्हारा आना

तुम्हारा आना कितना भला
तुम्हारा जाना कितना खला!

चार घंटों की मेहमानी
जगी होंठों पर जगरानी

देखते ही भर आया गला।

कोर की गाँठ–गठीली डोर
हुई कमज़ोरी में पुरज़ोर
बहुत दिन नीरसता ने छला।

तुम्हारा जाना कितना खला
तुम्हारा आना कितना भला!

कमलेश

(1939–2015)

याद आता है जापानी कवि

ग्रीष्म की वर्षा से धुली-हरी पत्तियाँ
लखते पेड़ पर
रुग्ण शरीर हल्का हो उठता है, अचानक
हवा भुनभुना जाती है कान में एक गर्मी
हमारे हाल पर पड़ी परत को पिघलाती
अनावृत कर जाती है—
—कविता माँगती है तीखी संवेदना इस समय।

शहर में सड़क पर भागती मोटरों के इंजिनों की
शोर के बीच इस दुमंज़िले की बजाय
हम पहाड़ी घाटी में झरने के पास
पेड़-पौधों के बीच किसी कुटी में भी
हो सकते थे...
(—याद आता है जापानी कवि।)
तुम शताब्दियों पीछे छोड़ आये हो अपनी भूमि
भाषा में
अजनबी शब्दों की बहुतायत है इस समय
शब्द भी तुम्हें मजबूर करते हैं
अनावृत करने को अपना नंगा हाल
भूलने को
सम्पदाएँ प्रकृति की।

कहाँ से हो परिचय की शुरुआत?

तुम जानते हो रहना भूखा
नींद आयी आँखों में जागना भोर तक
सिर्फ़ एक कोशिश
एक कशिश बाँध पाने की—

—कविता चाहे चूल्हे भाड़ में जाये, तुम
पा लो
चिराग एक रात भर घूमने के लिए
बाग में
दिन भर आने वाली शताब्दियाँ करेंगी
तुम्हारा इन्तज़ार
केवल दो क्षण का अवकाश होगा
ग्रीष्म की वर्षा से धुले मौसम में
जीने का

जरत्कारु

वे रात को चले गये घोड़ों पर सवार
जो हम सिवान तक पहुँचाने गये थे लालटेनें लेकर
वापस लौट आये
दूर होती टापों की आवाज़ें सुनते
देर तक—थके-हारे सो गये—हमने फिर
सपने देखे शेष रात भर

हमारी यात्रा एक लघु द्वीप की सीमा पर
परिक्रमा थी एक झील की तलाश में
जिसका मीठा पानी चुल्लुओं भर पी सकते, हमारे अस्त्रों की
खुरदुरी धार थी किसी प्राचीन पत्थर पर
पँहट सकते, हमारे घोड़ों को चाहिए थी

विस्तृत हरियाली जहाँ छुट्टा चर सकते, आखिर हम
इतने थके-हारे क्यों थे?
हमने नहीं की थीं कोई दूरगामी यात्राएँ!

एक कुएँ में लटक रहे थे सब पितर
बरगद की जड़ें पकड़े, पाँवों में बँधा हुआ
शिलाओं का भार था; सहारे-सूत्र चूहे काटते
जा रहे हर पल, अथाह गर्त गिरने की
नियति थी सिर पर

हम क्यों उन्हें रात ढले पहुँचा आये थे सिवान पर?
कौन-से पुरखे लटक रहे थे जड़ों से?
और इतिहास किस समय बदल जाता है चूहों में
हमारी पीड़ा के अन्तिम सहारे-सूत्रों को
काटने लगता है?
आखिर हम उन्हें सिवान पर क्यों छोड़ आये?
कौन से मंत्र वे आज तक नहीं लाये?

विष्णुप्रिया

सुबह-गयी नयनाभा! झीलों में झाँकते
खिलते हैं फूल जिन्हें तोड़ने की कोशिश में
हम भूल जाते हैं तैरना। समन्दर की नवजात परियाँ
हमें फुसला ले जाती हैं अपने देश में जहाँ
रेशे-रेशे से बहती हुई एक नदी है हमें तैरने को
और हम भूल जाते हैं तैरना, ओ सुबह-गयी नयनाभा!
तुम्हारे ललाट पर सूर्य की किरणें फिसल जाती हैं
हमें अंधकार देती हुई छल जाती हैं परियाँ
उस देश में जहाँ रेशे-रेशे से बहती हुई
एक नदी है हमें तैरने को।

तुम्हारी देह की किस कारा में बन्दी हैं हम
ओ साँझ-गयी हरिराका! जहाँ रोज़ रात शय्या से
शेर के शरीर की दुर्गन्ध उठती है और हम
इस कारा में छटपटाते चक्कर लगाते रहते हैं अपने को
एक-गुना, दो-गुना और सौ-गुना गिनते हुए
ओ साँझ-गयी हरिराका! तुम्हारे अभिसार के इंगित पर
रोज़ हम बन्दी हो जाते हैं इस कारा में और जब
तुम्हारी देह से यह बास उठती है तो छटपटाते हैं हम
किसी प्रवाल द्वीप पर कीड़ों को अपने देह की ज्योनार
देते हुए। रोज़ रात हम द्वार के सशस्त्र पहरेदारों के
इंगित पर भूल जाते हैं तैरना तुम्हारी देह की
किस कारा में ओ हरिराका!

अर्ध-रात्रि की विष्णुप्रिया! इन पहाड़ियों की चट्टानों में
तुम्हारे स्तनों की आहट है। स्वप्नों से भी कुछ भारी
कुछ ठोस-सा संसार एक कन्दरा में किसी याद
के ऊँघने पर निर्भर है जहाँ एक आवाज़ की गुर्राहट
असमान अन्तरालों पर खरगोश की तरह उछलती
चली आती है। जिधर झरने बहते हैं दुग्ध-धवल तीक्ष्णता में
तुम्हारे चन्दन पाँवों में भुजंग लिपटे रहते हैं
जिनका विष मेरी नस-नस में व्याप्त है। तुम्हारी ऊँचाइयों—
गहराइयों को पाने की ताकत है तुम्हारी देह के
जंगलों में विरमते हुए पशुओं में—मेरी देह
जिनका स्वप्न है, मेरी आत्मा जिनका खाद्य है।
ओ विष्णुप्रिया! हम शेर की हुंकार से आहत
छटपटाते रहते हैं उन नदियों में जिनकी दुग्ध-धवल तीक्ष्णता
हमें अन्धा कर गयी होती है परियों के देश में
रोज़ पहरेदारों के इंगित पर हम तुम्हारी देह की
कारा में बन्दी हो जाते हैं समुद्री कीड़ों को
अपनी देह की ज्योनार देते हुए।

नरेश सक्सेना

(1939)

सूनी संझा, झाँके चाँद

सूनी संझा, झाँके चाँद
मुँडेर पकड़ कर आँगना
हमें, कसम से नहीं सुहाता
रात-रात भर जागना।

रह-रह हवा सनाका मारे
यहाँ-वहाँ से बदन उघारे
पिछवारे का पीपल जाने—
कैसे-कैसे वचन उचारे
जाने कब तक नीम पड़ेगा—
'घी-मिसरी' में पागना!

कैसे मन की करूँ चिरौरी
खाली-खाली बाखर-पौरी
ऐसे मौसम तुम बाहर हो
आँगन टपके परी निबौरी
जैसे हैं अपने, वैसे हों—
दुश्मन के भी भाग ना।

फूले फूल बबूल कौन सुख

फूले फूल बबूल कौन सुख, अनफूले कचनार!

वही शाम पीले पत्तों की
गुमसुम और उदास
वही रोज़ का मन का
कुछ खो जाने का एहसास
टाँग रही है मन को एक नुकीले खालीपन से
बहुत दूर चिड़ियों की कोई उड़ती हुई कतार।
जाने कैसी-कैसी बातें
सुना रहे सन्नाटे
सुनकर सचमुच अंग-अंग में
उग आते हैं काँटे
बदहवास, गिरती-पड़ती-सी लगीं दौड़ने मन में
अजब-अजब विकृतियाँ अपने वस्त्र उतार-उतार

भूख

भूख सबसे पहले दिमाग खाती है
उसके बाद आँखें
फिर जिस्म में बाकी बची चीज़ों को

छोड़ती कुछ भी नहीं है भूख
वह रिश्तों को खाती है
माँ का हो बहन या बच्चों का
बच्चे तो उसे बेहद पसन्द हैं
जिन्हें वह सबसे पहले
और बड़ी तेज़ी से खाती है
बच्चों के बाद फिर बचता ही क्या है!

पानी

बहते हुए पानी ने
पत्थरों पर निशान छोड़े हैं
अजीब बात है
पत्थरों ने पानी पर
कोई निशान नहीं छोड़ा!

सीढ़ी

मुझे एक सीढ़ी की तलाश है
सीढ़ी दीवार पर चढ़ने के लिए नहीं
बल्कि नींव में उतरने के लिए

मैं क़िले को जीतना नहीं
उसे ध्वस्त कर देना चाहता हूँ।

लालटेनें

बचपन के चेहरों और किताबों की तरफ़ लौटते हुए
वे सबसे पहले मिलती हैं
सियारों के रोने की आवाज़ों के बीच
एक शुभ संकेत की तरह हमारी तरफ़ आती हुईं
एक हाथ से दूसरे में जातीं
भरोसे की तरह
सोये हुए घरों में जागतीं
उम्मीद की तरह

देर रात
किसी सूने बरामदे में अकेली दिखाई दे जातीं
धुआँ देती और भभकती हुईं।

भगवत रावत

(1939–2012)

सुनो हिरामन

जा रे ज़माना...
जा रे हिरामन...
समझ में कितना आया
बिदेसी नौटंकी का खेला

कल तक जो अन्दर जानकारों की तरह
गरदनें हिला रहे थे
भड़ैत थे

आज जो कुटिल हँसी हँसते हुए
सिर उठा रहे हैं
दरअसल पड़ोसी की लड़की के
भाग जाने जैसी दबी हुई खुशी का
जश्न मना रहे हैं

जा रे ज़माना...
जा रे हिरामन...
देखा कैसे एक झटके में उखड़ गया
टीमटामी
वाहवाही मेला।
उठो
गाड़ी जोतो भय्यन
अब कोई और कसम खाने से

काम नहीं चलेगा
बैलों पर गुस्सा उतारने से
काम नहीं चलेगा।

रूपकुमार

(एक)

आदमी तो अपनी लड़ाई लड़ रहा है
और रूपकुमार जी उसके आईने में
अपनी छवि निहार रहे हैं

आदमी तो चीज़ों को अपना कहना चाह रहा है
और रूपकुमार जी उसकी इच्छा में
स्वामित्व का उत्सव मना रहे हैं

आदमी तो अपनी पहचान के लिए जूझ रहा है
और रूपकुमार जी उसकी आड़ में
अपना झण्डा फहरा रहे हैं

आदमी तो अपनी लड़ाई लड़ रहा है
और रूपकुमार जी
तालियाँ बजाते हुए चिल्ला रहे हैं
वो देखो...वो...वो...जा रहा है
वो देखो...वो...वो...आ रहा है

(दो)

जब रोम जल रहा था
तब रूपकुमार बाँसुरी बजा रहा था
—रूपकुमारों की एक सभा में जब यह कहा
रूपकुमार जी ने तो

उपस्थित रूपकुमारों ने तालियों की जगह
अपनी-अपनी बाँसुरी बजाई

सभा के अन्त में
पारित किया गया एक प्रस्ताव
जिसमें देते हुए रूपकुमार जी को बधाई
कहा गया
—कि अपने समय से मुँह मोड़कर
काल में विचरण करने की जो कला
रूपकुमार जी ने बतायी
वह तो उसे भी नहीं मालूम थी
जो उस समय बाँसुरी बजा रहा था
जब रोम जल रहा था।

(दीर्घ शृंखला की पहली दो कविताएँ)

विष्णु खरे

(1940)

द्रौपदी के विषय में कृष्ण

कितना समय बीत गया जब तुमने मुझे अन्तिम बार पुकारा था
वह बहुत बड़ी शूरवीरता नहीं थी दोनों या तीनों बार
लज्जित भीरुता और उद्दंड कायरता के बीच से
केवल एक सामान्य साहस में तुम्हारे समीप होने की छोटी-सी बात थी

हर बार जब लौटा था तो जानता था कि जो कुछ तुमने कहा
उसे लोग स्तुति या पुकार कहकर निस्सार कर देंगे
तुम पाँच योद्धा पतियों की साध्वी पत्नी
मैं सहस्रों गोपियों तथा पटरानियों का संदिग्ध भोक्ता
राधा के मुग्ध प्रेम की अनेक कथाओं का नायक
जिसका उल्लेख-मात्र मुझे बाद में संकोच और झुँझलाहट से भर देता था
किन्तु किसे विश्वास होगा कि तुम्हारे मुख पर सदैव ऐसा कुछ था
कि प्रासाद में अकेले छोड़ दिए गए हम
परस्पर अर्थों को अन्तिम सीमाओं तक समझते हुए
एक-दूसरे के स्पर्श तक की इच्छा नहीं करते थे
चुप विदा होते हुए जब मैं लौटता था
तो इन्द्रप्रस्थ से द्वारका के लम्बे रास्ते में
वह रथ की घरघराहट नहीं
तुम्हारी वाणी की गूँज तुम्हारी आँखों की दीप्ति होती थी
और दारुक पीछे मुड़-मुड़कर व्यग्र होता था

फिर मैंने देखा अपने ही सामने
तुम्हारे और मेरे बांधवों और प्रियजनों को मरते हुए

तुम्हें देखा शिविर में लौटते हुए अपने पतियों की सुश्रूषा करते हुए
और यह सब उस समय जब मैं अर्जुन से कह रहा था
और कृपाचार्य को सफल होते देख रहा था
कौरव तथा पांडव मेरी मुस्कुराहट से संभ्रमित होते होंगे
किन्तु पूरे कुरुक्षेत्र पर मैं तुम्हारी आँखें देखता था
उन्हीं के कारण कदाचित् मित्रों से इतनी दूर
द्वारका में आ बसा मैं

अब यह मेरा अन्तिम क्षण है
सारी भविष्यवाणियों, शापों और अपशकुनों को चरितार्थ करता हुआ
सदा की भाँति हतप्रभ दारुक अभी-अभी गया है
और मैं बैठा हुआ हूँ प्रतीक्षा में कि वह मूढ़ व्याध ज़रा आए
और मेरे तलुए को मृग का मुख समझे
पटरानियाँ जिनके नाम भी ठीक से स्मरण नहीं कर सकता
जो अब अधेड़ भी नहीं रहीं
उन्हें अपने बूढ़े मित्र तुम्हारे अब अशक्त पति
अर्जुन के हवाले कर दिया है
धैर्यहीन सागर बार-बार द्वारका के तट से लौट रहा है
कोई सन्देश नहीं है तुम्हारे लिए मेरे पास
हमारे बीच वह आवश्यक ही कब था
हाँ देख रहा हूँ तुम्हें पीछे लिए हुए तुम्हारे पतियों का प्रस्थान
सबसे पहले तुम्हारा गिरना और छोड़ दिया जाना
अपने सदाशय दंभ में कुरु के वंशजों ने मुड़कर सत्य को बहुत कम देखा
तब शरीर से अलग होकर तुम कहोगी कृष्ण और पाओगी
कि मैं पहले ही की दूरी पर तुम्हारे समीप हूँ
हम चलेंगे साथ-साथ तुम्हारे पतियों को एक-एक कर गिरता देखते हुए
सुनते हुए तुम्हारे सबसे बड़े पति के सदा की तरह धर्मप्राण वाक्य
तुम उन सबकी इस अन्तिम पावन अहम्मन्यता पर मेरी ओर देखती हुईं
और मैं मुस्कुराता हुआ किन्तु तुम्हें नहीं मालूम होगा और मुझे भी नहीं

कि जाने क्यों वर्षों से विस्मृत बाँसुरी और उस पर आती राधा का
अचानक स्मरण करता हुआ

बेटी

जाने से पहले उसने कहा
अपनी बेटी समझ कर ही मुझे रख लीजिए

वह सूखी साँवली लड़की
जिसके पसीने में बहुत पैदल चलने
कई बसें बदलने की बू थी
जिसके बहुत पहने कपड़ों से धूपहीन खोली के सीले गूदड़ों
और आम के पुराने अचार की गंध उठती थी

उसे मैं वह नौकरी दे न सका
बाद में मेरे वे नितांत अस्थायी अधिकार भी रहे नहीं

मैं उससे यह तो नहीं कह सका
कि वह कैसे उस नौकरी के लायक नहीं थी—
जैसे हर जगह लायक लोग ही बैठे हुए हों—
लेकिन मन-ही-मन मैंने उसे बेटी ज़रूर कहा
पचास बरस की उम्र में यह पहली बार था
कि बाईस साल की किसी पराई लड़की को मैंने वैसा माना

उसका पिता उसके साथ नहीं था
वर्ना अपना वह प्रतिरूप मैं देखता
लेकिन ऐसे शाइस्ता संकोची व्यस्त बाप
अपनी बेटी के लिए समस्याएँ पैदा न करते हुए
ताकि वक्त ज़ाया न जाये
उसी दर्म्यान किन्हीं और लोगों के सामने बैठे रहते हैं
हर मुमकिन वास्ता देते हुए

हर शाम मेरी अजनबी बेटी लौटती है
मायूस होने से पहले कुछ नये रहमदिलों की बेटी बनकर
सुबह फिर निकल जाती हैं मेरी हज़ारों बेटियाँ
एक परेशान डरी हुई अपमानित उम्मीद लिए
अपने असली पिताओं से अलग उस पिता की तलाश में
जो उन्हें बेटी या काबिल माने-न-माने रख तो ले

जो मार खा रोईं नहीं

तिलक मार्ग थाने के सामने
जो बिजली का एक बड़ा बक्स है
उसके पीछे नाली पर बनी झुग्गी का वाक़या है यह

चालीस के करीब उम्र का बाप
सूखी साँवली लम्बी-सी काया परेशान बेतरतीब बढ़ी दाढ़ी
अपने हाथ में एक पतली हरी डाली लिए खड़ा हुआ
नाराज़ हो रहा था अपनी
पाँच साल और सवा साल की बेटियों पर
जो चुपचाप उसकी तरफ़ ऊपर देख रही थीं

गुस्सा बढ़ता गया बाप का
पता नहीं क्या हो गया था बच्चियों से
कुत्ता खाना ले गया था
दूध, दाल, आटा, चीनी, तेल, केरोसीन में से
क्या घर में था जो बगर गया था
या एक या दोनों सड़क पर मरते-मरते बची थीं
जो भी रहा हो तीन बेंतें लगीं बड़ी वाली को पीठ पर
और दो पड़ीं छोटी को ठीक सर पर
जिस पर मुंडन के बाद छोटे भूरे बाल आ रहे थे

बिलबिलाई नहीं बेटियाँ एकटक देखती रहीं बाप को तब भी
जो अन्दर जाने के लिए धमका कर चला गया
उसका कहा मानने से पहले
बेटियों ने देखा उसे
प्यार करुणा और उम्मीद से
जब तक वह मोड़ पर ओझल नहीं हो गया

डरो

कहो तो डरो कि हाय यह क्यों कह दिया
न कहो तो डरो कि पूछेंगे चुप क्यों हो

सुनो तो डरो कि अपना कान क्यों दिया
न सुनो तो डरो कि सुनना लाज़िमी तो नहीं था

देखो तो डरो कि एक दिन तुम पर भी यह न हो
न देखो तो डरो कि गवाही में बयान क्या दोगे

सोचो तो डरो कि वह चेहरे पर न झलक आया हो
न सोचो तो डरो कि सोचने को कुछ दे न दें

पढ़ो तो डरो कि पीछे से झाँकने वाला कौन है
न पढ़ो तो डरो कि तलाशेंगे क्या पढ़ते हो

लिखो तो डरो कि उसके कई मतलब लग सकते हैं
न लिखो तो डरो कि नई इबारत सिखाई जाएगी

डरो तो डरो कि कहेंगे डर किस बात का है
न डरो तो डरो कि हुकुम होगा कि डर

मन्ज़र

नितांत बाएँ अपना स्कूटर रखता हुआ वह चलता रहा
ताकि जो वाहन चाहें आगे निकल जाएँ
हैल्मैट में जो एक भुनगा फँसकर
कान के ऊपरी हिस्से में परेशान हो रहा था, उसे उसने न मसला न निकाला
जिस काम पर वह जा रहा था उसे करने की इच्छा नहीं थी
किसी भी काम को करने की इच्छा नहीं रह गई थी
फिर भी वह फ़ुर्ती से अपना दोपहिया चला रहा था
क्योंकि कुछ नफ़रतों को उनकी तरफ़ दौड़कर
अभिव्यक्त किया जाता है

वह अपेक्षाकृत वीरान रास्ता है
और अतिरिक्त सूनापन शुरू होता है दादरी मोड़ से
बंघेल गाँव तक के बीच में
उसके सामने अब दूर तक कोई वाहन नहीं
और पीछे भी सड़क खाली
सिर्फ़ एक विराट आकाश उस पर फैला हुआ है
उसे सीधे ब्रह्मांड से जोड़ता हुआ
इस तरह के आसमान के नीचे अकेलेपन से हौल पैदा होता है
और एक अकारण अकारथता
नया मालिक बुरा नहीं दफ़्तर भी ठीकठाक है
तनख़्वाह मुनासिब है सहकर्मी भले हैं
फिर क्या बात है उसके मन में
इस सबको लेकर इतनी रुकावट क्यों है
अचानक उस भयावह आकाश के तले
उस सुनसान ऊबड़-खाबड़ सड़क पर जहाँ इतने मोड़ और स्पीड-ब्रेकर हैं
और कितने गड्ढे कितने कीचड़ के डबरे
वह एक खेत देखता है तजा हुआ-सा
न जाने काहे की फ़सल थी

लेकिन अब आधी से ज़्यादा खराब हो चुकी लगती है
जो बची है उस पर धूल-भरा सूखता हरापन है
अपना स्कूटर रोककर खड़ा हो जाता है वह
और देर तक देखता रहता है सोचता हुआ
कि क्या है जो पहचाना-सा लगता है खींचता भी है
इस सारे नज़ारे में

इब्बार रब्बी

(1940)

अंकुर-1

अंकुर जब सिर उठाता है
ज़मीन की छत फोड़ गिराता है
वह जब अँधेरे में अँगड़ाता है
मिट्टी का कलेजा फट जाता है
हरी छतरियों की तन जाती है कतार
छापामारों के दस्ते सज जाते हैं
पाँत के पाँत
नयी हो या पुरानी
वह हर ज़मीन काटता है
हरा सिर हिलाता है
नन्हा धड़ तानता है
अंकुर आशा का रंग जमाता है।

अंकुर-2

क्या से क्या हो रहा हूँ!
छाल तड़क रही है
किल्ले फूट रहे हैं
बच्चों की हँसी में
मुस्कुरा रहा हूँ।
फूलों की पाँत में
गा रहा हूँ।

पहाड़

(उदयपुर से डूंगरपुर जाते हुए)

पहाड़ तुम कहाँ रहे!
इतने दिन?
बहुत दिन बाद मिले,
कहाँ रहे भाई!

अरहर की दाल

कितनी स्वादिष्ट है
चावल के साथ खाओ
बासमती हो तो क्या कहना
भर कटोरी
थाली में उड़ेलो
थोड़ा गर्म घी छोड़ो
भुनी हुई प्याज
लहसन का तड़का
इस दाल-चावल के सामने
क्या है पंचतारा व्यंजन
उँगली चाटो
चाकू-चम्मच वाले
क्या समझें इसका स्वाद!

मैं गंगा में लहर पर लहर
खाता डूबता
झपक और लोरियाँ
हल्की-हल्की
एक के बाद एक थाप

नींद जैसे
नरम जल
वाह रे भोजन के आनन्द
अरहर की दाल
और बासमती
उस पर तैरता थोड़ा-सा घी।

पनासी के आदिवासियों का गीत

कोठरी भरी हो नमक से
महुए के तेल से भरा हो आँगन
बोरियों में हो गेहूँ और चावल
मटरा न हो दूर-दूर तक

दोनों पैरों पर खड़े हों
अपने पैरों पर हम
बिना लकड़ी के
वर्षा में नाचें हम

सोमवार, मंगल और बुध को नहीं
गुरु, शुक्र और शनि को भी खायें रोटी हम
पेट भरा हो रवि को
टुइला बजायें
बाँसुरी बजे
टमस के किनारे
तलहट्टी की चट्टान पर
झूमें हम
ढोलक ही न बजायें
फाग गायें हम

बच्चे पढ़ें शाला में
पानी पियें
लाल साहब के कुएँ पर
फोड़ें गुड़ की भेली
सपने में नहीं देखें रोटी हम

जूते

असंख्य नंगे पाँवों को
कुछ जूते कुचल रहे हैं।

प्रयाग शुक्ल
(1940)

मन जुड़ा रहता है

बरस अलग रहते हैं
बरसों से
नदियाँ नदियों से
तारे तारों से
हाथ हाथों से
अलग रहती हैं शामें
शामों से
अँधेरा भरी।
मन जुड़ा रहता है
मन से!

धरती

रात को पहाड़ पेड़ लिये हुए
धरती
भीतर-ही-भीतर है मेरे
उतरती
कल जब दिन फूटेगा
नया फूल बनकर
और खड़ी होगी वह
भीतर से तनकर।

अर्थ खुले फिर

(निराला की 'अपरा' पढ़ कर)

खेत हुए फिर हरे वनों के
दिन जागे गहरे सपनों के
नाम घिरे फिर-फिर अपनों के
पते मिले सब सुधीजनों के

दूर तलक फैली हरियाली
इतनी हरी कि काली-काली
मैंने फिर से धरती पा ली
इतनी जाती नहीं सँभाली

अर्थ खुले फिर गूढ़ मनों के
खेत हुए फिर हरे वनों के।

सबसे पिछली कतार का आदमी

सोचता है सबसे पिछली कतार
का आदमी
सारी अगली कतारों के बारे में।

कहता नहीं,
सोचता है—
हम सब हो सकते थे
एक ही कतार में—
बस आदमी!

यह जो हरा है

यह जो फूटा पड़ता है
हरे पत्तों से—
धूप के आर-पार
वही फूट आता है
किसी और जगह
किसी और सुबह।

भरोसा है तो
इसी हरे का।

बीज

अन्यायी करता ही
जाता अन्याय।

क्या उपाय?
कहते हैं लोग।

बादल के टुकड़े
और पेड़
और चिड़ियाँ।

आँखें हैं भागती
जैसे निरुपाय।

भीतर कहीं
माटी में
गुट्ठल एक बीज—
मुड़ता कसमसाता
सिर उठाये।

ऋतुराज
(1940)

ऊबे हुए सुखी लोग

सुख आते हैं उनके पास
तो शब्द भी बहे चले आते हैं

सुख की नौका में विहार करते हुए
अनगिनत शब्द
कुछ चुस्त वस्त्रों में
कुछ रंगबिरंगे ढीले
कुछ कैजुअल कुछ नितांत औपचारिक से
कुछ बचते हुए आफ़तों से
कुछ जपते हुए अध्यात्म

ऐसे सुखी संसार में
वे भूलने लगते हैं अक्षर
जिनसे बने हैं शब्द

दुधमुँही भाषा के पालने में
खिलौनों जैसी सुषुप्त जिज्ञासाएँ होती हैं
सपने में चौंककर जागने की अनेक मुद्राएँ हैं

कोई कितना भी मुखर-बातूनी होता रहे
सुखों को भरते हुए शब्दों से
एक-न-एक दिन खाली हो जायेगा शब्द-भंडार
सुख-कोष सूख जायेगा
सिर्फ़ मात्राएँ रह जायेंगी फाँसी लगाने के लिए।

घाव

सिर्फ़ एक घटना से ही नहीं बदलेगा
इस आदमी के जीवन का परिदृश्य

कड़ी धूप में या दाँत किटकिटाती सर्दी में
अगर बँटवारा होना होता सुख या सुरक्षा के बीच
तो उसके हिस्से में सुरक्षा ही आती
यानी सुख वंचित किसी निपट निर्जन की निःस्तब्धता
और किसी वर्गीय निर्णय का तयशुदा परिणाम

गाँव लौटते वक्त अपने सखा से बोला
'हल कुछ ज़्यादा बड़ा था, मुझे तो चोट नहीं लगी
लेकिन बैल के घाव हो गया है'

इस आदमी की शारीरिक हिफ़ाजत भी कितने अवसाद से भरी थी

किसी भी तरह बच जाता बैल
हल भले ही होता कुछ बड़ा
भले ही खुद के हो जाता गहरा घाव
अनगिनत घावों में से यह भी एक सही
तब वह धन्यवाद देता दुर्गा माँ को

खाती से ज़रूर शिकायत करेगा वह
'अगर बैल काम के इस वक्त पसर जाता तो तेरा क्या जाता?'

लोग भूलते नहीं हैं

धीरे-धीरे पकता है विष
मृत्यु के पास सरकता है प्याला
पहले सुनेंगे कि वे चल बसे
जिनकी काँपने लगी थीं उँगलियाँ

फिर वे जो एक ही मुद्रा में जड़ बैठे रहते थे
फिर वे जिन्हें दूसरे देशों के टूटने पर
अत्यधिक प्रसन्नता होती थी

लोग पलट देते हैं सरकारें
जो उनकी ज़रूरतें भूल जाती हैं
जो उन्हें पानी तक के लिए तरसाती हैं
फिर वही सरकारें खाली पिटारी लिये
जब भेस बदल कर आती हैं
तो कालिख में से निकलते हैं उनके हाथ
चेहरे पर चिकनी झिलमिल आश्वस्ति पुती होती है
और बगल में नयी आर्थिक नीतियों की
सौ वर्षों पहले की रद्दी ठुँसी होती है

लोग फिर भी नहीं भूलते हैं
कि कैसे अचानक मारी गयी थी जन आकांक्षा
कैसे एक नये शासक दल ने
चुपचाप पूर्ववर्ती के उतरे हुए वस्त्र पहने
कैसे प्राकृतिक प्रकोप के बिना
छल से नष्ट हुआ एक देश!

वह औरत

वह औरत आम का दरख़्त थी
कहीं से हरा कहीं से सूखा
उसे उन्होंने कई हिस्सों में चीर लिया
बूढ़े ने समय पर भोजन, दवा और बिस्तर ठीक करने के लिए
तो उस बुढ़िया ने अपना सिर देखने
सूई पिरोने और छत पर चढ़कर

चन्द्रमा की खबर सुनाने को
पति था सो जनम से ही थका-थका
कंधों पर रखे जुए को हर पाँच मिनट पर उलटता-पलटता
उसे शिकायत थी कि इस दरख़्त की
खूब फैली छाया क्यों नहीं हुई
जिसमें वह दिन-रात सोता-खेलता

कुछ चिरे हुए तख़्ते बच्चे घसीटते हुए भागे
उन्हें इससे कोई मतलब नहीं था
कि जलती हुई लकड़ियों के बीच उनकी माँ
उन्हें बरज रही थी कि *तुम मत होना मेरी तरह*
मुझसे तो कहीं बेहतर है वह विधवा पुजारिन
जिसे नित्य प्रसाद और प्रभु के दर्शन प्राप्त होते हैं
लेकिन अकेले में सुख भोगने के लिए
मन्दिर होना चाहिए मेरे पास
न कि घर-कुटुंब

जब वह औरत अपनी विवशताओं पर
इस तरह सोच रही थी
तो उसे बूढ़े की आवाज़ सुनाई दी
बहू, खाना लगा दे
अब मैं और अधिक इंतज़ार नहीं कर सकता...

समाज सुधार

एक आदमी को झूठ बोलने के लिए
पहले से ही तय कर लिया गया था
वह कहेगा *इतनी रेत मिलायी गयी है सीमेंट में*
इतने निर्धनों में बाँटी गयी है सहायता राशि
इतनों को शामिल किया गया है सड़क निर्माण में

उच्च कुलशील के पंख लगा दिये गये थे
पहियों से ऊपर वक्त पड़ने पर उड़ जाये
बैठ सके किसी चोटी पर

चुनाव से पहले वहाँ संकट अधिक घने हुए थे
लेकिन जगह बुहार दी गई थी

सम्मेलन से एक दिन पहले औरतों को
दो-तीन प्रश्नों के उत्तर देने के लिए पढ़ा दिया गया था

घूँघट को थोड़ा सरकाकर
एक औरत उस झूठे की तरफ़ देखती
फिर रटा हुआ उत्तर दूसरे झूठे की तरफ़ देखकर बोलती

विशेष संवाददाता ने अखबार में खबर दी थी कि
निकट भविष्य में एक बड़ा सम्मेलन होगा
जिसमें समीक्षा की जायेगी कि अब तक कितनी प्रगति हुई है।

बतर्ज़ फ़रीदा ख़ानम

किस अमरत्व की बात करते हो,
जला के खून आये दिन
टूटी कलम साफ़ करते हो॥

चालीस बरसों से
हाँ, हाँ, इतने लम्बे अरसे से
उपेक्षित विलुप्त से पड़े थे गड्ढे में,
अब ऊपर मीनार चिनने की साध रखते हो॥

किस होशियार संपादक
आलोचक ने चबाने के बाद पूछा

यह किस खेत की मूली है
किस हुनरमंद कवि ने चढ़ते वक्त कहा
यह समय निहायत मामूली है

सिर्फ़ इत्तफ़ाक है कि बच गये हो,
धक्का खाने की इस हड़बड़ी में
एक-दो सीढ़ियाँ चढ़ने की आस रखते हो।

अशोक वाजपेयी

(1941)

संभावना

शहर अब भी एक संभावना है
जाड़ों की एक दोपहर
एक व्यस्त सड़क पर
स्वेता के मित्र-हाथों को छूकर मैंने जाना...
मेरे हाथ ज़रा-सी देर बाद भूल गए
स्पर्श को
और हमेशा की तरह अकेले मेरे पास रह गए
ट्रैफ़िक सिगनल पर रुकी हुई भीड़ में
कहीं नहीं था
मेरे शरीर के लिए कोई अर्थ,
कहीं नहीं थी वह शान्त निजी गरमी
जिसे मैं अपना प्रेम कह सकता;
एक हल्की-सी अप्रासंगिक हवा थी
जिसे झटका-सा देती हुई रुक गई एक बस;
हैंडल पकड़ते अपने हाथों को
मैंने दुखी होकर देनी चाही अपनी करुणा
तो याद आए वे हाथ
जो अभी थोड़ी देर पहले उनमें थे,
उनसे जुड़ा वह शरीर जो प्रतिफलित हो चुका है
और एक शरीर में,
और फिर मुझे मिल गए कुछ शब्द

जिन्हें मैं वहाँ रख सकता था
जहाँ पहले वे हाथ थे...
खिड़की के हवा के ठंडे झोंके से सिहरते हुए
मेरे हृदय में हाथों के लिए
कविता के लिए
अब एक आशा थी
शहर अब भी एक संभावना है!

पिता के जूते

एक पैतृक वृक्ष है
नीले अनंत के किसी ढहते हुए चबूतरे के पास
छाया हुआ जड़हीन,
और उसके नीचे रखे हैं वे काले जूते
मरे हुए चमड़े के,
कुछ पसरे हुए जीवित पैरों के दबाव से
जो अब नहीं हैं।
पैर नहीं हैं
और न ही वह आदमी
जो उन्हें उस कोने में रखकर
चुपचाप चला गया
किसी और चबूतरे पर बैठकर
आगे की यात्रा तय करने के लिए।

वृक्ष पर फुदकने वाली रंगीन चिड़ियाँ
अलक्ष्य करती हैं
उन खाली जूतों को
पर रंगहीन वृक्ष डालता है
अपनी किसी शाखा की पतली छाया उन पर

धूप से उन्हें बचाने के लिए नहीं
बल्कि उन्हें धीरे से जताने के लिए
कि उसे याद है कि वे वहाँ हैं।
जूते कोशिश करके भी याद नहीं कर पाते
उन पैरों को जो उनमें थे।

वे सपना देखते हैं नन्हे पैरों का
जिनके लिए वे हमेशा बड़े साबित होंगे।

दुख का शिल्प

अकेले नहीं आता दुख

साथ लाता है बहुत सारी यादें, पुरानी गुदड़ी
अँधेरे में भभकती-बुझती आँच और लौ
आता है अकस्मात्
खाने की मेज़ पर
भरे करेले की गंध से अछूता
टाइपराइटर के घिसे हुए अक्षरों की यति में
भाषा के रोशन ओसारे में
अकेले नहीं आता दुख
दस्तक देता है अकेले
पर सुख को मोड़ की पुलिया पर बैठा आता है
लाता है बोरा अटाला भरने के लिए
जल्दी-जल्दी भरता है भरोसे, आशाएँ
सपने सब गड्डमड्ड
किताबें और पांडुलिपियाँ, चिट्ठियाँ
जाड़ों की निकटता और गरमाहट के स्वप्न से वंचित कपड़े
सब ले जाता है

छोड़ जाता है बरामदे में चिड़ियों का कलरव
हरी घास में रेंगते अदृश्य कीड़े
रसोईघर में सूख-सी गई ककड़ियाँ
आत्मा के अँधेरे तहखानों में जासूस की तरह
टोह लेती कविताएँ
रक्तशिराओं की तरह भरे हुए शब्द

दुख अकेले नहीं आता है,
अकेले नहीं जाता है।

बहुरि अकेला-2

झरती हुई पत्ती जानती है कि वह मरने जा रही है?
सरलीकृत समय में कठिन शब्द जानता है कि
एक दुर्बोध कविता में उसका जाना उसका अन्त है?
राग के खंडहर में भटक गया सुर पहचान पाता है कि यह
उसका लोप है?
जो नहीं है उसके कई नाम हैं
लोप अनुपस्थिति अन्त समापन मृत्यु अवसान
पर सभी उसके होने को याद करते हुए
कोई भी नहीं जो उसके न होने को व्यक्त करे।
न होना भाषा या कविता में संभव ही नहीं है?
समय से बाहर कदम रखना भाषा से भी बाहर जाना है।

सड़क पर एक आदमी

वह जा रहा है
सड़क पर
एक आदमी

अपनी जेब से निकालकर बीड़ी सुलगाता हुआ
धूप में—
इतिहास के अँधेरे
चिड़ियों के शोर
पेड़ों में बिखरे हरेपन से बेखबर
वह आदमी...

बिजली के तारों पर बैठे पक्षी
उसे देखते हैं या नहीं—कहना मुश्किल है
हालाँकि हवा उसकी बीड़ी के धुएँ को
उड़ाकर ले जा रही है जहाँ भी वह ले जा सकती है...

वह आदमी
सड़क पर जा रहा है
अपनी ज़िन्दगी का दुख-सुख लिये
और ऐसे जैसे कि उसके ऐसे जाने पर
किसी को फ़र्क नहीं पड़ता
और कोई नहीं देखता उसे
न देवता, न आकाश और न ही
संसार की चिंता करने वाले लोग

वह आदमी जा रहा है
जैसे शब्दकोश से
एक शब्द जा रहा है
लोप की ओर...

और यह कविता न ही उसका जाना रोक सकती है
और न ही उसका इस तरह नामहीन
ओझल होना...

कल जब शब्द नहीं होगा

और न ही यह आदमी
तब थोड़ी-सी जगह होगी
खाली-सी
पर अनदेखी
और एक और आदमी
उसे रौंदता हुआ चला जाएगा।

विनय दुबे

(1942)

फिर वहीदा रहमान ने कहा

फिर वहीदा रहमान ने कहा
बादल आयें
बादल आये

फिर वहीदा रहमान ने कहा
पानी बरसे
पानी बरसा

फिर वहीदा रहमान ने कहा
सब मरें
सब मरे

फिर वहीदा रहमान ने कहा
अब सो जाओ
हम सो गए
इस हादसे को
बरसों हो गए

अब न वहीदा रहमान है न हम हैं
अब वहीदा रहमान कुछ नहीं कहती है
अब दुनिया में कहीं कुछ नहीं होता है

पेड़ और लड़की

मैंने एक पेड़ देखा
मैंने एक लड़की देखी

मैंने पेड़ में लड़की देखी
मैंने लड़की में पेड़ देखा

इस वक्त लगभग शाम है
वैसे लगभग सुबह भी होती
तो क्या होता

कि जो लड़की है
वह खेल रही है पेड़-पेड़

हमेशा की तरह

एक पहाड़
नहीं रह जाता है

एक नदी
नहीं रह जाती है

एक स्त्री
नहीं रह जाती है

भूख
रह जाती है
हमेशा की तरह

उस वक्त जब

उस वक्त जब
शहर हिन्दू और मुसलमान हो रहा है

मैं कविता लिख रहा हूँ
एक बच्चा मुस्कुरा रहा है
गौरैया दाना चुग रही है आँगन में
और आम का पेड़ झूम रहा है

उस वक्त जब
शहर में तनाव है
और दंगे की आशंका है

लोग दुखी हैं

सारे लोग दुखी हैं
एक गिद्ध को छोड़कर

जंगल घना
भयावह सन्नाटा
दुर्घटनाएँ, हत्याएँ, युद्ध
गिद्ध खुश है

सारे लोग दुखी हैं
एक गिद्ध को छोड़कर
अपना साम्राज्य
फैलाता जा रहा है गिद्ध

एक लड़की घूर रही है गिद्ध को
खूबसूरत लड़की हिंस्रक आँखों से

सुरेश सलिल
(1942)

कम सुनने के फ़ायदे

—मैं किसी को प्यार-व्यार नहीं करता...
उसने हाथ नचाते हुए बड़ी ही बेपरवाही से कहा,
लेकिन मुझे सुनाई यह दिया
कि वह किसी को बेतहाशा प्यार करता है,
जिसका ज़िक्र तक
किसी के सामने आने देना नहीं चाहता

कम सुनने के यही फ़ायदे हैं
कि कभी-कभी
कुछ अच्छी बातें सुन ली जा सकती हैं।

शेखचिल्ली

फूलों से लदी दिल्ली
को देख शेखचिल्ली
थे सोच रहे मन में
कि घर में बहार आई

खोये हुए सपनों में
भँवरे की तरह भटके
जब शाम हुई; आखिर में
घर की याद आई

घर-वापसी में, बस में
धक्के तो बहुत खाये
पर मन में कहीं गहरे
बजती रही शहनाई

घर सामने जब आया
दहलीज़ पे' जब पहुँचे
बीवी के सर पे खस्ता
पल्लू पड़ा दिखाई

मना

गाँव जाता तो सिउनरायेन से अक्सर मिलना होता
मैं पूछता, कहौ सिउनरायेन ज़िन्दगानी कहसि कटि रही?
वह मासूमियत से मुस्कुराते हुए कहता :
अब ज़िन्दगानी की क्या कहैं, भैयन, कभी घी-घना
कभी मुट्ठी भर चना कभी वो भी मना...ज़िन्दगानी क्या है!
...सब दइउ कै माया है...
आया है सो जायगा...फिर अँधेरी रात है

आया हुआ जब चला गया
और उसके लेखे अँधेरी रात घिर गई
तो एक बार फिर गाँव जाना हुआ,
सिउनरायेन से मिलना तो नहीं हो पाया
लेकिन उसका घी-घना वाला मसला बरोब्बर याद आता रहा,
वो यूँ, कि सिउनरायेन की ज़िन्दगानी में जब भी घी घना होता
तो वह सारा का सारा अपनी बेवफ़ा माशूकाओं को पिला देता,
मुट्ठी-भर चना वह अपनी बीवी के कोंछ में डाल देता
और अपने हिस्से रखता वह 'मना'

उसका घी-घना वाला मसला इसलिए भी याद आया
कि घी-घना तो उसकी बीवी के हिस्से कभी आया ही नहीं
क्योंकि न तो वह किसी की माशूका थी
न ही बेवफ़ा;

पहले वह सिउनरायेन की बीवी थी
और अब बिना बाप के बच्चों की माँ,
मुट्ठी-भर चना उसके हिस्से ज़रूर आता
उसे वह बच्चों की फैली हथेलियों पर धर देती,
अपने हिस्से रखती वही—
मना...

दस रुपये में इन्सानियत

बिवाइयों-फटे ठिठुरते पैर बार-बार
फटी-मसकी चादर में वह समेटने की कोशिश करती

ज़िद्दी हवाओं की बर्फ़ानी धार इतनी तीखी थी
कि चादर की लपेट जितनी ज़रूरत पैरों को
उतनी ही सिर और बदन को भी
...फिर, चादर भी फटी हुई-मसकी हुई

चादर और पैरों के ये चूहे-बिल्ली दाँव-पेंच देखता
मैं ठिठक गया उस जगह
कि तभी उस बच्ची की पारखी निगाहों ने
ताड़ ही लिया अपने सचमुच के गाहक को
और पैरों की गिरहबंदी भूल
जुराबों के जोड़े दिखाने में व्यस्त हो गई
(जो सचमुच मेरे पैरों को ठंड से राहत दिला सकते थे)

मोज़े मेरे पास पहले से थे, और जूते भी
जिन्हें मैं कसे हुए था अपने पैरों में,
फिर भी टाल नहीं पाया उसकी आँखों
और होंठों से फूटता अनुरोध
और जेब से निकालकर बटुआ
दस का एक नोट उसकी ओर बढ़ा दिया
उसने भी छाँट कर जुराबों की सबसे उम्दा जोड़ी
पोलिथिन की थैली में डाल मेरी ओर बढ़ा दी
मैंने भी बढ़ा दी अपनी चाल
इन्सानी गर्मजोशी से चेहरा चौड़ाये-सीना फुलाये...
और चौड़ान-फुलान के दरमियान
तकरीबन भूल ही गया
कि चादर की लपेट से खुल-खुल जा रहे होंगे
कभी पैर कभी पेट कभी सिर...

बाहर-भीतर के मध्य खड़ा

मैं दरअसल जंगलों के बारे में सोच रहा था
जिन्हें उजाड़ कर यह वैश्विक वास्तु खड़ा किया गया है

अनुष्टुप न रच पाने की निशब्द वेदना
मेरे रक्त में बह रही थी
और तमसा के निर्जल सीमांत
पपड़ाये होंठों पर उजाड़ का यशोगान गा रहे थे

उन जंगलों से—
उस नदी के गर्भ से
मैं बाहर नहीं आ पा रहा था
भीतर एक लपट थी

बाहर एक विश्व समाज था
बा–मज़ाक—बे–नियाज़

बाहर–भीतर के मध्य खड़ा मैं
दरअसल उन जंगलों के बारे में सोच रहा था
और मेरे पास एक विलुप्तप्राय भाषा थी।

चिकनी फिसलन भरी

यह चिकनी फिसलन भरी सदी
बेहद ठंडेपन से दबा देती है घोड़ा
और
ताज़ा चमकते खून से पेंट करती है
धरती का कैनवास

यह चिकनी फिसलन भरी सदी
रैम्प पर उतरती है लगभग बेलिबास
पेश करती खुद को
लॉलीपॉप की तरह

यह चिकनी फिसलन भरी सदी
बहेलियों और बूचड़ों को थमाती है राजदंड
और पत्तियों का हरा पीले में तब्दील हो जाता है

यह चिकनी फिसलन भरी सदी
लुंगाड़ा धमाचौकड़ी करती हुई
इतिहास और अदब के उन सफ़हों पर
जिन्होंने आग को आदमी का किरदार दिया था

इस चिकनी फिसलन भरी सदी ने
सिर के बल खड़े होने को मजबूर कर दिया वर्तमान को

और ठठा रही है कुछ यूँ
कि कयामत के दिन तक
ठठाती रहेगी यूँ ही...

सपने का टूटना-1

पिता चुपचाप लेटे थे पलकों का पर्दा डाले
और मैं उनकी बाँहों की
कमर से ऊपर धड़ की
आहिस्ता-आहिस्ता मालिश कर रहा था,
आहिस्ता-आहिस्ता मेरी उँगलियों में
और हथेलियों में उतर रही थी
पिता की देह की बची-खुची गरमाहट
करुणा की नयी पोशाक में
जिसे मैंने पहले कभी
देखा-छुआ नहीं था

पिता के दायें हाथ में
हल्की-सी हरकत हुई यक्-ब-क्
उन्होंने मालिश में व्यस्त
मेरे दाहिने हाथ को धीरे से खींचा
अपने सीने की तरफ़
जो बर्फ़ होता जा रहा था
और उसके नीचे
एक कबूतर धीरे-धीरे फड़फड़ा रहा था

मालिश में व्यस्त मेरा दाहिना हाथ
उस बर्फ़ को हटा रहा था जब
तभी सपना टूट गया...

शायद यह सपनों के टूटने का ही दौर है
शायद यह
बर्फ़ के और-और शातिर होते जाने का ही दौर है...

लेकिन मेरी ढट्ठेदार हथेलियों में
अभी भी शेष है पिता की देह की गरमाहट...

स्मृति बची है

उभर उभर कर आ रहे
मन में अनगिन चित्र,
बतलाना मुश्किल बहुत
कैसे हैं वे, मित्र!

उनमें है नद्दी की कलकल
चाँदी-सी लहरों की झलमल
कौंध, और नावों का नर्तन
जल पर पालों का आवर्तन

हुए स्वप्नवत् आजकल
वे सब के सब चित्र,
नदी भूमिगत हो गई
स्मृति बची है, मित्र!

लीलाधर जगूड़ी

(1944)

रोर

एक अगाध कुआँ जिसके तल पर नदी बह रही हो
जिसमें से एक समुद्र की आवाज़ शंखों-सी आ रही हो
ऐसा अनुभव ऐसी भाषा
जिसका अदृश्य, दृश्य से बड़ा हो
और अश्रुत श्रव्य-सा खड़ा हो
अक्सर मैं सुनता हूँ ऐसी भाषा का रोर
अपने सपनों में।

स्त्री प्रत्यय

अकेली औरत पार करना चाहती है सूनी सड़क
आगे बढ़ चुके पति को पीछे बुलाती है
जो कि लौट आता है गुस्से और कोफ़्त में

अकेली औरत शादी के तीस वर्ष बाद भी
पूछती है सड़क पार कर लूँ

वह मर्द को अगुआ करती है
डग भरती है
जैसे एक ज़माना पार कर रही हो
वह दिखती है एक खोए हुए साहस की तरह।

घर के डर में

जंगल में जंगल से जानवरों में जानवरपन से
आदमियों में दोनों से डरा मैं

घर को जंगल में जंगल को घर में देखकर
छुआ मैंने एक-एक पाट
काठ। काठ। काठ
जीवन के हर ठाठ से जुड़ा तौला मैंने अपना डर
पाया बहुत कम हूँ निडर
जंगलीपन बढ़ा कम होते जाते जंगल में

काठ बन गया कुर्सी। बन गया खिलौना
काठ बन गया घोड़ा। बन गया काठी
काठ बन गया सवार। बन गया लाठी
बन गया घर। बन गया ईंधन
काठ बन गया कठौती। बन गया ट्रे
बन गया काग़ज़। बन गया कपड़ा
काठ बन गया पहिया। बन गया कील
काठ बन गया पुल। बन गया नाव

काठ माने जंगल। जंगल माने काठ
जुड़ा हुआ है जिससे जीवन का हर ठाठ
जंगल माने खतरा अकेलापन
जंगल माने साँसों का कारखाना जंगल माने लूट-पाट
जंगल माने पेड़, फल और बीज की दहाड़
घर में आते हैं लोग जैसे कोटर में कठफोड़वे।

मोड़

ऐसे मैदान जिनमें रास्ते नहीं होते भाग्यहीन व्यक्ति की तरह लगते हैं
ऐसे रास्ते जिनमें पेड़ नहीं होते कर्महीन जीवन की तरह लगते हैं

जो रास्ते सड़क बन जाते हैं पुरखों की तरह याद आते हैं
देखता हूँ कि कितना सुंदर था उन कुछ कठिन रास्तों का भविष्य

कितनी सुंदर है यह सड़क और इससे भी ज़्यादा सुंदर हैं इसके मोड़
मोड़ पर ओझल होते हुए कुछ लोग। कहाँ जाते हुए
कौन रहे होंगे वे शायद उन्होंने ही बनाई हो यह सड़क?

उनमें से कोई ज़रूर मिलेगा मुझे भविष्य के किसी जटिल मोड़ पर
मैं जान भी नहीं पाऊँगा कि यही था वह जो ओझल हो गया था
किसी मोड़ पर बहुत सारे लोगों के साथ

एक और मोड़ पर ओझल हुई थी जो महिला। लड़का जो
आते-आते मुड़ गया था। बच्ची जो चौंककर डगमगाती
भागी थी
वे सब मिलेंगे मुझे किसी-न-किसी मोड़ पर
जो बन गया होगा उनकी ज़िन्दगी में और जिस पर
मुड़ना होगा मेरी ज़िन्दगी को

मुझे सुंदर लगते हैं मोड़ चाहे सड़क पर हों चाहे वृक्ष में चाहे ज़िन्दगी में
इन्हीं में से होते हैं कुछ अच्छे कुछ खराब कुछ विचित्र मोड़
जिनके बिना कुछ दूर तक ही भली लगती है सपाट सड़क
फिर आना ही चाहिए कोई नया मोड़
बस आता ही होगा कोई नया मोड़।

गोरख पाण्डेय
(1945–1989)

सात सुरों में पुकारता है प्यार

माँ, मैं जोगी के साथ जाऊँगी

जोगी सिरीस तले
मुझे मिला

सिर्फ़ एक बाँसुरी थी उसके हाथ में
आँखों में आकाश का सपना
पैरों में धूल और घाव

गाँव-गाँव वन-वन
भटकता है जोगी
जैसे ढूँढ़ रहा हो खोया हुआ प्यार
भूली-बिसरी सुधियों और
नामों को बाँसुरी पर टेरता

जोगी देखते ही भा गया मुझे
माँ, मैं जोगी के साथ जाऊँगी

नहीं उसका कोई ठौर-ठिकाना
नहीं जात-पाँत
दर्द का एक राग
गाँवों और जंगलों में
गुँजाता भटकता है जोगी
कौन-सा दर्द है उसे माँ

क्या धरती पर उसे
कभी प्यार नहीं मिला?
माँ, मैं जोगी के साथ जाऊँगी

ससुरालवाले आयेंगे
लिये डोली-कहार बाजा-गाजा
बेशकीमती कपड़ों में भरे
दूल्हा राजा
हाथी-घोड़ा शान-शौकत
तुम संकोच मत करना माँ .
अगर वे गुस्सा हों मुझे न पाकर
तुमने बहुत सहा है
तुमने जाना है किस तरह
स्त्री का कलेजा पत्थर हो जाता है
स्त्री पत्थर हो जाती है
महल अटारी में
सजाने के लायक
मैं एक हाड़-मांस की
स्त्री
नहीं हो पाऊँगी पत्थर
न ही माल-असबाब
तुम डोली सजा देना
उसमें काठ की पुतली रख देना
उसे चूनर भी ओढ़ा देना
और उनसे कहना—
लो, यह रही तुम्हारी दुल्हन

मैं तो जोगी के साथ जाऊँगी माँ
सुनो, वह फिर से बाँसुरी
बजा रहा है

सात सुरों में पुकार रहा है प्यार
भला मैं कैसे
मना कर सकती हूँ उसे?

समझदारों का गीत

हवा का रुख कैसा है, हम समझते हैं
हम उसे पीठ क्यों दे देते हैं, हम समझते हैं
हम समझते हैं खून का मतलब
पैसे की कीमत हम समझते हैं
क्या है पक्ष में विपक्ष में क्या है, हम समझते हैं
हम इतना समझते हैं
कि समझने से डरते हैं और चुप रहते हैं
चुप्पी का मतलब भी हम समझते हैं

बोलते हैं तो सोच-समझकर बोलते हैं हम
हम बोलने की आज़ादी का
मतलब समझते हैं
टुटपुँजिया नौकरियों के लिए
आज़ादी बेचने का मतलब हम समझते हैं
मगर हम क्या कर सकते हैं
अगर बेरोज़गारी अन्याय से
तेज़ दर से बढ़ रही हो
हम आज़ादी और बेरोज़गारी दोनों के
खतरे समझते हैं
हम खतरों से बाल-बाल बच जाते हैं
हम समझते हैं
हम क्यों बच जाते हैं, यह भी हम समझते हैं

हम ईश्वर से दुखी रहते हैं अगर वह
सिर्फ़ कल्पना नहीं है
हम सरकार से दुखी रहते हैं
कि समझती क्यों नहीं
हम जनता से दुखी रहते हैं
कि भेड़ियाधसान होती है
हम सारी दुनिया के दुख से दुखी रहते हैं
हम समझते हैं
मगर हम कितना दुखी रहते हैं यह भी
हम समझते हैं
यहाँ विरोध ही वाजिब कदम है
हम समझते हैं
हम कदम-कदम पर समझौता करते हैं
हम समझते हैं
हम समझौते के लिए तर्क गढ़ते हैं
हर तर्क को गोल-मटोल भाषा में
पेश करते हैं, हम समझते हैं
हम गोल-मटोल भाषा का तर्क भी
समझते हैं

वैसे हम अपने को किसी से कम
नहीं समझते हैं
हम स्याह को सफ़ेद और
सफ़ेद को स्याह कर सकते हैं
हम चाय की प्यालियों में
तूफ़ान खड़ा कर सकते हैं
करने को तो हम क्रांति भी कर सकते हैं
अगर सरकार कमज़ोर हो
और जनता समझदार

लेकिन हम समझते हैं
कि हम कुछ नहीं कर सकते हैं
हम क्यों नहीं कुछ कर सकते हैं
यह भी हम समझते हैं।

वतन का गीत

हमारे वतन की नयी ज़िन्दगी हो
नयी ज़िन्दगी इक मुकम्मिल खुशी हो,
नया हो गुलिस्ताँ नयी बुलबुलें हों
मुहब्बत की कोई नयी रागिनी हो,
न हो कोई राजा न हो रंक कोई
सभी हों बराबर सभी आदमी हों,
न ही हथकड़ी कोई फ़सलों को डाले
हमारे दिलों की न सौदागरी हो,
जुबानों पे पाबंदियाँ हों न कोई
निगाहों में अपनी नयी रोशनी हो,
न अश्कों से नम हो किसी का भी दामन
न ही कोई भी कायदा हिटलरी हो,
सभी होंठ आज़ाद हों मयकदे में
कि गंगो-जमन जैसी दरियादिली हो,
नये फ़ैसले हों नयी कोशिशें हों
नयी मंज़िलों की कशिश भी नयी हो।

गिरधर राठी

(1946)

बलात्कार

मुझे याद हैं उन सबके पते जो
मेरे यहाँ आये थे। पर उनमें से एक भी अपने पते पर
नहीं मिलेगा। वे सब बहुत अच्छे वकील हैं।
वे फिसलने और खिसकने में माहिर हैं।
वे छुपने-छुपाने में भी कुशल हैं।
वे अनेक गुणों से भरे-पूरे-लदे हैं।
केले या प्याज से बहुत मोटी है उनकी खाल।
खाल की परतें अनेक हैं। किसी मुकद्दमे में वे
फँस नहीं सकते। (उन पर किसी जादू का भी
असर नहीं होता।)

वे इसी तरह फिर कभी आ जाएँगे
मेरे यहाँ। तब फिर मुझे
अस्त-व्यस्त कर देंगे और हो-हो करते चले जाएँगे।
मैं खुले आकाश के नीचे हूँ निरस्त्र। वे मुझे
धमकाते भी हैं। मेरी चोटी है गोया उनके हाथ में
या फिर कुछ बहुत ही मर्मघाती। दूर से आती
उनकी पदचाप ही मुझे कँपा देती है।

आप जा सकते हैं। आप मेरी कोई मदद
नहीं कर सकते।
आप भी फँस सकते हैं। या आपसे मैं

किसी और बड़े जाल में
फँस सकता हूँ। वे मुझे निहत्था ही घेरेंगे और
मैं चीख-चीखकर, और बाद में
चुपचाप सिसकते हुए
और उसके बाद बेहोश उनसे यंत्रणाएँ सीखूँगा।

आप विश्वास करें, मैं करूँगा नहीं। फिर कल
मिलूँगा यहीं। इसी तरह
इसी खुले आकाश के नीचे, निरस्त्र। शुक्रिया
आपकी हमदर्दी का, बहुत-बहुत
शुक्रिया!

हाथोंहाथ

टपक रहा हो लहू या इतर गमकता हो
चूम लो हाथ अगर आये हुक्मरान का हाथ।
अगरचे हाथ उठाए गये मेह्र के लिए
क्या गज़ब थामने उठ आये मेह्रबान का हाथ।
न सही गर नज़र उठा न सको महफ़िल में
उठे नज़र तो न उठ जाये निगहबान का हाथ।
कुफ्र-ओ-ईमान फ़र्ज़-ओ-वादाकशी
जो कहो सो ही सिखा दे ये कद्रदान का हाथ।
अगरचे मौत रची है तमाम हाथों में
होगे मुम्ताज़ जो सर पै हो शहजहान का हाथ।
ब-हर्फ़-ए-खुद रहे गवाह खुदा
बेशकीमती है ये इन्आम-ओ-इक्राम का हाथ।

चुप्पियाँ

इधर मैंने कुछ कथाएँ पढ़ी हैं जो
उन्होंने लिखी हैं जो ज़िन्दा हैं।
झूठ उनमें बहुत होगा शक नहीं
किन्तु उनके मर्म का आभास मुझे
मैंने पढ़ा उससे पहले ही मुझे
होने लगा था...

कुछ कथाएँ हँसी के खोल में लिपटी हुई हैं
कुछ हैं कि जो नीम-सी कड़वी हैं

ना सही, मैं ना सही, मैं ना सही!
लेकिन किताबों में अभी अनलिखी
मेरी कथा भी तो
उन्हीं में झलक जाती है...
उन्हीं कड़वाहटों में
मुस्कुराहट में
दहकती चुप्पियों में...

गहोगे कर कब?

गहोगे कर कब...
सभी तर जाएँगे जब?
या
लहोगे
टूट-चकनाचूर जब हो जाएँगे!
चीख भीतर भेदती
कुहराम गहरा...
कुछ नहीं देता सुनाई

कहीं बाहर।

रहोगे
या छोड़ ही दोगे मुझे जब
भीड़ में मेरी निगाहें
ढूँढ़ती होंगी उसी बस एक को
जिसकी प्रभा में
जगा-सोया
थाम आठों याम

चल रहा हूँ वृत्त में जिसके घिरा
हर पल!

कहोगे कुछ
या कि बस इस मौन में ही
खोजने होंगे इशारे
अर्थ जिनके कभी कोई तय नहीं कर पाएगा!

मरण में जीवन की जलधार

(निराला को याद करते हुए)

जब मरूँ
सिर पर तुम्हारा हाथ हो
मुँदती पलक में
दीप्ति हो उस दीठ की
जो मुझे पहली बार दी।
साँस लूँ जो आखिरी वह
तुम्हारे मुख से सुगंधित
निकलता निःश्वास हो।
होंठ पर हों होंठ

कानों में वही
तुतले लहकते अबूझे-से बोल
सुन-सुन जिन्हें
जी भरता नहीं था
वही अस्फुट
अधवने-से
वही तो ऋजु-मंत्र!

राजेश जोशी
(1946)

स्वर्ग में यातायात

स्वर्ग में कोई किसी से मिलता-जुलता नहीं
सब डूबे रहते हैं अपने ही राग रंग में

स्वर्ग में एक ही बात अच्छी है
कि वहाँ यातायात का कोई साधन नहीं
निजी न सार्वजनिक
दुर्घटना का इसलिए कोई खतरा नहीं

अगर हो ही जाये कहीं जाने की इच्छा
तो अपनी इच्छा पर सवार होकर
जाया जा सकता है कहीं भी

इच्छा निश्चय ही यातायात का
एक सबसे अच्छा साधन है

न प्रदूषण न दुर्घटना।

बाहर जाने की इजाज़त

स्वर्ग से कहीं भी बाहर जाने की
इजाज़त नहीं किसी को

वापस जीवन में जाने की भी नहीं

अनन्तकाल की कैद की तरह है
स्वर्ग

कहा जाता है
सदियों पहिले आदम और हव्वा ने
बमुश्किल खोजा था एक तरीका
स्वर्ग से बाहर निकलने का

करोड़ों वर्ष बाद भी लेकिन
किसी दूसरी घटना की जानकारी
नहीं मिलती।

भयानक विचार

चाँद की ओर पीठ किए
शहर की छत पर बैठा है गिद्ध

अब इस दुनिया की खैर नहीं
एक-एक कर अब घरों से आयेगी रोने की आवाज़
फिर शुरू होगा कौओं का सामूहिक कर्कश शोर
फिर सब एक-दूसरे में डूब जायेगा

दुख रही हैं धरती की बूढ़ी पसलियाँ
फटा जा रहा है आसमान का माथा

उड़ाओ गिद्ध को उड़ाओ
बचाओ हो सके तो बचाओ,
इस दुनिया को!

समय की खल्वाट खोपड़ी में पल रहा है
एक भयानक विचार!

झींगुर

कभी भी खत्म हो सकती है यह दुनिया
खत्म हो सकता है किसी भी पल
सारा जीवन!

खत्म हो जायेगा जब सारा जीवन
तब भी बचे रहेंगे झींगुर
उन पर कोई असर नहीं होगा किसी बम का

खत्म हो जायेगा जब सारा जीवन
तो खत्म हो जायेगा सारा शोर
खत्म हो जायेंगी सारी तकलीफ़ें सारे दुख
दुनिया में होगा सिर्फ़ भयानक सन्नाटा
सन्नाटे में बोलेंगे झींगुर
तो कितना डरावना लगेगा सारा दृश्य!

पर कोई नहीं डरेगा तब
तब किसी चीज़ का डर नहीं बचेगा
बचेंगे सिर्फ़ झींगुर
जो अगली दुनिया बसने तक

तोड़ते रहेंगे सन्नाटा दिन-रात।

प्रतिध्वनि

अब वो तुम्हारे बोले गये वाक्य के सिर्फ़ अन्तिम शब्द
दोहराती है

तुम उसे देख नहीं पाते या देखकर अनदेखा कर जाते हो
लेकिन वो वीरान घाटियों से, उदास स्मृतियों से भरे गुम्बदों से

कन्दराओं से और सूख चुके कुओं से
लगातार दोहराती रहती है
तुम्हारे वाक्य के अन्तिम शब्द

तुम वो ही शब्द बोलते हो अक्सर
जो तुम सुनना चाहते हो बार-बार

कहते हैं एक समय वो बहुत बातूनी थी
कतरनी की तरह चलती थी उसकी ज़बान
बातों के लिए उसे समय कम पड़ जाता था

(मुझे कई बार लगता है
स्त्रियाँ भी अगर पुरुषों की तरह कम बोलतीं
तो कितनी सूनी लगती यह धरती
और बच्चे कितनी देर से सीख पाते बोलना)

वो इतनी ज़्यादा बड़बड़ करती थी
कि नदियाँ उसकी बातों में खोकर बहना भूल जाती थीं
हवाएँ उसकी बातें सुनने को रुक जाती थीं
बादल गलत पड़ावों पर अपना डेरा डाल देते थे
पर कहते हैं कि एक दिन हेरा[1] के श्राप ने
उससे उसकी सारी बातें छीन लीं

इसलिए तो घने जंगलों में अपना रास्ता भूल कर
जब तुम ज़ोर ज़ोर से पुकारते थे किसी को
वो सिर्फ़ तुम्हारे अन्तिम शब्द दोहरा देती थी
वो जवाब नहीं दे पायी तुम्हारे किसी प्रश्न का

1. हेरा : ग्रीक पुराण के अनुसार हेरा देव सम्राट ज़्यूस की पत्नी थी, जिसने ईको (प्रतिध्वनि) को श्राप दिया था कि वह अपने शब्द नहीं बोल पाएगी और सिर्फ़ दूसरे के बोले गए वाक्य के अन्तिम शब्द ही दोहरा सकेगी। ईको नारसीसस से प्रेम करती थी। श्राप के कारण ही वह अन्तिम समय में नारसीसस की मदद नहीं कर पाई।

वो एक परछाईं की तरह चलती रही तुम्हारे साथ-साथ
उसने खो दिये अपने सपने और
अपना बातूनीपन
वो जिसे तुम अनदेखा करते रहे लगातार
वो अपनी अनुपस्थिति में भी रही उपस्थित
और दोहराती रही तुम्हारे हर वाक्य के
अन्तिम शब्द!

वीरेन डंगवाल

(1947–2015)

कन्हाई के दिन का प्रारम्भ

कान में दातौन खोंसे
पीत पट लुंगी लगाये
मींजते आँखें चले धोने नहाने
उसी तट की ओर कान्हा उसी तट की ओर।
छरहर पुष्ट-श्यामल देह
चिपकी अभी भी कुछ यहाँ थोड़ी वहाँ पर
रमण रेती झरझराती भोर के आलोक में।
टूटे बदन मन में मोद थोड़ी कुटिलता
से देखते भर आँख
वृषभान की ऊँची अटारी को
दुहते गाय हमजोली ग्वाले ने मारा लम्बा खँखारा।
    पहुँचे तीर अति गम्भीर जगमग श्यामला नदी का चित्त।
    स्वच्छ रेत पर रखा पीत पट
    भइया फिर उतर पड़े जल में
    चबाते दातौन।
    स्वच्छ शीतल-गुनगुना जल धक्के से लगाये
    उखड़े चले जाते पैर।
    फिर चित लेट गये गुदगुदाती धार में
    बहे जाते बमय दातौन
    किसी शव की तरह प्रसन्न।
यों कन्हाई का एक दिन शुरू हुआ
गोपालक दिनों में।

कमीज़

कमीज़
जब तुम इस्त्री होकर लेटी हो
तो लग जाता है
कि तुम्हारा कुछ हो ही नहीं सकता

जब टँगी हो
खूँटी के हिसाब से
तो कभी-कभी लगती हो हताश
सारे ज़माने की लात खाई हुई

बरबाद लोग
समूची ज़िन्दगी
तुम्हीं को घिसते, रगड़ते
और लोहा करते रहते हैं

चप्पल पर भात

किस्सा यों हुआ
कि खाते समय चप्पल पर भात के कुछ कण
गिर गये थे
जो जल्दबाज़ी में दिखे नहीं।
फिर तो काफ़ी देर
तलुओं पर उस चिपचिपाहट की ही भेंट
चढ़ी रही
तमाम महान चिंताएँ।

वरुण

वरुण ताँबे के रंग का देवता है
उसकी एक आँख है सूर्य, दूसरी चन्द्रमा
अँधेरा उसकी जटा है
कितनी बड़ी कितनी उलझी जटा
उसके ललाट में बहती हैं नदियाँ
उसके मुँह से
कच्चे गोश्त और शराब की गन्ध आती है
उसकी मोटी अनामिका
घूमती हुई मेरी पृथ्वी की कीली पर

कुटिलता से सोचता है वरुण—'नियन्ता'
वह चाहे तो अपनी उँगली से ज़मीन का घूमना
बन्द कर सकता है

बेचारा वरुण
पिछवाड़े फेंक दिया गया

हाँ, उसके मुँह से
कच्चे गोश्त और शराब की गन्ध
अब भी आती है ज़रूर
और जटा उसकी और भी बड़ी है
कितनी बड़ी, कितनी गन्दी और उलझी जटा।

द्यौस

वह एक हवन-कुण्ड है
जिसमें सतत समिधा दे रहे हैं देवगण

जब अँधेरा तान देता है अपनी विराट चादर

तब भी
पीछे-पीछे धधकता हुआ अविराम जीवन है वह

द्यौः, पितर
तुम्हारे बनाये ही बनी हैं ये अलबेली ऋतुएँ
तुम्हीं से चेहरे की झुर्रियाँ
कोंपल का रक्त
घाव का सूखना हो तुम्हीं
तुम्हीं प्यार
छत्ता-भर शहद की तरह
गर्म और मीठा
हमारे अन्तस में विद्यमान
धरती को उलट-पलट देने वाला विक्षोभ भी तुम्हीं।

परम्परा

पहले उसने हमारी स्मृति पर डंडे बरसाये
और कहा—'असल में यह तुम्हारी स्मृति है'
फिर उसने हमारे विवेक को सुन्न किया
और कहा—'अब जाकर हुए तुम विवेकवान'
फिर उसने हमारी आँखों पर पट्टी बाँधी
और कहा—'चलो अब उपनिषद पढ़ो'
फिर उसने अपनी सजी हुई डोंगी हमारे रक्त की
नदी में उतार दी
और कहा—'अब अपनी तो यही है परम्परा।'

इतने भले नहीं बन जाना साथी

इतने भले नहीं बन जाना साथी
जितने भले हुआ करते हैं सरकस के हाथी
गदहा बनने में लगा दी अपनी सारी कूवत सारी प्रतिभा
किसी से कुछ लिया नहीं न किसी को कुछ दिया
ऐसा भी जिया जीवन तो क्या जिया?

इतने दुर्गम मत बन जाना
सम्भव ही रह जाय न तुम तक कोई राह बनाना
अपने ऊँचे सन्नाटे में सर धुनते रह गये
लेकिन किंचित भी जीवन का मर्म नहीं जाना

इतने चालू मत हो जाना
सुन-सुन कर हरकतें तुम्हारी पड़े हमें शरमाना
बगल दबी हो बोतल मुँह में जनता का अफ़साना
ऐसे घाघ नहीं हो जाना

ऐसे कठमुल्ले मत बनना
बात नहीं हो मन की तो बस तन जाना
दुनिया देख चुके हो यारो
एक नज़र थोड़ी-सी अपने जीवन पर भी मारो
पोथी-पतरा-ज्ञान-कपट से बहुत बड़ा है मानव
कठमुल्लापन छोड़ो, उस पर भी तो तनिक विचारो

काफ़ी बुरा समय है साथी
गरज रहे हैं घन घमण्ड के नभ की फटती है छाती
अन्धकार की सत्ता चिल-बिल चिल-बिल मानव-जीवन
जिस पर बिजली रह-रह अपना चाबुक चमकाती
संस्कृति के दर्पण में ये जो शक्लें हैं मुस्काती
इनकी असल समझना साथी!
अपनी समझ बदलना साथी!

आलोकधन्वा

(1948)

सफ़ेद रात

पुराने शहर की इस छत पर
पूरे चाँद की रात
याद आ रही है वर्षों पहले की
जंगल की एक रात

जब चाँद के नीचे
जंगल पुकार रहे थे जंगल को
और बारहसिंगे
पीछे छूट गये बारहसिंगों को
निर्जन मोड़ पर ऊँची झाड़ियों में
ओझल होते हुए

क्या वे सब अभी तक बचे हुए हैं
पीली मिट्टी के रास्ते और खरहे
महोगनी के घने पेड़
तेज़ महक वाली कड़ी घास
देर तक गोधूलि ओस
रखवारे की झोपड़ी और
उसके ऊपर सात तारे
पूरे चाँद की इस शहरी रात में
किसलिए आ रही है याद
जंगल की रात?

छत से झाँकता हूँ नीचे
आधी रात बिखर रही है

दूर-दूर तक चाँद की रोशनी

सबसे अधिक खींचते हैं फ़ुटपाथ
खाली खुले आधी रात के बाद के फ़ुटपाथ
जैसे आँगन छाये रहे मुझमें बचपन से ही
और खुली छतें बुलाती रहीं रात होते ही
कहीं भी रहूँ

क्या है चाँद के उजाले में
इस बिखरती हुई आधी रात में
एक असहायता
जो मुझे कुचलती है और एक उम्मीद
जो तकलीफ़ जैसी है

शहर में इस तरह बसे
कि परिवार का टूटना ही उसकी बुनियाद हो जैसे
न पुरखे साथ आये न गाँव न जंगल न जानवर
शहर में बसने का क्या मतलब है
शहर में ही खत्म हो जाना?
एक विशाल शरणार्थी शिविर के दृश्य
हर कहीं उनके भविष्यहीन तम्बू
हम कैसे सफ़र में शामिल हैं
कि हमारी शक्ल आज भी विस्थापितों जैसी
सिर्फ़ कहने के लिए कोई अपना शहर है
कोई अपना घर है
इसके भीतर भी हम भटकते ही रहते हैं

लखनऊ में बहुत कम बच रहा है लखनऊ
इलाहाबाद में बहुत कम इलाहाबाद

कानपुर और बनारस और पटना और अलीगढ़
अब इन्हीं शहरों में
कई तरह की हिंसा कई तरह के बाज़ार
कई तरह के सौदाई
इनके भीतर इनके आस-पास
इनसे बहुत दूर बम्बई, हैदराबाद, अमृतसर
और श्रीनगर तक
हिंसा
और हिंसा की तैयारी
और हिंसा की ताकत

बहस नहीं चल पाती
हत्याएँ होती हैं
फिर जो बहस चलती है
उसका भी अन्त हत्याओं में होता है

भारत में जन्म लेने का
मैं भी कोई मतलब पाना चाहता था
अब वह भारत भी नहीं रहा
जिसमें जन्म लिया

क्या है इस पूरे चाँद के उजाले में
इस बिखरती हुई आधी रात में
जो मेरी साँस
लाहौर और कराची और सिन्ध तक उलझती है ?

क्या लाहौर बच रहा है ?
वह अब किस मुल्क में है ?
न भारत में न पाकिस्तान में
न उर्दू में न पंजाबी में
पूछो राष्ट्र निर्माताओं से

क्या लाहौर फिर बस पाया?

जैसे यह अछूती
आज की शाम की सफ़ेद रात
एक सच्चाई है
लाहौर भी मेरी सच्चाई है

कहाँ है वह
हरे आसमान वाला शहर बगदाद
ढूँढो उसे
अब वह अरब में कहाँ है?

पूछो युद्ध सरदारों से
इस सफ़ेद हो रही रात में
क्या वे बगदाद को फिर से बना सकते हैं?

वे तो खजूर का एक पेड़ भी नहीं उगा सकते
वे तो रेत में उतना भी पैदल नहीं चल सकते
जितना एक बच्चा ऊँट का चलता है
ढूह और गुबार से
अन्तरिक्ष की तरह खेलता हुआ

क्या वे एक ऊँट बना सकते हैं?
एक गुम्बद एक तरबूज़ एक ऊँची सुराही
एक सोता
जो धीरे-धीरे चश्मा बना
एक गली
जो ऊँची दीवारों के साये में शहर घूमती थी
और गली में
सिर पर फ़ीरोज़ी रूमाल बाँधे एक लड़की
जो फिर कभी उस गली में नहीं दिखेगी

अब उसे याद करोगे
तो वह याद आयेगी
अब तुम्हारी याद ही उसका बगदाद है
तुम्हारी याद ही उसकी गली है उसकी उम्र है
उसका फ़ीरोज़ी रूमाल है

जब भगत सिंह फाँसी के तख़्ते की ओर बढ़े
तो अहिंसा ही थी
उनका सबसे मुश्किल सरोकार
अगर उन्हें कबूल होता
युद्ध सरदारों का न्याय
तो वे भी जीवित रह लेते
बर्दाश्त कर लेते
धीरे-धीरे उजड़ते रोज़ मरते हुए
लाहौर की तरह
बनारस अमृतसर लखनऊ इलाहाबाद
कानपुर और श्रीनगर की तरह।

मंगलेश डबराल

(1948)

तुम्हारा प्यार

(एक पहाड़ी लोकगीत से प्रेरित)

तुम्हारा प्यार लड्डुओं का थाल है
जिसे मैं खा जाना चाहता हूँ

तुम्हारा प्यार एक लाल रूमाल है
जिसे मैं झंडे-सा फहराना चाहता हूँ

तुम्हारा प्यार एक पेड़ है
जिसकी हरी ओट से मैं तारों को देखता हूँ

तुम्हारा प्यार एक झील है
जहाँ मैं तैरता हूँ और डूब रहता हूँ

तुम्हारा प्यार पूरा गाँव है
जहाँ मैं होता हूँ।

गिरना

सबसे ज़्यादा खामोश चीज़ है बर्फ़
उसके साथ लिपटी होती है उसकी खामोशी
वह तमाम आवाज़ों पर एक साथ गिरती है
एक पूरी दुनिया
और उसके कोहराम को ढाँपती हुई

बर्फ़ के नीचे दबी है घास
चिड़ियाँ और उनके घोंसले
और खंडहर और टूटे हुए चूल्हे
लोग बिना खाये जब सो जाते हैं
वह चुपचाप गिरती रहती है
बर्फ़ में जो भी पैर आगे बढ़ता है
उस पर गिरती है बर्फ़

बर्फ़ गिर रही है चारों ओर आदि-अन्तहीन
रास्ते बंद हो रहे हैं
उस पार कोई चीखता है
बर्फ़ पर उसकी आवाज़ फैलती है
जैसे खून की लकीर।

गुणानन्द पथिक

एक झलक में ही दिख जाता था गुणानन्द पथिक का पूरा जीवन
कितने ही लोगों ने देखा होगा उन्हें
खंडहर हो रहे टिहरी कस्बे की मुख्य सड़क पर
बस अड्डे की भीड़ में स्वरों की एक लहर की तरह प्रवेश करते हुए
गले से लटकता था पुराना हारमोनियम
और कंधे पर झोले में स्वरचित गीतों की पुस्तिकाएँ
पहले चार आने और फिर पचास पैसे में एक
गुणानन्द पथिक गाते थे पहाड़ को बदलने का गीत
गाँव-गाँव की दीदियों-भुलियों से कहते जागो जल्दी जागो
तुमसे ही जागेंगे निठल्ले पहाड़
यह बात लिख लो यह गीत सुन लो
क्यों गरीब के घर कँटीली घास की भी किल्लत है
कैसे अमीर के घर सजे हैं रात-दिन पकवान
गुणानन्द पथिक को सुनते लोग टॉफ़ी-लेमनजूस भूलकर

खरीद लेते गीतों की किताब
उसे पढ़ते हुए जाते बस में बैठ घर की ओर

स्त्रियाँ जो गाती थीं उन्हीं धुनों पर
गुणानन्द पथिक ने बनाये अपने नये गीत
जैसे पुरानी चीज़ को नया बनाकर लौटाने में हो रचना का आनन्द
कइयों ने सीखा उनसे संगीत का पहला पाठ
रामलीलाओं में अलग से सुनाई देती उनकी बहरे-तवील
लोग पहचान जाते बजा रहा है संगीत का वह कारीगर
जो सिर्फ़ सुनाता नहीं बदल भी देता है राग को
उनके गायन से ही शुरू होते थे कम्युनिस्ट पार्टी के जलसे तमाम
देहरादून, टिहरी, उत्तरकाशी, पौड़ी तक
सफ़र में रहता था उनका छोटा-सा स्वप्न

गुणानन्द पथिक जान नहीं पाये उनके जीते जी बदल रहा था कुछ
या बदलते-बदलते रह गया था कुछ
कई तरह के नये बाजे बजे पहाड़ में
पैसे की आवाज़ आने लगी जगह-जगह सुनाई दिया व्यवसाय का हॉर्न
गीतों की किताब से ज़्यादा बड़े हो गये पचास पैसे
कम्युनिस्ट पार्टी के पास आये इस बीच कई लाउडस्पीकर
टिहरी में भागीरथी पर शुरू हुआ एक बड़ा बाँध
गुणानन्द गाते रहे वही पुराना गीत
यही थी उनके जीवन की आखिरी झलक
फिर बैठने लगी उनकी आवाज़
मंद हो चला सुरीला वाद्य
भूलने लगे वे अपने रचे गीत
बचे-खुचे कम्युनिस्ट सोचते ही रहे
एक दिन हो पथिकजी का बड़ा-सा सार्वजनिक अभिनन्दन
तब तक गुणानन्द पथिक छोड़ चुके थे अपना हारमोनियम
भूल गये थे उन्हें लोग एक लोकगीत की तरह।

संगतकार

मुख्य गायक के चट्टान जैसे भारी स्वर का साथ देती
वह आवाज़ सुंदर कमज़ोर काँपती हुई थी
वह मुख्य गायक का छोटा भाई है
या उसका शिष्य
या पैदल चलकर सीखने आनेवाला दूर का कोई रिश्तेदार
मुख्य गायक की गरज में
वह अपनी गूँज मिलाता आया है प्राचीन काल से
गायक जब अन्तरे की जटिल तानों के जंगल में
खो चुका होता है
या अपने ही सरगम को लाँघकर
चला जाता है भटकता हुआ एक अनहद में
तब संगतकार ही स्थायी को सँभाले रहता है
जैसे समेटता हो मुख्य गायक का पीछे छूटा हुआ सामान
जैसे उसे याद दिलाता हो उसका बचपन
जब वह नौसिखिया था
तारसप्तक में जब बैठने लगता है उसका गला
प्रेरणा साथ छोड़ती हुई उत्साह अस्त होता हुआ
आवाज़ से राख जैसा कुछ गिरता हुआ
तभी मुख्य गायक को ढाढ़स बँधाता
कहीं से चला आता है संगतकार का स्वर
कभी-कभी वह यों ही दे देता है उसका साथ
यह बताने के लिए कि वह अकेला नहीं है
और यह कि फिर से गाया जा सकता है
गाया जा चुका राग
और उसकी आवाज़ में जो एक हिचक साफ़ सुनाई देती है
या अपने स्वर को ऊँचा न उठाने की जो कोशिश है
उसे विफलता नहीं
उसकी मनुष्यता समझा जाना चाहिए।

यह सब

अन्त तक लोग यही कहते रहे रुक जाओ
यहाँ इतनी सारी खाली जगह है चारों ओर बहुत-सी तस्वीरें हैं
दिन की धूप में धीरे-धीरे हिलते हुए पौधे हैं
रात के तारों से छनकर निकलती हुई बारीक हवा है
दूर एक खिड़की से आने वाला धुँधला प्रकाश
अँगुलियों की तरह इस अँधेरे को छूता रहता है
बहुत-से छोटे-छोटे पत्थर हैं
जिन्हें तुम यादगार की तरह अपने पास रख सकते हो
यही सब तो है प्रेम
यह नहीं होगा तो कितना उजाड़ हो जायेगा यह सब
वह देर तक सुने हुए को अनसुना करता रहा
या कठोर शब्दों में जवाब देता रहा
कई बार उसने मुँह भी फेर लिया
लोग ताज्जुब से कहते रहे
तुम कैसे आदमी हो इस तरह आँखें तरेर कर देखते हो
प्रेम की भी तुम्हें कोई परवाह नहीं
बस लगातार कहते हो बँध चुका है मेरा सामान

तुम जो भी हो मेरे भाई,
कुछ तो है जो तुम जाते-जाते भी यहीं अटक जाते हो
बार-बार यह सुनते जाते हो कि यही सब तो है प्रेम
यह नहीं होगा तो कितना उजाड़ हो जायेगा यह सब

सपने में रुपये

एक रात भूल से मैंने कुछ रुपये तकिये के नीचे रख दिये
और सो गया
सपने में उठकर वे चारों ओर उड़ने लगे

नींद के आसमान में उनका अनोखा नृत्य चलता रहा
एक बड़ा-सा हॉल दिखा
जहाँ किसी बाज़ार का जन्मदिन मनाया जा रहा था
चमकते हुए सिक्के जलता-बुझता प्रकाश बेतहाशा खानपान
पुरुष डॉलर, पाउंड, येन, यूरो के कोट पहने हुए थे
स्त्रियाँ जैसे सिर्फ़ त्वचा पहने हुए हों

मैंने चुपके से एक सिक्का उठाया और यह सोचकर निगल लिया
कि वह कोई स्वादिष्ट चीज़ है
तभी से वह मेरे हलक में फँसा है
मैं जागता हूँ सपने से कराहता हुआ।

टॉर्च

मेरे बचपन के दिनों में
एक बार मेरे पिता एक सुंदर-सी टॉर्च लाये
जिसके शीशे में खाँचे बने हुए थे
जैसे आजकल कारों की हैडलाइट में होते हैं
हमारे इलाके में रोशनी की वह पहली मशीन
जिसकी शहतीर एक चमत्कार की तरह रात को दो हिस्सों में बाँट
देती थी

एक सुबह मेरी पड़ोस की एक दादी ने पिता से कहा,
'बेटा इस मशीन से चूल्हा जलाने के लिए थोड़ी-सी आग दे दो'
पिता ने हँस कर कहा, 'चाची इसमें आग नहीं होती सिर्फ़ उजाला
होता है
इसे रात होने पर जलाते हैं
और इससे पहाड़ के ऊबड़-खाबड़ रास्ते साफ़ दिखाई देते हैं'
दादी ने कहा 'उजाले में थोड़ी आग भी होती तो कितना अच्छा था'

मुझे रात से ही सुबह का चूल्हा जलाने की फ़िक्र रहती है
पिता को कोई जवाब नहीं सूझा वे खामोश रहे देर तक

इतने वर्ष बाद वह घटना टॉर्च की वह रोशनी
आग माँगती दादी और पिता की खामोशी चली आती है
हमारे वक्त की विडम्बना में कविता की तरह।

पंचम

किराना घराने के सबसे अज़ीम गायक
अब्दुल करीम खाँ से एक दिन उनके एक मुरीद ने पूछा
उस्ताद आपने तो सातों सुर साध लिये हैं अब कुछ बचा नहीं
खरज से निखाद तक तीनों पर्दों के आरपार जाती है आपकी मीठी आवाज़

करीम खाँ बोले कहाँ बेटा सिर्फ़ पंचम को मैं थोड़ा समझ पाया हूँ
और अब इस उम्र में क्या कर पाऊँगा
मुरीद भी उदास हो गए
उन्हें उम्मीद थी उस्ताद कुछ और रोशनी डालेंगे
अपनी आवाज़ पर अपने बेजोड़ रियाज़ पर

बहुत पहले किसी किताब में पढ़ा था यह वाकया
उसे याद करते हुए सहसा हाथ रुक जाता है
जब भी लिखने बैठता हूँ कोई कविता।

प्रतिकार

जो कुछ भी था जहाँ-तहाँ हर तरफ़
शोर की तरह लिखा हुआ
उसे ही लिखता मैं
संगीत की तरह।

पंकज सिंह
(1948–2015)

बचपन। गाँव। घोंसला। रात

मोर नाचते हैं शीशम के जंगल में
डालों के झुरमुट में घूमता है
बूढ़ा चौकीदार—पूरनमासी का चाँद

परती के बीच एक घर है
जहाँ बच्चे सोए हैं
जहाँ माँ सोयी है
लटक आते हैं छप्पर से गेहुँअन, करइत

जहाँ आँगन में रात भर चमकती है एक कुदाल

बाढ़ में

बाढ़ में बहते जाते हैं पुरखों के सन्दूक सारा माल-मता
औज़ार
हमारे मामूली रोज़गार के
काग़ज़-पत्तर जिनमें थे
हारों के दुखों के हाल
जिन्हें कोई दर्ज नहीं करता
कला कर्म की भाषा के धंधे और इतिहास
जिनसे बेखबर रहते हैं
हर कहीं गाफ़िल एक से

पानी में दिखता है कभी तेज़ बहाव में
छटपटाता हुआ कोई
बेमानी मगर उसकी छटपटाहट बिलकुल निरुपाय
कि बचाने की पुरानी रिवायत खत्म हो चुकी

पानी के नीचे ज़ंग लगता है हर किस्म के लोहे पर
डूबना होगा साँस थामकर तलों तक
इसी पानी की गहरी सुरंगों में हैं
मिट्टी और काई में फँसे हथियार

वहीं होगा हरी कुछ चीज़ों का सिलसिला
नई टहनियाँ उगाता हुआ ढूँढ़ेंगे उसे

वह किसान औरत नींद में क्या देखती है

वह किसान औरत नींद में क्या देखती है
वह शायद देखती है अपने तन की धरती नींद में
वह शायद देखती है पसीने से भरा एक चौड़ा सीना
इतना चौड़ा कि वह ढँक ले सारी धरती
वह शायद देखती है दुःस्वप्न में ठहरे हुए दृश्य-सा
एक थाली भात

वह देखती है खुद को एक गुज़री हुई लम्बी दोपहर में
पहली बार स्वाद से खाते हुए चूल्हे की मिट्टी को
वह देखती है सारी सृष्टि रची जाती हुई
वह देखती है वहीं कहीं टकटकी लगाये बच्चे की आँख
हर रोज़ अनगिनत आसें लिये

वह औरत न जाने किसे एक बहुत लम्बी चिट्ठी
लिखना चाहती है लिखना न जानते हुए भी

अचानक नींद में

कि कहीं से चला आता है बी डी ओ अपनी जीप लिये
वह औरत शायद देर तक भागती है
फिर खुद को नंगी पाती है
वह औरत सुनती है मुखिया की हँसी दूर तक नींद में

और बंगाल की जूट मिल में हाड़ गलाते
मरद को
सचमुच कहीं नहीं पाती आस-पास
नींद में

दिखूँगा

इतिहास और उजाले और प्यार और फूलों की
याद को। रक्त में। भाषा में।
बहुत धुँधला करते हुए।
आयेंगे एक दिन आखिरी नींद के बादल। मेरी
अधूरी कोशिशों। अधूरी इच्छाओं के खून में सराबोर।

उदासीन अपनों के बीच होंगे मेरे दिन-रातों के
कीमती रहस्य। निस्पृह लकड़ियों की तरह वे याद
नहीं करेंगे मुझ बढ़ई की मशक्कतें और थकान।
रोज़मर्रा की ज़र्द दीमकें चाट चुकी होंगी उनकी
लगावट और तड़प।

हमेशा की तरह। गुज़रेंगे वक्त के घोड़े। बेजान होती
तमाम चीज़ों पर धूल डालते। झुकी पलकों बुझी आँखों
दबी साँसों वाली लड़की अचानक चीखेगी नहीं। उस दिन भी।
मुश्किलों को कर्तव्य-सा निबाहेगी। फिर कभी नहीं पड़ेगी

मुझ से आवारे संग प्यार में।

भाग्यवानों की बस्तियों में। रंगीन कोहरे लाँघकर।
कभी नहीं जायेगी मेरे न होने की खबर।
उनके निरापद उल्लास में खलल बनने।

कई परिचित चीज़ें विसर्जित करेंगी अपने रूपाकार।
आयेंगे आखिरी नींद के बादल। ऊदे-ऊदे। मेरी देह।
मेरी दुनिया पर। संहार की आदिम रस्म अदा करने की खातिर।

मगर कभी खत्म नहीं होते आदमी के स्वप्न।
मृत्यु के अन्धकार में। वे। लगातार।
भविष्य की ओर यात्राएँ करते हैं। सिरजते हैं।
घनघोर दुखों में। हाहाकार में। पवित्रता का प्रकाश।
उठूँगा मैं उम्मीद की अदृश्य भाप सरीखा।
ऋतुओं की आवाजाही में। चिड़ियों और वृक्षों के संसार में।
सफ़ेद खरगोशों के खेल में।
प्रेमियों और पागलों की सोहबत में। वर्षा के
संगीत में। हवाओं के हमलावर शोर में।
उस दुस्साहस सरीखा जो जीवन को मृत्यु से बड़ा बनाता है।
जो जीवितों की आत्मा को धब्बों और कोड़ों से
बचाता है।

मैं बार-बार दिखूँगा। गली के बच्चों की किसी आदत में।
शरारत में। आवाज़ बदलकर। किसी दोस्त को
उसके बचपन में खोये नाम से बुलाऊँगा।
उतरता हुआ नयी बाँहों। नये पाँवों में।
नयी आँखों के स्वप्न-घर में।

नरेन्द्र जैन
(1948)

उजाड़

बस में बैठा वह बच्चा
दूसरे बच्चे से कहता सुना गया
''तय है मेरे काम पर आने का वक्त
लेकिन जाने का कोई वक्त तय नहीं''

उसी बस में
ठीक अपने मुकाम उतरा मैं
बस आगे चली गई
कहीं दूर अपने ठिकाने उतरा होगा वह
वहाँ चल रही होगी एक चक्की
चेतना और स्मृतियों को पीसती हुई
निरंतर

ठीक हमारे बगल में होंगे बहुतेरे
जो प्रताड़ित किये जाते इस तरह
किस दीवार से टकराती होंगी उनकी
आवाज़ें
किस सन्नाटे में गूँजते होंगे उनके शब्द

यातना धूप की तरह खामोश
धीरे-धीरे फैल रही होगी

काम से लौटते बच्चे को कहाँ देखूँ मैं

कहाँ, किस बस अड्डे पर उतरकर
जाता होगा अपने उजाड़ की सीध।

राख के करीब

तंदूर ठंडा हो चुका है
नीचे राख के करीब
ऊँघ रहा है एक कुत्ता

झुकी हुई दीवारों पर
तस्वीरें हैं
धुएँ और कालिख से बदरंग

मिट्टी के चबूतरे पर
बैठा है खामोश पूरा परिवार
आदमी औरत और उनके बच्चे
तीन लड़कियाँ और सबसे छोटा लड़का

वे सब तंदूर को नहीं देख रहे
वे देख रहे उस नीम अँधेरे को
जहाँ भूख गहरा रही है रात के संग-संग

समूची दुनिया में यकसाँ फैला है
भूख का साम्राज्य

ठीक इसी क्षण
खाने की मेज़ पर
भुने हुए मुर्गे को अपने दाँतों से चींथता
कोई
कितना वहशी लग रहा है।

मेरे दुःस्वप्न

इधर कुछ सालों से कुछ स्वप्न
दुःस्वप्न की तरह मेरा पीछा करते हैं
दरअसल ये समूचा जीवन ही
दुःस्वप्न की गिरफ़्त में है
आखिरकार एक कवि अपनी
बेतरतीब कविताओं को
किस के हवाले कर सकता है?
लेकिन मृत्यु का हुआ करता है
एक खास सबब

एक दुःस्वप्न है उन जर्जर तीन कमरों के बारे में जहाँ रहा
करता था मैं
उनमें दो कमरों के दरवाज़े खुले रहते थे रात भर
रात भर कोई-न-कोई शख्स चोरी या हत्या
के इरादे से उनमें हुआ करता था प्रविष्ट
वह हिलती हुई दीवारों का घर था
जहाँ किसी रात मैं सीढ़ियाँ चढ़ता ही जाता था
और एकाएक हटा देता था कोई सीढ़ी
कई-कई रात मैं ऊपर ही ठहरा रहा
मेरे सामने दूर-दूर तक एक खाई थी
जिसमें कूदना ही था मुझे
एक दुःस्वप्न बार-बार आता है
रुई के फाहों की तरह गिर रहे हैं मकान
उनका मलबा होता ढेर सतह तक
लोगबाग भाग रहे हैं
और साथ-साथ मैं भी भाग रहा बेतरह
एक-सी है मेरी और दुःस्वप्न की रफ़्तार
मैंने ऊँची-ऊँची गगनचुंबी इमारतों को

देखा ध्वस्त होते हुए
वे जहाँ खड़ी थीं वहीं ध्वस्त हो रही थीं
मलबे के ढेर में
चारों तरफ़ उड़ रही थी, मलबे की धूल
मैंने ऊँचे-ऊँचे गुंबद वाले मन्दिरों और
मस्ज़िदों की मीनारों को गिरते हुए देखा
वे गिर रहे थे आस-पास के छोटे-छोटे घरों पर
एक रात, यकीन कीजिए, एक रात
मैंने संसद के अनगिनत विशाल पायों को
ध्वस्त होते हुए देखा
वे गिर रहे थे जैसे कि गिर रहे थे
चेहरों से मुखौटे बेशुमार

मैंने नहीं देखा
किसी रात
किसानों की आत्महत्या का दुःस्वप्न
वह दरअसल दुःस्वप्न था भी नहीं
एक ज़मीनी हकीकत थी

जिससे शायद अब भी मैं
बहुत दूर था

अन्धकार में

अन्धकार में कोई खाँस रहा
वहाँ एक सीना है पस्त जो
हाँफ रहा धौंकनी की तरह

गोया समूचा देश-काल
वहाँ हाँफ रहा

अन्धकार में

वह एक दुनिया नष्ट होती
बरबादी के कगार पर जीवन
ज़मीन और जड़ें खोता वृक्ष

यह भी न कहा जाये
दूर-दूर तक अन्धकार है यहाँ

उजाला
अपने सधे हाथों से
दबा रहा अँधेरे का गला

अन्धकार
मरणासन्न है
सूरज
आदतन
यहीं से प्रविष्ट होगा
पहले प्रहर।

पानी की भाषा

जब छायी रहती
गहरी खामोशी
पानी
अपनी भाषा में बात करता है

अपनी धरती पर बहता
वह ठिठकता है
चट्टान के मुहाने

संवादरत होता मिट्टी से
उसमें प्रविष्ट होता है

उसके वेग को सुनता
एक हिरण
देखता एकटक गिरती धारों को

अपनी लम्बी छलाँग से
जैसे समय को पार करता

कभी
शोक व्यक्त नहीं करती घास
जो पैरों से रौंदी जाती
बहता निरन्तर पानी
मटमैले दरिया में
नाव से बातें करता हुआ।

ज्ञानेन्द्रपति

(1950)

अच्छा लगता है

क्या है इन जुगनुओं का
रहस्य ? नहीं जानता नहीं
जानना चाहता,
मुझे अच्छा लगता है कि कोई जिस्म
रोशनी ढोता हो और
अँधेरे में चिनगी बना
घूमता हो।

एक गर्भवती औरत के प्रति

यह तुम्हारा उदर ब्रह्मांड हो गया है।
इसमें क्या है ? एक बन रहा शिशु भर ?
झिल्ली में लिपटी मांस पहनती चेतना। बस ?

कितनी फैलती जा रही है परिधि तुम्हारे उदर की
तुम क्या जानो
कि अन्तरिक्ष तक चली गई है यह विरूप गोलाई
और ये पेड़-पौधे, मकान, सड़कें, मैं, यह पोल,
वह कुत्ता, उछलता वह मेढक
रँभाती गाय, बाड़ कतरता माली, क्षितिज पर का सूरज
सब उसके अन्दर चले गये हैं
और तुम भी...

भी

जानता हूँ मेरी कलम
बसूला नहीं हो सकती
कितना मारूँ अपने काठ पर तुम्हारी गाँठ पर
उसकी जड़ों पर
एक-दो खरोचें उगेंगी बस

सब कुछ जानता हूँ
अपने पनछोछर हो गये रक्त को
पुआल बन गये मांस को काठ हो गई हड्डियों को
और अपनी घिसी कलम को
जो बसूला नहीं
और जो कोई शक्ल नहीं उभार सकती

इतिहास अपना मज़ाक
बार-बार दुहराता है : गो मैं
इतिहास में कहीं नहीं, पर
सब्ज़ी काटने का यह थोथा चाकू लिये
खाली दिनों की एक लम्बी कतार से
जूझता हूँ।

एक गँवई कविता

आइए, आइए भाई, इधर आइए
वह देखिए जुलूस
जा रहा है   उसके मुँह में
आप ही के नारे हैं   अरे
आप तो पान गलगलाने लगे   उधर
मत जाइए

वहाँ बहुत भीड़ है धक्कामुक्की है
आप एक बार गये सो गये   फिर नारे
कौन लिखेगा   ओऽ
आप पीक फेंक रहे थे
हँ : हँ : हँ : कभी-कभी गलतफ़हमी हो जाती है
माफ़ कीजिएगा।

विष्णु नागर
(1950)

गरीब

गरीब को गरमी कम लगती है
और लू तो खैर उसे लग सकती ही नहीं
वह रोटी कम खाता है
और साग की ज़रूरत तो खैर उसे पड़ती ही नहीं
वह थकता कम है
और साँस तो उसकी कभी फूलती ही नहीं
उसे कपड़ों की ज़्यादा ज़रूरत नहीं
ठंड तो उसे कभी लगती ही नहीं
मकान की उसे ज़रूरत क्या
झोपड़ा मिल जाए तो बहुत है

गरीब बीमार कम पड़ता है और पड़ जाए
और उसमें भूखा रहना पड़ जाए तो फिर जल्दी ठीक भी हो जाता है
और मरता कम है
और जीता तो वह है ही नहीं
उसे आशा कम रहती है
और निराशा तो उसके पास फटक सकती ही नहीं

वाह रे गरीब
तेरे तो भैया ठाठ ही निराले हैं
हमारी तो आदत बिगड़ गई
वरना हम भी गरीब बन जाते
और मज़े से रहते!

कानून

मुझे कानून का पता नहीं था
क्योंकि कानून तो उनके लिए होता है
जो कानून बनाते हैं
या कानून उनके लिए नहीं होता
जो कानून बनाते हैं

मुझे कानून का पता नहीं था
लेकिन मुझे बताया गया था कि
मैंने उसका उल्लंघन किया है
मुझे जेल का पता नहीं था
और मुझे जेल में डाल दिया गया
मुझे मौत का पता नहीं था
और मुझे मौत की सज़ा सुना दी गई थी
मुझे राष्ट्रपति का पता नहीं था
और पता चला कि उन्होंने मुझे जीवनदान देने से मना कर दिया है

मैं उनसे कहता हूँ कि अब तो मुझे कानून के बारे में बता दो
वे कहते हैं कि तुम्हें मौत की सज़ा सुनाना ही
कानून है
और यह कानून उन सब पर सख्ती से लागू होता है
जिन्हें नहीं मालूम कि कानून क्या होता है
और कानून का कानून है कि वह उनकी कोई मदद नहीं करता
जो कानून की मदद नहीं करते।

गुलाम

मालिकों को अपने गुलाम तब बहुत याद आते हैं
जब एक दिन वे इस संसार से कूच कर जाते हैं—

गालियों और दुत्कार की दुनिया से बहुत दूर चले जाते हैं
जहाँ से उन्हें किसी भी तरह वापिस नहीं लाया जा सकता
और इतने अच्छे गुलामों के फिर से मिलने की उम्मीद
समय के साथ धूमिल पड़ती जाती है
और जब नये गुलाम से समझौता करना सीखना पड़ता है
जो कि बार-बार यह याद दिलाने से नहीं चूकता कि वह आपका
गुलाम नहीं
नौकर है
और वो जब-तब छुट्टी माँगने लगता है
और बासी रोटी खाने से इनकार कर देता है
और जब वह सरासर झूठ बोलता है और फिर भी अकड़ता है
और तब भी उसे सहन करना पड़ता है
और कई बार पानी पीने या चाय बनाने खुद भी उठकर जाना
पड़ता है।

सरस्वती

उन्होंने अपनी विलुप्त सरस्वती खोज ही ली
वे इन दिनों
विलुप्त मन्दिरों
विलुप्त नदियों
विलुप्त शत्रुओं
विलुप्त मित्रों की खोज में व्यस्त हैं
ताकि जो आँखों के सामने है
उसका विलोपन किया जा सके।

इस बार

इस बार विकल्प नहीं दिये जायेंगे
पूछा नहीं जायेगा—
क्या चाहिए—ज़िन्दगी या मौत?
चुप रहने पर माफ़ नहीं किया जायेगा
इस बार कहा जाएगा—मौत
और सिर्फ़ मौत से डरकर रोने की इजाज़त दी जायेगी
नहीं रोये तो रुलाया जायेगा
फिर कहा जायेगा कि अरे ये तो कमज़ोर निकला—
भगत सिंह के देश के बंदे का ये हाल?
और इतना कहकर मार दिया जायेगा।

ओमप्रकाश वाल्मीकि
(1950–2013)

ठाकुर का कुआँ

चूल्हा मिट्टी का
मिट्टी तालाब की
तालाब ठाकुर का

भूख रोटी की
रोटी बाजरे की
बाजरा खेत का
खेत ठाकुर का

बैल ठाकुर का
हल ठाकुर का
हल की मूठ पर हथेली अपनी
फ़सल ठाकुर की

कुआँ ठाकुर का
पानी ठाकुर का
खेत–खलिहान ठाकुर के
गली–मुहल्ले ठाकुर के
फिर अपना क्या?
गाँव?
शहर?
देश?

शब्द झूठ नहीं बोलते

मेरा विश्वास है
तुम्हारी तमाम कोशिशों के बाद भी
शब्द ज़िन्दा रहेंगे
समय की सीढ़ियों पर
अपने पाँव के निशान
गोदने के लिए
बदल देने के लिए
हवाओं का रुख

स्वर्णमंडित सिंहासन पर
आध्यात्मिक प्रवचनों में
या फिर संसद के गलियारों में
अख़बारों की बदलती प्रतिबद्धताओं में
टीवी और सिनेमा की कल्पनाओं में
कसमसाता शब्द
जब आएगा बाहर
मुक्त होकर
सुनाई पड़ेंगे असंख्य धमाके
विखण्डित होकर
फिर-फिर जुड़ने के

बंद कमरों में भले ही
न सुनाई पड़े
शब्द के चारों ओर कसी
साँकल के टूटने की आवाज़

खेत-खलिहान

कच्चे घर
बाढ़ में डूबती फ़सलें
आत्महत्या करते किसान
उत्पीड़ित जनों की सिसकियों में
फिर भी शब्द की चीख़
गूँजती रहती है हर वक़्त

गहरी नींद में सोए
अलसाए भी जाग जाते हैं
जब शब्द आग बनकर
उतरता है उनकी साँसों में

मौज़-मस्ती में डूबे लोग
सहम जाते हैं

थके-हारे मज़दूरों की फुसफुसाहटों में
बामन की दुत्कार सहते
दो घूँट पानी के लिए मिन्नतें करते
पीड़ितजनों की आह में
ज़िन्दा रहते हैं शब्द
जो कभी नहीं मरते
खड़े रहते हैं
सच को सच कहने के लिए

क्योंकि,
शब्द कभी झूठ नहीं बोलते!

बस्स! बहुत हो चुका

जब भी देखता हूँ मैं
झाड़ू या गन्दगी से भरी बाल्टी
कनस्तर
किसी हाथ में
मेरी रगों में
दहकने लगते हैं
यातनाओं के कई हज़ार वर्ष एक साथ
जो फैले हैं इस धरती पर
ठंडे रेत-कणों की तरह
वे तमाम वर्ष
वृत्ताकार होकर घूमते हैं
करते हैं छलनी लगातार
उँगलियों और हथेलियों को
नस-नस में समा जाता है ठंडा ताप

झाड़ू थामे हाथों की सरसराहट
साफ़ सुनाई पड़ती है भीड़ के बीच
बियाबान जंगल में सनसनाती हवा की तरह
गहरी पथरीली नदी में
असंख्य मूक पीड़ाएँ
कसमसा रही हैं
मुखर होने के लिए
रोष से भरी हुई

बस्स,
बहुत हो चुका चुप रहना
निरर्थक पड़े पत्थर

अब काम आएँगे
संतप्त जनों के!

अस्थि-विसर्जन

जब भी चाहा छूना
मन्दिर के गर्भ-गृह में
किसी पत्थर को
या उकेरे गए भित्ति-चित्रों को

हर बार कसमसाया हथौड़े का एहसास
हथेली में
जाग उठी उँगलियों के उद्‌गम पर उभरी गाँठें

जब भी नहाने गए गंगा
हर की पौड़ी
हर बार लगा जैसे लगा रहे हैं डुबकी
बरसाती नाले में
जहाँ तेज़ धारा के नीचे
रेत नहीं
रपटीले पत्थर हैं
जो पाँव टिकने नहीं देते

मुश्किल होता है
टिके रहना धारा के विरुद्ध
जैसे खड़े रहना दहकते अंगारों पर

पाँव तले आ जाती हैं
मुर्दों की हड्डियाँ

जो बिखरी पड़ी हैं पत्थरों के इर्द-गिर्द
गहरे तल में

ये हड्डियाँ जो लड़ी थीं कभी
हवा और भाषा से
संस्कारों और व्यवहारों से
और फिर एक दिन बहा दी गयी गंगा में
पंडे की अस्पष्ट बुदबुदाहट के साथ
(कुछ लोग इस बुदबुदाहट को संस्कृत कहते हैं)

ये अस्थियाँ धारा के नीचे लेटे-लेटे
सहलाती हैं तलवों को
खौफ़नाक तरीके से

इसलिये तय कर लिया है मैंने
नहीं नहाऊँगा ऐसी किसी गंगा में
जहाँ पंडे की गिद्ध-नज़रें गड़ी हों
अस्थियों के बीच रखे सिक्कों
और दक्षिणा के रुपयों पर
विसर्जन से पहले ही झपट्टा मारने के लिए बाज़ की तरह!

उदय प्रकाश
(1952)

रात में छूट गया हारमोनियम

मैं हारमोनियम रात के भीतर बजा रहा था
गाना जो था वह अँधेरे में इतनी दूर तक जाता था
कि मैं देख नहीं पाता था

फिर एक पतली-सी दरार मुझे दिखी
मैं उसमें घुस गया
और अँधेरे की दो परतों के बीच नींद में डूबे पानी जैसा
दूर तक दौड़ने लगा

वहाँ बीस साल से एक लड़की थी जो बिना कभी दिखे
सोती जा रही थी
वह जागी तो नहीं लेकिन नींद में ही हँसी

अँधेरे में गाना था और पानी जैसा जो बह रहा था
वह मैं था

फिर तो मैं भी हँसने लगा रात में ही
अँधेरे में छुपा हुआ

एक मोटा अधेड़ उम्र का आदमी
साईं बाबा की फ़ोटो के नीचे पिस्ता खा रहा था
उसने बंदूक से मुझे डराया
यों आँखें फाड़कर और मुँह को यूँ...यूँ करके

वह तो बाप निकला लड़की का, जो गुस्से में था

और सो भी नहीं रहा था बीस साल से
लड़की के सपनों की पहरेदारी में
मैं क्या करता? धप्प् से कूदकर बाहर निकल आया
और उजाले में डरावने आदमी से नमस्ते करने लगा

लेकिन मेरा हारमोनियम तो
रात में ही रह गया था, बहुत पीछे
और वह बज रहा था
और लड़की हँसे क्यों जा रही थी
यह कहना मुश्किल था।

मैं लौट जाऊँगा

क्वाँर में जैसे बादल लौट जाते हैं
धूप जैसे लौट जाती है आषाढ़ में
ओस लौट जाती है जिस तरह अन्तरिक्ष में चुपचाप

अँधेरा लौट जाता है किसी अज्ञातवास में अपने दुखते हुए शरीर को
कंबल में छुपाये
थोड़े-से सुख और चुटकी-भर सांत्वना के लोभ में सबसे छुपकर आयी हुई
व्यभिचारिणी जैसे लौट जाती है वापस अपनी गुफा में भयभीत

पेड़ लौट जाते हैं बीज में वापस
अपने भाड़े-बरतन, हथियारों, उपकरणों और कंकालों के साथ
तमाम विकसित सभ्यताएँ
जिस तरह लौट जाती हैं धरती के गर्भ में हर बार

इतिहास जिस तरह विलीन हो जाता है किसी समुदाय की मिथक गाथा में
विज्ञान किसी ओझा के टोने में
तमाम औषधियाँ आदमी के असंख्य रोगों से हार कर अन्त में जैसे लौट
जाती हैं

किसी आदिम स्पर्श या किसी मंत्र में

मैं लौट जाऊँगा जैसे समस्त महाकाव्य, समूचा संगीत, सभी भाषाएँ और
सारी कविताएँ लौट जाती हैं एक दिन ब्रह्मांड में वापस

मृत्यु जैसे जाती है जीवन की गठरी एक दिन सिर पर उठाये उदास
जैसे रक्त लौट जाता है पता नहीं कहाँ अपने बाद शिराओं में छोड़ कर
निर्जीव-निष्पन्द जल

जैसे एक बहुत लंबी सजा काट कर लौटता है कोई निरपराध कैदी
कोई आदमी
अस्पताल में
बहुत लंबी बेहोशी के बाद
एक बार आँखें खोल कर लौट जाता है
अपने अंधकार में जिस तरह।

कवि की पीड़ित खुफ़िया आँखें

हत्यारे ने उस औरत को मारने में दो मिनट लगाये
उस पर दो शताब्दियों तक चलता है मुकदमा
जिसने सार्वजनिक कोष से साफ़-साफ़ उड़ा लिये सैकड़ों करोड़ रुपये
उसकी सत्तर साल तक जाँच करता है जाँच आयोग

कोई किसी से पूछता है, क्यों यह समय इतना निरपेक्ष और किसी
अक्षम्य पाप जैसा है
जब नहीं सुनता कोई किसी की बात तो एक उपेक्षित कवि
अपने कान समूची पृथ्वी पर लगाता है
हर अँधेरे में सुलगती हैं उसकी पीड़ित आत्मा की खुफ़िया आँखें

अप्रासंगिकताएँ क्यों हावी हैं इस कदर तमाम अच्छी और ज़रूरी चीज़ों पर
जो चीज़ें ठीक-ठाक हैं और जो चाहिए तमाम लोगों को उनका

विज्ञापन क्यों नहीं दिखाई देता कहीं?
उनकी कोई कीमत क्यों नहीं बची, कुछ बतायेंगे आप?

एक छोटी-सी जेब में समा जाने वाली कंघी,
खैनी, राई, अरहर और गुड़ के लिए
अपने कपड़े क्यों नहीं उतारती मधु सप्रे और अंजलि कपूर
बीड़ी के बंडल का रैपर क्यों नहीं बनाते अलेक पदमसी
वो कौन हैं जिनके लिए है इतना सारा उद्योग

रात भर कई सालों से गिरती हैं आकाश से सिसकियाँ और खून
स्वप्न चुभते हैं उसके तलवों में जो भी इस समाज से गुज़रता है
एक गरीब धोबी जो टैगोर हो सकता था
सारे शहर के कपड़े धोता है इतनी ठंड में आधी रात अपने
आँसुओं से
एक स्त्री इतनी ज़ोर-ज़ोर से हँसती है अपनी हत्या के ठीक एक
पल पहले

कोई विश्वास होता है हर बार, जिसका घात होता है हर बार
सब लोग यह सब जानते हैं पर खामोशी ही लाज़िमी है
जो यथार्थ को व्यक्त करता है
वह मार दिया जाता है अफ़वाहों से।

पूरा होने वाला वाक्य

हमारे वाक्य पूरे होंगे
कभी भविष्य में

एक दिन
जब हमारे बिना वस्तुएँ होंगी
प्रकृति और धूप होगी

समूची निर्जन पृथ्वी में
ये वाक्य होंगे चमकते हुए
और गूँजते हुए

वे पूरे होंगे भविष्य में कभी

और उनके अन्त में
असंख्य वृक्ष हिलेंगे
असंख्य पूर्णविरामों की तरह।

मनमोहन
(1953)

आसानियाँ और मुश्किलें

न कहना आसान है
और कहना मुश्किल

लेकिन कहते चले जाना
न कहने जैसा है
और काफ़ी आसान है

इसी तरह न रहना आसान है
और रहना मुश्किल

लेकिन रहते चले जाना
न रहने जैसा है
और काफ़ी आसान है

चाहें तो सहने के बारे में भी
ऐसा ही कुछ कहा जा सकता है।

बिना कान का राजा

बिना कान का राजा कहता जो बोला है वही करो
अगर-मगर मैं नहीं जानता अपना खाता साफ़ करो

बिना कान का राजा कहता जो कहते हैं उसे सुनो
सिर्फ़ सुनो और करो, न सोचो, अपना जाला नहीं बुनो

तुझे बोलना सिखलाते जो सारे तेरे दुश्मन हैं
तेरे दुश्मन, मेरे दुश्मन गरज़ देश के दुश्मन हैं

बिना कान का राजा कहता गूँगे कैसे फबते हो
मुझको प्यारे लगते हो और राजदुलारे लगते हो

हर दम मेरी ओर रहोगे पक्का ये इकरार करो
आओ मेरे भूखे नंगो आओ मुझसे प्यार करो

बिना कान का राजा कहता बोलो कैसा दिखता हूँ
हाथी जैसे कान पहनकर कितना सुन्दर लगता हूँ

बिना कान का राजा कहता बिना कान का लगता हूँ
क्या चलता है, क्या सुगबुग है मैं भी खूब समझता हूँ

कान नहीं तो क्या आफ़त है नाक मेरी सुन लेती है
बार-बार कट जाती है, फिर-फिर लम्बी हो जाती है

रुकना सीखो झुकना सीखो, सहना और लुटना पिटना
अर्ज़ी लिखना, मरना-खटना, डरना और चुप रह जाना

खामोशी

ऐसा नहीं कि
खामोशी में भाषा नहीं रहती

एक भाषा है जो खामोशी में ही रह पाती है

यहाँ मैं खामोशी की भाषा की बात नहीं कर रहा
उसका एक अलग किस्सा है

शायद आपको अटपटा लगेगा

जैसे मैं कहूँ कि मेरे एकान्त में
सबसे ज़्यादा आप रहते हैं

खामोशी में दिनचर्या का कर्मकांड भूल जाता है
जो अक्सर दिखाई देता है
जब खामोशी उतरती है

दहशत जो है
और अक्सर दिखाई नहीं देती
काफ़ी करीब होती है
जिसके रोंये तक आप छूकर देख सकते हैं
और उसके गड़े हुए दाँतों को अपनी गर्दन पर
महसूस कर सकते हैं

और जनाब यही खामोशी है
जहाँ कई बार आप बाँसुरी भी सुनते हैं

उसकी थकान

यह उस स्त्री की थकान थी
कि वह हँस कर रह जाती थी

जबकि वे समझते थे
कि अन्ततः उसने उन्हें क्षमा कर दिया है

पीली खिड़की खुली हुई है

भँवर पड़ी है कैसी जी में। बुरी बनी है।
गुत्थी जो है उलझ गई है। बातों में
वो बात नहीं है, ताप नहीं है। भाव शिथिल हैं,

थके हुए हैं। भीतर-भीतर तार कटे हैं।
मरी-मरी विद्युतधाराएँ छोटे फेरे लगा रही हैं।
इच्छाएँ जो रंग-बिरंगी चमकीली थीं छोटी-छोटी
रंग उड़ाकर पंख गिराकर पिटी-पिटाई
आ बैठी हैं एक किनारे। काला पानी ठंडा पानी
रुका हुआ है। रोज़-रोज़ जब गिरती है
दिन की परछाईं, बूढ़ी, पीली; दिल रोता है
कहता है ये मेरा दिन है।

धीरज खोकर मन होता है, आज
भँवर की लट खुल जाये। चट्टानों की
पीठ तोड़ कर झरने का रुख रस्ता पाये।

ज़िल्लत की रोटी

पहले किल्लत की रोटी थी
अब ज़िल्लत की रोटी है

किल्लत की रोटी ठंडी थी
ज़िल्लत की रोटी गर्म है
बस उस पर रखी थोड़ी शर्म है

थोड़ी नफ़रत
थोड़ा खून लगा है
इतना नामालूम कि कौन कहेगा खून लगा है

हर कोई यही कहता है
कितनी स्वादिष्ट कितनी नर्म कितनी खुशबूदार होती है
यह ज़िल्लत की रोटी

लीलाधर मंडलोई

(1953)

यह होना कितना खतरनाक

मैं जिनके साथ पचास सालों से हूँ
यह क्या हुआ एकाएक कि
उनका प्यार घृणा में बदल गया
और उनका धर्म युद्ध में
उनकी थाली में हरदम बना रहने वाला निवाला ज़हर हो गया
उनकी भाषा में नमी की जगह जलते अंगारे हैं
उनसे न्याय की उम्मीद सिरे से खत्म हो गयी
उनकी आँखों में हिकारत का भाव गहरा हो गया
उनकी पूजा में फिर से मनुष्य की बलि शामिल हो गयी
कोई नहीं जान पाएगा कि यह होना कितना खतरनाक हो गया
कि आदमी का आदमी से भरोसा उठ गया

मेरी यह सोच

निस्बतन मेरी यह सोच बन गयी
मैं एकदम घुन्ना हो गया
मेरी आवाज़ को लकवा मार गया
मेरी मुट्ठियाँ दीवार से चिपक गयी हैं
मेरी आँखों में मोतियाबिंद हो गया
मेरे पाँव में बेड़ियाँ पड़ी हैं
मेरी आत्मा तक रेहन पड़ी है
मेरा राष्ट्रवाद फ़िज़ूल हो उठा है

मेरा धर्म सवालों के कठघरे में है
मेरी जाति खो गयी है
मेरा पुश्तैनी आधारकार्ड बेमतलब हो गया है
मेरी अँगुलियों में छिपी पहचान लुप्त हो गयी है
मेरा यह देश मुझे अब अपना नागरिक नहीं मानता
मैं अपने ही देश में शरणार्थी हो गया हूँ
मेरी यह दशा क्यूँकर और कैसे हो गयी?

रोना नहीं रोते

वे अपार दुखों और संकटों के बीच
एक ऐसे सफ़र पर हैं जो खत्म नहीं होता

दिल्ली में सीरिया का एक युवक मिला
उसके वीरान चेहरे पर जीवन की मरियल उजास थी

इराक से आयी एक स्त्री अपने बचे-खुचे अखरोट सरोजिनी
नगर में बेच रही थी
हींग की आखिरी कुछ डिब्बियों में उसके बच्चों की साँसें थीं

लड़ता हुआ व्यक्ति कभी नाउम्मीद नहीं होता
यह मुझे सीरिया और इराक के इन लोगों ने बताया

वे अब भी अपने सपनों में वतन के आज़ाद होने से कम कुछ
और नहीं देख पाते

मैं नहीं जानता वे किस पुल के नीचे बसेरा करते हैं
वे संभावनाओं के अँधेरे में अब भी सूरज के खिलने को देखते हैं

उनके माथे भीगे रहते हैं दिल्ली की गर्मी में
वे किसी के सामने पसारते नहीं अपने हाथ
वे हमारी तरह जीवन का रोना नहीं रोते

देश क्या से क्या हो गया

क्या जादू है 21वीं शताब्दी का
कि देखते-देखते गायब हो गया
देश का बड़ा अपराधी
कि देखते-देखते वीज़ा रद्द हो गया विचारकों का
कि देखते-देखते हत्या हो गयी लेखकों की
कि देखते-देखते आवाज़ उठाने वाले जेल में बंद हैं
कि देखते-देखते देशप्रेमी राष्ट्रद्रोही हो गये
कि देखते-देखते 'भारत माता' कुछ-से-कुछ हो गयी
कि देखते-देखते गौशालों में गाय की जगह गो सेवकों का
कब्ज़ा हो गया
दो-एक सालों में ही देखते-देखते यह देश क्या से क्या हो गया

देश के शूरवीरो...

भारतमाता जिसे मैंने बचपन में देखा
कितनी बदल गयी चित्र में
वह मेरी माँ की तरह दीखने वाली
सवार हो गयी उस बाघ पर
जिससे डरता हूँ बचपन से अब तक
और उन हथियारों से जो उसने कभी न उठाये
माता को इस तरह हो जाने में क्या मिला
मेरी माता के दो से चार हाथ होते ही वह माता न रही
माँ के बिना जीना कितना तकलीफ़देह है आप नहीं जानते
अपनी भारतमाता को खोकर मैं किस भारत में हूँ
मेरी भारतमाता मुझे लौटा दो देश के शूरवीरो!

असद ज़ैदी
(1954)

कोई चला गया है

कोई चला गया है कौन चला गया है
किताब तो यहीं है नेपथ्य में अधर झूलती
कमीस तो यहीं है तलवार तो यहीं है
नफ़रत और प्यार सबको भाड़ में डालकर
कोई चला गया है कुछ-न-कुछ उजाड़कर

दुख लाज़िम है अब आत्मा फाड़ती है
अपनी टोपी कुछ सोचती हुई
कान में धीरे-धीरे घुसता है बिजली का कीड़ा
और अब आईने में व्याकुल है चेहरा

कोई चला गया है...

नमक

मैं इस पृथ्वी का नमक हूँ

कई सतहों पर सोता हूँ मुझमें भार होता है
घुल जाता हूँ वायु में शरीर में
सुरक्षित रहता हूँ लुप्त होकर

जब खून सर्द होता है जब गिलास टूट जाता है
बाज़ारों में नहीं होती जब किसी अनजाने लोक की चमक

जब दिखायी नहीं देतीं आकाश में उतरती रोशनियाँ
और उदासी रस्सी की तरह ऐंठती है
जब खाली पेट में पैदा होती है उबकाई
तब मैं धोने लगता हूँ धीरे-धीरे त्वचा का रंग

मेरा विनाश अब किसी और के लिए सम्भव नहीं है।

भविष्यवाणी

बहनो तुम्हारी आँखें और बोले गये वचन
याद आते हैं इस घड़ी जब
बन्द होती है तसल्लियों की दूकान किसी का
भाग्य बतलाकर : शादी होगी
फ़ुरसत नहीं मिलेगी
आराम से बैठी अजीब-सी लगोगी

तुम्हारा डाला गया सिक्का
गोपनीय डिब्बे में ज़ोर से बजेगा
चकरायेंगे बोल—और ला और ला और ला

गूँज बढ़ेगी जैसे-जैसे दूर होती जायेगी आवाज़

बन्द होती है अब तसल्लियों की दूकान
खुश रहना है तो कहीं पर दस्तखत मत करना
बोरा बनकर दिखलाना।

एक गरीब का अकेलापन

एक गरीब का अकेलापन
उसके खाली पेट के सिवा कुछ नहीं

अपनी दार्शनिक चिंता में
दुहराता हूँ मैं यही एक बात

पौर्वात्य निरंकुशता

जो गरीब है उसे अपने गाँव से आगे कुछ पता नहीं
कम गरीब है जो उसने देखा है पूरा ज़िला
सिर्फ़ अनाचारी ज़ालिमों ने देखे हैं राष्ट्र और राज्य
लाए हैं वे ही देशभक्ति की नयी तरकीब जो
लोगों को गाजर और मूली में बदलती है
बदलती है गरीब को सूखे अचार में

अंग्रेज़ों को भी भारत बड़ा भारतीय नज़र आया था
नज़र आने लगा है जैसा अचानक
अब हिन्दी के कुछ अखबारनवीसों को

हाँ भाई

इतिहास में गरीब की आवाज़
सुनाई नहीं देती
तोपों के धमाके उसे दबा लेते हैं

गरीब आदमी के जीवन में अलबत्ता
सुनाई देता है उसका इतिहास

सन्तों की इस धरती पर

सन्तों की इस धरती पर
ईश्वर आता है पिस्तौल चलाता

एक सन्त ढेर हो जाता है
बाकी सारे मुस्काते हैं

ईश्वर सोचता है, एक और हो जाये
पिस्तौल भी
मुस्कुराकर रह जाती है।

शब्द 'अलविदा'

अलविदा! व्यक्तिगत प्रसंगों से निकल रहा है खून
इस खून को भूलते हुए—अलविदा

खिड़कियों से झाँकते थे जो लोग
गली में निकल आये हैं
परेशानी और आश्चर्य में
वो लोग

फ़र्श घूमता है
विपरीत दिशा में
चौपट खुले दरवाज़े
सपाटे से गुज़रते हैं
गन्ध फैल रही है

गन्ध फैल रही है चारों तरफ़
यह भी एक कारण है—अलविदा

अलविदा की रस्म भूल गया हूँ हैरानी है
केवल शब्द याद रह गया है अलविदा।

जीवन के अन्त में

जीवन के अन्त में अचानक दिखाई देंगी
हमें अपनी कुछ कारगुज़ारियाँ

अरे हमें खुद कभी पता नहीं चल पाया कि हम
एक बेहतर दुनिया के लिए जिए थे

विश्वास की कविता

इस मृत धरा पर
जीवन लौटेगा

लौटेगी हमारी सारी
भाषा

शब्दों को प्रतिष्ठित करती
लिखी जायेगी
प्रासंगिक
कविता

इस मक्कार व्यवस्था
के दिन
लद जायेंगे

खून से लिखी इबारत
एक दिन सबको दिख जायेगी।

अरुण कमल
(1954)

नये इलाके में

इन नये बसते इलाकों में
जहाँ रोज़ बन रहे हैं नये-नये मकान
मैं अक्सर रास्ता भूल जाता हूँ

धोखा दे जाते हैं पुराने निशान
खोजता हूँ ताकता पीपल का पेड़
खोजता हूँ ढहा हुआ घर
और ज़मीन का खाली टुकड़ा जहाँ से बायें
मुड़ना था मुझे
फिर दो मकान बाद बिना रंग वाले लोहे के फाटक का
घर था इकमंज़िला

और मैं हर बार एक घर पीछे
चल देता हूँ
या दो घर आगे ठकमकाता

यहाँ रोज़ कुछ बन रहा है
रोज़ कुछ घट रहा है
यहाँ स्मृति का भरोसा नहीं
एक ही दिन में पुरानी पड़ जाती है दुनिया
जैसे वसन्त का गया पतझड़ को लौटा हूँ
जैसे बैशाख का गया भादों को लौटा हूँ

अब यही है उपाय कि हर दरवाज़ा खटखटाओ
और पूछो—
क्या यही है वो घर?

समय बहुत कम है तुम्हारे पास
आ चला पानी ढहा आ रहा अकास
शायद पुकार ले कोई पहचाना ऊपर से देख कर

जैसे

जैसे
मैं बहुत सारी आवाज़ें नहीं सुन पा रहा हूँ
चींटियों के शक्कर तोड़ने की आवाज़
पंखुड़ी के एक-एक कर खुलने की आवाज़
गर्भ में जीवन बूँद गिरने की आवाज़
अपने ही शरीर में कोशिकाएँ टूटने की आवाज़

इस तेज़ बहुत तेज़ चलती पृथ्वी के अन्धड़ में
जैसे मैं बहुत सारी आवाज़ें नहीं सुन रहा हूँ
वैसे ही तो होंगे वे लोग भी
जो सुन नहीं पाते गोली चलने की आवाज़ ताबड़तोड़
और पूछते हैं—कहाँ है पृथ्वी पर चीख?

संविधान का अन्तिम संशोधन

संसद के संयुक्त अधिवेशन ने ध्वनि मत से
संविधान का अन्तिम संशोधन पारित कर दिया
जिसके अनुसार अब से किसी भी सिक्के में
एक ही पहलू होगा

इस प्रकार सहस्त्रों वर्षों से चला आ रहा
अन्याय समाप्त हुआ।

चेहरा

एक चेहरा कहीं दबा इस चेहरे में
किसी प्राचीन साम्राज्य की स्वर्णमुद्रा
कोई टूटती बिखरती प्रतिध्वनि
या उड़ते पक्षी की गिरी हुई छाया

अचानक जैसे खोजबत्ती सा घूमता
है वह चेहरा
धूल और धूप का खम्भ दूर जा बिखरता
खूब लम्बी परछाइयाँ गाढ़ी गहरी साँसें भारी
जर्जर पंखुड़ी को सूँघ पहचानता हूँ
पुआल रौंदे पाँवों पर पानी पड़ने की चुनचुनाहट
चुम्बन के बीच सहसा
पसीने के नमक का स्वाद।

धार

कौन बचा है जिसके आगे
इन हाथों को नहीं पसारा

यह अनाज जो बदल रक्त में
टहल रहा है तन के कोने-कोने
यह कमीज़ जो ढाल बनी है
बारिश, सरदी, लू में
सब उधार का, माँगा-चाहा

नमक-तेल, हींग-हल्दी तक
सब कर्ज़े का
यह शरीर भी उनका बंधक

अपना क्या है इस जीवन में
सब तो लिया उधार
सारा लोहा उन लोगों का
अपनी केवल धार।

स्वप्निल श्रीवास्तव

(1954)

ताख

पुराने ताख पर रखी हुई है
नयी दियासलाई

अँधेरा होते ही इसे
खोजने लगते हैं हाथ

एक तीली लालटेन को
जलाती है
दूसरी रसोईघर की ढिबरी को
आलोकित करती है
तीसरी अलाव जलाने के
काम आती है

लेकिन वहाँ अँधेरा रहता है
जहाँ यह रखी हुई रहती है

गमछा

फ़सलें कट चुकी हैं
किसी मजूर का पसीने से
तरबतर गमछा यहाँ
छूटा हुआ है

उसका लड़का ढूँढ़ते हुए
यहाँ आयेगा
पसीने की गंध से
पहचान जायेगा कि यह
उसके बाप का गमछा है

झाग

अल्प वस्त्रों की नुमाइश और
लोलुप निगाहों के हमाम से
गुज़रती हुई विश्व-सुन्दरियाँ
कुख्यात साबुन के झाग में
बदल चुकी हैं

वे अपनी मोहिनी-मुस्कान के साथ
अन्तर्राष्ट्रीय प्रतिष्ठानों के दरवाज़ों पर
खड़ी सौन्दर्य-प्रसाधन बेच रही हैं

गरीब देश की सुन्दरियाँ यह बताती हैं
अभी साल भर तक कंगाल नहीं
रहेगा देश

उन्हें टेलीविज़न चैनलों पर कामसूत्र
की तरह दोहराया जा रहा है

वे दर्शकों के सामने भयावह रूप से
सुन्दर और सुडौल होने की विधि
बयान करती हैं
भूख और अकाल की दुनिया में
काम नहीं आती उनकी हँसी

वे हमारी पृथ्वी की हूरें नहीं
वे अभिजनों के ड्राइंग-रूम में
रखी हुई मृत-कलाकृतियाँ हैं
जो वर्ष-भर बाद बदल
दी जाती हैं

बची हुई चीज़ें

कुछ बची हुई चीज़ों को
बचाया जाना ज़रूरी है

कुछ मरते हुए लोग हैं
उनके पास इतिहास के
रहस्य और परिकल्पनाएँ हैं
उन्हें ज़िन्दा रखना ज़रूरी है

बची हुई चीज़ों का स्वभाव
बदल रहा है
वे खतरनाक होती जा रही हैं

बहुत-सी अबोधताओं को
बचाना ज़रूरी है
ताकि हम नृशंसता का सामना
कर सकें

बहुत कम लोग जानते हैं
ज़िन्दगी का व्याकरण
बहुत कम लोग दुनिया का
रंग-रोगन ठीक करने में
अपने आपको बदरंग कर

लेते हैं

बची हुई चीज़ें आह्वान कर
रही हैं, उन्हें हमले अथवा
रूपांतरण से बचाया जाए

निर्मला गर्ग
(1955)

परछाईं

झील तुम जैसी हो
वैसी बनी रहो
हरी या नीली क्यों होती हो
क्यों ग्रहण करती हो
पहाड़ या आसमान की परछाईं

शान्ति और युद्ध

मैं शान्ति चाहती थी
मैंने ईश्वर की कल्पना की

ईश्वर की खातिर लड़े मैंने
बेहिसाब युद्ध

युद्ध

युद्ध के शुरू होने का शोर
मेरे बाहर है
युद्ध के बाद का सन्नाटा
मेरे भीतर

कभी-कभी क्रम उलट भी जाता है

ताकतवर देश
अँधेरे की भाषा बोलते हैं
उपनिवेशों की सरकारें उसे दुहराती हैं
वे चाहते हैं
पूरी पृथ्वी को अपनी ऐशगाह बनाना
उनका दंभ रौंदता है
दूसरों की स्वतन्त्रता

मैं खिलाफ़ हूँ इस लालच के
और इस बर्बरता के
खून से भरी देहों की कातरता मुझमें
तेज़ गुस्सा भरती है
शब्दों के अलावा तलाशना चाहती हूँ मैं
दूसरे औज़ार

मैं पूर्ण प्रकाश में जीना चाहती हूँ

जीवन का अनुवाद

जानती हूँ जीवन मैदानों से ज़्यादा विस्तृत है
हथेलियों से ज़्यादा सुंदर है
और धातु से ज़्यादा कठोर है
जीवन का अनुवाद किसी भी भाषा में
सिर्फ़ जीवन है

जीवन विन्यास है ऋतुओं का
नदियों का
उन रास्तों का
जिनसे होकर हम काम पर जाते हैं

वह मुझे प्रिय है शब्दों से ज़्यादा
आँसुओं से ज़्यादा
रात के रहस्य से ज़्यादा

फिर भी कभी-कभी मृत्यु के बारे में सोचना
मुझे अच्छा लगता है
जैसे मरने के बाद मेरा मन किंवा अन्त:करण
उसी तरह शान्त हो जाएगा जैसे
बर्फ़ पड़ने के बाद की खामोशी ?

कुमार अंबुज
(1957)

तुम्हारे लिए

(एक)

चूल्हे की आँच
और पसीने से पिघलकर
आड़ी-तिरछी हो गयी
तुम्हारे माथे की लाल बिंदी की तरह
हो गया है
सूर्योदय का यह आसमान

मैं इस आसमान का
एक टुकड़ा तोड़कर
पूरे जतन के साथ टाँकना चाहता हूँ
तुम्हारे माथे पर।

(दो)

कल्ले पर सिंकी
तुम्हारे हाथ की रोटी की तरह
फूल गयी है यह शाम

आओ संध्या!
हम इस शाम की सारी भाप निकालकर
इसे प्यार से चुपड़ें

और पूरे स्वाद से
साथ-साथ
खाएँ!

भय

भय
लगातार कहता है हमें
सावधान!

काली-अँधेरी रात में भय
एक सजग चौकीदार है
पुकारता हुआ—

जागते रहो!
जागते रहो!

बचपन

एक गहरा और सूखा कुआँ

जिसमें से लौटती हैं सिर्फ़
पुरावेत्ता की आवाज़ें

मगर पूरी पृथ्वी पर
यही एक तल है अतल
जहाँ बची है
थोड़ी-सी नमी

और एक पूरी हरी पत्ती!

उन शब्दों की तरह

जो आत्मीयजन देह की दुष्टता भुलाते हुए
आत्मा की पवित्रता में विश्वास कर रहे हैं
ढूँढ़ रहे हैं अमरता
वे सबसे भोले और सरल हैं

मुझे उन पर दया करनी चाहिए

जो देह की खुशी में
नश्वरता के भय से शामिल हुए
वे अनंत पीड़ा के स्वामी बने
प्रसन्नता उनके जीवन में दुख की तरह
शरीक हुई

सिर्फ़ इच्छाएँ कभी प्रेम नहीं होतीं!

अन्तरिक्ष और अनंत के बारे में
सबसे निश्चित यही है
कि वहाँ कोई अन्त नहीं होता
जो अन्त की खोज में हैं अनंत कामनाओं के साथ
वे निरीह हैं

मुझे उन पर दया करनी चाहिए

उन शब्दों की तरह
जो दुर्घटनाओं के बाद के ब्यौरे हैं।

गुफ़ा

शुरू होता है यहाँ से
भय और अँधेरा

भय और अँधेरे को
भेदने की इच्छा भी

शुरू होती है
यहीं से।

संजय चतुर्वेदी
(1958)

लेकर खड़ा कटोरा

अवधू सबसे बड़ा चटोरा,
परबत पार खीर का सागर वहीं लगा रसखोरा
निर्गुन के गुनवान बटोही तिनका मोह बटोरा
महामौन में अनहद गरजै उस बीहड़ का छोरा
तिरनेतर तिरसूल का धनी लेकर खड़ा कटोरा।

आगे है बबूल का जंगल

मन अघोर कुख्यात कबाड़ी,
थके-उनींदे मालकोंस में खेंचत राग पहाड़ी
सरहद पै विचारधारा की पतितपावनी झाड़ी
आगे है बबूल का जंगल करै शिकार खिलाड़ी
परमपूज्य मतिहार हरामी उस्तादों की बाड़ी
अर्धनारि दुस्साशन बैठा खींचै सबकी साड़ी
जै-जै धुनि चहुँ ओर, अकेले हमने हरकत ताड़ी।

अस उतपाती छोरा

हम अघोर मन षिकट अघोरा,
कायनात मधुकरी बिखैरै लिए हाथ में बोरा

पंगत में बिचार बड़बोला मारै धनुसटकोरा
सुरबिधान बादी प्रातिबादी हर हरकत पै डोरा
सब सिन्गार भए बेमतलब अस उतपाती छोरा।

यहाँ नातवाँ मन है

व्यंग्य शब्द विद्रोह मनन है,
घुमड़ै धुआँ हवा से पूछै मेरा कहाँ वतन है
कोई कहीं आवाज़ दे रहा तिर्यक ताप जलन है
बियाबान निर्वेद पुकारै यहाँ नातवाँ मन है
निर्गुन कितै बिसंगत बूझै सगुन बिराट सघन है
सुरत-निरत अटपट विचार सब परेशान जीवन है
धुक-धुक चक्की चलै जगत की कुंठा-तप ईंधन है।

बानी में सबद की चोट उठै

कविता घुमड़ै भवसिंधु मथै जल में जलजान रहै न रहै
सम्मान रहै मनमन्दिर में सर पै भगवान रहै न रहै
इन्सान रहै तहज़ीब रहै शातिर ईमान रहै न रहै
हाथन में कोऊ काम रहै पोथी में ज्ञान रहै न रहै
बकवास रहै आभास रहै तिकड़म अभियान रहै न रहै
उतपात रहै प्रतिवाद रहै गुनगान दुकान रहै न रहै
सुर के आगे मैदान रहै पुर में श्रीमान रहै न रहै
बानी में सबद की चोट उठै काया में पिरान रहै न रहै।

देवीप्रसाद मिश्र
(1958)

प्रार्थना के शिल्प में नहीं

इन्द्र, आप यहाँ से जाएँ
तो पानी बरसे

मरुत, आप यहाँ से कूच करें
तो हवा चले।

बृहस्पति, आप यहाँ से हटें
तो बुद्धि कुछ काम करना शुरू करे

अदिति, आप यहाँ से चलें तो
कुछ ढंग की सन्ततियाँ जन्म लें

रुद्र, आप यहाँ से दफ़ा हों तो
कुछ क्रोध आना शुरू हो

देवियो-देवताओ, हम आपसे
जो कुछ कह रहे हैं
प्रार्थना के शिल्प में नहीं।

पुरस्कार

हमारे समय की केंद्रीय कला है मनुष्य

सबसे अधिक ओहदे और खिताब

इस कला के लिए दिये जाते हैं

लेकिन कई बार चित्रकला के लिए दिया जाने वाला सम्मान
आदमी को खत्म करने के लिए दिये जाने वाले
पुरस्कार का स्थानापन्न होता है
और जो खिताब आदमी को खत्म करने की
कलात्मक ऊँचाई के लिए दिया जाना था
वह नाटक के लिए दे दिया जाता है

गृहमंत्रालय के ओहदेदार
और ललित कलाओं के मनसबदार
इस भूलचूक के लिए
क्षमा माँगें भी तो किससे?...

गठबंधन

नौकरशाह का संबंध मिल मालिक से है
और मिल मालिक का मेल-मिलाप बैंकर से है
और बैंकर की गलबाँहीं कॉरपोरेट से है और
कॉरपोरेट का गठबंधन फ़ाइनेंसर से है और
फ़ाइनेंसर का रिश्ता उद्योगपति से है और
उद्योगपति का गठजोड़ अपराधी से है और
अपराधी का राबिता तस्कर है और
तस्कर का ताल्लुक फ़िल्म बनाने वाले से है और
फ़िल्म बनाने वाले की रब्त जब्त माफ़िया से है और
माफ़िया का लेनदेन पुलिस से है और पुलिस की
दाँतकाटी सरकार से है और सरकार का संबंध
राजनीतिज्ञ से है

राजनीतिज्ञ कहता है कि उसका जनता के साथ
रिश्ता अटूट है
अन्ततः सारी मुश्किलें जनता के साथ
जनता के संबंध में आती थीं।

गगन गिल

(1959)

सुख में जो दुख है

समुंदर के पास घायल कछुए का दुख है
तने के पास दम तोड़ती जड़ का दुख है
तूफ़ान के पास हारते आदमी का दुख है

सुख में जो दुख है
किसके पास है?

ठूँठ अभी ठूँठ होना था

मेरा ख़याल था
ठूँठ अभी ठूँठ होगा
मगर मेरे पहुँचने तक
वह हरा-भरा पेड़ था

हमदर्दी उसे नहीं
मुझे चाहिए थी।

नींद उसे आ जाती थी

नींद उसे आ जाती थी
प्रेम के बगैर
मृत्यु क्यों नहीं आती थी?

हो सकता है
मृत्यु आती हो
उसकी गहरी नींद में
धीरे-धीरे सुराख करती
उसकी आत्मा की माया में,
हो सकता है
भोगती हो वह शब्दातीत कष्ट कोई
रहस्य जिसका खुलता हो
रात-दर-रात
नींद-दर-नींद
चोरी-छिपे उससे

सुबह जब जागती थी उसकी देह
घेरती थी जब उसे
नया दिन देखने की शर्म
एक छाया-सी
चली जाती थी उसके
सिरहाने से उठकर
वह कहाँ जानती थी
प्रेम नहीं रहता था जब
मृत्यु आती थी उसके पास
सबेरे
शाम।

फाँसी की तरफ़ बढ़ते हुए

फाँसी की तरफ़ बढ़ते हुए
पहला आदमी क्या सोचता है?

वह सोचता है
आखिरी आदमी भी तो हो सकता था वह

फंदे की ओर बढ़ते हुए
वह पा लेता है अचानक
मृत्यु के आतंक से मुक्ति

अचानक उसके पास
मोहमाया से अलग
सिर्फ़ एक चीज़ बचती है—
ईर्ष्या—
आखिरी आदमी से बेइंतहा ईर्ष्या।
अन्त तक पहुँच कर
वह पहली बार देखता है मुड़कर
आखिरी आदमी को
जैसे अपने साथ-साथ उसका अन्त भी
सुनिश्चित कर रहा हो

एक अँधेरे बेबस क्षण में
क्या कोई इसके सिवा कुछ कर सकता है?

इसीलिए

वह नहीं होगा कभी भी
फाँसी पर झूलता हुआ आदमी
वारदात की खबरें पढ़ते हुए
सोचता था वह

गर्दन के पीछे हो रही झुरझुरी को वह
मुल्तवी करता रहता था
तमाम खबरों के बावजूद

सोचता था
अपने लिए एक
बिलकुल अलग अन्त

इसीलिए जब अन्त आया
तो अलग तरह से नहीं आया।

कात्यायनी
(1959)

हॉकी खेलती लड़कियाँ

आज शुक्रवार का दिन है
और इस छोटे से शहर की ये लड़कियाँ
खेल रही हैं हॉकी।
खुश हैं लड़कियाँ
फ़िलहाल
खेल रही हैं हॉकी।
कोई डर नहीं।
बॉल के साथ दौड़ती हुईं
हाथों में साधे स्टिक
वे हरी घास पर तैरती हैं,
चूल्हे की आँच से
मूसल की धमक से
दौड़ती हुई
बहुत
दूर
आ जाती हैं।
वहाँ इन्तज़ार कर रहे हैं
उन्हें देखने आये हुए वर पक्ष के लोग,
वहाँ अम्मा बैठी राह तकती हैं
कि बेटियाँ आयें तो
सन्तोषी माता की कथा सुनायें

और
        वे
                अपना व्रत तोड़ें,
वहाँ बाबूजी प्रतीक्षा कर रहे हैं
दफ़्तर से लौटकर
पकौड़ी और चाय की,
वहाँ भाई घूम-घूमकर लौट आ रहा है
चौराहे से
जहाँ खड़े हैं मुहल्ले के शोहदे
रोज़ की तरह
और इधर
लड़कियाँ हैं
                कि
                    हॉकी
                        खेल रही हैं।
लड़कियाँ
पेनाल्टी कॉर्नर मार रही हैं
लड़कियाँ पास दे रही हैं
लड़कियाँ 'गोऽल-गोऽल' चिल्लाती हुई
बीच मैदान की ओर भाग रही हैं
लड़कियाँ एक-दूसरे पर ढह रही हैं
                        एक-दूसरे को चूम रही हैं
और
        हँस रही हैं।
लड़कियाँ फ़ाउल खेल रही हैं
लड़कियों को चेतावनी दी जा रही है
और वे हँस रही हैं
                        कि
                            यह ज़िन्दगी नहीं है

—इस बात से निश्चिन्त हैं लड़कियाँ
हँस रही हैं
रेफ़री की चेतावनी पर।
लड़कियाँ बारिश के बाद की नम घास पर
फिसल रही हैं
और गिर रही हैं
और उठ रही हैं
वे लहरा रही हैं
चमक रही हैं
और मैदान के अलग-अलग कोनों में
रह-रहकर उमड़-घुमड़ रही हैं।
वे चीख रही हैं, सीटी मार रही हैं।
और बिना रुके
भाग रही हैं
एक छोर से दूसरे छोर तक।
उनकी पुष्ट टाँगें चमक रही हैं
नृत्य की लयबद्ध गति के साथ
और लड़कियाँ हैं कि
निर्द्वन्द्व
निश्चिन्त हैं
बिना यह सोचे कि
मुँहदिखायी की रस्म करते समय
सास क्या सोचेगी।
इसी तरह खेलती रहती लड़कियाँ
निस्संकोच-निर्भीक
दौड़ती-भागती और हँसती रहतीं
इसी तरह
और हम देखते रहते उन्हें।
पर शाम है कि होगी ही

रेफ़री है कि बाज़ नहीं आयेगा
                    सीटी बजाने से
और स्टिक लटकाए हाथों में
एक भीषण जंग से निपटने की
तैयारी करती लड़कियाँ
                लौटेंगी घर।
अगर ऐसा न हो तो
समय रुक जायेगा
इन्द्र–मरुत–वरुण सब कुपित हो जायेंगे
वज्रपात हो जायेगा, चक्रवात आ जायेगा
घर पर बैठे
        देखने आये वर–पक्ष के लोग
पैर पटकते चले जायेंगे
बाबूजी घुस आयेंगे गरजते हुए मैदान में
भाई दौड़ता हुआ आयेगा
और झोंटा पकड़कर
                घसीट ले जायेगा
अम्मा कोसेगी—
'किस घड़ी में पैदा किया था
ऐसी कुलच्छनी बेटी!'
बाबूजी चीखेंगे—'सब तुम्हारा बिगाड़ा हुआ है!'
घर
  फिर
      एक अँधेरे में
            डूब जायेगा
सब सो जायेंगे
लड़कियाँ घूरेंगी अँधेरे में
खटिया पर चित लेटी हुईं
अम्मा की लम्बी साँसें सुनतीं

इन्तज़ार करती हुईं
कि अभी वे आकर उनका सिर सहलायेंगी
सो जायेंगी लड़कियाँ
और
    सपने में
        दौड़ती हुई
            बॉल के पीछे
स्टिक को साधे हुए हाथों में
पृथ्वी के
        छोर पर पहुँच जायेंगी
और
        'गोल-गोल' चिल्लाती हुईं
एक-दूसरे को चूमती हुईं
लिपटकर
            धरती पर
                गिर जायेंगी!

सात भाइयों के बीच चम्पा

सात भाइयों के बीच
चम्पा सयानी हुई।
बाँस की टहनी-सी लचक वाली,
बाप की छाती पर साँप-सी लोटती
सपनों में
काली छाया-सी डोलती
सात भाइयों के बीच
चम्पा सयानी हुई।

ओखल में धान के साथ

कूट दी गयी
भूसी के साथ कूड़े पर
फेंक दी गयी।
वहाँ अमरबेल बनकर उगी।
झरबेरी के सात कँटीले झाड़ों के बीच
चम्पा अमरबेल बन सयानी हुई।
फिर से घर आ धमकी।

सात भाइयों के बीच सयानी चम्पा
एक दिन घर की छत से
लटकती पायी गयी।
तालाब में जलकुम्भी के जालों के बीच
दबा दी गयी।
वहाँ एक नीलकमल उग आया।
जलकुम्भी के जालों से ऊपर उठकर
चम्पा फिर घर आ गयी,
देवता पर चढ़ायी गयी
मुरझाने पर मसलकर फेंक दी गयी,
जलायी गयी।
उसकी राख बिखेर दी गयी
पूरे गाँव में।

रात को बारिश हुई झमड़कर।
अगले ही दिन
हर दरवाज़े के बाहर
नागफनी के बीहड़ घेरों के बीच
निर्भय-निस्संग चम्पा
मुस्कुराती पायी गयी।

प्रसव-पीड़ा

सघन तिमिर भरी हुई भीषण यह कालरात्रि
खोल दो खिड़कियाँ सारी,
उमस है, दम घुट रहा है,
दीया लाओ—यहाँ रख दो।
उफ्! दुःसह पीड़ा से रहा नहीं जाता है।
जीवन है जीवन ही रचने को
सोच-सोच मन थिर हो जाता है।
मर-मर कर जी उठना
नये की प्रतीक्षा में—
आगमन नये का ही, पुनर्जन्म होता है।
निविड़ तिमिर आच्छादित काल रात्रि में जीकर
सुबह की प्रतीक्षा भी
दुःसह दुखदायी है।
बीत रहे हैं पल-पल युग-युग से।
दुर्वह यह गर्भभार कठिन है,
धरित्री से सहा नहीं जाता है,
नये की प्रतीक्षा में
आकुल तन-मन से अब
रहा नहीं जाता है।

अनीता वर्मा

(1959)

देखा

देखा
आकाश को बहुत नीला
पत्तों को बहुत हरा
हवा को बहुत शान्त
नदियों को बहुत गहरा
सूरज को बहुत चमकीला
पहाड़ों को बहुत ऊँचा
जंगलों को बहुत सघन
किरणों को बहुत उजला
बादलों को बहुत हल्का
प्रेम को बहुत भारी
मुक्त चमकता
गहरे मन में।

देह

एक देह को चलते या जागते देखना किसी आश्चर्य से कम नहीं
जो गंध और स्पर्श का घर होते हुए भी उसके पार का माध्यम है
देह रूप है इसकी एक अलग भीतरी भाषा है
बीतते दिनों के चलित व्यापार में यह सिर्फ़ ऊपर से जागती है
इसकी आत्मा उस समय भी खोज रही होती है अपना स्पन्दन

यह एक विकल प्रतीक्षा है जिसकी निरंतरता में सोयी पड़ी रहती है देह
इसके भीतर निवास करते हैं कई जंगल,
गुफाएँ निबिड़ जगहें
बहुत भीतर कहीं मंद प्रकाश में पड़ा होता है प्रेम
कई जगहें हैं जहाँ प्रवेश वर्जित है
इन तक पहुँचने का पता भी हमें मालूम नहीं होता

पुनर्जन्म को न भी मानें तो इसी जन्म में सत्य हो सकती है देह
जब यह स्फुरित हो कोमल हो जाये पँखुरियों की तरह
प्रक्षेपित हो कहीं समूची
उसी क्षण यह जन्म लेती है और उसी क्षण होती है इसकी मृत्यु।

प्रार्थना

भेद मैं तुम्हारे भीतर जाना चाहती हूँ
रहस्य घुँघराले केश हटाकर
मैं तुम्हारा मुख देखना चाहती हूँ
ज्ञान मैं तुमसे दूर जाना चाहती हूँ
निर्बोध निस्पंदता तक
अनुभूति मुझे मुक्त करो
आकर्षण मैं तुम्हारा विरोध करती हूँ
जीवन मैं तुम्हारे भीतर से चलकर आती हूँ।

विमल कुमार
(1960)

फूल है तो उसे सूँघना ही अच्छा है

मैं इस दुनिया से भाग नहीं सकता
और भागना मुझे चाहिए भी नहीं
चाहिए मुझे कि जो चीज़ें भाग रही हैं
उन्हें मैं रोकूँ, कहूँ
यहाँ जंगल है जिसमें कुछ फूल हैं
यहाँ आकाश के नीचे इतनी सारी हवा है
यहाँ इतनी ज़मीन, इतनी हरियाली
इतना समंदर का पानी
भागना ठीक नहीं
देखना ही अच्छा है
सोचना ही अच्छा है
फूल है तो उसे सूँघना ही अच्छा है

घर से आसमान तक

मेरी बेटी झूला झूलते-झूलते
एक दिन आसमान को छू आई
चाँद से बातें कर लीं
तारों से दोस्ती

हम सबको यह बहुत अच्छा लगा

हमने खिड़की से देखा
अब वह रोज़ बादलों के उधर से
आ रही है
जा रही है
घर से आसमान तक का रास्ता बना रही है

एक नन्ही-सी लड़की की डायरी

पापा! मैं एक चिड़िया हूँ लाल रंग की
पापा! थोड़ी देर बाद मैं एक नदी हूँ
पापा! अब मैं एक नीला आकाश हूँ
तुम क्या हो पापा?

पापा, तुम एक दिन बारिश में भीग जाओगे
पापा, तुम एक दिन धूप में पिघल जाओगे
पापा, तुम एक दिन तूफ़ान में घिर जाओगे

पापा! तुम्हारे सपने एक किताब के भीतर हैं
उसी किताब के एक पन्ने पर
कुछ कोमल शब्दों के भीतर मैं भी हूँ
जानते हो, मैं वहाँ क्यों छिपी हूँ?

पापा! मैं कुछ ज़्यादा समझने लगी हूँ
पापा! मैं कुछ ज़्यादा बोलने लगी हूँ
पापा! मैं क्या अपने पंख खोलने लगी हूँ?

चाँद जिधर जा रहा है
मैं वहीं जा रही हूँ, पापा!
हवा जिधर बह रही है
मैं वहीं से आ रही हूँ, पापा!

बादल जिधर झुककर बरस रहे हैं
मैं वहीं नहा रही हूँ पापा!

फ़र्क

इस शहर में एक किला था जिसमें शाम होते ही
बुर्ज के रंग बदल जाते थे
इस शहर में एक बाज़ार था जहाँ कुछ लोग अपने
डैने फड़फड़ाते थे
इस शहर में एक फव्वारा था जिसके आस-पास
गुमसुम बेसहारा बच्चे बैठे रहते थे
इस शहर में एक बड़ा-सा तहखाना था जिसमें
जादूगर छिपे रहते थे
इस शहर में एक ऐसी बस्ती थी जहाँ जाने पर
दुनिया में सच और झूठ का फ़र्क समझ में आ जाता था

अनामिका

(1961)

दरवाज़ा

मैं एक दरवाज़ा थी,
मुझे जितना पीटा गया,
मैं उतना खुलती गई।
अन्दर आए आने वाले तो देखा—
चल रहा है एक वृहत्‌चक्र—
चक्की रुकती है तो चरखा चलता है,
चरखा रुकता है तो चलती है कैंची-सुई,
गरज यह कि चलता ही रहता है
अनवरत कुछ-कुछ!

...और अन्त में सब पर चल जाती है झाड़ू—
तारे बुहारती हुई,
बुहारती हुई पहाड़, वृक्ष, पत्थर—
सृष्टि के सब टूटे-बिखरे कतरे जो
एक टोकरी में जमा करती जाती है
मन की दुछत्ती पर!

धोखा

कुछ झूठ होते हैं एकदम झक् सफ़ेद
अभी-अभी जन्मे हुए मेमने—

ऊदे, गरम, मुलायम, टुनमुन!
कुछ धोखे होते हैं हल्की पीली पंखुड़ी
वैसे गुलदस्ते की
जो आपको अस्पताल में मिला हो।
हँसते हैं वे एक मजबूर बाप की हँसी!
चन्द्र खिलौने की ज़िद करता है जब बच्चा,
माँ कहती है—'अच्छा, कल लाऊँगी, बेटा,
अब सो जा।'
यह क्या कोई होता है धोखा?
झूठी-मूठी, मीठी-मीठी-सी झपकी
है शायद यह ज़िन्दगी भी!
हमारी तरफ़ एक व्यंजन बनता था
जिसको कि कहते थे 'धोखा'—
बेसन का बनता था, लगता था मछली के जैसा!
धोखा खाना एक अनुपम उपलब्धि थी—
उन सबकी जिनके घर
मछली नहीं बनती थी!

किस्सा चलता है कि कोई था
जिसके पास नहीं था माछ मांगुर खरीदने का पैसा!
नदी किनारे भात लेकर वह जाता था बैठ
और लहर पर उछलती मछली इंगित कर
खाता था एक-एक कौर उठाकर स्वाद से
अपने मन में बुदबुदाता हुआ—
'ओई माछ, एई भात,
एई भात, ओई माछ।'
तो क्या वह खुद को ही देता था धोखा?
कल्पना की जीभ का भला क्या मुकाबला!
भूखे ही ऐंठ रहे लोगों को भी
खाने को मिल जाता है धोखा!

धनकटनी

(वररुचि को समर्पित)

धान के बिछुड़ने के भय से
खेत का पानी भी
दुर्बल हुआ जा रहा है!
देखो, कैसे सर झुकाए खड़ी हैं
धान की पकी बालियाँ :

जन्म से मेरे ही साथ बढ़ा
और संपन्न हुआ
पानी अब कहाँ जा रहा है?

धान काटने वाला हँसिया भी
गमछे में मुँह छिपाए बैठा है, देखो!

विदा की घड़ी
अपनी दुल्हन को
अपनों से लिपट-लिपटकर रोते
देखते हुए
खुद भी रुआँसा हो जाता है जो—
उस दयालु दूल्हे की आँखों-सी नम हैं
आँखें इस हँसिया की।

मधु शर्मा

(1961–2013)

ईश्वर भी होगा कहीं

एक स्तम्भ उठाए दो हाथ
गड़ा रहा होगा शर्म से धरती में
औंधे आसमान के बोझ तले सिर झुकाए

जब सोने चले जाते होंगे नक्षत्र सारे
रात उतरती होगी चुपचाप
अकेले किसी अनजान ठीहे पर खोया स्वप्न तलाशने

बहुत पहले सरे-साँझ
किसी साइस का प्रेम रुका होगा यहीं
अकेली उदास रात ने ली होगी करवट
इसी ठौर चटक कर टूटी होगी अँगड़ाई
किसी भूली भटियारी की उन्मत्त अलसाई देह में
युगों तक बिखरा रहा होगा लश्कारा उसके यौवन का
कोई बात ठिठककर रुकी होगी आतुर अधरों के संशय में
खिंची होगी लगाम हाथों में हैरान हुई कसकर
घोड़ा स्तब्ध कि जाएँ कहाँ?
हर रास्ता जाता सपनों के झिलमिल छोर तक
औचक उघड़ी नींद में बेसुध पल्लू
अटका रह गया होगा किसी बंजर बियाबान में

डर तक जाते खौफ़ लौट आते होंगे
चुभती रात की फैल रही स्याही में

दूर तक जाते वे कालिख सने पाँव
और टँगी रही होगी उस रात एक उदासी
स्तम्भ के शीर्ष पर
एक थाल-भर सवेरा मुस्कुराता रहा होगा साँझ तक

आसमान कहीं नहीं था इस पूरे दृश्य में
जिससे उतरतीं रूहें प्रेम करती हुई

पेड़ों में किस कदर मचा हाहाकार उन्हें छू लेने को
वे पुकारते रहे आसमानों तक बाँहें उठाए
झड़ चुके थे उनके वस्त्र पिछले पतझड़ में
एक मुद्दत से लौटा नहीं था वसन्त
थिर पड़ी भुजाओं में खाली था देश और काल
समय और स्थान को यकसार करते पदचिह्न
मिल चुके थे धूल में
इतिहास खोजेगा उन्हें अतीत के सफ़े उलट

पेड़ अलफ़ नंगे कोसते उजाले को हो गए खामोश
यह साइकिल खड़ी रात की पूरे दृश्य में दम साधे
कोई भूला कब लौटेगा याद में दूर के जनवासे से

धुँधले हुए जा रहे दृश्य अब दूर तक
संवाद सब कहे जा चुके
खेली जा चुकीं घटनाएँ सब मंच पर रात के
वे धो रहे चेहरे, बदलते विन्यास
एक समाप्त हुए नाटक के पात्र खड़े हैं पीठ पीछे
पूर्ववत चेहरों के साथ उन्हें विदा लेनी है कथानक से

अकेलेपन की इस चौखट में जड़ा है आसमान
ईश्वर भी होगा कहीं अब खाली
अपने कारोबार की गाँठ बाँधे

हरे-नीले की छायाएँ हैं श्याम धूसर
और आँखों की पुतलियों से दो ठहरे चक्र
घूरते रहेंगे कब तक राह उचाट की सन्नाटे पर।

लाल बरामदा

(अमृता शेरगिल की एक पेंटिंग से प्रेरित)

घर जब बना था
तो ख़याल नहीं था—

बरामदे का रंग
बेख़याली में ही चुना गया
लाल
वह उस वक्त भी अखरा नहीं था
जब बुज़ुर्गों ने कहा—
यह लाल!

फिर बरामदे रँगे जाने लगे लाल
बाद में धुल-पुँछ कर
वे और चमकीले हुए

अखरा वह तब
जब अन्दाज़ा नहीं हुआ
कि फ़र्श पर
पानी गिरा है
या बह गया लहू!

मैं भरती हूँ जीवन

खुला कठिन घाव
टीसता है समय जैसे मन

ठहरी हैं स्मृतियाँ इसकी परतों के बीच

तहा कर रखे हैं दुख
सुख की सन्दूकों में
भरोसे के तालों में
सुरक्षित हैं धोखे भी

मैं हवाओं को थामती हूँ
पकड़ से छूटती हैं खुशबुएँ

एक रीतापन बचता है साँसों के बीच
मैं भरती हूँ जीवन को कविता से।

सविता सिंह
(1962)

एक दृश्य स्वप्न सा

एक डाल पर सोयी थी दूसरी डाल
एक टहनी से सटी लगी थी दूसरी
एक पत्ता ढँके था दूसरे को
सब बचाये हुए थे इस तरह खुद को
बचाकर दूसरों को

बचे रहने का शायद यह सबसे सरल तरीका था
जो लाखों-करोड़ों वर्षों से इस जंगल में सबको पता था
इसी तरह धरती के असंख्य प्राणी बचे रहे थे
मनुष्यों का समाज बचा रहा था
लड़ते हुए घनघोर बारिश तूफ़ान और एक-दूसरे की क्रूरता से
आये थे घेरने इन पत्तों, टहनियों, गिलहरियों, खरगोशों, चीतों को
मनुष्यों के साथ-साथ जाने कितने क्लेश, बाधाएँ कितनी
लेकिन ये रहे गुँथे एक-दूसरे से
भीतर से जुड़े कसकर पकड़े खुद को
किये आँखें बन्द सुनते हुए प्रकृति की हर आवाज़ को
सन्तुलित किये हुए साँसों को इस तरह
कि आ-जा सकें सबके भय मंशा सबकी साफ़-साफ़
सब तक

यह एक दृश्य है जो सुरक्षित है प्रकृति में अब
बस उसके एक स्वप्न-सा

स्त्री सच है

चारों तरफ़ नींद है
प्यास है हर तरफ़
जागरण में भी
उधर भी जिधर स्वप्न जाग रहे हैं
जिधर समुद्र लहरा रहा है

दूर तक देख सकते हैं
समतल पथरीले मैदान हैं
प्राचीनतम-सा लगता विश्व का एक हिस्सा
और एक स्त्री है लाँघती हुई प्यास

भटकते सपने

खोते गये हैं मेरे साथ जन्मे वे सारे सपने
जो मेरे साथी थे
जिनको बचाये रखा नींद में मैंने
जैसे बचाती है नींद सपनों को अक्सर

अब मेरी याद में आँखों की खोती रोशनी की तरह
उनके खोने की उदासी बसती है
खाली सड़क पर गुम होती किसी प्रिय की पदचाप जैसे

मुझे नहीं मालूम वे कब खोये और कैसे
बस यह जानती हूँ वे हैं अब भी कहीं
किसी और की नींद में भटकते
याद करते पिछले अभिसारों को

नश्वर

सिर्फ़ रात है अपने विशाल डैने झपकाती
मेरी ही तरह जगी
जानती हुई कोई और नहीं हो सकता इसकी तरह
इंतज़ार नहीं कर सकता कोई और यूँ दिन का
घेर नहीं सकता पृथ्वी को अस्तित्व के आदिम एहसास से ऐसे

कुछ दिनों बाद जहाँ मैं हूँ
वहाँ मैं भी नहीं रहूँगी
लेकिन तब वहाँ कोई और नहीं होगा मेरी तरह
दरअसल कोई नहीं होता किसी की जगह
सब अपनी ही जगह होते हैं अपनी तरह
मौलिक अकेले
रात के अन्तस में धँसे
अपने से नश्वर

□□□